교육과 교육학

김대현 · 김석우 · 김영환 · 김정섭 · 김회용 · 박수홍 · 박창언 · 안경식
유순화 · 이동형 · 이병준 · 이상수 · 주철안 · 한대동 · 홍창남 공저

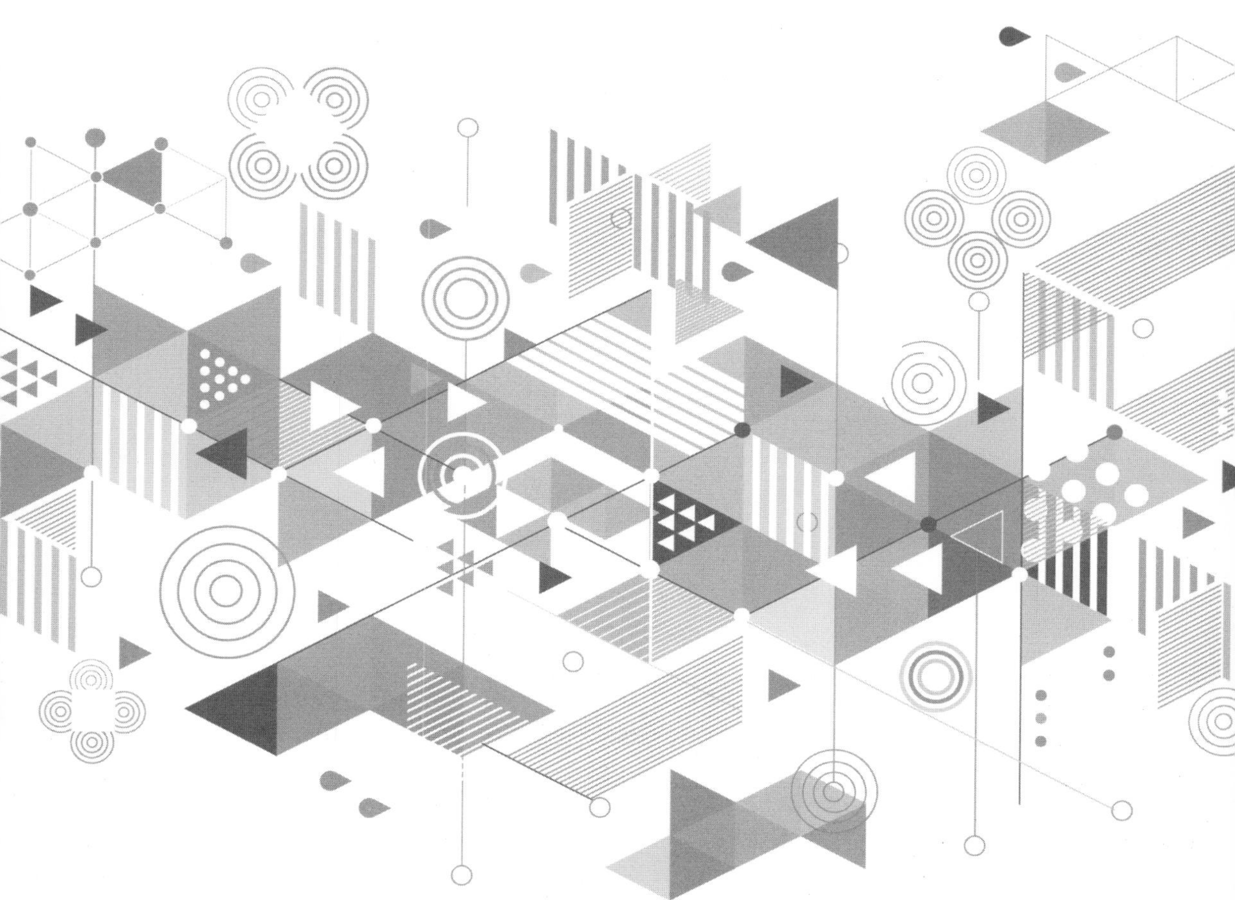

학지사

머리말

이 책은 앞으로 선생님이 될 예비교사와 교육학에 관심을 갖고 있는 교사들을 위한 것이다. 교사들이 참다운 교육이 무엇인지를 잘 알게 되면, 그만큼 효과적이고 양질의 교육을 할 수 있다는 기본 가정과 신념으로 『교육과 교육학』을 만들었다. 특히 예비교사들이 이 책을 통해 교육의 기능과 교사의 역할을 제대로 이해하고, 올바른 교육관을 갖게 하는 데 초점을 맞추었다. 따라서 이 책은 참다운 교육이 무엇이며, 그러한 교육이 일어나기 위해 어떠한 점을 고려해야 할 것인가에 대한 답을 제공하려고 노력했다.

이와 같은 기본적인 가정과 전제에 기초하여, 이 책은 다음과 같은 몇 가지 점에서 다른 교육학개론 책들과 차이가 있다.

첫째, 새로운 사회에서 교육의 기능과 교사의 역할이 어떠해야 하는지 그 기본 틀을 제시하고 있다. 21세기에 들어와 학교, 가정, 그리고 사회는 여러 가지 측면에서 새로운 도전을 받고 있으며, 이러한 도전과 변화는 교육과 교사의 역할과 기능에서 변화를 요구하고 있다. 이를 위해 전통적인 교육의 개념을 역사적으로 종합하면서 오늘날의 지식기반사회, 평생교육사회, 다양한 가치문화의 사회 등을 고려한 교육, 교육학, 교사의 모습과 기능을 체계적으로 정리하여 제시하였다.

둘째, 각 장의 내용은 교육이나 교육학 관련 요소와 내용이 상호관련성을 잃지 않고 통합적인 관계에 있음을 쉽게 이해할 수 있도록 제시하였다.

예를 들면, 각 장에서 제시된 내용은 교육, 교육학, 교사의 기능과 역할의 이해라는 기본 틀 속에서 어떤 역할을 할 수 있는가에 대한 수직적 관계를 자세히 밝히도록 했다. 그리고 각 장의 내용들은 이웃하는 학문분야나 교육적 활동과의 수평적 관계를 쉽게 이해하는 데 도움을 줄 수 있도록 구성하였다.

셋째, 이 책은 다른 책과 달리 그 집필과정에서 연구·개발의 원칙을 충실하게 지켰으며, 교과서로서 효과를 검증했다. 이 책은 초고 작성을 위해 집필의 기본 방향과 구체적인 내용 및 제시방법에 관하여 충분한 사전협의를 거쳤다. 그리고 각 집필자가 작성한 원고는 상호검토과정을 거쳐 두 학기 동안 집필자가 직접 그 원고를 가지고 수업을 한 후에 수정·보완하였다.

이 책은 모두 14개 장으로 구성되어 있으며, 각 장의 내용과 특성을 개략적으로 살펴보면 다음과 같다.

제1장은 서론 부분으로 '교육, 교사, 교육학'의 개념과 의의를 간단히 소개하고 있다. 이 장을 통해 교육의 의의, 어원, 개념을 이해하게 될 것이다. 또한 교육자와 교직의 의미, 교직의 전문성에 대한 지식과 자질에 대하여 알게 될 것이다. 그리고 교육학의 성격과 하위영역이 어떻게 구성되어 있는지를 이해하게 될 것이다.

제2장은 '교육철학의 이해'로 교육철학의 개념, 전통적 교육철학, 20세기 교육철학을 소개한다. 이 장을 통해 교육철학의 의미를 다양한 각도에서 이해하게 될 것이며, 관념론, 실재론, 프래그머티즘과 같은 전통적 교육철학과 함께 진보주의, 본질주의, 항존주의, 재건주의, 실존철학, 분석철학, 비판철학, 포스트모더니즘 등 20세기 교육철학의 주요 내용을 이해하게 될 것이다.

제3장은 '교육사의 이해'로 교육사 연구의 필요성과 교육사의 연구영역, 그리고 동서양의 교육 전통, 교사와 교육사 등에 대해 설명하고 있다.

이 장을 통해 교육사 연구의 필요성과 교육사가 어떤 영역을 연구하는지 이해할 수 있을 것이다.

제4장은 '교육심리의 이해'로 학생들의 발달, 학습, 그리고 학생들의 동기와 창의성에 대해 다루고 있다. 이 장을 통해 교육심리학의 개념과 특성을 이해하고 인간발달이 어떻게 일어나고 어떤 단계를 거치는지를 이해하게 될 것이다. 또한 학습이 발생하는 세 가지 측면(행동변화, 기억, 지식 구성)과, 인간의 동기 및 창의성과의 관계를 이해할 수 있을 것이다.

제5장은 '생활지도와 상담'으로 교과지도와 함께 학교교육의 커다란 두 축을 이루고 있는 생활지도에 대해 다루고 있다. 이 장을 통해 생활지도와 상담의 의미 및 관계를 이해하고 생활지도가 왜 필요한지, 그리고 그 원리와 활동내용을 이해할 것이다. 또한 상담의 정의와 진행과정 및 유형을 이해하고 생활지도와 상담에 임하는 교사의 태도를 알게 될 것이다.

제6장은 '교육과 사회문화'로 다양한 사회문화 속에서 교육사회학의 관점과 주요 이슈는 무엇인지 이해하고, 이러한 사회에서 교사의 역할이 무엇인지 이해하게 될 것이다.

제7장은 '평생교육'으로 현대사회에서 평생교육의 의의와 역사적 발전과정, 주요 이슈 등을 검토한다. 이 장을 통해 생애 전체 관점에서 교육을 바라보는 시작을 갖추게 될 것이며, 평생교육의 제도와 역사, 대상과 내용, 그리고 최근 각광받고 있는 학습도시와 학습망 등에 대해 이해하게 될 것이다.

제8장은 '교육을 위한 행정'으로 교육을 위한 지원활동으로서의 교육행정을 다루고 있다. 이 장을 통해 교육행정의 개념과 특성, 교육행정의 대상과 이론, 교육제도와 교육행정조직을 이해하게 될 것이다.

제9장은 '교육과정의 이해'로 교육활동의 기본 계획이라고 할 수 있는 교육과정분야를 대략적으로 소개하고 있다. 이 장을 통해 교육과정의 다양한 의미와 교육과정의 유형 및 유형별 특성을 이해하게 될 것이다. 또한 교육과정의 주요 활동과 그들 간의 관계를 이해할 수 있을 것이다.

제10장은 '학교학습과 수업방법'으로 학습자들의 학습을 보다 효과적으로 달성하게 하기 위해 어떠한 점을 고려해야 하는지에 대한 학교학습과 수업방법을 다루고 있다. 이 장을 통해 학습, 수업, 교수의 성격과 관계를 이해하고, 이상적 학습과 교수의 관계는 어떤 것인지 알게 될 것이다. 또한 수업 과정의 세 단계와 그 주요 활동이 어떤 것인지를 이해하고 교수-학습의 계획에서 고려해야 할 주요 원리를 알게 될 것이다.

제11장은 '교육공학의 이해'로 교육목표의 달성을 위해 필요한 다양한 체제적인 접근법을 제공해 주는 교육공학의 기초에 대해 다루고 있다. 이 장을 통해 교육공학의 개념과 발달과정에 대해 이해하게 될 것이다. 또한 교수매체의 개념과 교수매체가 교수-학습과정에서 어떤 기여를 하는지 알 수 있을 것이다. 그리고 교사를 위한 교육공학의 의미와 활용 영역에 대해 이해하게 될 것이다.

제12장은 '교육평가의 이해'로 교육목표의 달성 정도나 교육과정의 효율성을 판단하기 위한 의사결정과정으로서 교육평가에 대해 다루고 있다. 이 장을 통해 교육평가의 개념, 교육평가의 유형과 특징을 이해하게 될 것이다. 또한 평가도구의 신뢰도와 타당도 및 객관도가 어떤 의미를 가지고 있는지 이해하게 될 것이다.

제13장은 '지식기반사회와 교육'으로 지식기반사회에서 교육의 새로운 패러다임과 수행공학에 기반한 교육기법 및 학습사회를 다루고 있다. 이 장에서 지식기반사회의 개념과 이에 따른 교육 패러다임의 변화를 이해하게 될 것이다. 또한 수행공학의 개념과 교육에서의 수행공학이 갖는 의미, 액션러닝(action learning)의 개념과 사이클, 지원체제, 학습사회의 개념과 e-learning의 역할을 이해하게 될 것이다.

제14장은 '교육과 교육법'으로' 교육과 법의 관계를 다루고 있다. 이 장을 통해 문화적 활동으로서의 교육과 국가 권력에 의해 강제되는 법이 어떤 관계에 있는지 이해하되, 다양한 교육관계법과 판례를 통해 구체적이고 생생하게 확인하게 될 것이다.

끝으로 이 책이 나오기까지 도움을 주신 분들께 지면을 통해 고마움을 표하고 싶다. 이 책의 원고 집필은 하지 않았지만 몇 차례의 협의과정에서 좋은 아이디어와 격려를 주신 부산대학교 교육학과 교수님들께 감사를 드린다. 그리고 원고의 수집, 연구 · 개발과정의 강의 진행과 자료수집에 헌신적으로 도움을 준 양진희 조교에게도 고마움을 표하고 싶다. 또한 삽화를 통해 책의 완성도를 높여 주신 조영희 님께도 감사드린다. 마지막으로 이 책이 나오기까지 물심양면으로 지원해 주신 학지사의 김진환 사장님께도 감사를 드린다.

2015년 2월

저자 일동

차 례

제14장 교육과 교육법 367

제 1 장

교육, 교사, 교육학

이 장에서는 교육, 교사, 교육학에 대해 다룬다. 먼저 교육의 개념에 대한 부분으로서 교육의 어원과 개념이 무엇인지를 다룬다. 교사와 교직에서는 교사의 의미와 교직과의 관계, 교사가 가지고 있어야 할 전문적 지식과 성품은 무엇인지를 기술한다. 교육학에서는 교육학의 성격과 교육학의 하위 영역들에 어떤 것들이 있는지 논의한다.

학습과제

- 교육의 어원과 개념 정의를 알아본다.
- 교사와 교직의 의미, 교사의 전문적 지식과 성품에 대해 알아본다.
- 교육학의 성격과 하위영역에 대해 알아본다.

1. 교육의 개념

진정한 인간은 교육을 통해 만들어진다는 말이 있다. 이 말에 기초한다면 교육을 받지 못한 존재는 인간으로 취급을 할 수 없다는 말인가 하는 의문을 제기해 볼 수 있다. 이와 관련된 일화로 늑대소녀 이야기가 있다. 1920년 인도의 캘커타 남서쪽 정글에서 두 명의 여아가 발견되었다. 이들은 늑대에 의해 길러진 것으로 알려졌으며, 나이는 2세(아말라로 지칭)와 8세(카말라로 지칭)로 추정되었다. 아말라는 인간에게 발견된 뒤 1년 후에 죽었으며, 카말라는 9년 후 17세의 나이로 죽음을 맞이하였다. 이들은 모든 것이 동물 수준이었으며, 카말라의 경우는 6년이 넘어서 겨우 인간의 표정을 짓고, 인간의 말을 하며, 인간의 옷을 입기 시작하였다. 이 경우 이들 두 자매가 인간에게 발견되기 이전에는 인간이라고 말할 수 있는가 하는 의문을 가질 수 있다. 물론 생물학적으로는 인간의 모습을 갖추고 있지만, 야생에서 교육을 받지 못한 상태에서는 동물 수준으로 사고하고 행동함을 알 수가 있다. 그렇다면 동물과 인간은 어떤 차이가 있는가 하는 물음을 가질 수 있다. 일반적으로 인간은 동물과 구분이 되는 특별한 특성을 갖고 있다. 그 대표적인 예로, 직립보행, 복잡한 언어의 사용, 자신에 대한 성찰적 사고와 논리적 분석력과 같은 고차원적 사고, 고도의 사회적 규약에 따른 공동생활 등을 들 수 있다. 이러한 특성들을 기준으로 본다면 인간이 인간다워지기 위해서는 교육이 필수적인 요인임을 알 수 있다. 복잡한 언어의 습득, 고차원적 사고, 사회적 규약 등은 교육을 통해서만 전달될 수 있기 때문이다.

교육의 중요성은 인간의 출생에서도 찾아볼 수 있다. 인간은 다른 동물과 비교해서 매우 미숙한 상태로 태어난다. 같은 포유류인 말이나 소의 경우 태어나면서부터 걷고 뛸 수 있으며, 어느 정도 독립적인 생존능력을 소유한다. 하지만 인간은 출생 순간부터 모든 것을 부모에 의존하고 부모의 보살핌을 받아야만 생존할 수 있다. 출생 이후에는 환경과 끊임없는 상호작용을 통해 사회생활에 필요한 기초능력들을 습득하게 된다. 특히 앞에서 언급한 인간 특유의 복잡한 언어, 고차원적 사고, 사회적 규약 등은 태어날 때부터 소유하고 있는 능력이나 단순 생존본능에 의해 습득되는 것이 아니라 교육활동을 통해서만 습득될 수 있는 것들이다.

인간은 동물과 달리 부모로부터 하나의 독립된 개체로 분리되기까지 소요되는 시간이 길다. 이러한 시간은 사회가 복잡해지면서 점점 더 길어지고 있다. 현재 우리나라의 경우 대학까지 포함한다면 약 23년의 세월을 교육을 위해 투자하고 있다. 사회의 한 구성원으로서 직장을 갖고 사회에 기여하기까지 23년의 준비와 교육이 필요한 것이다. 뿐만 아니라 산업사회에서 정보사회로 사회가 변화되면서, 이제는 대학교육으로 모든 교육이 끝나는 것이 아니라 생존을 위한 평생교육이 강조되고 있다. 새로운 지식은 폭발적으로 증가하고 있고, 학교교육이 사회생활에 필요한 모든 지식을 가르쳐 줄 수 없는 만큼 전 생애에 걸친 학습과 교육이 필요하게 된 것이다. 사회는 복잡해져 가고 교육은 인간의 생존을 위한 수단으로 점점 그 중요성이 강조되고 있다.

1) 교육의 어원

교육의 개념을 이해하기 위해서는 먼저 교육의 어원을 살펴보는 것이 도움이 된다. 교육이라는 말은 중국 고전인 『맹자』의 '진심장(盡心章)'에 있는 '군자유삼락(君子有三樂)'에서 처음 사용되었다(이원호 외, 1993). 맹자의 이 구절에 따르면 군자에게는 세 가지 즐거움이 있는데, 첫째는 부모가 살아 계시며 형제가 아무 탈 없이 화목한 것이고, 둘째는 하늘을 우러러 아무런 부끄러움 없고 아래로는 사람들에게 욕됨이 없는 것이며, 셋째는 천하의 영재를 얻어 교육하는 것이다. 여기서 사용된 교육은 한자로 '教育' 으로 명시되어 있다. 여기서의 교(教)는 '가르칠 교' 를 의미하며 육(育)은 '기를 육' 을 의미한다. 교(教)는 본받을 효(爻), 아들 자(子), 칠 복(攴)으로 구성되어 있다. 이 말은 아랫사람(子)이 윗사람을 본받는 과정(爻)에서 살짝 때림으로써(攴) 깨우침을 준다는 의미를 가지고 있다. 육(育)의 경우는 '아들 자(子)' 와 '고기 육(月, 肉)' 으로 구성되어 있다. 부모가 자식(子)을 따뜻한 젖가슴(肉)으로 안아서 키운다는 의미다(신창호, 2003). 이 두 가지 의미를 합쳐 보면 윗사람이 아랫사람을 적절한 깨우침을 통해 본받게 하고, 부모처럼 양육한다는 것이다.

영어로는 교육이라는 의미가 'pedagogy' 와 'education' 이라는 용어로 사용된다. 'education' 이라는 말은 라틴어의 'e-(밖으로)' 라는 의미와 'ducare(꺼내다, 이끌다)' 라는 의미의 합성어다. 즉, 인간이 가지고 있는 잠재력을 밖으로 발현시킨다는 의미다. 'pedagogy' 의 경우는 'peda(어린이)' 와 'gogy(이끈다)' 의 두 의미가 합성된 것이다. 결국 동양의 교육이라는 개념과 유사하게, 서양에서도 교육이라는 의미는 어린이와 같은 미성숙자를 이끌어서 자신이 가지고 있는 잠재력을 발휘하게 한다는 뜻이다.

이러한 어원에 기초해서 교육의 개념을 살펴보면 교육이란 성숙한 사람이 미성숙한 사람을 이끌고 가르쳐서 그 잠재력을 최대화한다는 것이다. 단지 동양에서는 부모와 같은 따뜻한 보살핌과 회초리를 통한 깨우침을 수단으로 하는 인간적인 관계를 강조하고 있는 반면, 서양의 경우 보다 학습자 중심의 관점에서 이들을 이끌고 이들의 잠재력을 발현한다는 측면에 초점을 두고 있다.

2) 교육의 개념 정의

교육에 대한 개념 정의는 다양하다. 교육을 어떤 관점에서 접근하느냐에 따라 그 정의 방식이 달라지기 때문이다. 몇몇 학자들을 중심으로 그들의 정의를 살펴봄으로써 교육이 가지고 있는 의미를 보다 심도 있게 알아볼 수 있다.

먼저 정범모(1994)는 교육을 '인간 행동의 계획적인 변화' 라고 정의하였다. 그는 자신의 정의가 교육이라는 현상에서 포함될 대상, 활동, 성과 등을 구체적으로 포함하고 있다는 측면에서 조작적 혹은 기술적 성격을 띤다고 하였다. 그에 따르면 교육이란 곧 인간을 대상으로 하며, 계획적인 활동을 통해 행동의 변화라는 성과를 얻고자 한다는 것이다. 여기서 정범모는 변화의 방향을 중립적인 관점에서 기술하고 있다. 즉, 사회에 따라 변화의 방향에 대한 가치관이 달라질 수 있기 때문에 가치를 규정할 수 없으며, 중립적인 관점에서 기술할 수밖에 없다는 것이다. 그의 정의의 또 다른 중요한 요인은 교육을 의도적인 것으로 규정하고 있다는 것이다. 즉, 학습처럼 우연한 기회를 통해 변화가 일어난 것은 교육으로 보기 힘들다는 것이다. 하지만 이러한 가치의 중립성과 비의도적인 학습활동을 교육활동에서 제외하는 것에 대해서는 많은 논란이 있다.

두 번째로는 영국의 유명한 철학자인 피터스(Peters)의 정의를 들 수 있다. 피터스는 정범모의 정의와는 다르게 교육을 규범적, 인지적, 과정적 세 가지 준거를 사용하여 정의하였다(이홍우 외 역, 1984). 첫째, 규범적 관점에서 교육은 과정이나 활동 자체가 가치 있는 일에 기여하거나 가치 있는 것을 포함하고 있어야 함을 강조한다. 만일 도둑질하는 것을 가르친다면 그것은 교육이라 할 수 없으며, 또한 그러한 것을 가르쳐선 안 된다는 의미를 함축하고 있다. 둘째, 인지적 관점에서 교육은 지식과 이해 그리고 모종의 지적 안목을 길러 주어야 한다. 교육은 단순한 기술의 통달을 의미하지 않는다. 교육이 되기 위해서는 지식과 기술을 통합한 원리의 이해에 기초한 지식구조를 이해하고 있어야 한다. 피터스는 이러한 관점에서 '지식이 있는 사람(knowledge man)'과 '교육받은 사람(educated man)'을 구분하여 말하고 있다. 교육받은 사람은 단순한 지식의 소유자가 아닌 지적 안목의 소유자를 말한다. 우리의 현실을 돌아보면 대부분의 교육활동이 대학 입학에 초점을 둔 암기 위주의 지식을 가르치고 있는 것을 알 수 있다. 이러한 교육체제는 지식이 있는 사람을 양성하고 있지 교육받은 사람을 양성하지 못한다는 차원에서 깊은 반성이 필요하다. 셋째, 과정적 관점으로 교육은 도덕적으로 온당한 방법으로 가르쳐야 함을 강조한다. 이는 교육활동이 교육을 받는 사람의 의식과 자발성을 전제로 하여야 하며, 세뇌를 통한 교육이나 피교육자의 자발성을 무시한 일방적인 지식의 전달은 교육이라고 말할 수 없다는 것이다. 이 역시 우리 교육현실을 뒤돌아보게 한다. 과연 우리 중・고등학교에서 학습자들의 자발성에 기초한 교육을 하고 있는지, 일방적인 교육을 강요하고 있지는 않은지 반성하고 그 대책을 고민할 필요가 있다. 피터스의 이러한 교육개념은 우리 공교육의 현실을 심각하게 성찰할 필요성을 제기한다.

마지막으로 교육을 사회학적인 관점에서 정의한 사람이 있다. 뒤르켕(Durkheim)은 교육이란 이기적이고 반사회적 존재인 개인을 집단적 의식을 내면화하도록 함으로써 사회적 존재로 형성하는 과정이라고 하였다(김신일, 1993). 이러한 관점에서 교육은 사회에서 필요로 하는 능력, 기술, 태도, 문화 등을 전수해 줌으로써 새로운 사회 구성원들을 준비시키는 과정으로 인식되고 있다. 이러한 교육을 통해 새로운 구성원을 사회에 통합하고 이를 통해 사회가 유지된다는 것이다.

앞의 정의들은 교육을 보는 시각에 따라 조금씩 다르다. 행동주의의 영향을 받은 정범모는 교육에 대한 보다 과학적인 접근을 강조함으로써 외현적인 행동의 변화를 강조하고 있는 반면, 피터스는 교육의 규범적인 측면에서 교육의 내용과 방법에서의 도덕적 가치를 강조하였다. 뒤르켕은 기능적 관점을 강조하여 교육을 사회를 유지하기 위한 하나의 도구로서 새로운 사회 구성원들을 준비시키고 통합하는 과정으로 보았다. 교육에 대한 이들 각각의 정의가 조금씩 다른 측면을 부각시키고 있지만, 결국 미성숙한 사람을 성숙한 사람이 이끌고 가르쳐서 잠재력을 발현하게 한다는 교육의 어원적 의미와 일맥상통함을 알 수 있다.

2. 교사와 교직

1) 교사의 의미

앞에서 교육을 성숙한 사람이 미성숙한 사람을 가치 있는 방향으로 이끌고 가르치는 행위라고 정의하였다. 여기서 성숙한 사람, 즉 이끌고 가르치는 행위를 담당하는 사람을 교육자라고 할 수 있다. 교육자의 일을 직업으로 하는 사람을 일반적으로 교사라고 하고 대학의 경우에는 교수라고 부른다. 그리고 이러한 직업을 일반적으로 교직이라고 한다.

교사는 다른 직업과 많은 차이점을 가지고 있다. 교사는 인간의 성장과 육성을 다루는 특수한 활동이라는 관점에서 그 중요성이 남다르다. 교사는 가르침을 통해 개개인의 인생을 바꾸어 놓을 수 있을 뿐만 아니라 국가와 사회에 필요한 인재를 길러 낸다는 차원에서 국가발전에도 중대한 영향을 미친다. 하지만 교육의 모든 책임을 교사에게 지게 하는 오류를 범해서는 안 된다. 교육의 결과는 그 사회의 교육체제를 구성하고 있는 모든 요인들의 종합적인 결과이지, 교육체제를 구성하고 있는 한 요인인 교사만의 책임은 아니기 때문이다. 한 예로, 우리나라 교육의 가장 큰 문제인 입시위주의 주입식 교육은 교사의 노력만으로는 개선할 수 없으며, 대학을 가지 않더라도 자신의 능력에 상응하는 경제적, 사회적 대우를 해 주는 사회체제의 변화가 있어야만 개선이 가능하다. 하지만 우리나라와 같이 교사 중심의 교육에 의존하고 있는 체제에서는 교사의 역할이 매우 중요한 의미를 가진다.

2) 교직의 의미

가르치는 일, 즉 교직은 일반적으로 성직, 노동직, 전문직의 세 가지 차원에서 논의된다.

교직을 성직으로 보는 관점은 가르치는 일이 인간을 대상으로 하며 참다운 인간의 형성, 인격의 완성, 전인적 교육 등을 담당한다는 측면에서, 단순한 지식의 전달을 넘어 성스러운 직업으로 간주한다. 성직의 관점에서는 교사의 헌신과 봉사를 강조하고 윤리적인 측면을 강조하게 된다. 오천석(1973)은 『스승』이라는 그의 책에서 교직은 고매한 비전을 가지고 있어야 하며, 노동의 영역을 넘어서 희열과 보람을 느끼는 성직이어야 한다는 소명의식을 주장한다. 하지만 성직관은 교사의 물질적 추구나 전교조와 같은 노조활동을 통한 집단 이익의 추구에 대해 부정적인 시각을 갖게 함으로써 교사의 일방적인 희생을 강조하는 문제점이 있다.

성직관과는 대조적으로 교직을 노동직으로 보는 관점이 있다. 이러한 관점은 교사 역시 다른 노동자와 다르지 않으며, 단지 정신적인 노동을 할 뿐이라는 인식을 가지고 있다. 따라서 교사들이 다른 노동자와 같이 단체교섭권을 확보하고 단체행동을 통한 이익을 추구하는 활동을 옹호한다. 하지만 교사의 직업을 너무 노동자적 관점에서만 본다면 학생들을 서비스의 대상으로 인식하게 하고 사회적 존재 형성을 위한 교사와 학생들 간의 인간적 만남의 의미를 변질시킬 수 있다는 점에서 비판의 대상이 되고 있다.

마지막으로 교직을 전문직으로 보는 관점에서는 교직이 다른 직업과 구별되는, 고도의 지식과 자율성 그리고 봉사정신을 필요로 한다는 점을 강조한다. 이 관점은 전문직이 지식뿐만 아니라 자기 분야에 대한 긍지와 헌신을 필요로 한다는 점에서 교직을 설명해 주기에 적절하다. 그렇다면 교직은 어떤 관점에서 전문직으로 볼 수 있는가? 온스타인과 레빈(Ornstein & Levine, 2000)은 일반 직업의 전문성에 대한 판단 준거로 다음과 같은 10가지를 기술하였다.

- 공공의 서비스: 평생에 걸친 경력의 추구
- 일반인들과는 다른 지식과 기술체제 소유
- 오랜 기간 동안의 특별한 훈련 필요
- 자격증과 그 분야의 입문에 대한 통제
- 자신의 영역에서 의사결정을 위한 자율성
- 판단과 행동에 대한 책임감의 수용
- 전문가들로 구성된 자율적인 조직체
- 개개인의 성취에 대해 인정을 해 줄 수 있는 전문가 협회나 조직 소유
- 서비스 분야에서 애매하거나 의문나는 것들을 명확히 해 줄 수 있는 윤리강령 소유
- 높은 명성과 경제적 지위 소유

교직이 전문직인지를 판단하기 위해서도 위의 준거들을 적용할 수 있다. 이 준거들을 교직에 적용해 보면 다음과 같이 논의할 수 있다. 먼저 교육이 공공의 서비스이며 평생에 걸친 경력을 추구하는 일이라는 점에 이의를 제기할 사람은 없을 것이다. 교사가 되기 위해서는 2년 또는 4년 이상의 기간 동안 사범대학이나 그에 상응하는 교육기관에서 교육을 받아야 하며, 이러한 과정을 통해 일반인들이 소유하지 못하는 교과내용적 지식과 교과교육학 및 일반 교육학적 지식을 획득하게 된다. 교육부(2004)는 '교원자격검정령' 에 의해 교사자격증을 부여하기 위한 자격기준으로 교육기관, 수강과목, 수강학점 등을 구체적으로 제시하고 있다.

책임감 차원에서 보면 우리나라의 경우 다른 어떤 나라보다도 교사들에게 자신들의 판단과 행동에 대한 전문적이고 도덕적인 책임을 요구한

다. 유교적 문화에 기초하고 있는 우리나라의 경우 '군사부일체' 라는 말이 있듯이 왕과 부모 그리고 교사를 동등한 위치에서 존중하고 복종하도록 하고 있다. 교사는 단순 지식을 전달하는 노동자의 관점이 아닌 스승의 관점에서 존경의 대상이 되어야 함을 강조하고 있다. 하지만 최근 들어 교사의 위상은 점점 하락하는 추세다. 그 원인은 여러 가지가 있을 수 있지만 주요 원인으로 공교육이 그 역할을 제대로 하지 못하고 있으며, 더욱이 공교육의 실질적인 주체라고 할 수 있는 교사가 그 역할을 다하지 못한다는 비판에서 비롯된다.

하지만 모든 교육의 문제를 교사들에게만 책임지울 수는 없다. 먼저 우리 사회가 교사들을 전문가로서 대우하고 있는지를 물어봐야 한다. 현재 교사들에게 자신의 영역에서 의사결정을 위한 자율성을 부여해 주고 있는지 그리고 교사들에게 높은 명성과 경제적 지위를 부여해 주고 있는지 생각해 볼 필요가 있다. 우리나라의 경우 대부분의 의사결정은 교육부의 정책적 결정에 의해 이루어지고 있다. 교사들은 단지 정부의 지침을 시행하는 역할을 하고 있다고 해도 과언이 아니다. 다양한 의사결정권이 중앙정부가 아닌 지방 교육청 단위, 학교단위, 그리고 개개 교사들에게 위임될 필요가 있다. 또한 우리 사회가 먼저 교사들을 존중해 주어야 하고 교사들이 끊임없이 자기계발을 통해 전문성을 개발할 수 있도록 제도적 · 경제적 지원이 필요하다.

3) 교사의 전문적 지식과 성품

전문가로서의 교사가 되기 위해서 갖추어야 할 지식들이 무엇인지에 대해서 많은 연구들이 있어 왔다. 대표적인 학자로 그로스맨(Grossman, 1995)은 교사가 갖추어야 할 전문적 지식을 다음과 같은 여섯 가지로 나누어 설명하였다.

첫째, 교과내용에 대한 지식이다. 교과내용이란 자신이 가르칠 과목에서 다루고 있는 학문적 지식을 말하는 것으로, 단순 지식들의 합이 아닌 그 학문이 가지고 있는 지식의 체계적인 구조와 그 학문이 가지고 있는 사고양식까지 내면화하고 있어야 한다. 예를 들어, 수학과목의 경우는 수학이 가지고 있는 지식의 본질을 깨닫고 있어야 하며, 수학적 원리와 법칙을 유도해 낼 수 있는 수학적 사고가 가능한 전문가가 되어야 한다.

둘째, 학습자와 학습에 대한 지식이다. 교육의 대상이 되는 학습자의 특성과, 학습자들이 어떤 방식으로 학습을 하는지 교사는 알고 있어야 한다. 교사에게 가장 중요한 지식 중 하나가 학습자에 대한 지식이다. 교사가 아무리 열심히 수업을 한다 해도 학습자들이 능동적으로 참여하지 않으면 교육의 성과를 기대하기 힘들다. 반대로 교사가 열심히 가르치지 않아도 이미 학습을 위한 준비가 되어 있는 학습자들의 경우에는 스스로 학습을 해 나가기도 한다. 교육은 교사와 학습자 간의 상호작용에 의해 이루어지게 되는데, 학습자를 이해하지 않고는 이러한 상호작용, 즉 교육활동이 이루어질 수 없다. 학습자를 이해하지 못한 교사는 학습자들로부터 배척당할 수도 있다. 학습자들의 인지적 발달 상황, 정의적 특성, 신체적 발달 상황을 정확히 파악하고 학습자들의 수준에 맞는 교육내용과 교육방법을 선정하여 교육을 실시하여야 한다.

셋째, 교육학에 대한 일반적인 지식이다. 교육학이란 교육현상에 대한 이론과 실제를 다루는 학문이다. 교육현상은 매우 복잡한 특성을 가지고 있다. 교육현상은 개인 내의 심리적 특성과 개인 간 사회적 특성과 교육이 일어나는 공간인 학급과 학교, 실제 교육활동의 중심이 되는 수업 그리고 정의적 차원에서의 학습자들에 대한 상담 등 다양한 범주와 특성들을 가지고 있다. 이러한 교육현상들의 범주와 특성에 대한 일반적인 지식 없이는 교육을 효과적으로 실행할 수 없을 것이다.

넷째, 교육과정에 대한 지식이다. 교육활동 중에서 무엇을 어떻게 가르칠 것인가 역시 중요한 지식이다. 교사는 자신이 가르칠 교육목표와 내용이 어떻게 선정되고 편성되어 있는지, 이를 어떻게 가르칠 것인지에 대한 지식을 가지고 있어야 한다. 인간의 지식은 기하급수적으로 늘어나고 있다. 이러한 지식의 홍수 속에서 학습자들이 학교교육과정을 통하여 어떤 교육목표를 달성해야 하며, 이러한 교육목표 달성을 위해 어떤 교육내용을 어떤 계열에 따라 가르쳐야 하는지에 대한 의사결정을 교사들이 해야 한다.

다섯째, 교육적 맥락에 대한 지식이다. 교육활동은 단순히 학교교육환경의 영향권에 있지 않다. 교육의 효과는 수업의 과정에 영향을 미치는 교사뿐만 아니라 학교의 상위체제가 되는 교육부와 교육청의 영향을 받으며, 또한 지역사회 및 학부모의 영향도 받게 된다. 특히 우리나라는 대학입시제도의 변화가 모든 학교교육을 좌우할 정도로 상위체제의 영향이 크다. 따라서 교사는 자신의 교육활동에 영향을 미칠 수 있는 교육적 맥락 속의 다양한 요인들과 그 영향력의 정도를 인식하고 있어야 하며, 교육의 효과성을 위해 이들의 영향력을 조절할 수 있어야 한다.

여섯째, 자신에 대한 지식이다. 교사는 자신에 대해서 정확히 알고 있어야 한다. 자신이 무엇을 알고 있고 무엇을 모르고 있는지, 그리고 자신의 정의적 특성도 파악하고 있어야 한다. 교사는 교육의 과정에서 자신에게 부족한 것을 발견하고 이를 보충하여 전문성을 향상시키려는 노력을 끊임없이 해야 한다. 따라서 끊임없이 자신을 진단하고 평가하는 과정을 통해 자신을 발견하고 완성하려는 노력을 해야 한다. 이러한 과정에서 중요한 것은 단순히 인지적 측면만의 발전을 강조해서는 안 된다는 것이다. 교사는 자신의 동기와 감정 상태 역시 잘 인지하고 있어야 하며, 이를 잘 통제할 수 있어야 훌륭한 교사가 될 수 있다.

이상에서 그로스맨이 주장하는 교사의 전문적 지식의 유형들을 살펴보았다. 하지만 교사에게 중요한 것은 이러한 지식 차원만이 아니다. 특히 우리나라와 같은 유교문화에서는 교사를 스승의 관점에서 접근함으로써 인간적 자질과 교사로서의 사명감을 강조하고 있다. 교사에게 요구되는 인간적 자질은 학습자에 대한 애정, 인간애, 교직에 대한 열정, 성실, 온화, 책임감, 협력의식, 자주성 등 무수히 많다. 이 중 가장 중요한 것은 인간에 대한 관심과 애정을 갖고 있는 성품이다. 교육 자체가 인간의 형성을 다루고 있기 때문에 인간에 대한 신뢰와 애정을 바탕으로 한 교육이 이뤄져야 한다. 특히 학습자에 대한 애정 없이는 교육활동이 형식적인 관계에 지나지 않을 수 있다. 학생을 사랑하는 사람과 그렇지 않은 사람의 교육활동은 큰 차이를 나타낼 것이다. 학생을 사랑하는 교사는 그 학생을 내면으로부터 이해하고 접근하기 때문에 항상 관용과 보살핌의 관점에서 교육활동이 이루어지게 된다.

교사에게 필요한 또 하나의 요건은 사명감이다. 교사는 교직이 갖는 의미를 자각하고 이를 위해 헌신하려는 품성을 가지고 있어야 한다. 이러한 사명감은 스스로의 깨달음을 통해서만 획득될 수 있다는 점에서 교사교육과정에서 가장 중요하고도 어려운 점이다. 그러한 차원에서 1958년에 대한교육연합회가 '한국교원윤리강령' 을 제정하였다(이원호 외, 1993). 이 강령은 전문 5장 26항으로 구성되어 있으며 학생, 가정, 사회, 교직, 교양에 관해 교사로서 지켜야 할 윤리를 규정해 놓았다. 이 강령의 주요 내용은 교사는 국가사회에 봉사할 수 있는 유능한 인물을 길러 내고 이를 위해 학부모와 함께 책임을 지며 국민의 사표, 학생의 거울이 되어야 한다는 것이다.

3. 교육학

1) 교육학의 성격

교육학은 교육에 대하여 연구하는 학문으로 교육이 실제 어떻게 이루어져야 하는지에 대한 안내와 이론적 근거를 제시하는 학문을 의미한다. 교육학이라는 학문적 정립은 19세기 초 독일의 철학자 헤르바르트

(Herbart)에 의해 이루어졌다. 그에 따르면 교육학은 교육목적과 교육방법으로 구성되어 있으며, 교육목적은 철학에서, 교육방법은 심리학에서 이론체제를 구축하였다(조무남, 2004). 교육학이 태동한 계기는 19세기 초 서구사회가 민족주의를 내세우며 국민들에 대한 교육을 강조하고 학교라는 정식교육기관을 설립하면서부터다. 학교라는 공식적인 교육기관은 교사들을 필요로 하였으며, 교사를 양성하기 위한 학문으로 교육학이라는 새로운 학문적 필요성이 대두되었던 것이다.

하지만 헤르바르트의 교육학은 뒤르켕에 의해 아직 철학적 관점에서 벗어나지 못했다고 비판을 받게 된다. 뒤르켕은 교육을 하나의 사회적 현상으로 파악하고, 이러한 사회적 현상을 객관적 · 실증적으로 조사 · 연구하려는 입장에서 자신의 접근을 '교육의 과학'이라고 지칭하였다. 교육의 과학적 접근은 실험과 관찰 그리고 측정과 평가라는 경험적 접근방법을 사용하여 교육을 과학적인 연구방법을 사용하여 설명하고 예언하려고 하였다는 측면에서 학문적 발전을 가져왔다.

교육학의 학문적 성격에 대해서는 국내외적으로 많은 논의가 되고 있다. 학문으로서 독립성을 가지고 있는지부터 시작하여 기술적인지 아니면 규범적인지, 실천적 학문인지 아니면 이론적 학문인지 등에 대한 논의가 많이 있다.

첫 번째 논의는 교육학이 다른 학문과 구분되는 학문적 독립성을 갖고 있느냐다. 일반적으로 독립적인 학문이 되기 위해서는 최소한 독자적인 연구대상이 있어야 하며, 이를 연구하기 위한 독자적인 연구방법을 가지고 있어야 한다. 교육학이 과연 독자적인 연구대상과 연구방법을 가지고 있느냐에 대한 논의는 아직도 합의점을 찾지 못하고 있다. 어떤 학자들은 교육학이 인간의 형성이라는 독자적인 연구대상을 가지고 있으며, 실천을 통한 경험적 검증이라는 연구방법을 가지고 있다고 주장한다. 하지만 아직도 철학이나 심리학과 같은 학문으로부터 완전히 분리되지 못했다는 비판도 있다. 이러한 비판 역시 교육학의 정체성과 발전을 위한 끊임없는 자성의 노력으로 볼 수 있을 것이다.

두 번째 논의는 교육학이 교육적 가치를 다루는 규범과학적 특성을 가진다는 견해와 경험적 사실을 바탕으로 한 기술과학적 특성을 가진다는 견해 간의 대립이다. 규범과학적 접근이란 교육학이 추구해야 할 당위론적 방향에 대한 연구에 초점을 두고 있다. 이러한 접근은 교육이 가치를 추구하는 학문인 만큼 인간의 지각, 정서, 직관에 의해 이해될 수 있다는 철학적 접근에 기초하고 있다. 따라서 연구의 대상도 주로 교육목적에 치중하여 어떤 인간이 가장 이상적인지를 연구하였다. 반면에 경험적 교육학은 이러한 접근에 반대하고 사실적 자료를 수집하여 이들 간의 인과관계를 기술, 설명, 예언하는 데 초점을 두고 있다. 이러한 접근은 교육이 인간행동으로 이루어지기 때문에 관찰이 가능하고 또한 이를 법칙화하여 예측할 수 있고 통제가 가능하다고 본다. 따라서 경험적 교육학은 반복적이고 경험적인 연구를 통해 교육현상의 법칙을 발견하고 이를 기초로 하여 가장 효과적인 교육적 실천방법을 처방하는 데 초점을 둔다.

세 번째는 실천적 학문인지 아니면 이론적 학문인지에 대한 논의다. 실천적 학문의 관점에서 교육학을 접근하는 입장은 교육학이 실제 교육현장에 도움을 줄 수 있는 학문이어야 하며, 따라서 교육현장의 문제를 진단하고 이를 개선하기 위한 직접적인 시사점을 주어야 한다고 본다. 반면에 학문적 관점에서는 교육현상을 이해하고 설명하는 연구가 반드시 교육실제에 직접적인 시사점을 주지 못하더라도 교육의 현상을 이해하는 데 도움이 되는 것으로 충분하다는 입장이다.

이러한 논의들은 어느 한 입장이 옳다고 보기보다는 교육학 자체가 이러한 다의적 성격을 띠고 있는 것으로 보아야 할 것이다.

2) 교육학의 영역

20세기에 들어오면서 교육학은 분화되기 시작하였다. 처음에는 교육학의 기초학문이었던 심리학이 교육학 내의 하나의 학문적 영역으로 자리잡으면서 교육심리학이라는 하위영역으로 발달하였다. 철학 역시 교육철학으로 발달하였으며, 다른 다양한 교육학의 하위영역들이 발달하기 시작하였다. 교육학이 점차 분화되면서 다양한 하위영역들이 생겨나고 있지만 이들 하위영역을 명확히 구분하기는 쉽지 않다. 『교육학용어사전』(1999)에 따르면 교육학의 영역을 크게 〈표 1-1〉과 같이 구분하여 설명하고 있다.

표 1-1 **교육학의 하위영역**

구분	하위영역
기초학문의 방법론	교육철학, 교육사, 교육사회학, 교육심리학, 교육행정학, 교육인류학, 교육경제학
교육의 행위 활동	교육목적론, 교육과정 및 교육평가, 교육측정, 교육상담, 학교경영, 학급경영, 교수법, 교육정책, 장학론
교육체제의 성격	학교교육론은 대상에 따라 초등, 중등, 고등, 교사, 유아, 특수교육론, 사회교육론

교육학의 하위영역을 구분하는 것은 학문적인 의미도 있지만, 교사 양성을 위해 어떤 영역의 내용들을 선정하고 가르쳐야 하는지를 결정하는데 영향을 주게 된다. 교사교육에 대한 정책적인 의사결정권을 가진 교육부(2004)에 따르면 교사가 되기 위해 수강해야 하는 최소한의 교직이론들을 〈표 1-2〉와 같이 구분하고 있다. 교육학개론을 제외한 6개의 교직이론들은 현재 교육학을 구성하고 있는 주요 하위영역들을 대표하고 있다.

표 1-2 **교육부의 교직이론 구분**

교과목	기본교수요목
교육학개론	교육학 전반에 대한 기초적 이론, 교직윤리, 특히 교사론에 역점을 둔다.
교육철학 및 교육사	교육의 철학적 기초, 교육의 역사적 기초, 특히 우리나라와 관련된 교육사 또는 교육철학에 역점을 둔다.
교육과정 및 교육평가	교육과정의 이론과 실제, 교육평가의 방법, 특히 교육현장의 문제를 중점적으로 다룬다.
교육방법 및 교육공학	교수 · 학습의 이론과 실제, 특히 교육기자재 활용방법에 중점을 둔다. 교육용 소프트웨어의 활용에 관한 과목을 포함한다.
교육심리	학습 및 발달이론, 생활지도에 역점을 둔다.
교육사회	교육의 사회적 기능, 특히 학교와 지역사회관계에 중점을 둔다.
교육행정 및 교육경영	교육제도 및 조직, 교원인사, 장학 및 학교행정, 학급경영 등에 역점을 둔다.

연구문제

1. 교육을 받지 못하면 진정한 인간이라고 말할 수 없는지 논의하시오.
2. 교육의 의미를 자신의 의미로 재정의 하시오.
3. 교직에 대한 세 가지 관점 중 어떤 입장을 지지하는지 자신의 입장을 설명하시오.
4. 교사가 가지고 있어야 할 전문적 지식과 성품을 자신이 갖추고 있는지 살펴보고, 어떻게 하면 이런 지식과 성품을 갖출 수 있을지 계획을 세워 보시오.
5. 교육학의 학문적 성격을 설명하시오.

추천 학습자료

〈도서〉

1. 정범모(1994). 교육과 교육학. 서울: 배영사.
2. Peters, R. (1984). 윤리학과 교육(이홍우 외 역). 서울: 교육과학사.

〈인터넷 자료〉

1. 한국교육학회 http://www.ksse.net

참고문헌

교육인적자원부(2004). 교원자격검정 실무편람.

김신일(1993). 교육사회학. 서울: 교육과학사.

서울대학교 교육연구소 편(1999). 교육학용어사전. 서울: 도서출판 하우.

신창호(2003). 인간, 왜 가르치고 배우는가. 서울: 서현사.

오천석(1973). 스승. 서울: 배영사.

이원호 외(1993). 교육학개론. 서울: 문음사.

정범모(1994). 교육과 교육학. 서울: 배영사.

조무남(2004). 교육학론. 서울: 학지사.

Grossman, P. L. (1995). Teachers' knowledge. In L. W. Anderson (Ed.), International Encyclopedia of Teaching and Teacher Education (2nd ed., pp. 20-24). Kidlington, Oxford, UK: Elsevier Science Ltd.

Ornstein, A. C., & Levine, D. U. (2000). *Foundations of Education*. Boston, MA: Houghton Mifflin Company.

Peters, R. (1966). *Ethics and Education*. London: Gorge Allen & Unwin Ltd. 이홍우 외 역 (1984). 윤리학과 교육. 서울: 교육과학사.

제 2 장

교육철학의 이해

이 장에서는 교육철학의 개념, 전통적 교육철학, 20세기 전 · 후기의 교육철학을 소개한다. 교육철학의 개념에서는 교육철학의 의미를 다양한 각도에서 조망한다. 전통적 교육철학에서는 관념론, 실재론, 프래그머티즘과 각각의 교육이론을 설명한다. 20세기 전기의 교육철학에서는 진보주의, 본질주의, 항존주의, 재건주의 교육이론을 설명하고, 20세기 후기의 교육철학에서는 실존철학, 분석철학, 비판철학, 포스트모더니즘의 교육이론을 설명한다.

학습과제

- 교육철학의 개념을 알아본다.
- 전통적 교육철학의 종류, 특징 및 차이점을 알아본다.
- 20세기 전기 교육사조의 종류, 특징 및 차이점을 알아본다.
- 20세기 후기 교육사조의 종류, 특징 및 차이점을 알아본다.

〈죽은 시인의 사회(Dead Poets Society)〉는 참 교육의 의미를 고민하게 만든 대표적 영화로, 영화의 선풍적 인기에 힘입어 소설로도 발표되었다. 〈죽은 시인의 사회〉는 현재 이 순간에 충실하라는 뜻의 라틴어 '카르페 디엠'을 수십 년간 관객들에게 회자되도록 한 영화다. 영화에서 괴짜 선생님 존 키팅 역을 맡았던 로빈 윌리엄스가 2014년 별세하면서 〈죽은 시인의 사회〉와 그가 남겼던 명대사들이 재조명 받고 있다.

졸업생의 70% 이상이 미국의 최고 명문 대학에 진학하는 웰튼 아카데미는 전원 기숙사 생활을 하면서 철저하고 엄격한 통제를 받는 고등학교다. 목표는 오직 명문대 진학이며 학생들에게 스스로의 결정과 판단이란 존재하지 않는다.

이러한 웰튼 아카데미에 존 키팅이 부임하면서 변화가 일어나기 시작한다. 키팅 역시 웰튼 아카데미 출신이지만, 그는 색다른 교육 방식으로 학생들을 사로잡는다. 영어 교사로 부임한 키팅 선생은 파격적인 수업 방식으로 학생들을 가르친다. 키팅 선생은 학생들에게 "카르페 디엠, 현재를 즐겨라, 인생을 독특하게 살아라."라고 조언하고, "인간은 뜨거운 심장을 갖고 있지…… 의학이나 법학 등이 삶을 유지하는 데 필요하지만, 시와 낭만, 사랑은 바로 삶의 여유"라고 말한다.

그러나 색다른 교육 방식이 학교의 방침에 어긋나자 그는 결국 학교에

서 쫓겨나게 된다. 진정으로 키튼 선생을 '스승'이라 생각한 학생들은 이 부분에서 또 다른 명장면을 만들어 내는데, 이들은 모두 책상 위에 올라서서 "오 캡틴, 마이 캡틴"을 외친다. 키튼 선생은 "모두 고맙구나, 고맙다." 라고 화답한다.

웰튼 아카데미의 전통적 교육방법과 키팅 선생의 교육방법 사이에는 많은 차이가 있다. 그런데 이러한 교육방법의 차이는 교육을 보는 관점의 차이에서 발생한다. 교육을 어떻게 볼 것인가? 이는 교육철학의 가장 중요한 질문 중 하나다. 교육철학이 무엇일까? 그리고 왜 교육철학을 배워야 할까?

1. 교육철학의 개념

1) 철학과 교육철학

철학을 뜻하는 '필로소피아'(philosophia)는 '필로스'(philos=사랑)와 '소피아'(sophia=지혜)의 합성어로 '지혜에 대한 사랑'을 의미한다. 그런데 여기서 '지혜'에 중점을 두느냐 혹은 '사랑'에 중점을 두느냐에 따라 '필로소피아'의 뜻이 달라진다. 대체로 소크라테스나 플라톤에게 철학은 '사랑'을 강조하여, 자신의 무지를 깨닫고 '보다 나은 지혜'를 향하여 끊임없이 노력하는 '활동'을 의미했다. 반면, 아리스토텔레스에게 철학은 '지혜'를 강조하는 '탐구된 지혜', 즉 '객관적 지식의 체계'를 의미했다.

철학의 구분은 교육철학에도 적용되어, 교육철학을 '지식 체계'로서의 교육철학과 '탐구활동'으로서의 교육철학으로 구분할 수 있다. '지식체계'로서의 교육철학은 '포괄적이며 체계적인 교육에 대한 관점'을 의미한다. 그리하여 대학의 '교육철학'이라는 과목에서는 공자, 듀이(Dewey) 등의 교육 사상가들과 진보주의, 실존주의 등의 교육이론을 다루게 된다.

위대한 사상이나 주의(ism)들이 교육에 관한 포괄적이며 체계적인 관점이나 이론이기 때문이다.

'탐구활동' 으로서의 교육철학은 철학을 체계(system)가 아니라 활동(activity)으로 파악하고, 직접 생각하고 따져 보는 작업으로 보는 관점이다. '교육철학' 과목에서는 논란이 되고 있는 '자율형 사립고' '대학입시' '학생체벌' '무상급식' 등의 교육문제를 보다 근본적인 차원에서 따져 보고 탐구하는 활동을 하게 된다.

이러한 구분과 별도로 우리는 특정인의 교육관을 교육철학이라고 부르기도 한다. 즉, '교육관으로서의 교육철학' 은 바람직한 교육에 대한 견해와 소신을 가리킨다.

철학의 주 관심 대상은 무엇인가? 교육철학의 탐구영역을 '사과' 의 예를 통해 살펴보기로 하자. 사과는 사과라는 '존재' 와 사과가 가지고 있는 '가치' 로 분리된다. 껍질, 속살, 그리고 씨 모두를 합친 것이 사과의 존재라면, 사과의 싱싱함, 생기, 아름다움 등은 사과의 가치다. 그리고 존재와 가치 이외에 존재와 가치를 바라보고 파악하는 인간의 '주관' 이 있다.

사과의 존재, 사과의 가치, 그리고 인간의 주관 이 세 가지를 철학의 영역에 적용시켜 본다면, 존재를 논하는 것이 '존재론(형이상학)' 이고, 가치를 논하는 것이 '가치론' 이며, 주관을 논하는 것이 '인식론' 이다.

인식론(epistemology)은 "우리는 어떻게 아는가?" 라는 물음을 중심 문제로 하는 철학 활동의 한 분야로 '지식론' 이라고도 한다. 대표적인 입장으로 경험론과 합리론이 있다. 또한 지식은 '~인 것을 안다' 로 표현되는 지식(know that)인 명제적 지식과 '~을 할 줄 안다' 로 표현되는 지식(know how)인 방법적 지식으로 구분된다.

한편, 영국의 철학자이자 물리학자인 폴라니(Michael Polanyi)는 지식을 암묵지(암묵적 지식)와 명시지(명시적 지식) 또는 형식지(形式知)으로 구분하였다. 암묵지는 학습과 경험을 통하여 습득함으로써 개인에게 체화되어 있지만 언어나 문자로 표현하기 어려운, 겉으로 드러나지 않는 지식을 말한다. 명시지는 암묵지와 상대되는 개념으로서 언어나 문자를 통하여 겉으로 표현된 지식으로서 문서화 또는 데이터화된 지식이라고 할 수 있다.

형이상학(metaphysics)은 "무엇이 실재하는가?"라는 물음을 중심 문제로 하는 철학 활동의 한 분야로 '존재론'이라고도 한다. 사물의 궁극적 실체가 하나로 구성되어 있다고 주장하는 이를 일원론자, 두 개로 구성되어 있다고 주장하는 이를 이원론자, 세 개 이상으로 구성되어 있다고 주장하는 이를 다원론자라고 한다.

가치론(axiology)은 가치들의 본질이 무엇인가, 어떤 것이 가치 있는가 하는 것에 치중한다. '무엇이 좋은가?' '무엇이 옳은가?' '무엇이 아름다운가?' 등을 탐구하는 가치론은 탐구 대상이 무엇이냐에 따라 '윤리학'과 '미학'으로 구분된다.

2) 교육철학과 교육과학

교육을 철학적으로 탐구한다는 것의 의미를 밝히는 한 가지 유용한 접근은 교육을 철학적이 아닌 다른 방법론으로 탐구하는 것과 비교해 보는 것이다. 예를 들면, 남자의 특징을 밝힐 때, 여자와 비교하여 살펴보면 그 특징을 보다 쉽게 알 수 있는 것과 같은 이치다. 교육을 '과학적으로' 탐구하는 것과 비교해 보기로 하자.

과학의 탐구 대상은 사실(事實)이다. 사실이란 우리의 다섯 가지 감각기관을 통하여 참, 거짓을 판단할 수 있는 대상을 말한다. 이렇게 감각기관에 의해 참, 거짓을 판단하는 것을 경험에 의한 판단이라고 한다. 사실은 현상(現象)이라고도 한다.

이에 반해, 철학의 탐구 대상은 감각기관이 아닌 다른 근거에 의해 그 참, 거짓을 판단할 수 있는 의미(意味)다. 의미는 '일상적 의미'와 '규범적 의미'로 구분된다. 일상적 의미는 일반적으로 사람들이 사용하는 언어의 의미를 지칭하는 것이다. 예를 들면, '교육의 의미는 무엇인가?' '교육과

훈련의 차이는 무엇인가?' 등을 탐구한다. 규범적 의미는 어떤 것이 이상적인 것이며, 왜 해야 하며, 어떻게 해야 옳은 것인가를 탐구하는 것을 말한다. 예를 들면, '이상적인 교육은 어떤 것이며, 교육은 왜 해야 하며, 어떻게 하는 것이 올바른 교육인가' 등을 탐구한다.

과학이라는 활동은 구체적 사실들을 일반화된 진술로 기술(記述)하고, 그렇게 기술된 사실이 왜 일어나는지를 어떤 법칙이나 이론으로 설명하며, 예언하고, 통제한다. 이에 반해, 철학이라는 활동은 일차적으로 일상적 의미를 분석(分析)한다. 이를 통해 그 말과 관련하여 이면에 깔려 있는 세상에 대한 관점을 드러낸다. 다음으로 규범적 의미를 비판(批判)하거나 정당화(正當化)한다. 정당화와 비판이란 규범적 의미를 합리적이며 타당한 이유나 기준에 근거하여 자신의 입장을 옹호하는 것과 다른 사람이 지닌 입장의 결점과 한계를 지적하는 것을 말한다.

과학은 인간의 다섯 가지 감각기관으로 알 수 있는 경험적 명제를 다룬다. 경험적 명제는 사실을 다룬다는 점에서 사실적 명제라고도 한다.

반면, 철학에서 다루는 명제는 개념적 명제이거나 규범적 명제다. '일상적 의미'의 경우, 언어의 의미나 개념의 관계를 분석함으로써 참, 거짓을 판별할 수 있다는 점에서 개념적 명제에 해당된다. 개념적 명제는 그 의미나 개념의 논리적 관계를 주목한다는 점에서 논리적 명제라고도 한다. '규범적 의미'의 경우, 이상적인 당위를 주장하고 그 근거나 준거의 합리성과 타당성에 근거하여 참, 거짓을 판별할 수 있다는 점에서 규범적 명제라고 한다. 규범적 명제는 가치의 문제에 속한다는 점에서 가치론적 명제라고도 한다.

3) 교육철학의 기능

분석적 기능은 교육적 언어와 의미를 분명히 밝히고 의미들 사이의 논리적 관계를 명백히 드러내는 활동이다. 사실, 우리가 사용하는 단어들을 보면 그 의미가 애매모호한 경우가 많다. 예컨대, "A 교수는 훌륭하다."라는 문장에서 '훌륭하다'라는 말의 의미는 여러 가지 기준에서 이야기할 수 있다. 어떤 경우는 강의를 잘한다는 점에서 훌륭하다고 말할 수 있고, 연구 활동을 열심히 한다는 의미로 훌륭하다고 말할 수 있고, 사회봉사 활동을 많이 한다는 점에서 훌륭하다고 이야기할 수도 있다. 이 경우 어떤 것을 훌륭하다고 하는 것이 타당하며, 나아가 과연 훌륭하다는 것은 무슨 뜻인가 하는 의문을 가질 수 있다. 이처럼 의사소통을 명확히 하고 올바른 사고를 전개하기 위하여 무엇보다 언어의 의미나 가치판단의 기준을 분명히 하는 것이 필요하다.

평가적 기능은 주어진 준거(criterion), 기준(standard) 혹은 규범(norm)에 비추어 어떤 교육적 의미체계나 교육현실을 평가하는 활동을 가리킨다. 평가적 활동을 위해서는 분석적 기능의 도움이 필요하다. 예를 들어, '한국 사회에서 교육의 기회균등이 이루어지고 있는가?' 라는 질문을 생각해 보자. 이 질문에는 '한국 사회에서 교육의 기회균등이 이루어져야 한다.'가 전제되어 있는 것으로 받아들이는 것이 보통이므로 평가적 질문으로 이해할 수 있다. 그러나 이 질문에 답하기 위해서는 '교육의 기회균등' 이라는 개념 분석이 선행되어야 한다. 이러한 이유로 교육활동에 있어서 분석적 기능이 좌표 혹은 원리를 명백히 하는 노력이라면, 평가적 기능은 그 좌표 혹은 원리대로 교육을 이루고자 하는 노력이라고 할 수 있다.

사변적 기능은 제시된 문제를 해결하기 위해 교육에 대한 새로운 의미체계—즉, 이론이나 설명체계—를 구안하여 제시하는 활동을 가리킨다. 다시 말해, 어떠한 인간관과 세계관, 지식관과 세계관, 아동관과 교사관을 형성해 내고, 그에 따라 교육은 이러저러한 것이라든지 또는 이러저러해야 한다고 제안하거나 주장하는 일이 사변적 기능이다. 이와 같은 일뿐만 아니라, 평가적 기능을 수행하기 위해 요구되는 평가기준을 설정하고 만들어 가는 일 역시 사변적 기능이라 할 수 있다. 그리고 평가 결과를 해석하고, 그에 따라 교육적 제안과 주장을 하게 되는 것 역시 사변적 기능이 발휘되는 것이다.

통합적 기능은 하나의 현상이나 과정을 전체로서 파악하고 여러 부분과 차원을 통합하여 이해하려는 행위다. 교육학은 이론적으로 심리학, 사회학, 인류학, 역사학, 철학, 행정학, 경제학 등 다양한 학문과 관련되어 있다. 구체적인 교육의 실천도 일의 성격에 따라 제도적으로 여러 영역으로 분할되어 있다. 그러므로 다양한 학문 영역에서 발견된 이론과 새로운 제안을 전체로 통합하고, 교육활동들이 유기적 관련 속에서 일관성 있게 이루어지도록 할 필요가 있다.

2. 서구의 전통철학과 교육

1) 관념론과 플라톤의 이데아

관념론의 역사에서 체계적인 교육이론을 전개한 대표적인 인물은 플라톤이고, 플라톤의 핵심 철학 사상은 이데아(Idea), 즉 관념이다. 우리가 보고 듣는 감각 세계는 이데아 세계의 모방물에 불과하다. 감각적 세계는 지속적으로 변화하는 가상의 세계이고 착각과 편견을 일으키는 세계다. 반면에 이데아 세계는 영원불변하고 참된 존재의 세계이며 감각이 아닌 이성으로만 인식되는 세계다.

플라톤 『국가론』의 '동굴의 비유'는 감각 세계를 어두운 동굴에, 이데아의 세계를 태양에 비유하였다. "동굴 속에서 안쪽 벽만을 보며 평생 살고 있는 죄수를 생각해 보자. 그들은 단지 동굴 벽에 나타나는 그림자만을 보고, 실재(實在)라고 잘못 생각한다. 우연히 한 죄수가 사슬에서 풀려나 가파르고 거친 오르막길(교육의 비유)을 올라 동굴 밖의 태양, 즉 이데아를 보게 된다(계몽의 비유)."

플라톤은 진리(idea)를 인식할 수 있는, 동굴의 비유에서 태양을 보는 사

[그림 2-1] 동굴의 비유

람과 같은 철인(哲人)이 국가를 통치할 수 있다고 믿고 교육에 의한 유토피아를 구상하였다.

그렇기 때문에 관념론에서 말하는 교육이란 성장하는 세대가 참된 실재를 인식하고 최고선에 따라 실천적 삶을 영위하며, 아름다움을 추구할 수 있도록 그들의 정신 능력을 계발시키는 일이다. 관념론에 근거한 교육은 정신적 작용으로서 인간성 안에 내재된 가장 좋은 것, 그 사회가 지니고 있는 가장 소중한 것, 그리고 인간이 지향해야 할 가장 아름다운 것을 교육에 적극적으로 반영시켜야 한다.

그러나 관념론은 지나치게 추상적이어서 실제 인간 생활과 친밀한 관계를 유지할 수 없고, 급속히 진보하는 사람의 지성과 요구를 충족시킬 수 없으며, 특히 교육분야에서 정신적 가치를 지나치게 강조한 나머지 물질적, 직업적 교육의 요구를 충족시키지 못한다는 비판을 받았다.

2) 실재론과 아리스토텔레스의 형상 · 질료

실재론은 인식의 대상이 인식작용의 의식이나 주관에서 독립하여 존재한다고 보며 그에 대한 객관적 파악에 의해서만 참다운 인식이 성립한다고 보는 입장이다.

실재론의 두 가지 기본 명제는 '독립성의 원리' (principle of independence)와 '일치성의 원리' (principle of correspondence)다. '독립성의 원리'는 진리란 인간이 그것을 지각할 수 있든지 없든지 간에 우리의 인식 행위와는 관계없이 존재한다는 주장이다. '일치성의 원리'는 인간의 지각이 실제와 일치할 때 진리가 성립한다는 주장이다.

아리스토텔레스는 실재론의 창시자로 알려져 있다. 아리스토텔레스는 '형상'과 '질료'를 통해 자신의 실재론을 설명했다. 그는 이 세계의 모든 사물은 형상과 질료로 이루어져 있는데, 형상과 질료는 구분되어야 한다고 말했다. 질료란 무엇인가로 만들어질 수 있는 가능태를 의미하며, 형상이란 질료를 통해 만들어진 현실태다. 가능태와 현실태, 질료와 형상은 상대적이다. 질료는 형상이 될 수 있는 가능태이며, 형상은 질료의 현실태다. 예컨대, 씨앗이 질료라면 나무는 형상이다. 나무가 질료라면 통나무집은 형상이다. 통나무집이 질료라면 통나무집 마을은 형상이다. 반대로, 통나무집 마을이라는 형상의 질료는 통나무이며, 통나무라는 형상의 질료는 나무, 나무라는 형상의 질료는 씨앗이다.

실재론자들에 의하면 교육의 사회적 기능은 인간의 역사를 통하여 전래되어 온 지식과 문화를 전달하는 것이다. 실재론은 합리적 사고의 기본적인 도구, 규범, 원리에 익숙해야 함과 지적 교육을 중시한다. 그러나 이로 인해 주지주의의 편협성에 빠질 위험성도 가지고 있다.

실재론의 입장에 따르면, 교육의 목적은 우주의 이치를 깨우칠 수 있는 핵심적인 지식과 경건한 마음을 갖게 하는 데 있다. 교육의 과정은 학생들이 진리를 알고, 진리를 향유할 수 있는 습관과 경향성을 갖게 하는 데 초점을 두어야 한다. 교육방법보다는 교재가 우선되어야 하고, 함께 배워야 할 중심 교과과정이 있어야 한다. 수학, 자연과학, 사회과학, 인간학 등을 중요시하며, 과목 간의 통합을 강조하였다. 교사는 교과의 내용을 충분히 알고 있어야 하며, 한 교과가 다른 교과와 어떻게 연결되는지에 대해서도 잘 알아야 한다. 그리고 학생들은 지식과 기능을 배울 준비가 되어 있어야 한다.

그러나 교사 주도의 교육은 주입식 교육의 가능성, 보수적 경향, 전통적 지식을 전달하는 교육이 될 가능성이 많다. 또한 모든 학생에게 동일한 교육을 시키는 것은 개인차에서 오는 특성과 능력을 무시할 가능성도 있다. 그리고 실재론의 교육은 고정적인 것이어서 변화를 수용하지 못할 가능성도 있다.

3) 프래그머티즘과 듀이의 교육이론

프래그머티즘(pragmatism)은 19세기 후반 이후 미국을 중심으로 일어난 새로운 철학 사조로, 철학의 기초를 구체적 경험에 두고 있다. 프래그머티즘은 실행 · 실험 · 사무 등을 의미하는 그리스어 pragmata에 ism을 붙인 것이다. 프래그머티즘의 발상은 고대 그리스의 헤라클레이토스가 '만물은 유전한다.' 라고 주장한 데서 찾아볼 수 있다. 이 세상에 고정불변의 것은 없으며 모든 것이 변화하고 있다는 관점은 프래그머티즘의 기본적인 가정이다.

프래그머티즘은 지나치게 현학적 · 폐쇄적 체계를 유지하고 있던 19세기 관념론에 대한 반발이 확산되는 가운데 대두되었다. 이는 다윈의 진화론에 힘입은 바 크다. 진화론은 자연 · 생명 · 이성에 대해 비관념론적인 새로운 해석의 계기를 제공하였다. 이러한 진화론이 인문학에 영향을 미쳤다. 즉, 삶의 목적과 우주 일반에 관한 거창한 관념론적 · 합리론적 설명보다는 인간 삶에 유용한 변화를 가져올 지식과 학문의 발달에 더 큰 관심을 가지게 되었다. 또한 프래그머티즘은 영국에서 시작된 근대적 경험론의 전통을 계승한 것으로 볼 수 있어 주지주의(主知主義)를 배격하는 입장을 견지하였다. 19세기 말 급속한 산업발전으로 고된 노동이 반드시 보상을 가져다준다는 당시 미국의 사회 분위기도 프래그머티즘 출현의 중요한 요인으로 작용하였다.

프래그머티즘은 미국의 퍼어서(Peirce), 제임스(James), 듀이 등에 의해 크게 발전하였다. 이들은 철학을 인간의 문제를 해결하기 위한 수단으로 보고, 진리란 인간의 경험에서 나오는 시험적인 것 또는 가설적인 것으로 보았다. 그래서 이들은 과학적인 방법으로 행동의 결과를 검증하는 데 관심을 기울인다. 프래그머티즘을 주장하는 사람들은 실재는 인간의 관념에 의존하는 것(관념론)도 아니고, 독립적으로 존재하는 것(실재론)도 아니며, 인간과 그의 환경과의 상호 작용을 통해 형성되는 인간 경험의 총체라고 생각한다.

프래그머티즘은 지식을 절대적인 것, 확실한 것, 불변적인 것으로 간주하는 전통 철학에서 이탈하는 사유 체계다. 이에 따르면, 전통 철학이 꿈꾸어 왔던 완성된 최종적인 지식은 도달할 수 없는 이상이다. 지식은 언제나 성장하는 과정 중에 있는 것으로서 최종적일 수 없다는 것이다.

따라서 교육의 목적과 방법은 개방성과 융통성을 지녀 지속적으로 개조될 수 있어야 하며, 개인의 욕구와 흥미와 필요에 기초하여야 한다. 그리고 교육의 과정은 끊임없는 경험의 재구성 과정이어야 한다. 교육은 넓은 의미에서 생명을 사회적으로 지속시키는 일이어야 하고, 이를 위해 학교가 지역사회의 중심이 되어야 한다.

교육학의 영역에서 프래그머티즘의 영향력을 극대화한 사람은 듀이로서 그는 프래그머티즘 철학에 경험주의와 도구주의(instrumentalism)라는 용어를 소개하였다. 듀이는 학생을 수용력과 잠재적 능력을 갖춘 발전적 성장체로 보았다. 아동이 미성숙하다는 것은 성장의 잠재 조건이다. 학생들에게 능력 · 힘으로 구성되는 수용력(capacity)과 효능 · 세력으로 구성되는 잠재적 능력(potentiality)이 내재되어 있음을 강조하였다.

듀이는 전통적인 학교에서 교육을 '생활을 위한 준비' 라고 본 것을 비판하면서, 교육은 생활의 준비가 아니라 생활 그 자체임을 강조하여 아동의 적극적인 활동을 고무하고, 의미 있는 경험이 일어나게 하였다.

그러나 프래그머티즘은 가장 기본적인 지식의 교수에 철저하지 못했고, 가치나 지식을 무시했으며, 사회를 지나치게 낙관적으로 보면서 사회 변화에 능동적으로 대처하지 못했다는 비난을 받았다.

3. 20세기 전기의 교육사조

1) 진보주의와 교육이론

진보주의(progressivism)는 20세기 미국 교육의 전체적 경향을 대표하는 교육사조로, 교사 중심의 전통적 교육의 편협성과 형식주의가 낳은 비인간화에 대한 반발로 일어난 교육운동이다.

진보주의는 모든 교육의 중심에 아동을 두고, 아동의 전인적 성장 발달에 초점을 두었다. 따라서 진보주의 교육운동의 기본 사상은 아동중심주의에 입각하여 '행함으로 배우는' (learning by doing), 즉 최근의 용어를 빌리면 아동의 '자기주도적 학습' 을 내세웠다. 또한 학교는 학습하기에 쾌적한 장소가 되어야 하며, 모든 학습은 아동의 흥미나 욕구에 입각해야 한다는 것을 강조했다.

진보주의 교육운동은 1918년 듀이와 킬패트릭(Kilpatrick)을 중심으로 '진보주의 교육협회' 를 결성하여 이루어졌으며, 전통적 교육환경을 개선하는 데 기여하였다. 이 협회는 미국의 교육개혁 운동으로 발전하였고, 이후 30년 이상 미국 내외에 영향을 미쳤다. 현대의 아동중심 진보주의는 인간주의적 교육으로, 영국 초등학교에 기초한 열린교육체제로 표현되었다. 우리나라의 경우 해방 후 미군정시대에 교육정책의 기본 이념으로 진보주의를 채택하였으며, 1950년대 새교육 운동으로 발전하기도 하였다.

'진보주의 교육협회' 는 다음과 같은 7개 항의 교육강령을 채택하여 전통적인 학교교육을 반대하였다.

① 모든 아동에게 스스로 발달할 수 있는 자유를 부여해야 한다. ② 아동의 흥미가 모든 학습 활동의 동기가 되어야 한다. ③ 교사는 학생의 모든 활동을 고무시키고 적절한 정보를 제공하는 안내자여야 한다. ④ 아동 교육의 목적을 학업성적뿐만 아니라 신체적, 지적, 도덕적, 사회성을 포함하는 전인적 발달에 두어야 한다. ⑤ 교육의 제일 목표를 건강증진에 두어야 하며 따라서 학교의 시설, 환경, 인적 조건은 명랑해야 한다. ⑥ 학교는 가정과 긴밀한 관련하에 아동의 생활에 만족을 줄 수 있도록 노력해야 한다. ⑦ 진보주의 학교는 실험학교로서 과학적인 연구를 통하여 교육개혁의 중추가 되어야 한다.

1930년대 미국 교육에 크게 영향을 미친 진보주의 교육이론은 초창기부터 본질주의와 항존주의자들의 비판을 받았다. 넬러(Kneller, 1971)가 지적한 진보주의 교육운동의 취약점은 다음과 같다.

① 아동에게 지나친 자유를 부여하고 그의 흥미를 너무 존중한 나머지 아동으로 하여금 어려운 교과목을 피하고 비교적 쉬운 교과목만을 택하게 하였다. ② 자유를 존중한 나머지 미래에 대한 교육의 준비성을 너무 소홀히 했으며, 민주방식을 과신한 나머지 가치의 절대적인 측면을 보는 눈을 키워 주지 못했다. ③ 아동중심 · 생활중심 교육이 지나쳐 교육의 명확한 목표 설정이 어려웠고, 문제해결 방식은 비효율적인 시행착오와 산만한 수업분위기를 조성하곤 했다. ④ 학교는 본래 특수한 훈련기관이 되어야 하는데 도리어 사회의 복사판, 축소판이 되었고, 다수의 협동적 노력을 강조한 나머지 우수한 소수자의 지도성을 반영하지 못했으며, 민주주의 이외의 사상체계에 대한 객관적 이해를 소홀히 하였다.

2) 본질주의와 교육이론

1938년 버글리(Bagley) 등이 '미국 본질주의 교육개혁 위원회'를 결성하였다. 위원회는 진보주의자들이 지나치게 아동의 흥미와 자유를 존중한 나머지 진정한 문화유산의 전달을 망각하고 있다고 비판하였다. 또한 진보적 학교에서는 학습자가 기본적인 학문을 학습할 수 없다고 보고, 학습은 인류가 쌓아 온 문화적인 전통 중에서 가장 본질적이고 중핵적인 것을 배우는 것이어야 한다고 주장했다.

본질주의자들이 주장하는 교육의 기본 원리는 다음과 같다.

① 학습은 원래 강한 훈련을 수반하는 것이어야 한다. 따라서 학습자들이 싫어하는 경우에도 이것을 시켜야 하며, 또 응용도 시켜야 한다. ② 교육의 주도권은 교사에게 있어야 한다. 어린이가 한 인간으로서 잠재능력을 충분히 발휘하려면 그것을 객관적으로 잘 알고 있는 교사의 지도와 감독이 필요하기 때문이다. 교사는 어린이의 잠재능력을 개발시켜야 한다. ③ 교육과정의 핵심은 소정의 교과를 철저하게 이수하는 일이다. ④ 학교는 전통적인 학문적 훈련방식을 계속 유지해야 한다. 아동이 배워야 할 것은 교과나 지식의 본질적인 개념들이며, 이런 개념들은 전통적인 학문적 훈련방식으로 가르쳐야 한다(Kneller, 1971).

본질주의는 현대 교육의 문제와 그것의 해결을 위한 대안 모색 등과 같은 교육의 사회 개혁적인 논의가 부족하다는 비판을 받았다. 김정환(1982)은 본질주의에 대한 비판들을 다음과 같이 정리하였다.

① 사회과학의 경시다. 본질주의자들은 학문 중에서 가장 체계화되어 있는 자연과학을 중시하고 사회과학을 경시하였다. 이것은 진보주의가 사회과학을 과도하게 중시한 데 대한 하나의 반발로 나타났다. ② 참여의식의 결여다. 본질주의는 체계적인 지식의 전수와 교사의 주도권을 강조함으로써, 학생의 자발적 참여의식과 학습동기를 약화시켰다. ③ 항존주의와의 관련에서 본다면, 본질주의는 기본적 지식과 기술의 전수에만 급급했지, 시간과 공간을 초월한 영원한 진리와 가치의 교육에 소홀했다. ④ 재건주의와 관련해서 본다면, 본질주의는 인류의 과제와 교육의 역할 등 미래의식과 사회 혁신의 자세가 부족하다.

3) 항존주의와 교육이론

항존주의(perennialism)는 라틴어 '페르'(per)에서 나온 '불변', '영원', '항존'의 의미를 지닌 진리의 절대성과 불변성, 그리고 영원성을 믿는 신념을 말한다.

항존주의 교육철학은 고대 그리스의 이성관과 지식관을 그대로 이어받고 있다. 항존주의에 의하면 인간은 이성을 지닌 존재이며 이성의 계발을 통하여 인간다운 삶을 영위할 수 있다. 항존주의 교육의 최대 목적은 이성의 계발에 있고, 이를 위해 자유교양교육을 교육적 이상으로 생각하였다.

항존주의는 인간의 본성은 변하지 않으며 본질적으로 동일하다는 가정에 기초한다. 따라서 항존주의 교육에는 '절대(絶對)의 원리'가 적용된다. 이것은 '변화의 원리'가 적용되는 진보주의 교육과는 완전히 대조된다. 항존주의자들은 심각한 사회적 변화에도 불구하고 영속적인 것이 참되고 이상적인 것이라고 본다. 따라서 과학주의, 세속주의, 물질주의 성격을 띤 진보주의와 본질주의 교육사상을 배격하고 반(反)과학주의, 탈(脫)세속주의, 정신주의를 견지한다. 철저히 비세속적인 입장에서 항존주의는 시간과 공간을 초월한 정신적, 초자연적, 영구불변의 진리를 이성을 통해 획득할 수 있다고 주장하였다.

대표적 항존주의자인 허친스(Hutchins)는 인류가 오랜 세월 동안 담아온 지혜의 보고인 '위대한 고전(The Great Books)' 읽기 프로그램을 제안하였다. 과거의 전통을 공부함으로써 학생들이 진리를 발견하게 된다고 보았기 때문이다.

항존주의는 지나치게 이상적이며, 현실을 경시하는 등 여러 가지 비판을 받았다. 김정환(1982)은 항존주의에 대한 여러 가지 비판들을 다음과 같이 유형별로 정리하였다.

① 비민주적이다. 항존주의는 종교적인 수준에서 유일하고 절대적인 가치체계를 숭상하기 때문에 민주주의의 기본 이념을 위협할 수 있다.

② 현실을 경시한다. 항존주의의 교육은 현실의 학문을 무시하고 고전의 지식들을 영원한 것으로 여긴다. ③ 귀족주의적, 주지주의적 경향을 띤다. 항존주의는 지적인 훈련을 매우 강조한다. 그러나 모든 인간이 지적인 탁월성을 발휘할 수는 없다. 지력의 계발에만 열중하면, 개인의 능력 차이를 무시하게 되고, 따라서 각 개인의 자유로운 성장을 가로막게 될 위험이 있다.

4) 재건주의와 교육이론

진보주의자들 중에는 아동의 개성을 강조한 교육자들과 사회변화에 관심을 가진 교육자들이 있었다. 이들 중 사회 변화에 관심을 가진 진보주의 교육자들을 (사회적) 재건주의자라고 불렀다. 이들 진보주의자들은 진보주의 교육은 사회적, 교육적 현 상태를 개혁하는 것 그 이상, 즉 새로운 사회를 창조해야 한다고 주장했다. 때문에 재건주의(reconstructionism)는 교육의 사회적 역할을 강조하고, 교육을 통한 사회개조를 강조하며, 진보주의의 교육에 대한 입장을 아동중심에서 사회중심으로 적극 전환하기를 주장하는 교육사조다. 진보주의의 변형된 후예로 자처하는 재건주의는 미국의 문화, 세계의 문화는 현재 심각한 위기에 직면해 있고, 종래의 교육으로는 이 위기를 극복할 수 없다는 두 가지 전제하에 출발한다.

대표적 재건주의자인 브라멜드(Brameld)는 한국을 두 차례 방문하여 재건주의 교육철학을 소개하기도 했다. 브라멜드는 진보주의, 본질주의, 항존주의 모두 새 사회 질서를 수립하는 교육이론으로 받아들일 수 없음을 주장하였다. 그는 항존주의는 과거를, 본질주의는 과거와 현재의 중간적 위치를, 진보주의는 현재를 지향함에 반해, 재건주의는 미래를 지향한다고 하면서 자신의 교육철학을 전개하였다.

재건주의는 현대문화의 위기를 인식하고 이를 바탕으로 미래 사회에 대한 개혁적 전망을 가지고 있다는 점에서 높이 평가될 만하다.

그러나 재건주의가 목적하는 새로운 사회질서를 누가 어떻게 어떤 능력으로 실현 가능하게 하느냐는 쉬운 문제가 아니다. 게다가 재건주의는 미래 사회를 어떤 가치관에 입각해서 세울 것인가에 대한 논증이 결여되어 있다는 비판도 받고 있다. 그리고 교육의 힘과 민주적 방식을 지나치게 크게 믿고 있다는 지적도 명심해야 한다. 민주적 역량이 부족한 국가의 경우, 민주적 방식은 중우체제(衆愚體制)로 전락할 수도 있기 때문이다.

4. 20세기 후기의 교육사조

1) 실존주의와 교육철학

실존주의는 니체(Nietzche)와 키에르케고르(Kierkegaard)에 의해 시작되고, 야스퍼스(Jaspers)와 하이데거(Heidegger)를 거쳐, 2차 세계대전 후 사르트르(Sartre)를 중심으로 전개되어 현대 철학의 핵심적 위상을 확보하였다. 사르트르는 실존주의를 "실존은 본질에 앞선다."와 "실존은 주체성이다."라는 두 개의 명제로 규정하였다.

실존주의는 모순된 입장을 견지하는 여러 가지 사상들로 이루어져 있기 때문에 통일된 교육이론을 도출하는 것이 정당하지 않을 수도 있지만, 실존과 실존의 인격적 만남, 즉 너와 나의 인격적 상호관계를 중요시한 볼노오(Bollnow), 부버(Buber) 등의 이론에 근거한 실존주의 교육철학의 주요 특징을 보면 다음과 같다.

① 교육에서 가장 중요시해야 할 존재는 바로 실존적 주체로서의 학습자 개개인이다. 학생들에게는 삶과 사랑과 죽음에 관한 인간적 경험의 의미에 관해 깊이 사색하는 활동이 중요시된다. ② 실존주의에서 가장 중요한 지식은 인간의 존재 조건과 각 개인이 내리는 선택에 관한 것이다. 따라서 교육은 선택할 자유와 그러한 선택의 의미와 책임에 관한 의식을 발달시키는 과정이다. ③ 실존주의적 교육과정은 철학적 대화를 내포한 경

험 및 주제로 구성되어야 한다. 그러한 주제는 개인적 선택의 과정을 생생하게 묘사하는 일과 관련 있다. ④ 실존주의적 관점에서 볼 때, 학교는 학생들이 서로 만나 자신의 삶과 개인적 선택에 관하여 대화하고 토론하는 장소이기 때문에 교사와 학생 모두에게 질문을 할 수 있고 제안을 하고, 대화에 참여할 수 있는 기회가 제공되어야 한다.

실존주의 사상은 만남을 통해 인간을 개성화 · 주체화 · 내면화하며, 실존에 눈을 떠서 창조적인 삶을 전개할 수 있는 인간 조성을 목적으로 하였다. 그러나 실존주의 사상은 논리의 모순성, 모호성, 애매성 등 여러 가지 모순이 내포되어 있다는 비판을 받는다. 실존주의 교육철학의 문제점을 제시하면 다음과 같다.

① 개인의 독자성을 존중하고 개성을 소중히 여기는 등 개인의 존재 의의에 치중한 나머지 개인의 사회적 측면을 경시하는 경향이 있었다. ② 과학이 인간을 객체로 본다는 점에서 과학을 배격한다. 그러나 병리적인 것은 과학이 아니라 인간이 과학을 이용하는 방식 그 자체다. ③ 삶의 과정을 비연속적인 것으로만 보려는 태도는 인간의 삶이 비연속적인 영역과 보다 넓은 연속적인 영역을 동시에 가지는 이중성이라는 현실을 도외시하고 있다. ④ 자유로운 창조적 개인의 성장과 개성의 가치를 존중하기 때문에, 자유인으로서의 교사를 강조한다. 그러나 이러한 교육은 인류의 소중한 문화유산 전달에 취약점을 지닌다. ⑤ 실존주의는 침체되어 있고 억압받는 사회를 대상으로 하기 때문에 자유주의 국가에서는 강력한 주장이 될 수 없다는 어려움도 지닌다.

2) 분석적 교육철학

우리는 어떤 사실들을 학문적으로 표현하거나 질문을 할 때 말을 사용한다. 그러나 우리가 쓰는 말에는 모호한 뜻을 지닌 낱말이나 표현법이 적지 않으므로, 그럴 경우 우리의 표현이나 물음도 모호해지는 것이 당연하다. 모호한 질문에 대해서는 비록 대답을 한다 하더라도, 그 대답의 진위(眞僞) 여부를 판단하기 어렵다. 분석 철학자들은 이러한 모호성을 배제하기 위하여 언어의 분석, 즉 언어의 논리적 구조를 밝히고 그 뜻을 분명히 하는 작업을 중시하였다.

분석이란 개념에 대해서는 학자마다 조금씩 견해를 달리하는데, 러셀(Russell)처럼 복잡한 것들의 궁극적 구성 요소들을 밝혀냄을 분석이라 하기도 하고, 무어(Moore)처럼 개념이나 명제의 명료화 또는 정의(定義)를 분석이라 하기도 한다. 분석 철학자들 상호 간의 개념차이에도 불구하고, 그들의 공통점은 모두 철학의 명료성을 확립하고자 했던 데에 있다.

대표적인 분석적 교육철학자로는 '런던라인' 학파로 불린 피터스(Peters), 화이트(White), 허스트(Hirst) 등과 미국 교육철학계를 주도한 쉐플러(Scheffler), 솔티스(Soltis), 파인버그(Feinberg) 등이 있다.

분석적 교육철학은 개념 분석 방법을 통하여 교육의 주요 개념이나 의미를 명료하게 하고, 교육적 주장과 논의에 들어 있는 각종 논리적 가정과 함의를 드러내며, 나아가 교육에 관한 주요 주장들을 검토하고 정당화하는 일에 관심을 가졌다. 따라서 철학적 이론이나 주장에서 교육적 함의를 찾거나 교육사상사를 탐구하는 기존의 교육철학과는 그 성격이 확연하게 다르며, 그러한 전통적 교육철학에 대한 반동 내지 대안으로 제시된 것이다.

이러한 분석적 교육철학의 의의는 다음과 같다.

① 교육철학을 하나의 독립적이고 객관적인 학문 분야로 성립시키기 위한 노력이라는 의의를 갖는다. ② 사고의 엄밀성, 명료성을 가져다주었다. 분석철학은 우리가 사용하는 교육에서 개념에 대한 명료화를 할 수 있도록 하였다. ③ 교육의 윤리적 차원을 분명히 해 주었다. 교화, 훈련, 벌, 자유, 권위 등의 개념을 분석하고, 정당화를 검토하는 것은 교육의 윤리적 성격을 분명히 하는 데 도움이 된다. ④ 분석적 교육철학은 교사들에게 명료하게 생각하고 말하도록 촉구한다.

분석적 교육철학은 1950년대 중반 이후 영국과 미국에서 일어난 이후 영어권 국가를 중심으로 교육철학의 성격을 완전히 바꾸어 놓은 '교육철학의 혁명'으로 간주되었다. 중립성과 공평함을 공언해 온 분석철학이 교육에 큰 영향을 미친 주요 이유는 우리가 과학적 진보와 통제에 대한 오래된 믿음과 기술이 지배하는 사회에 살고 있기 때문이다. 그러나 영·미 교육철학의 대명사로 불리던 분석적 교육철학도 1980년대에 접어들면서 퇴조의 기미를 보이거나 새로운 양상으로 드러나게 된다. 분석적 교육철학의 비판점은 다음과 같다.

① 분석적 교육철학이 객관성을 확보하기 위하여 언어와 논리라는 탐구 대상을 설정하였지만 그 언어와 논리는 가치중립적인 것이 아니다. ② 교육철학을 객관적 학문으로 정립하여야 한다는 데에 지나치게 집착하여 언어의 의미와 논리적 전개 과정에 대한 분석만을 강조함으로써 교육철학의 실천적 성격을 외면하고 말았다. ③ 분석적 교육철학은 언어와 개념의 논리적 분석만을 중시하고 교육에서 간과할 수 없는 정서적 측면과 종합적 인식의 측면을 결여할 위험성을 내포하고 있다.

3) 비판이론과 교육철학

비판이론은 분석철학과 대조적인 입장을 취한다. 분석철학이 시대에 초연하여 언어나 실제 세계에 내재된 중립된 진리를 찾는 데 반해, 비판이론은 그러한 초연함은 지적으로, 도덕적으로 무책임하다고 주장한다.

비판이론은 독일철학, 특히 헤겔(G.W. Hegel)과 마르크스(K. Marx) 철학에 그 뿌리를 두고 있다. 비판이론에 기초한 교육적 논의는 교육이 사회적, 정치적, 경제적 제약과 억압구조 속에서 이루어지고 있다는 인식을 기초로 하고 있다. 그리고 그러한 제약 속에서 이루어지는 교육은 학생들의 자유와 주체성을 손상시키며 또한 억압적인 사회 구조를 재생산하는 사회기구의 역할을 하게 된다.

비판적 교육이론가들은 인간의 자유로운 사고와 대화를 억압하고 왜곡시키며 특정 사회 집단을 소외시키는 불합리한 사회적 요인을 분석 · 비판하는 능력을 길러 줄 수 있는 교육적 방안에 관한 논의를 시도하고 있다.

비판이론을 집대성한 하버마스(Habermas)는 교육적 방안으로 학습자의 문제 해결력 증진을 제시하면서 교육활동과 교사 · 학생 간의 의사소통에 관심을 가졌다. 그는 공동체의 문제 해결과 학습자의 문제 해결력 발달에 필수적인 것을 폭력과 강제에 빠지지 않고 구성원 간의 타당한 합의를 목표로 한 의사소통인 '의사소통적 합리성' 이라고 생각했다.

기존의 교육을 '은행저축식 교육' (banking education)으로 규정한 프레이리(Freire)는 비판적 교육이론이 목적으로 하는 불합리한 사회적 요인의 분석 · 비판 능력을 '의식화' 로 표현하고, 의식화의 발전을 위해 문제제기식 교육을 주장하였다. 지식을 가진 교사가 무지한 학생에게 일방적으로 지식을 부여하는 '은행저축식 교육' 과 달리 '문제제기식 교육' 은 교사와 학생이 서로 가르치고 배우는 상호 작용을 강조한다.

비판이론은 교육철학에 많은 영향을 미쳤다. 인종 · 젠터(gender) · 계급 등과 관련된 논문은 대부분 비판이론에 의존하였다. 그러나 이론 자체가 대단히 추상적이고, 세상을 바꾸고자 하는 그들의 바람과 달리 대단히 지적인 언어를 사용함으로써 오히려 지식인 계급을 특권화 한다는 비판에 직면하기도 하였다. 비판적 교육철학에 제기된 비판을 다음과 같이 정리할 수 있다.

① 지나치게 비판의식을 강조함으로써 인류의 문화유산 전승과 인간의 다양한 능력 개발 등과 같은 교육의 순기능을 무시하였다. ② 비판적 교육철학은 사회적 · 경제적 · 정치적인 다양한 조건들이 교육의 출발점이라는 사실, 심지어 비판의식도 이러한 조건에 의해 길러진다는 점을 간과하였다. ③ 교육을 지나치게 사회 · 정치 · 경제적 논리에 따라 해석함으로써, 교육의 진정한 의미와 가치를 고려 대상에서 제외하였다. ④ 비판이론가들이 제안한 교육적 방안의 현실성, 예를 들어 현재 기반을 이루고 있는 사회가 하버마스의 '의사소통적 합리성' 이 실현될 만큼 개방되어 있는지

도 의문이다.

4) 포스트모더니즘과 교육철학

포스트모더니즘(post-modernism)은 20세기 산업사회의 지배적인 문화 논리를 이루었던 모더니즘(modernism)을 초월 · 극복하자는 사상이다. 포스트모더니즘은 반(反)합리주의적이며, 상대적 인식론에 기초하고 있으며, 탈정전화(脫正典化)와 유희적 행복감을 추구한다는 특징이 있다(목영해, 1994).

포스트모더니즘의 대표적 사상가로는 해체주의(解體主義) 철학이론을 제기하고, 타자에 대한 존중을 주장한 데리다(Derrida), 형벌 제도와 학교, 공장, 군대, 병원, 감옥 등의 건물 형태와 규율을 다룬 『감시와 처벌』의 저자인 푸코(Foucault), 프로이트의 정신분석이론을 재해석한 라캉(Lacam), 20세기 후반 포스트모더너티 이론을 제안하면서 '포스트모더니즘' 이라는 단어를 학술적 용어로 처음 사용한 리오타르(Lyotard), 들뢰즈(Delueze) 등이 있다.

전통적 지식관, 아동관, 교육과정, 교육방법을 비판하는 포스트모더니즘은 지식의 상대성과 생성된 지식의 문화적 맥락을 강조하고, 학교의 교육과정에는 사람들의 다양한 관심과 가치가 반영되어야 하며, 학생들을 교육의 과정과 교육방법에 적극 참여시켜 그들의 다양한 관심과 능력이 충분히 신장, 발현할 수 있도록 해야 함을 강조한다. 즉, 모든 아이를 같은 수업 과정으로 몰아넣는 것은 아무리 좋은 의도라 하더라도 전체주의적인 조치에 지나지 않는다. 모든 아이에게 소수가 만든 기준으로 확립한 엘리트 모델을 받아들이게 하는 것은 부적절하다.

이러한 포스트모더니즘의 교육적 의의로는 소서사적 지식의 중시, 교육현장 내에서의 작은 목소리의 존중, 과학적 · 합리적 이성의 극복과 그에 따른 감성적 기능 회복, 보편성 · 획일성 · 전체성의 극복과 그에 따른 다양성과 다원성의 존중, 권위주의의 극복, 지엽적이고 특수한 삶의 문제들에 대한 의미부여, 차이와 타자성의 존중 등을 들 수 있다.

포스트모더니즘의 교육적 한계로는 윤리학(혹은 도덕교육)에 대한 방향제시 미흡, 극단적 이기주의화에 대한 우려, 삶과 도덕성에 대한 보편적 기반(혹은 정신적 구심점)의 부재, 이성 경시에 따른 삶의 불완전성, 오랜 역사와 사회적 맥락 속에서 형성되어 온 교육적 가치와 전통의 해체에 따른 교육공동화 현상, 해체주의에 의존함으로써 사회문화적 재건에 대한 비전 결여, 기존의 전통과 조화하려는 종합적 노력의 결여 등이 있다(강선보, 2002).

연구문제

1. 교육철학의 개념을 밝히고, 교사에게 교육철학이 필요한 이유를 설명하시오.
2. 전통적 교육철학의 입장을 비교해 보시오.
3. 20세기 전기 교육사조의 입장을 비교해 보시오.
4. 20세기 후기 교육사조의 특징을 설명해 보시오.

추천 학습자료

1. Plato. Republic (국가론).
2. Plato. Meno (메논).
3. Rousseau, Jean Jacques. (1762). Emile or On Education (에밀).
4. Dewey, John. (1916). Democracy and Education (민주주의와 교육).
5. Freir, Paulo. (1968). Pedagogy (페다고지).
6. Peters, R. S. (1966). Ethics and Education (윤리학과 교육).

참고문헌

강선보(2002). "포스트모던 사회의 교육". 2002학년도 교육부 주관 워크숍 자료집.
김귀성, 노상우(2001). 현대교육사상. 경기: 교육과학사.
김정환(1982). 교육의 철학과 과제. 서울: 박영사.
김회용 외(2007). 쉽게 풀어쓴 교육철학 및 교육사. 경기: 양서원.
김회용 외(2011). 교육학 개론. 경기: 양서원.
목영해(1994). 후 현대주의 교육학. 경기: 교육과학사.
신차균 외(2007). 교육철학 및 교육사의 이해. 서울: 학지사.
이돈희(1997). 교육철학개론. 서울: 교육과학사.
조정옥(1998). 알기 쉬운 철학의 세계. 서울: 철학과 현실사.

Brownhill, R. J. (1983). *Education and the Nature of Knowledge*. 김회용, 김인용 역(2013). 교육과 지식의 본질. 경기: 교육과학사.
Dewey, J. S. (1916). *Democracy and Education*. 이홍우 역(1996). 민주주의와 교육. 경기: 교육과학사.
Brameld, T. (1950). *Philosophy of Education*. New York: Rinehart & Winston.
Kneller, G. F. (1971). *Introduction to the Philosophy of Education*. New York: John Wiley and Sons, Inc.

Kneller, G. F. (1984). *Movements of Thought in Modern Education*. New York: John Wiley and Sons, Inc.

Peters, R. S. (1966). *Ethics and Education*. London: George Allen & Unwin.

Soltis, J. F. (1978). *An Introduction to the Analysis of Educational Concepts, 2nd ed.*, Reading Mass.: Addison-Wesley Publishing Company.

Wilds, E. H. (1942). *Foundation of Modern Education*. New York: Harper and Brother Publishers.

제 3 장

교육사의 이해

이 장에서는 교육사 연구의 필요성과 교육사의 연구영역, 그리고 동서양의 교육전통, 교사와 교육사 등에 대해 설명한다. 교육사 연구의 필요성에서는 교육사가 '옛날' 것을 다루기에 '지금'과 무관하다는 오해, 실용성이 없다는 오해에 대해 해명하면서, 교육사가 인류의 교육 경험을 역사적 측면에서 다룸으로써 시대적 한계와 이상을 밝히는 학문이라는 것을 말하였다. 교육사의 연구영역에서는 교육제도사와 교육사상사라는 전통적 영역과 함께 현재의 관점에서 관심 있는 특정 교육문제에 대한 역사적 접근법을 내세우는 교육문제사의 영역을 소개하였다. 그리고 고대에서부터 근대까지의 우리나라 교육전통과 그리스에서부터 19세기까지의 서양교육의 전통을 간략히 소개하였다. 끝으로 교사의 입장에서 교육사 연구가 가지는 의미를 교육전문가로서뿐만 아니라 역사전달자, 역사기록자, 역사창조자의 입장에서 설명하였다.

학습과제

- 교육사 연구의 필요성과 교육사의 연구영역을 알아본다.
- 우리나라와 서양의 교육전통을 알아본다.
- 교사의 입장에서 교육사 연구가 왜 필요한지와 실제 학교현장에서 교육사 연구를 위해 어떤 역할을 담당해야 하는지 알아본다.

> "아빠, 도대체 역사란 무엇에 쓰는 것인지 이야기 좀 해 주세요."
>
> 몇 년 전 내 가까운 친척뻘 되는 어린 소년이 역사가인 아버지에게 이렇게 물었다. 나는 독자들이 읽게 될 이 책이 그 질문에 대한 나의 대답이라고 말할 수 있기를 바란다. 왜냐하면 한 작가에게 있어서, 그가 박사에게나 초등학생에게나 마찬가지 어조로 이야기한다는 말보다 더 큰 칭찬은 없다고 생각하기 때문이다. 그러나 그토록 탁월한 단순성을 가지고 글을 쓸 수 있다는 것은 극소수의 몇몇 선택받은 이들만의 특권이다. 적어도 여기서는 어린 소년의 그 물음을 하나의 이상적 잠언이라고 여길 참이다. 어떤 이들은 그것이 순진한 질문이라고 생각할지도 모른다. 하지만 내가 보기에 그것은 완전할 정도로 적절한 것이다. 가감 없이 사물을 바라보는 그 나이의 아이들만이 가질 수 있는 놀랄 만한 정직성과 함께, 그 속에 제시되어 있는 문제는 다름 아닌 역사의 정당성에 관한 문제다(마르크 블로흐).

위의 글은 1944년 6월 16일, 독일의 패망을 목전에 두고 리옹 북방 50㎞ 지점에 있는 한 벌판에서 "프랑스 만세!"를 외치며 총살형에 처해졌던 마르크 블로흐(Marc Bloch)가 『역사를 위한 변명』의 서문에서 한 말이다. 1939년 평온한 삶을 살아가던 여섯 자녀를 둔 한 노교수가 일개 대위로 제2차 세계대전에 종군하면서, 조국 프랑스의 짓밟힌 상황을 바라보며 썼던 이 글은 '역사학은 인간에 관한 학문' 임을 주장하며, 역사의 정당성을 견지하는 내용으로 채워져 있다.

어린 소년이 했던 것과 비슷한 질문을 우리는 교육사에 대해서도 할 수 있을 것이다. "선생님, 지금까지 학교에서 역사를 배워 왔는데, 솔직히 말해 역사는 지루하고 재미없는 과목이었습니다. 첨단시대, 정보화시대인 요즈음 새로운 것을 배울 시간도 부족한데 왜 교육사를 배워야 하는지, 또 교육사가 무엇에 쓰는 것인지 이야기 좀 해 주세요." 교육사 수업의 첫 시간에 교사를 지망하는 한 학생이 이와 같이 물었다면 과연 어떻게 대답할 수 있을까?

1. 교육사 연구의 필요성과 연구영역

1) 교육사 연구의 필요성

교육사는 왜 필요한가? 이 질문은 교육사의 가치를 묻는 긍정적인 질문일 수도 있지만, 교육사의 가치를 인정하지 못하겠다는 부정적인 의사표현일 수도 있다. 교육사, 나아가 역사 자체에 대해 그다지 긍정적인 생각을 가지지 못하거나 '거부반응' 을 가진 사람들은 볼테르(Voltaire, 1694~1778)처럼 역사란 이미 죽어 버린 것을 가지고 장난하는 것이라 하였으며 포드(Ford, 1863~1947)처럼 역사란 시시콜콜한 이야기라고 하기도 한다. 그리하여 역사라는 말 자체에서 우리는 '옛날' 을 떠올리고 낡았다는 인상을 받고, 어떤 사람은 역사라는 말만 들어도 거부반응을 보이게 된다. 교육사가 낡았다고 생각하는 것은 역사의 연구대상이 시간적으로 '과거' 라고 보기 때문일 것이다. 헤겔(Hegel)은 『역사철학』에서 역사는 객관적인 의미와 주관적인 의미가 있다고 했다. 객관적인 의미로서의 역사는 '과거로서의 역사' 인데, 이는 과거의 역사적 사건이나 사실 그 자체를 말하는 것이다. 주관적인 의미로서의 역사는 '기록으로서의 역사' 를 뜻하며, 이는 과거 사실에 대한 기록으로서의 역사를 말한다(손영호, 1999: 11-18). 이런 관점에서 보면 과거로서의 역사든지 기록으로서의 역사든지 역사는 과거의 사실이거나 과거에 대한 기록일 수밖에 없다는 견해를 가질 수 있다. 또한 많은 사람들이 과거보다 현재와 미래의 중요성을 더 강조하고 있다. 그러나 과거다 현재다 미래다 하는 것은 우리의 인식문제이며, 나에게 인식된 모든 문제는 '지금' 의 문제다. 그 어떤 역사적 문제라 하더라도 '지금' 과 관련되지 않은 문제가 어디 있으며, '나' 와 관련되지 않은 문제가 어디 있을 수 있는가? 그래서 크로체(Croce, 1866~1952)는 "모든 역사는 현대사다." 라고 하였던 것이다. 이 점에서는 교육사 또한 마찬가지다.

교육사의 연구대상은 지금 이전의 교육적 경험들이다. 역사, 교육사는 현재와 무관한 과거 자체에 대한 관심에서 출발하는 것이 아니라 '지금(현재)' 과 '나(우리, 인간)' 에 대한 관심에서 출발하는 것이다. 교육사는 인간 삶의 역사이자 교육 경험사다. 인류의 교육 경험이라는 것은 시대와 사회에 따라 차이가 있을 수 있지만 항상 그 사회의 이상적 삶을 반영하게 된다. 그리하여 우리는 교육사를 통해 각 시대, 사회가 지향했던 이상적인 가치를 알 수 있고, 이상적인 가치를 제시했던 교육사상가의 사상을 통해 자신의 삶을 성장시킬 수 있는 것이다.

그런가 하면 역사는 반드시 성공적인 경험만을 기록하지는 않는다. 기번(Gibbon)이 "역사는 바로 인류의 범행 · 우행 · 행운의 등기부다."라고 하였듯이 그 속에는 성공과 행운의 요소들도 있지만 범행과 우행, 실패의 요소들도 적지 않다. 지금 우리가 하고 있는 이러한 교육이 모두 성공적이고 모범적인 교육이라고 할 수는 없을 것이다. 성공은 성공대로 실패는 실패대로 다음의 교육을 위해 소중한 자산이 되는 것이다. 칸트(Kant)가 "인간은 다른 사람의 경험을 배울 줄 아는 동물이다."라고 했듯이 모든 교육 경험은 교육사의 자료가 되며, 실패한 경험 역시 이후 교육의 발전과 성공을 위해 필요한 것이다.

교육사의 필요성을 말할 때 해명해야 하는 또 하나의 문제는 실용성의 문제다. 흔히 역사는 과거의 것이니 지금 이 시대에 '직접적' 인 도움이 되지 못한다고 생각할 수 있다. 역사적 지식은 우리의 '상식' 이나 '교양' 차원에서 도움이 되지, 공업이나 상업처럼 우리의 삶에 '당장' 도움을 주지는 못하니, 실용성이 없는 학문으로 생각하게 된다. 그러나 실용성이 없다는 것과 가치가 없다는 것은 전혀 다른 문제다. 실용성이란 중요한 문제긴 하지만 모든 것을 다 실용성으로만 그 가치를 따질 수는 없고, 또 눈에 보이지 않는 실용성이라는 것도 있다. 일본이 끈질기게 독도를 자기네 땅이라고 우길 때, 중국이 느닷없이 고구려사가 자기들의 역사라고 강변할 때 역사적 근거와 논리가 준비되지 않으면 어떻게 대응할 수 있겠는가? 역사와 교육사를 배우는 이유를 실용성으로만 따질 것이 아니다. 이 세상에 '과거'가 없는 나라가 어디 있겠는가마는 '역사'를 무시하고 문명국으로 남아 있는 나라가 없으며, 문화대국치고 자신들의 교육 전통을 중시하지 않는 나라가 없다. 『역사의 연구』로 유명한 영국의 역사학자 토인비(Toynbee, 1889~1975)가 역사학자인 동시에 국가의 국제문제 전문가로서 외교문제에도 널리 간여했다는 사실은 역사가 결코 실용적인 차원과도 무관하지 않다는 것을 말해 주고 있다.

교육사는 현재와 무관한 과거의 학문이 아니다. 현재의 입장과 관점에서 현재와 미래를 위해 과거를 연구하는 학문이라는 것이 역사 연구로서의 특징이며, 인류의 삶의 경험 그 가운데서도 교육 경험을 연구한다는 점이 교육 연구로서의 특징이다. 교육사 연구 역시 교육사가의 현재적 관점이 중요하다는 점에서 '현재사'이며, 이상적 삶을 추구한 인류의 교육 경험을 탐구한다는 점에서 '인류정신사'이자 '지성사'라고 할 수 있다.

2) 교육사의 구성과 연구영역

흔히 역사는 시간의 변화에 대한 학문이라고 하지만, 시간적 요소와 더불어 공간적 요소도 필수적이다. 역사라는 것이 인간의 모든 과거 사실을 말하는 것이 아니라 특정한 관점에서 선택된 사료인 사실(史實)에 바탕을 둔 인식체계를 말한다면, 이러한 인식체계에는 반드시 공시성(共時性, synchronicity)의 요소와 통시성(通時性, diachronicity)의 요소가 들어 있다.

다시 말하면 역사는 시간 변화에 관한 학문이기에 통시성을 일차적 요소로 하지만, 시간적 요인으로만 실체나 내용을 구성할 수는 없기에 사회적 요인에 대한 고려가 필요하다는 것이다. 교육사가 무엇을 연구하는 분야인가를 물었을 때 누군가가 그것은 동서고금의 인류의 교육 경험에 대한 탐구라고 했다면 여기서 동서는 사회성, 공시성과 관련된 요소이고 고금은 시간성, 통시성과 관련된 요소라고 할 수 있다. 교육사의 구성 역시 기본적으로 이 두 요소를 바탕으로 하여 성립된다.

교육사의 연구영역은 분류자의 관점에 따라 달라질 수 있는데, 가장 보편적이고 전통적인 분류는 크게 교육제도사와 교육사상사의 두 부분으로 나누는 것이다. 여기서 교육제도사는 문교정책을 비롯하여 학교제도, 교육정책, 인재선발제도, 교육행정제도 등을 포함하며, 교육의 제도적 · 형식적 측면을 역사적으로 연구하는 영역이다. 그런데 특정 시대의 교육제도의 성립과 전개와 쇠퇴, 소멸은 교육 내부의 상황 이외에 정치 · 경제 · 사회의 상황과도 밀접한 관련성이 있다. 이런 측면에서 교육제도사는 교육사회학과도 일정한 연관성을 가진다. 또 교육사상사는 특정 시대나 사회의 교육사조나 사상의 역사를 말하는데, 흔히 열전(列傳)이라 하여 특정 시대의 교육사상가들의 교육사상은 교육철학의 관심사가 되기도 한다. 교육사상의 성립과 변천, 소멸 역시 시대 · 사회적 상황과 관련이 없을 수 없으며, 나아가 그 시대의 공통된 정신적 태도나 이념인 '시대정신(Zeitgeist)'이 반영되기에 이들을 제대로 파악하자면 교육사회학적 안목과 아울러 교육철학적 안목도 필요하다.

교육사의 연구영역을 교육제도사와 교육사상사로 분류하는 전통적인 방식 외에 교육문제사나 교육사회사 연구도 중시되고 있다. 교육문제사는 특정 교육문제를 역사적인 방법으로 연구하는 것을 말한다. 이 교육문제사를 처음 제시한 브루바허(J. S. Brubacher)는 지금까지 대부분의 교육사가 편년체(編年體) 형식으로 구성되다 보니 역사를 배우는 사람이 과거와 현재가 어떻게 연결되는지를 잊어버린다고 하면서, 과거라고 하는 어떤 시점에서 출발하여 현대라는 종점에 도달하는 시간 중심의 역사보다는 지금 시대의 교육에 있어서 문제가 되는 내용들이 중심이 되는 새로운 역사 구성을 시도하였다. 1967년에 출간된 그의 『교육문제사(A History of the Problems of Education)』의 구성은 다음과 같다.

> 제1장 교육목적론/ 제2장 정치와 교육/ 제3장 국가주의와 교육/ 제4장 교육에 있어서 경제적 영향/ 제5장 교육철학/ 제6장 교육심리학/ 제7–8장 교수방법 Ⅰ–Ⅱ/ 제9–10장 교육과정 Ⅰ–Ⅱ/ 제11장 종교교육과 교육과정/ 제12장 형식적 교육과 비형식적 교육/ 제13장 초등교육/ 제14장 중등교육/ 제15장 고등교육/ 제16장 교사의 전문교육/ 제17장 공 · 사립교육/ 제18장 교육행정과 장학/ 제19장 학교와 진보

목차에서 보듯이 교육문제사는 현대의 각 교육문제들로 구성되어 있다. 초 · 중 · 고등학교사를 비롯하여 교육철학과 심리학, 교육방법과 교육과정, 교육행정 등과 같은 교육학 하위 학문분야의 역사도 탐구하고 있으며, 종교교육이나 교사교육 등과 같이 특정 교육문제에 대한 역사까지 탐구하고 있다.

최근에는 교육사 연구가 왕조사 중심, 편년체 중심, 정치사 중심과 같이 거시적 관점에서만 연구되는 점을 비판하며 사회사(social history)라는 새로운 방법으로 역사를 연구하는 움직임이 일고 있다. 사회사에서는 '일반 대중'을 역사의 중심에 두고 이들의 '일상적 나날들'을 역사의 재료로 삼는다. 사회사에서는 왕조나 사회의 상층부의 생활에 관심이 있는 것이 아니라 '사회 전체'에 관심을 가지기에 정치문제보다는 인구나 성(性), 가족 등 인간의 보편적 '생활'을 역사 연구의 대상으로 삼는다. 그리하여 사회사에서는 심성사(心性史, history of mentality)라는 새로운 연구법도 동원해 역사 연구에서 도외시되었던 역사적 주체(보통 사람들)들의 집단태도, 의

식, 사고를 고찰하게 되었다. 프랑스의 아리에스(Philippe Aries, 1914~1984)는 기성 역사학자들이 관심을 가지지 않았던 '삶에 대한 태도' '죽음에 임하는 태도' '어린이에 대한 태도' 등에 관심을 가짐으로써 이 연구의 본보기를 보여 주었다. 교육사회사의 주장을 정리하면, 종래 제도의 국가사 연구에서 벗어나 제도의 일상사를 연구한다는 것이고, 종래의 개별사 연구에서 벗어나 전체사를 연구한다는 것이며, 종래의 사상사 중심의 연구에서 벗어나 심성사 연구에 관심을 가진다는 것이다(中內敏夫, 1995).

2. 동서양의 교육 전통

1) 우리나라의 교육 전통

(1) 고대의 교육 전통

우리 교육사의 출발점은 나라의 출발점인 고조선에서부터 잡아야 할 것이다. 고조선의 교육은 역사적인 측면과 신화적인 측면으로 구분하여 살펴볼 수 있는데, 역사적인 측면에서 고조선의 교육은 아직 크게 밝혀진 것이 없으며 다만 팔조금법(八條禁法) 등의 풍속을 통해 짐작할 수 있을 뿐이다. 그러나 단군신화를 통해서는 적지 않은 교육적 의미를 찾아낼 수 있다. 신화의 의미는 과학성, 합리성으로 '설명'될 수 없는 것이지만, 당시 사람들의 사유가 종합적으로 들어 있는 상징구조이며 실제 우리 민족의 삶의 규범이 되어 왔다는 점에서 큰 의의를 지닌다.

우리나라의 학교제도는 삼국시대에 처음 나타난다. 삼국이 왕조국가로서의 체제 정비를 하면서 교육제도도 틀을 갖추게 되었다. 고구려의 학교제도로는 태학(太學)과 경당(扃堂)이 있다. 태학은 우리나라 최초의 관학이라 할 수 있는데, 소수림왕 2년(372)에 설립되어 귀족 자제들의 교육을 담당하였다. 태학의 설립은 국가체제를 정비하기 위해서 불교의 수용과 함께 이루어졌는데, 불교가 국가의 정신적 통일을 위해 필요하였다면 태학은 새로운 관료체제의 형성을 위해 필요하였다. 경당의 주 교육 대상은 일반 평민층의 미혼자제들이었고, 교육내용은 '송경습사(誦經習射)'라 하여 유교경전 읽기와 활쏘기 등이었다.

백제도 국제 교류관계나 문물의 발달상황을 보아 국가체제의 정비기에 통치체제의 확립과 관련하여 학교제도를 만들었다고 여겨지나, 현재까지는 간접적인 일부 기록만 남아 있을 뿐 기록의 미비로 자세한 것은 알 수 없었다. 그러나 최근 중국에서 백제 유민의 묘지명 등에 백제 교육기관의 명칭을 알려 줄 자료가 소개되어 관학 설립의 단서를 찾게 되었다(박현숙, 2014).

신라는 삼국을 통일하기 전까지 학교제도가 없었으나 화랑도를 통한 청소년교육과 불교에 의한 사회교육이 있었다. 원화(源花)제도에서 출발한 화랑도는 진흥왕 대에 와서는 인재 양성과 선발을 위한 청소년 공동체로 자리 잡았다. 신라의 학교교육은 신문왕 2년(682)에 국학(國學)이라는 학교를 세우면서 시작되었다. 국학의 교육목적은 『논어』와 『효경』을 필수과목으로 하는 교육내용에서 짐작할 수 있듯이, 유교사상을 연구 · 보급하는 유학의 전당으로서의 기능과 유학의 이념에 입각한 국가관리를 양성하기 위한 기능을 수행함에 있다고 할 수 있다.

삼국시대에는 무교(巫敎)를 비롯하여 불교, 도교, 유교 등이 형식교육과 비형식교육에 영향을 주었다. 유교는 전제왕권사회의 상하 질서와 차별의 논리를 정당화해 줌으로써 관리 양성이 주 목적이었던 학교교육에 직접적인 영향을 주었다. 반면 무속이나 불교, 도교 등은 학교교육의 교육내용은 되지 못하였으나 일반 백성들의 인성 형성이나 사회의 기풍 형성에 큰 영향을 끼쳤다.

신라의 교육사상가로는 원효(617~686), 의상(620~702), 자장(590~658) 등과 같은 불교사상가를 비롯하여 설총(655~?)이나 강수(생몰미상)와 같은 유학자를 들 수 있다.

(2) 고려와 조선의 교육 전통

고려 건국 초, 중앙의 교육이 황폐화된 상황에서 태조는 유교적 소양을 가진 관리가 필요했으며, 이를 위해 태조 13년 서경(평양)에 학교를 세웠다. 그러나 그 후 성종 대에 이르기까지는 창업의 후유증으로 내정이 불안정하여 국초에 설립한 학교도 정체를 면치 못하였다. 이후 제4대 왕인 광종 대에 와서 노비안검법, 과거제 등 일련의 개혁정치로 중앙집권의 기틀을 마련하게 되었으며, 성종 대에 이르러 본격적 관학교육의 체제를 마련하게 된다. 성종 11년인 992년에 설치한 국자감(國子監)에는 6개의 하위분과가 있었는데, 국자학(國子學)·대학(大學)·사문학(四門學)·율학(律學)·서학(書學)·산학(算學)이 그것이다. 이 중 앞 3학은 유학을 교육하는 인문학(人文學)이며, 뒤의 3학은 실업계 학으로 각기 입학자격과 수업연한, 교수구성, 교육내용이 달랐다.

이 밖에 고려의 교육제도로는 지방학교로서 향교와 원종 2년(1261) 국도(國都)의 동과 서에 설치한 동서학당(고려 말 정몽주가 오부학당으로 개편), 십이도(十二徒) 등이 있다. 십이도는 문종 때 문헌공(文憲公) 최충(崔沖)이 설립한 문헌공도를 비롯한 당시의 유명한 사학 12개를 말한다. 최충은 해동공자(海東孔子)라고도 불리는 학자로서, 문종 7년에 72세의 고령으로 치사(致仕, 관직 은퇴)한 후 사학(私學)을 열어 후진교육에 전력하자 당시 국자감 교육의 부실함에 불만을 가진 많은 유생들이 구름처럼 몰려들어 성황을 이루었다.

고려사회의 학교교육은 유교를 중심으로 이루어졌지만, 고려사회 자체는 불교사회라 할 만큼 불교가 내내 성행하여 왕족에서 서민에 이르기까지의 정신생활을 지배했다.

고려시대의 교육사상가로는 최충(984~1068)을 비롯하여 안향(1243~1306), 이색(1328~1396), 정몽주(1337~1392) 등의 유학자와 의천(1055~

1101)과 지눌(1158~1210) 등의 불교사상가를 들 수 있다.

다음으로 조선조의 교육이다. 조선조의 학교교육은 관학의 경우 기본적으로 고려조의 체제를 그대로 계승했다고 볼 수 있으며, 사학의 경우 서원이라는 새로운 제도가 등장하였다. 조선 최고의 인재양성기관인 성균관(成均館)은 고구려의 태학, 신라의 국학, 고려의 국자감을 계승한 조선조의 대표적인 학교로서 태조 7년(1398)에 건립된 학교다. 성균관의 입학자격은 생원 · 진사 시험에 합격한 자를 원칙으로 한다. 교육과정은 강독(講讀), 제술(製述), 서법(書法)이 있는데 강독 교재는 사서오경을 위주로 하여 중국의 역사서를 순서로 정해 읽도록 했으며, 도교나 불교서적은 잡서로 취급하여 금지했다.

조선의 사학(四學)은 동서학당이 확충된 고려의 오부학당을 그대로 이어받은 학교로서 태종 대에서 세종에 이르기까지 한성의 남부, 중부, 서부, 동부에 차례로 세워졌다. 사학은 성균관 부속 중등학교의 성격을 지니고 있었다.

지방학교란 의미의 향교(鄕校)는 고려 때부터 존속되어 온 교육기관으로 조선조에 와서도 건국 초기부터 중시되었으며, 지방민의 교화에 큰 역할을 하였다. 조선 초에 향교교육을 강화하게 된 원인은 왕도정치의 구현이라는 표면적인 이유와, 성리학을 지방민의 생활원리로 확대 · 심화함으로써 광범위한 통치기반을 마련하려는 지배층의 관심에서 찾을 수 있다.

다음으로 사학(私學)으로서의 서원과 서당이다. 조선 중기 이후 크게 번성했던 서원(書院)의 출현은 선초 활발했던 관학적 교학체계의 쇠퇴와 훈구파와 사림파의 대결구조 속에서 이루어졌다. 서원은 산수 좋은 곳에 위치해 존심양성(存心養性)하기가 좋다. 학칙과 학령의 구속이 까다롭지 않아 많은 선비들이 이곳에서 사기(士氣)를 배양하고 도통(道統)을 전수해 나갔다.

서당은 각 고을에 설립된, 문자계몽의 역할을 맡은 초등교육기관이다. 서당의 설립은 기본 자산이나 인가를 요하는 것이 아니므로 누구나 뜻있는 사람이면 훈장 한 사람과 방 한 칸만으로 마음대로 열 수 있었다. 서당은 비록 초등 수준의 교육기관이었으나, 일반민의 문자교육과 한 마을의 도덕적 향풍(鄕風) 수립에 큰 역할을 했다고 할 수 있다.

조선시대의 주요사상은 유교로서, 유교는 국가의 지도이념뿐만 아니라 사회와 가정의 생활윤리의 역할도 수행했다. 조선조의 유교는 성리학 혹은 주자학이라 하여 중국 송대 주자(朱熹, 1130~1200)의 학문을 바탕으로 하였다. 주자가 편찬한 『소학(小學)』은 중앙과 지방에 널리 보급되고 확산되었다. 의리와 명분을 중요시하는 조선조의 선비정신은 조선사회를 이끌어 가는 정신적 원동력이 되었다.

조선 전기와 중기에는 유교의 영향으로 지나치게 인문학적 측면을 강조하여 실용적인 면에 소홀하였다. 하지만 조선 후기에는 청나라를 통해 들어온 고증학과 서양 문물의 유입으로 실용과 실증을 중시하는 새로운 학풍이 일어 실학사상을 탄생시켰다. 유형원, 이익, 홍대용, 정약용 등의 실학자들은 종래의 교육의 편중성을 반성하면서 교육의 기회가 개방되고 확대되어야 한다는 주장과 무조건적인 중국 중심의 교재에서 벗어나 우리 현실에 맞는 교육을 주장하기도 했다. 그들은 또 기존에 경시되던 농업, 상업을 비롯한 실용중심의 교과의 중요성과, 학제 개편의 필요성을 주장했다.

조선시대의 대표적 교육사상가로는 이황(1501~1570), 조식(1501~1572), 이이(1536~1584) 등의 성리학자들과 유형원(1622~1673), 이익(1681~1736), 이덕무(1741~1739), 정약용(1762~1838) 등의 실학자들을 들 수 있다.

(3) 근대의 교육

우리 전통사회의 교육제도는 19세기 말 서양 문명이 들어온 이후 교육의 목적 · 내용 · 방법 등 모든 분야에서 큰 변화를 맞게 된다. 교육제도의 형태는 기독교 계통의 학교, 관공립학교, 민간인 사학의 세 가지로 구분해 볼 수 있다.

먼저 기독교 계통의 학교로는 아펜젤러(H. G. Appenzeller)가 1885년에 세운 배재학당(培材學堂), 언더우드(H. G. Underwood)가 1886년에 세운 언더우드 학당 등과 감리교 여선교사 스크랜튼(M. F. Scranton) 부인이 1886년에 여학생 한 명을 상대로 시작한 이화학당(梨花學堂) 등이 있다. 이들 기독교계 학교의 건학정신은 기독교 교육과 인간 가치의 증진, 여권신장, 그리고 남녀평등과 민주주의 가치의 교육이었다(손인수, 1981).

다음으로 관공립학교의 설립 배경과 전개과정이다. 수천 년 동안의 구질서에서 벗어나 새롭게 전개되는 세계 사조에 발맞추어 나라를 근대화하려는 개화사상가들의 노력은 유교적 전통의 제약과 뒤따라야 할 정책적 뒷받침의 부재 때문에 전통과 개혁, 보수와 혁신의 갈등 속에서 지속되다가 1894년 고종 31년 갑오개혁에 의하여 현대국가의 모습을 갖추기 시작했다. 갑오개혁 이전의 관공립학교로는 영어교육을 위한 동문학(同文學, 1883년 설립)과 양반 자제를 대상으로 한 육영공원(育英公院, 1886년 설립)이 있었지만, 여러 가지 한계가 있어 정부는 교육문제를 전담하기 위하여 학무아문(學務衙門, 뒤의 학부)을 두는 동시에 과거제도를 폐지하였다. 그리고 1895년 2월 고종은 전 국민에게 교육조서(教育詔書)를 내려 근대교육 실시의 의지를 밝혔고, 교육을 통한 국가 중흥의 이상을 실현하기 위하여 그해 4월 교사 양성을 목적으로 한 한성사범학교 관제(官制)를 공포함으로써 교육 근대화의 의지를 강조했다.

다음으로 민간인 사학이다. 갑오개혁은 근대화의 요소를 지니고 있기는 하였으나, 너무 갑작스러운 타의에 의한 개혁단행이었기 때문에 신학제의 재정도 실제상의 개혁이라기보다는 제도상의 개혁에 지나지 않았다. 그러므로 정부의 노력에도 불구하고 관공립학교보다 더 활발하게 전개된 것은 민간인 사학이었다. 우리나라 최초의 민간인 사학은 원산학사(元山學舍)다(신용하, 1974). 원산학사는 1885년 아펜젤러가 세운 배재학당보다 2년 앞선 1883년, 외국의 도전과 새로운 정세변화에 대응하기 위해 원산의 민중이 자발적으로 성금을 모아 세웠다는 점과, 또 외국인이나 관의 주도에 앞서 민중의 광범한 근대화 의욕으로 설립되었다는 점에서 그 교육사적 의의를 높이 평가할 수 있다. 민간인 사학의 건학정신은 개화와 자주독립이라는 두 가지 측면에서 그 정신을 찾아볼 수 있다. 즉, 1905년 이전에 세워진 사학은 개화라는 이름의 근대화를 실천하기 위하여 설립되었으며, 나라가 일제의 침략을 당한 후에는 교육구국의 인재양성이라는 새로운 민족적 요망에서 많은 사학이 탄생했다.

2) 서양의 교육 전통

(1) 고대의 교육

서양교육사의 출발점은 고대 그리스 문명에서부터 잡는 것이 통례다. 서양 고대 문명의 출발은 그리스보다 이집트나 메소포타미아 쪽이 빨랐음에도 불구하고 서양교육사의 시작을 이집트나 메소포타미아 문명으로 잡지 않는다. 그 이유는 이들 지역의 학교나 교육은 오늘날 우리의 학교나 교육의 목적, 내용, 방법 등과 달랐기 때문이며, 현대와 근본적으로 유사한 교육내용, 방법을 갖춘 학교가 생겨난 곳이 바로 그리스 문명이기 때문이다(Boyd, 1994). 그리하여 일반적으로 서양 고대의 교육적 전통은 그리스와 그 전통을 이어받은 로마 교육 위주로 서술되고 있다.

그리스의 교육적 전통 가운데 특히 주목할 만한 것이 아테네와 스파르타의 교육이다. 이 두 도시국가는 정치체제나 교육의 이상 등에서 상당한 차이를 보임으로써 교육의 두 전형이 되었다.

스파르타는 북으로 험준한 산맥과 남으로는 암벽 해안으로 외부 세계와는 상당한 정도로 차단된 자연환경 속에서 자신들의 고유한 생활방식을 채택하고 있다가, 기원전 7세기 말경에 이르러 경직된 군사체제를 바탕으로 하는 사회가 되었다(Boyd, 1994). 이후 스파르타의 교육도 전체주의적이고 국가주의적인 교육 일변도로 진행되었다. 교육의 주된 내용은 이상적인 군인을 만들기 위해 필요한 신체적 단련과 완전한 복종의 습관을 기르는 것으로서, 지적이고 심미적인 교육은 관심사가 아니었다. 훌륭한 철학자나 시인, 예술가가 한 명도 배출되지 못한 것도 그러한 교육의 결과였다.

그러나 아테네의 교육은 스파르타의 극단적 귀족전제주의와는 다른 민주적 정치체제를 채택하였으며, 솔론(Solon, 기원전 약 640~559)에 의해 교육에 관한 최초의 법이 만들어졌다고 알려져 있다. 아테네의 교육도 스파르타와 마찬가지로 공민의 양성이라는 점을 고려하지 않은 것은 아니나, 지적 · 심미적 · 체육적인 측면에서의 조화와 균형의 추구에 더욱 초점을 맞추었다. 이러한 아테네의 관심은 정도의 차이는 있지만 스파르타를 제외한 그리스 도시국가 전체의 공통된 사항이었다.

그리스 교육사상가로는 프로타고라스(Protagoras), 이소크라테스(Isocrates)와 같은 소피스트들과 소크라테스(Socrates, 기원전 470~399), 플라톤(Platon, 기원전 427~347), 아리스토텔레스(Aristoteles, 기원전 384~322) 등을 들 수 있다.

로마의 교육은 일반적으로 왕정 및 초기 공화정시대를 포함하는 공화정(共和政)시대의 교육과 로마 후기의 교육인 제정(帝政)시대의 교육으로 구분된다. 로마 전기 교육인 공화정시대의 교육은 순수한 로마적인 사회조직과 로마의 전통적 교육사상에 바탕을 둔 것으로, 도덕심과 애국심이 강한 인간상을 이상으로 전개한 것이 특징이었다. 가정은 교육의 중심 장소로서 실제 생활을 위한 훈련의 장소였고 가장의 책임 아래 교육이 이루어졌으며, 12표법(12동판법)은 이 시기 교육의 중요한 내용이었다. 공화정말기에 루두스(Ludus)라는 사설학교가 생겨나 가정 중심의 전통교육에 변화가 생겨났다.

제정시대에 와서는 검소하고 실질적이며 애국적인 로마 특유의 사회적 기풍이 사라지고 그리스적 문물이 유행하면서 교육이 지적 발달을 중심으로 변화하였다. 언어능력, 공개 연설의 훈련이 주된 교육내용이었고 웅변가, 연설가 양성이 교육의 목표가 되었다.

로마인의 생각에 따르면 훌륭한 연설가는 도덕적인 성격과 넓은 교양을 가지고 자신 있게 말할 수 있는 능력의 소유자다. 이를 위해 초등 단계에서는 루두스에서 리테라토르(litterator)라는 독서교사가 3R' s(독 · 서 · 산)를 가르쳤으며, 12세를 전후하여 그라마티쿠스(gramaticus)가 가르치는 학교에서 문법 · 수사학 · 음악 · 천문 · 기하 · 산술 등을 배웠다. 로마인의 최종 학교는 수사학 학교였다. 16세가 된 소년들은 레토르(rhetor)가 가르치는 수사학 학교에서 대중 연설의 기술을 연구하고, 웅변의 다양한 형식을 공부했다(성기산, 1993).

로마의 교육사상가로는 카토(Cato, 기원전 234~149), 세네카(Seneca, 기원전 ?~65), 키케로(Cicero, 기원전 106~43), 퀸틸리아누스(Quntilianus, 35~97) 등이 유명하다.

(2) 중세의 교육

서양 중세의 사상적 특징은 신본주의로 대표된다. 그리스와 로마는 현실 사회가 중심인데 비하여 중세는 기독교라는 종교가 사회의 기초가 된다. 그리스 · 로마가 귀족이 지배하는 사회라면 중세는 성직자가 지배계급인 사회이고, 그리스 · 로마에서처럼 국가가 최고의 선이 아니라 국가나 현세는 천국의 보조 수단이라는 신본주의 사상이 기본을 이룬다. 그리스 사상이 인문주의인데 비해 중세는 신본주의이고, 로마가 실제주의인데 비해 중세는 종교적 도야를 위한 주정주의적 경향을 띠고 있으며, 인생관 역시 원죄설에 따라 현세의 고행과 금욕을 경험해야 하는 존재라고 본다.

중세의 교육은 하나님을 믿음으로써 인간이 구원되고 지상의 낙원을 실행할 수 있다고 믿고, 많은 이교도들을 종교적 교리의 감화 대상으로 끌어들여 이들을 교육적으로 감화시키는 것을 주요 과제로 삼았다. 이를 위해 기독교 신앙을 시작한 사람들에게 세례를 주기 위한 교리문답을 비롯하여 문법이나 수사학, 신학 등이 주요 교육내용이 되었다. 교육기관으로는 문답학교, 고급문답학교, 본산학교 등과 수도원학교와 같은 기독교 교육기관이 있었다.

중세에는 경제적인 봉건제도의 성립과 함께 그 제도를 무력적으로 지탱해 주는 기사계급이 출현하게 되었고, 그들의 특유한 생활규범인 기사도가 확립되었다. 그들을 위한 기사교육은 학교와 같은 교육기관에 의하지 않는 교육인 동시에 상류사회의 교육이었다는 점이 특색이다. 기사의 이상은 전사로서만이 아니라 기독교적 신사로서의 소양을 갖추어 신을 경배하며 교회를 지키고 약자를 돕고 부인들을 존경하는 것이었다.

이 밖에 중세의 세속교육으로는 시민학교나 도시학교를 들 수 있다. 11세기 말에 시작하여 약 2세기 동안에 걸쳐 감행된 십자군 원정은 결과적으로 중세 도시의 발달을 촉진시켜 상공업을 급속도로 발전시켰다. 시민사회가 성립됨으로써 시민계급에 맞는 새로운 교육이 필요했으며, 이들을 위한 교육, 즉 생산교육과 직업교육이 탄생하였다.

중세 후기에 12세기 초부터, 본산학교와 수도원학교를 모체로 하며 스콜라철학을 바탕으로 한 대학이 유럽 각국에서 급속히 발달하였다. 대학은 국적이나 종교적 제약 없이 순수한 학문단체, 조합으로 발달하였는데 그 형태는 대체로 두 가지로 나타났다. 이탈리아와 남부 프랑스의 대학은 볼로냐(Bologna) 대학의 모범에 따랐고, 북유럽의 대학들은 파리(Paris) 대학을 모범으로 삼았다. 당시 대학의 조직은 신학, 법학, 의학이 중심이었고 예비과목으로 철학과 7자유학과를 가르쳤다. 중세 대학은 법왕이나 국왕의 공인을 받았을 때는 병역과 세금의 면제, 범죄에 대한 재판관할권, 학위수여권 등의 특권을 가졌다.

(3) 근대의 교육

서양교육사의 시대 구분에서 고대와 중세의 명칭 사용은 보편적이지만, 근대의 용어는 거의 사용하지 않고 중세가 끝나는 15세기부터 19세기까지의 교육을 세기별 혹은 사조별로 다루고 있는 것이 통례다. 이는 이 시대가 시기마다 다양한 사상이 등장하여 하나의 특징적인 사상으로 시대적 특성을 나타내기 어려울 뿐 아니라 유럽 또한 여러 국가로 분열과 통합을 거듭함으로써 민족적 · 국가적 동질 요인을 찾아보기가 어렵기 때문이다. 그러나 여기서는 편의상 근세의 교육이라는 이름 아래 시대와 사조를 통합하여 유럽을 중심으로 한 서양사회의 교육적 전통을 알아본다.

먼저 르네상스기의 교육 전통이다. 르네상스 교육의 전통은 곧 인문주의 교육인데, 유럽 남부와 북부의 전통에서 차이가 있었다. 남부에서는 개인적 교양을 위한 세속적 관심이 강한 라틴의 개인적 인문주의의 경향을 띤다. 이에 비해 북쪽은 사회적 · 도덕적 · 종교적 교양을 위한 사회적 인문주의의 경향으로 나타났다. 16세기의 종교개혁은 이러한 북유럽의 영향을 받았으며, 종교개혁이 서민 교화를 위한 초등교육을 발달시킨 원동력이 된 것도 같은 맥락에서 이해할 수 있다.

서양의 17세기는 실학주의 교육의 시대라고 할 수 있다. 교회의 개혁과 인문주의 교육이 점차 형식주의로 변함에 따라 실용적인 지식과 실생활을 위한 과학 중시의 교육에 관심을 갖게 된 것이 실학주의(realism)의 사상적 배경이다. 실학주의 교육은 구체적인 사물과 실용적인 지식을 존중하는 경향으로 발전하게 됨으로써 편협한 교과목에서 벗어나 광범위한 교과목의 이수를 강조하게 되고, 신학과 고전 중심에서 자연과학과 모국어를 중시하는 방향으로 전환되고, 교육방법 면에서도 암기나 기억보다는 이해와 경험을 요구하기에 이르렀다. 실학주의 교육은 인문적 실학주의(humaristic realism), 사회적 실학주의(social realism), 감각적 실학주의(sense realism)로 구분된다. 인문적 실학주의는 고전의 연구를 통해 현세생활에 잘 적응할 수 있는 유능한 사람의 양성을 목적으로 하였다. 사회적 실학주의는 고전 교육보다는 실생활의 경험을 통해 신사로서의 소양을 갖추는 데 목적을 두었으며, 또 감각적 실학주의(과학적 실학주의)는 감각적 직관을 교육의 기초로 삼아 실물을 통한 실제적 교육을 강조하는 사조다.

실학주의 교육사상가로는 인문적 실학주의자 라블레(F. Labelais, 1483~1533), 사회적 실학주의자 몽테뉴(M. de Montaigne, 1533~1592), 감각적 실학주의자 코메니우스(J. A. Comenius, 1592~1670), 로크(J. Locke, 1632~1704) 등이 있다.

서양의 18세기 교육사조로는 계몽주의와 자연주의를 들 수 있다. 계몽주의는 그 자체가 하나의 교육운동이라 할 수 있다. 계몽사상가들은 인간은 교육에 의하여 개명될 수 있고, 개명된 자세에 따라 낡은 폐습을 타파하고, 그렇게 함으로써 보다 합리적인 사회로 진보시킬 수 있다고 보았다. 그리하여 이 시기의 교육목적은 추리능력을 길러 이성의 자유를 속박하는 종교 · 정치 · 사회의 모든 권력구조를 제거할 수 있게 하는 데 있었다. 또 교육내용은 합리적인 것만으로 구성하고 이치에 맞지 않는 것은 무엇이든 배제하였는데, 철학과 과학이 가장 가치 있는 과목으로 인정되었다. 교육방법으로는 계시나 상상, 감정 등은 무시되고 냉정한 비판력, 분석적 태도만이 용납되었다.

그러나 18세기 후반에 이르러 계몽사상가들의 비판과 공격의 대상은 이전의 교회에서 사회적 · 정치적 폐해로 바뀌게 되었다. 이 시기 계몽운동의 중심 인물인 루소(J. J. Rousseau, 1712~1778)는 당시 사회의 뿌리 깊은 불평등에 대하여 크게 반항하였으며, 이성의 법칙 대신 인간적 자연에 대한 신앙, 평민에 대한 신뢰로써 새로운 세계관을 형성해 나갔으며 이것을 뒷날 자연주의라고 하였다. 그는 프랑스 상류층의 반자연적 자녀양육 형태에 반기를 들고 『에밀(Emile)』이라는 교육고전을 저술했다.

19세기의 교육사조로는 신인문주의(neo humanism)와 국가주의(nationalism)를 들 수 있다. 19세기 서양의 사회는 정치적으로 시민사회의 발전으로 민주적인 정치체제가 실현되었고, 경제적으로 산업혁명을 계기로 자본주의 경제체제가 형성되었으며, 사회문화적으로는 신인문주의가 대두되었다. 이를 바탕으로 근대인으로서의 인간성 개혁을 촉진시켰다. 신인문주의는 고전문화를 동경하고 부흥을 주장하면서도 그 겉 형식이 아니라 참정신의 계승을 주장했고, 로마의 고전보다도 그리스 문화를 존중하며, 고대 문화의 찬양에만 그치지 않고 그것을 바탕으로 당시 문화의 향상과 발전을 꾀하였고, 역사와 민족성을 근저로 국민적 자각을 강조하였다(안경식 외, 1995). 페스탈로치(J. H. Pestalozzi, 1746~1827), 피히테(J. G. Fichite, 1762~1814), 헤르바르트(J. F. Herbart, 1776~1841), 프뢰벨(F. W. Fröbel, 1782~1852) 등이 이 시대의 대표자적 사상가들이다.

국가주의 교육은 민족 단위의 독립국가를 바탕으로 형성된 사조인데, 국가가 학교를 설립하고 국가에 충성스러운 봉사를 할 수 있는 국민을 양성해야 한다고 주장한다. 즉 국가주의 교육론자들은 국가가 그 국가에 속하는 국민에 대한 교육적 책임을 져야 하고, 이를 위해 교육비를 국가가 부담하는 의무교육제도를 주장하게 된다. 이들의 주장의 영향을 받아 19세기 이후 세계 각국은 국가와 관련 있는 공교육기관을 갖추게 되었으며, 그 기관을 통해 국가의 보전과 번영을 꾀하였다.

3. 교사와 교육사

교사가 교육사라는 학문영역을 처음 교과로 접하는 것은 대부분 대학에 들어와 교직을 이수하면서부터다. 이때 우리나라와 서양의 교육사 및 교육사상사를 배우게 된다. 교사가 되기 위해서는 이들 과목이 교직과목의 하나로 편성되어 있고 임용시험에 한 영역으로 출제되고 있기에 이를 배우지 않을 수 없다. 그러나 교사가 되고 나서는 주로 자신의 전공 교과에 관심을 기울이게 되어 특별히 역사에 대한 흥미를 가진 사람이 아니면 쉽게 다시 교육사 책을 들추어 본다거나 교육사와 교직이 무슨 관련을 맺고 있는가에 대해 생각해 볼 여유가 없다. 그러나 교사와 교육사는 교사가 되기 전뿐만 아니라 교사가 되고 나서도 직책과 업무상 다음과 같은 관련이 있다.

첫째, 교사는 교육전문가다. 오늘날에 와서 많은 사람들은 교사를 교과의 전문가 혹은 지식의 전달자로 생각한다. 이는 교사들이 교실현장에서 가르치는 것이 교과이며, 그 교과는 지식으로 구성되어 있기 때문일 것이다. 그러나 교사의 역할이 단지 교과전문가나 지식의 전달자에만 한정된다고 볼 수는 없다. 교과전문가이기 이전에 교육자이며, 교육자의 역할은 단지 교과나 지식영역에만 머물지 않는다. 교과전문가로서의 교사가 교과에 대한 지식과 안목을 가지고 있어야 하듯이, 교육전문가로서의 교사는 교육에 대한 전반적인 지식과 안목, 통찰력을 가지고 있어야 한다. 교육사 공부는 각종 교육제도나 교육의 여러 문제에 대한 기원과 역사적 과정을 알게 함으로써, 교육에 대한 역사적 안목을 키워 주기에 교사로 하여금 교육전문가가 되게 한다. 또 교육을 인간 형성의 행위라고 한다면 교육사는 바로 인간 형성의 역사다. 학생들에게 위대한 인간, 위대한 정신이 어떻게 형성되었는가를 알려 줌으로써 바람직한 인간교육의 길을 제시해 줄 수 있는 것이 교육사다.

둘째, 교사는 역사전달자다. 이는 교사가 자신의 전공 교과로서 역사 과목을 가르친다는 말이 아니라, 자신이 가르치는 과목이 역사이든 국어든 물리든 그가 현장에서 가르치는 지식과 교과는 역사성을 지니고 있다는 의미다. 즉, 가르치는 교과 지식이 그 분야에서 지금까지 쌓아 온 인류 경험의 역사적 결과물인 것이다. 예를 들어, 초 · 중등학교에서 가르치는 교과서에서 나오는 인물을 떠올려 보자. 그 인물 가운데 '역사적 인물' 이 아닌 사람이 있는가? 교과서에 나오는 사건을 생각해 보자. '역사적 사건' 이 아닌 것이 있는가? 지식 역시 마찬가지다. 역사적 과정에서 나오지 않은 지식이 없으며, '역사적 지식' 이 아닌 것이 없다. 교사가 교실현장에서 학생들에게 전달하는 것이 곧 인류가 지금까지 쌓아 온 삶의 경험을 전달하는 일이라는 점에서 교사는 역사전달자인 것이다.

셋째, 교사는 역사기록자다. 교사는 교실현장에서 학생들을 가르치는 교육자다. 그러나 교사는 단지 학생들을 가르칠 뿐 아니라 학생들에 관한 여러 가지 '평가' 와 '기록' 을 하는 사람이다. 그가 하는 평가와 기록은 학생들의 학업에 관한 것뿐 아니라 여러 행동에 관한 것도 포함되어 있다. 교사의 이러한 기록은 학생의 '삶의 기록' 이며, '경험의 기록' 이다. 학생의 삶의 기록은 학생 자신도 부모도 할 수 있지만 교사의 기록은 보다 공적이며, 객관적이어서 사회적으로 상당한 의미가 부여된다. 이러한 기록이 바로 역사의 기록이며, 교육사의 한 페이지인 것이다. 우리는 그동안 교육사를 너무 거시적인 면에서 생각해 왔다. 교육사에서는 한 국가의 교육정책, 한 위대한 인물의 사상도 중요하지만 그 국가의 정책이 시행되고 있는 단위학교와 교실도 중요하다. 그 학교, 교실이 바로 교육현장이며, 그 현장에 대한 기록이 교육사이며, 기록자가 교사인 것이다. 그런데 교사가 역사기록자라 하여 반드시 교사의 기록이 공적이어야 할 필요는 없다. 학생생활기록부, 수업지도안과 같은 공적인 기록 이외에도 교사의 생활을 그대로 나타내 주는 교단일지나 메모도 교육사 자료가 될 수 있으며, 학생의 과제나 일기나 학급문고도 중요한 교육사 자료가 될 수 있다.

헤겔의 지적대로 역사는 과거로서의 역사도 있지만 기록으로서의 역사도 있다. 기록되지 않은 역사는 역사로서의 근거를 잃는다. 고구려 학교교육에 대한 직접적인 기록은 『삼국사기』에 '立太學教育子弟(태학을 세워 자제들을 교육하였다)' 라는 불과 일곱 자에 불과하다. 그러나 이 일곱 글자로 인하여 우리나라의 학교교육의 출발점을 정할 수 있게 되었다. 반면에 백제의 경우는 선진 문물을 자랑했고 국제적인 교류가 적지 않았음에도 불구하고 학교교육에 대한 직접적인 기록이 한 글자도 남아 있지 않아 당시 교육을 아는 데 많은 제한이 있을 수밖에 없다.

역사는 기록이고 교사는 학급이나 학교 역사, 학생 역사, 나아가 교육역사의 기록자다. 오늘도 학급, 학교를 비롯한 수많은 교육현장에서는 역사가 이루어지고 있으나, 통계자료나 몇몇 공적인 기록만 남고 학생의 학습 경험, 교사의 교육 경험과 같은 의미 있는 경험들이 기록되지 못함으로써 역사가 되지 못하고 있다.

왕이나 지배층이 역사의 중심이었던 전제왕권사회에서는 역사 기록도 지배층 중심으로 될 수밖에 없었지만, 민(民)이 주인인 민주사회에서의 역사는 민의 역사가 그대로 이 시대의 역사가 되는 것이다. 당연히 이 시대의 교육사는 특별한 사람들에 의해 기록되는 특별한 사람들만의 교육사상이 아니다. 교육현장에서 교육을 담당하고 있는 수많은 교사들이 바로 의미 있는 교육 경험을 선택하여 기록하는 사관이 되며, 교육현장에서 교육을 담당하고 있는 교사와 학생을 비롯한 교육관계자 모두가 교육사의 주인공이자 주체인 것이다.

넷째, 교사는 역사창조자다. 역사학에서는 일찍부터 역사의 주체가 소수의 영웅인가 아니면 사회적인 힘인가 혹은 다수 민중인가에 대한 논쟁이 있어 왔다. 버틀러(N. M. Butler)는 이 세상에는 세 부류의 사람이 있다고 하였다. 한 부류는 무엇이 일어나고 있는지조차 모르고 있는 사람이고, 다른 한 부류는 무엇이 일어나고 있는지는 알고 있으나 이것을 단지 지켜보는 사람이고, 마지막 한 부류는 무엇인가 일어나게 할 수 있는 사람이며 이들을 지도자라 부른다고 했다(손영호, 1999: 218). 역사에서는 이들 지도자들을 역사를 만들어 가는 영웅이라고 하지만 그러한 영웅도 결국 시대가 만들어 내는 것일 뿐이라고 보는 관점도 있으며, 역사는 말 없는 다수의 민중들이 만들어 갈 뿐이라고 보기도 한다. 그러나 영웅이든 민중이든 모두 역사에 참여한 구성원이라는 점에서는 차이가 있을 수 없으며, 시대나 사회, 그리고 역사를 바라보고 서술하는 관점에 따라 부각되는 인물이나 사건이 다를 수밖에 없는 것이다. 교육사의 주체가 과연 누구인가는 교육사를 누구 중심으로 보느냐 또는 쓰느냐에 따라 다를 수 있다. 교육사는 교사 중심의 역사도 가능하고 학생 중심의 역사도 가능하며, 학교 중심의 역사도 가능하고 사상 중심의 역사도 가능하다.

오늘날 우리 사회에서 교육을 움직이는 힘이 무엇인가를 생각해 보자. 교육부라고 볼 수도 있고 학부모 혹은 사회적인 힘이라고 볼 수도 있을 것이다. 그렇다면 교사는 과연 어떤 존재이며 학생은 과연 어떤 존재인가? 교사는 교육전문가며, 역사전달자며, 역사기록자다. 학생과 학부모도 교육당사자일 수는 있어도 그들을 교육전문가, 역사전달자, 역사기록자라고 하기 어렵다. 우리 교육이 중앙의 교육행정가에 의해 움직이고 있다고 볼 수도 있겠지만 정작 그들은 교육현장에 서 있지 않다. 교사야말로 교육현장에서 교육을 담당하며 교육의 역사를 만들어 가는 사람들인 것이다.

연구문제

1. 교육사 연구의 필요성을 교사와 학생의 입장에서 설명하시오.
2. 기존의 교육사 서적 한 권을 선택하여 자신의 관점에서 그 구성과 서술의 특징, 한계를 지적해 보고 자신의 입장에서 새롭게 교육사를 구성하시오.
3. 단군신화에 나타난 우리 민족의 '교육 원형'이 어떤 것인지를 생각해 보시오.
4. 아테네와 스파르타의 사회와 교육을 비교하시오.
5. 개별 학교사가 어떻게 구성될 수 있는지를 여러분의 모교를 예로 들어 구체적으로 설명하시오.

추천 학습자료

〈도서〉

1. 이이(李珥). 격몽요결
2. 주희(朱熹). 소학
3. 코메니우스(J. A. Comenius). 대교수학
4. 루소(J. J. Rousseau). 에밀
5. 이만규(1947, 1949). 조선교육사(상, 하). 서울: 을유문화사.
6. Brubacher, J. S. (2001). 교육문제사(이원호 역). 서울: 문음사.

〈인터넷 자료〉

1. 한국교육사학회 http://www.hisedu.net
2. 한국교육사상연구회 http://www.eduidea.com

참고문헌

박현숙(2014). 백제의 교육기관과 인재 양성. 제2회 신라국학대제전 학술논문집, 36-59.

성기산(1993). 서양교육사연구. 서울: 문음사.

손영호(1999). 역사의 이해. 서울: 학지사.

손인수(1981). 한국개화교육연구. 서울: 일지사.

신용하(1974). 우리나라 최초의 근대학교. 문학과 지성 제5권 제1호.

신천식(1995). 고려교육사연구. 서울: 경인문화사.

오인탁(1994). 고대 그리스의 교육사상. 서울: 종로서적.

오천석(1972). 교육철학신강. 서울: 교학사.

이기백(1976). 한국사신론. 서울: 일조각.

안경식, 진쾌현(1995). 교육사 교육철학 신강. 부산: 동아대학교 출판부.

한국교육사연구회편(1977). 한국교육사. 서울: 교육출판사.

中內敏夫(1995). 새로운 교육사(제도사로부터 사회사로의 시도)(김경희, 변호걸 역). 서울: 집문당.

Aries, P. 2003). 아동의 탄생(문지영 역). 서울: 새물결.

Blich, M. (1986). 역사를 위한 변명(정남기 역). 서울: 한길사.

Boyd, W. (1994). 서양교육사(이홍우 외 역). 서울: 교육과학사.

Brubacher, J. S. (1999). 교육문제사(이원호 역). 서울: 문음사.

Croce, B. (1955). *History as the Story of Liberty*. Cleverland, Ohio: Meridian Books.

Monroe, P. (1994). 교육사개설(조종인 역). 서울: 교육과학사.

제 4 장
교육심리의 이해

이 장에서는 교사가 교육심리학의 내용을 학습하고 이해해야 하는 것이 왜 중요하고 또 그로부터 어떤 도움을 받게 되는지에 대해 다룬다. 교사가 교과내용에 대한 전문적 지식을 아무리 많이 갖고 있다 하더라도, 가르치는 학생들의 인지 · 정서 발달에 대한 이해가 없다면 효과적인 수업과 지도를 기대하기 어렵다. 뿐만 아니라 교사가 효과적인 수업과 적절한 지도를 하기 위해서는 학생들의 학습방법, 동기, 인지적 특성 등도 이해해야 한다. 따라서 4장에서는 학생들의 발달, 학습, 그리고 지능, 동기와 창의성에 대해 간략히 살펴본다.

학습과제

- 교육심리학의 개념과 특성을 알아본다.
- 인간발달이 어떻게 일어나고 어떤 단계를 거치는지를 알아본다.
- 학습이 발생하는 세 가지 측면(행동변화, 기억, 지식구성)을 알아본다.
- 인간의 동기와 창의성에 대해 알아본다.
- 교사에게 교육심리학이 왜 중요한지를 알아본다.

1. 교육심리학의 의미와 성격

오랜 기간 동안 교사로 일하다 작가로 변신한 하이타니 겐지로(1988)가 쓴 『나는 선생님이 좋아요』에 나오는 이야기를 간략히 소개하면 다음과 같다. 이 이야기는 데쓰조오라는 초등학생과 파리에 관한 일화로 시작된다.

> 대학을 졸업한 지 얼마 안 돼서 초등학교에 발령을 받은 초임교사인 고다니 선생님은 데쓰조오가 개구리를 잔혹하게 죽이고 다른 학생을 할퀴고 물어뜯는 바람에 토하고 울고 기절한다. 이런저런 일이 겹쳐서 너무 힘들어하던 고다니 선생님은 교사직을 그만두겠다는 다짐을 수도 없이 한다.
>
> 하지만 고다니 선생님은 포기하지 않고 데쓰조오를 이해하려고 노력한다. 데쓰조오는 자폐증환자처럼 혼자 있기를 좋아하고 말을 하지 않았고 고집이 센 아이였다. 글을 읽고 쓸 수도 없으며, 학교에는 친구도 없었다. 고다니 선생님은 데쓰조오를 이해하기 위해 가정방문을 하였고, 이를 통해 데쓰조오가 쓰레기 소각장 주변에 살고 있으며, 부모님이 없고 할아버지께서 키우고 있다는 것을 알게 된다. 그 이후로 데쓰조오가 어떤 아이인지를 파악하기 위해 자주 집에 찾아간다. 그러다 데쓰조오가 파리를 기르고 있으며, 파리를 무척 좋아하고 파리에 대해 많은 것을 알고 있다는 것을 알게 된다. 또한 고다니 선생님은 할아버지와의 대화를 통해 데쓰조오의 부모와 어린 시절에 대해 더 많이 알게 된다.
>
> 데쓰조오가 파리에 관심이 많다는 것을 알고 난 뒤에 고다니 선생님은 파리를 이용하여 데쓰조오의 마음을 열려고 노력하였고, 파리에 관한 책으로 읽기와 쓰기를 가르쳐 준다. 이런 노력은 효과를 발휘하였다. 그러던 어느 날 글쓰기 시간에 데쓰조오는 '나는 선생님이 좋아요' 라고 쓴다.

이에 고다니 선생님은 감동의 눈물을 흘린다.

물론 이 이야기는 소설 속 이야기다. 하지만 고다니 선생님이 겪었던 문제는 그 정도에 차이가 있을지라도 처음 임용되는 모든 교사들이 겪을 수 있는 것이다. 학생들은 다양하기 때문에 교사를 힘들게 하는 학생이 있기 마련이다. 처음 고다니 선생님도 그랬던 것처럼 초임교사들은 이런 문제에 직면했을 때 교사직을 그만두고 싶은 마음이 생기게 된다. 또는 문제를 일으키는 학생을 싫어하거나 꾸짖기 쉽다. 하지만 학생에게 벌을 주는 것은 쉬우나, 교육적 효과는 거의 없다. 벌은 학생의 바람직하지 못한 행동을 억제하는 효과는 있어도 학생의 행동을 바람직하게 변화시키지 못하기 때문이다.

고다니 선생님이 데쓰조오의 행동을 변화시킬 수 있던 힘은 특별한 교육내용이나 교수방법이 아니라 데쓰조오를 이해하려는 노력에서 찾아야 한다. 바꾸어 말하면, 교사가 좋은 수업방법을 적용할 때보다 학생을 정확히 이해하려고 노력할 때 학생의 행동을 변화시킬 수 있다. 이렇게 교사가 학생들을 이해하는 데 필요한 기본적인 지식과 방법은 교육심리학을 통해 배울 수 있다.

교육심리학은 교육학과 심리학을 결합하여 만든 합성어다. 그런데 교육심리학이라는 개념을 처음 접하는 사람들은 심리학이라는 단어가 뒤에 있기 때문에 교육심리학을 교육학이 아니라 심리학의 하위영역이며, 심리학의 연구결과를 교육적 장면에 적용하는 것으로 오해하는 경향이 있다. 두 명사를 결합하여 새로운 개념을 형성할 때 앞의 명사는 뒤에 오는 명사를 수식하는 역할을 하고, 새로 형성된 개념의 범주는 뒤에 오는 명사에 의해 제한되기 때문이다. 실제로 서구에서 교육심리학이 처음 등장할 때 이것은 심리학의 한 하위 영역이었다.

하지만 1960년대에 교육심리학을 심리학의 하위영역이 아니라 독립된 학문영역으로 보기 시작하였다. 위트록(Wittrock, 1992)은 교육심리학을

'교육장면에서 인간행동을 과학적으로 연구하는 학문'으로 정의하였다(이영만 외, 2004에서 재인용). 그 이후 교육심리학은 심리학의 연구결과를 적용하는 학문이 아니라 독자적인 연구방법과 연구영역을 가진 학문이며 교육학의 한 영역으로 여겨지고 있다.

교육심리학의 성격을 자세히 살펴보기 위해 교육의 3요소에 비추어 일반심리학과 비교·설명하면 다음과 같다([그림 4-1] 참조). 교육의 3요소는 교사, 학생, 내용이며 이 세 가지 요소들이 상호작용하면서 발생하는 것이 교수학습이다.

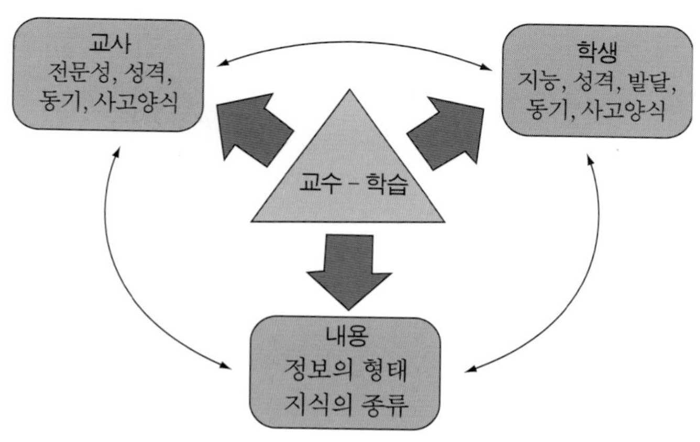

[그림 4-1] 교육의 3요소와 교육심리학의 요인들

여기서 일반심리학이나 교육심리학은 모두 교사와 학생의 특성을 정확히 이해하는 것을 목적으로 한다. 학생의 인지적, 정서적, 발달적 특성을 연구하는 것은 심리학이나 교육심리학 모두에서 중요한 연구영역이다. 한편 인지심리학은 인간(교사와 학생 모두 포함하여)과 내용 사이의 상호작용 과정을 밝히는 데 연구의 초점으로 둔다. 인지심리학자들은 어떤 정보를 어떻게 처리하는 것이 효과적이고, 지식의 종류가 다르면 요구되는 인지적 특성이 어떻게 다른지 등을 연구한다. 교육심리학자들도 같은 내용을 연구한다. 교사와 학생의 특성을 연구하거나 학생의 특성과 교과내용을 연결하는 형태의 연구는 심리학이나 교육심리학 모두 중요시한다. 어떤 측면에서 교육심리학은 심리학에서 밝혀 놓은 지식을 교육적 장면에 적용하는 학문으로 간주하여도 무방할 것이다.

그러나 교육심리학이 일반심리학과 다른 측면이 있다.

첫째, 교육심리학은 교사, 학생, 내용의 세 가지 개별적인 영역뿐만 아니라 이들 사이의 상호작용도 중요시한다. 내용을 가르치는 교사와 그것을 학습하는 학생 사이에 차이가 있음을 가정하고, 학생이 내용을 효과적으로 학습하도록 하려면 교사가 어떻게 해야 하는지도 연구의 대상이다. 다시 말해 심리학이 인간의 정신기능을 연구한다면 교육심리학은 교사, 학생, 내용 사이의 상호작용을 연구한다. 따라서 교육심리학을 전공한 사람들은 수업컨설팅과 학습컨설팅을 수행할 수 있는 전문가로 인정받고 있다.

둘째, 심리학은 엄밀한 통제를 중요시하기 때문에 주로 실험실에서 실험을 수행하지만, 교육심리학은 주로 교육현장에서 실험을 수행한다. 교사와 학생이 내용을 매개로 상호작용하는 과정을 연구하는 것은 엄밀한 통제를 요구하는 실험실에서는 이루어질 수 없기 때문이다. 그 결과 교사와 학생이 상호작용하는 학교현장이 연구의 장소다. 따라서 교육심리학자들은 학생들의 학습을 돕는 방법을 찾기 위해 다양한 심리적 변인들 사이의 관계를 파악하는 조사연구와 교육현장에서 실시하는 실험연구를 수행하고 있다.

교육심리학이 학생을 이해하는 데 필요한 기본적인 지식이나 원리를 제공하기 위해 개발한 하위영역은 다양하다. 대표적인 영역으로 발달심리, 학습심리, 성격심리, 인지심리, 학습동기, 그리고 학생평가가 있다. 이러한 영역을 자세히 배우려면 교육심리학 전공서적을 읽어야 할 것이다. 이 장에서는 교사가 학생을 이해하는 데 꼭 필요한 발달, 학습, 동기와 창의성 부분을 살펴본다.

2. 학습자 발달 이해

사람은 태어나는 순간부터 죽는 날까지 끊임없이 발달한다. 가장 두드러지게 나타나는 발달은 신체적 성장이다. 평균 3.4kg의 체중을 가진 영아가 성인으로 성장하는 과정에서 체중은 거의 15~20배 가까이 증가하고 키도 3~4배 증가한다. 하지만 교육심리학에서는 신체적 성장보다는 인지발달, 성격발달, 도덕성발달에 더 많은 관심을 둔다.

교사나 학부모가 학생들의 발달을 이해하는 것은 매우 중요하다. 아직 걸을 준비가 되지 않은 5개월 된 아이에게 걷는 연습을 시킨다고 그 아이가 걸을 수 있게 되는 것은 아니기 때문이다.

각 학교의 각 학급은 다양한 학생들로 구성되어 있다. 그리고 각 학생은 고유한 성격을 가지고 있다. 간혹 비슷한 성격을 가진 학생들이 있을 수 있지만, 사람마다 서로 다른 성격을 가지고 있다고 보아야 한다. 성격은 사람들을 구별시켜 주는 개인의 심리적 구조이기 때문이다. 성격은 타고난 기질을 토대로 하여 환경과 상호작용하는 학습을 통해 만들어지는 개인의 심리적 성향이다. 이는 성격은 태어날 때 정해지는 것이 아니라 발달하는 것으로 보아야 함을 뜻한다.

에릭슨(Erickson)의 심리사회적 발달이론에 따르면, 인간은 기본적 욕구를 충족할 때 심리사회적 영향이 중요한 역할을 한다. 그는 인간은 전 생애를 거쳐 여덟 가지의 대인관계로 인한 발달적 위기를 직면하게 되는데, 각 단계에서 위기를 어떻게 해결하느냐에 따라 사람의 성향이 정해진다고 한다. 에릭슨의 심리사회적 성격발달이론은 신뢰 대 불신, 자율성 대 수치심, 주도성 대 죄책감, 근면성 대 열등감, 정체감 대 역할 혼돈, 친밀감 대 고립감, 생산성 대 침체, 자아 통합 대 절망이라는 여덟 단계로 구성된다.

한편 각 학교는 교칙이나 학칙을 가지고 있으며, 이를 통해 학교의 질서를 유지하려고 한다. 그러나 학생들은 다양한 배경을 가지고 있기 때문에 이들 중에는 교칙을 어기는 학생들도 있기 마련이다. 따라서 교사들은 어떻게 학생들을 훈육하느냐에 관심이 많다. 훈육을 효과적으로 수행하기 위해서는 교사가 인간의 도덕성 발달을 이해하고 있어야 한다. 콜버그(Kohlberg)의 이론에 따르면, 도덕성 발달은 개인적 유-불리에 기초하여 처벌-복종과 자기 관심 충족이라는 전인습적 단계, 사회적 합의를 존중하는 착한 의도와 사회적 질서 존중이라는 인습적 단계, 그리고 사회적 계약과 보편적 도덕원리라는 후인습적 단계로 구분된다. 학생들은 연령에 따라 다른 도덕적 기준과 개념을 가지고 있기 때문에 이에 적합한 형식으로 훈육을 하는 것이 더 효과적이다.

인지발달에 대한 이해는 교사가 수업에 들어가기 전에 꼭 갖추어야 하는 것이다. 성인들은 이 책의 내용을 읽으면 이해할 수 있다. 하지만 중학생이나 초등학생의 경우 같은 글을 읽으면서 이해하기 힘들어할 것이다. 아마도 초등학생들은 아무리 반복하여 읽어도 그 내용을 이해하지 못할 것이며, 더 나아가 유아나 신생아들은 읽을 수 없을 뿐만 아니라 말해 주어도 전혀 이해하지 못한다. 나이에 따라 동일한 내용의 글을 이해하는 능력, 글 쓰는 능력, 생각하는 능력에 차이가 있다는 것을 확인하고 이를 자세히 설명하는 것은 인지발달에 관한 연구에서 나온다.

인지능력이 어떻게 발달하는가에 대한 이론은 다양하지만, 피아제(Piaget)와 비고츠키(Vygotsky)의 인지발달이론이 가장 널리 알려져 있다. 피아제(1969)에 따르면, 사람은 생각하는 능력이 부족하고 자기중심적인 상태로 태어난다. 사람은 자라면서 물리적 세계를 스스로 탐구하고, 다른 사람과 상호작용하고, 반성적 사고를 스스로 수행하는 과정에서 조금씩 세계에 대한 이해를 넓혀 가고 생각하는 능력도 확장시킨다. 그 결과 물리적 세계에 존재하는 원리와 사람마다 다른 관점을 가질 수 있음을 알게 되며 논리적 관계를 파악하고 활용할 수 있는 능력이 발달한다.

피아제는 동화와 조절이라는 두 가지 적응 과정을 거치면서 사람의 인지가 발달한다고 보았다. 동화는 사람이 스스로 탐구한 결과를 기존의 인지도식(scheme)에 포함시키는 과정이다. 동화는 기존의 인지도식을 확장시키지만 새롭게 만들지는 못한다. 반면 조절은 동화가 실패할 때 나타나는 인지과정이며 기존의 인지 도식을 바꾸어 새로운 인지도식을 만드는 것이다.

피아제는 인지적 발달의 과정을 4단계로 나누었다(〈표 4-1〉 참조).

피아제에 따르면, 신생아는 감각운동기관을 통해 외부세계를 탐구하는 능력을 가지고 태어난다. 따라서 성인처럼 높은 수준의 생각을 할 수 없지만, 감각기관을 적절히 이용하여 외부세계를 이해한다. 어린 유아(0~2세)들이 물체를 입에 넣는 이유는 그것이 어떤 것인지를 탐구하기 위해 혀라는 감각기관을 이용하기 위해서다.

만 2세가 되면 언어가 발달하는데, 이와 함께 생각하는 능력도 빠르게 발달한다. 하지만 아직까지는 자기중심성에서 벗어나지 못하고 타인의 입장에서 생각하는 능력이 부족하다. 이 시기를 피아제는 전조작기라고 하였다. 만 6~7세가 되면 아동들은 자기중심성에서 벗어나고 객관적으로 존재하는 세계에 대한 이해가 높아진다. 그러나 구체적인 사물을 가지고 그 관계를 이해하는 것은 가능하지만, 추상화된 언어나 기호를 이용하여 논리적 관계를 파악하는 능력이 부족하다. 12세가 되면 아동은 성인과 거의 같은 수준의 인지적 능력을 가지게 된다.

한편 비고츠키(1978)는 인간의 인지발달에 있어서 사회의 역할을 더 강조하였다. 한 개인의 머릿속에서 물리적 세계에 대해 스스로 깨닫는 것이 아니라 그 내용을 잘 알고 있는 타인과 공동으로 작업하는 과정에서 타인이 알고 있는 것을 자기 자신의 것으로 내재화(internalization)하는 것이 인지발달에 가장 중요하다고 주장하였다. 비고츠키에 따르면 한 개인이 어떤 과제를 혼자서 수행할 수 있는 수준과 타인의 도움을 받을 때 수행할 수 있는 수준에는 차이가 있다. 혼자서 완수할 수 있는 수준이 실제적 발달수준이고, 도움을 받아서 완수할 수 있는 수준이 잠재적 발달수준이다.

표 4-1 **피아제의 인지발달단계**

발달단계	대표적 행동특성	경험적 증거
감각 운동기 (0~2세)	• 대상연속성 획득(8개월): 어떤 대상이 시야에서 사라져도 그것이 존재한다는 사실을 아는 것	 대상연속성
전조작기 (2~7세)	• 자기중심성: 다른 사람의 관점을 수용 못함 • 자기중심적 언어: 행위와 말이 구분되지 않고 의사소통하기보다는 자신의 생각만 표현 • 물활론적 사고: 사물이 모두 살아 있고 각자의 의지에 따라 움직인다고 믿는 생각	 물활론적 사고
구체적 조작기 (7~12세)	• 탈자기중심성: 타인의 관점 이해 • 가역적 사고 가능 • 보존개념 형성: 수, 액체, 부피 등의 보존개념 • 분류 및 서열 조작능력 형성 • 귀납적 사고 가능	 보존개념 형성
형식적 조작기 (12세 이상)	• 조합적 사고: 가능한 한 모든 자원을 조합하여 논리적으로 해결책을 궁리하여 문제해결 • 연역적 사고 가능 • 추상적인 대상을 포함한 논리적 사고 가능 • 가설 검증 능력, 추리력과 적용력 발달 • 사물의 인과관계 터득	 x+y=z 추상적 사고

이 둘의 차이를 비고츠키는 근접발달영역(Zone of Proximal Development)이라고 불렀는데, 이 영역 내에서 타인이 도와주면 한 개인은 자신의 실제적 발달수준을 높일 수 있게 된다. 이와 같이 근접발달영역 내에서 도움을 제공하는 것이 비계설정(scaffolding)이다.

비코츠키에 따르면 교사는 학생들에게 완성된 지식을 전달하는 것이 아니라 비계설정을 제공함으로써 학생이 스스로 지식을 구성하도록 도와야 한다.

3. 학습 이해

학교에서 교사가 수행해야 하는 역할은 다양하다. 그중에서 가장 중요한 것은 가르치는 일이다. 그런데 가르치는 행위만 있고 학생들이 배우는 것이 없다면 그 가르침은 진정한 가르침이 아니다. 따라서 교사의 가장 중요한 역할은 학생들이 학습내용을 실제로 배우도록 가르치는 것이다.

학생들이 학교에서 교사로부터 배워야 하는 학습내용에는 행동, 지식, 그리고 사고능력이 있다. 교사는 학생들에게 새로운 행동을 학습시키거나 기존의 행동을 변화시켜야 하고, 학습내용에 대해 기억 및 이해시키며, 스스로 지식을 구성할 수 있도록 도와주어야 한다(김정섭, 2004).

1) 행동학습

행동학습은 계획적인 경험의 결과로 발생하는 지속적인 행동의 변화다(김영채, 2001). 여기서 계획적인 경험의 결과란 성숙과 같은 자연발생적인 변화가 아니라 의도된 행동의 변화를 의미한다. 행동의 변화는 자극과 반응 사이의 반복적 연합을 통해 새로운 행동을 할 수 있게 되거나 다른 사람의 행동과 그 결과를 관찰하여 새로운 행동을 할 수 있게 되는 것이다.

"자라 보고 놀란 가슴 솥뚜껑 보고 놀란다."라는 속담을 과학적으로 설명해 주는 이론은 파블로프(Pavlov)의 고전적 조건화 이론이다. 인간은 특정한 자극에 반사적으로 반응하는 행동을 가지고 있다. 예를 들어 갑자기 어떤 물체가 나타나거나 큰 소리를 들으면 놀라게 되는데, 갑자기 나타나는 물체나 큰 소리는 놀라는 행동을 일으키는 무조건 자극이다. 흰색 모피 옷은 이런 반응을 일으키지 않는 자극이지만, 흰색 모피 옷을 볼 때마다 큰 소리를 들려주어 놀라게 만들면 나중에는 흰색 모피만 보아도 놀라게 된다. 이것을 고전적 조건화라고 한다.

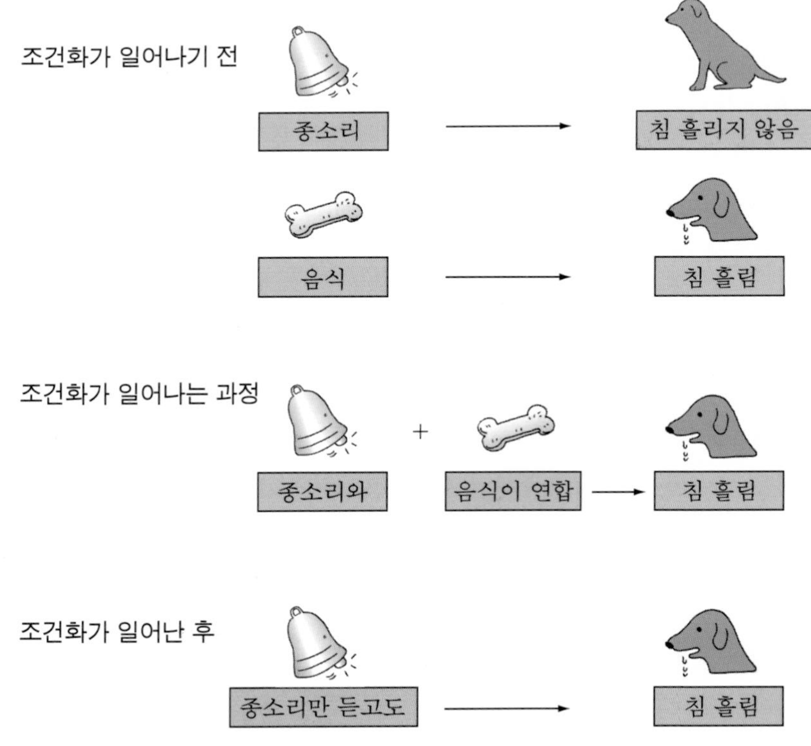

[그림 4-2] 고전적 조건화의 과정

고전적 조건화는 학교에서도 발생한다. 호랑이 선생님이 되는 과정이 대표적인 예다. 보통 호랑이 선생님이 될 천성을 타고난 사람은 드물다. 대개 학생주임을 맡다 보면 학생들에게 엄하게 벌을 주는 경우가 많아진다. 여기서 벌, 꾸중, 체벌 등은 학생들에게 불안이나 공포를 가져다주는 무조건자극이다. 그런데 학생주임 선생님(처음에는 중성자극)이 나타날 때마다 벌, 꾸중, 체벌 등을 받게 되면, 학생들은 학생주임 선생님(조건자극이 되었음)만 보아도 불안이나 공포를 느끼게 된다. 즉, 학생주임 선생님이 호랑이 선생님이 된 것이다. 이 외에도 시험불안이나 많은 공포증은 고전적 조건화를 통해 형성되기 쉽다. 예를 들어, 선생님이 흰 종이 꾸러미(중성자극)를 들고 교실에 들어설 때마다 퀴즈시험(시험불안을 가져오는 무조건자극)을 실시했다고 가정해 보자. 그러면 학생들은 미술 선생님이 흰 종이 꾸러미(조건자극)를 들고 와도 시험불안(조건반응)을 느끼게 된다.

아이가 심부름을 잘 한 경우 부모들이 칭찬 등의 보상을 준다면, 아이는 심부름을 또 하려고 한다. 스키너(Skinner, 1953)의 조작적 조건화는 아이가 왜 심부름을 또 하려고 하는지에 대한 답을 제공한다. 조작적 조건화에 따르면 사람은 자신이 한 행동에 대해 강화를 받으면 그 행동을 더 자주 하게 되고, 벌을 받으면 그 행동을 줄이게 된다.

조작적 조건화는 크게 강화와 벌의 원리를 통해 학습이 이루어지는 과정이다. 강화는 학생이 어떤 행동을 더 자주 하도록 만드는 것이고 벌은 학생이 어떤 행동을 하지 않도록 만드는 과정이다. 강화는 다시 정적강화와 부적강화로 나누어진다. 둘 다 강화의 원리에 따라 유기체의 행동을 증가시킨다는 공통점이 있지만, 정적강화는 강화인을 제공하고 부적강화는 혐오자극을 제거(또는 면제)한다는 점에서 차이가 있다. 예를 들어, 학생들이 일기를 쓰면 스티커를 제공하거나 칭찬을 해 주어 일기 쓰는 행동을 증가시키는 것이 정적강화다. 그러나 학생들이 일기를 쓰면 화장실 청소(혐오자극)를 면제시켜 학생의 일기 쓰는 행동을 증가시키는 것이 부적

강화다.

반면 벌은 유기체가 행동의 빈도를 줄이도록 만드는 과정이다. 학생이 바람직하지 않은 행동을 했을 때 혐오자극을 제공하거나 강화인(돈, 음식물, 칭찬 등)을 제거함으로써 그런 행동을 더 이상 하지 않도록 만드는 것이 벌의 원리다. 스키너(1953)에 따르면, 벌은 행동을 억제하는 효과를 가지지만 대안행동을 강화해 주는 역할을 하지 못하기 때문에 벌 자체만으로는 효과가 없다.

최근 학교에서 교사가 학생에게 주는 체벌에 대해 논쟁이 뜨겁다. 학생의 바람직하지 못한 행동을 줄이거나 없애기 위해 체벌을 가하는 것이 불가피하다고 말하는 교사들과 어떤 일이 있어도 체벌은 안 된다고 주장하는 학생 및 학부모 사이에 논쟁이 사라지지 않고 있다. 체벌은 새로운 행동을 학습시키지 못하고 오직 바람직하지 못한 행동을 잠시 동안만 억제하기 때문에 효과적인 것은 아니다. 체벌은 순간의 위기를 모면하기 위한 거짓말을 조장할 가능성도 높기 때문에 해롭다. 때로는 체벌 받은 학생은 위축되거나 학교가 싫어서 바람직한 행동마저도 줄이는 경우도 있다. 심지어는 체벌을 받은 학생들은 폭력적 행동을 더 자주 한다는 연구결과도 있다. 따라서 체벌 또는 벌은 효과적이지 못하다고 봐야 할 것이다.

한편 인간은 다른 사람이 조건화되는 것을 관찰하는 것만으로도 학습을 할 수 있다(Bandura, 1971). 예를 들어, 엄마가 바퀴벌레를 보고 무서워하는 것을 보기만 하여도 아이는 엄마처럼 바퀴벌레를 무서워하게 된다. 그런데 아이가 바퀴벌레를 처음부터 무서워하는 것은 아니다. 이렇게 관찰함으로써 학습하게 되는 것을 관찰학습이라고 한다. 다음의 그림은 엄마가 바퀴벌레를 보고 무서워하는 것을 본 아이가 엄마처럼 바퀴벌레를 무서워하게 되는 관찰학습의 과정을 보여 준다.

아이는 처음에 바퀴벌레를 무서워하지 않는다. 엄마가 무서워하는 것을 본다. 아이도 무서워한다.

[그림 4-3] 관찰학습의 과정

2) 기억을 통한 학습

기억을 통한 학습은 감각기관을 통해 들어오는 자극(지식)을 두뇌에서 처리하고 그 결과를 기억 속에 저장할 때에 발생한다. 이런 학습은 자극과 반응의 연합을 통한 행동학습과는 달리 인간 두뇌의 정보처리과정을 강조한다. 특히 여러 유형의 기억, 정보의 저장과 인출, 쇠퇴 또는 망각이 중요한 과정이다. 먼저 기억의 유형부터 살펴보자.

기억을 연구하는 학자들은 이것을 크게 세 가지로 구분한다. 이 세 가지 기억들은 정보나 지식이 뇌에 들어와서 처리되고 기억되는 일련의 과정이다. 첫째는 감각등록기억이다. 인간의 뇌가 다루는 정보는 감각기관을 통해 입력된다. 예를 들어, 눈을 통해 들어온 정보는 시각신경을 통해 대뇌에 전달되는데, 이 기간 동안 정보를 기억하는 것을 감각등록기억이라고 한다. 감각등록기억은 약 0.5~1초 정도 정보를 기억한다.

둘째는 단기기억이다. 감각기관으로부터 들어온 정보를 장기기억 속에 저장하기 전에 일시적으로(보통 1~2분 정도) 정보를 보유하는 기억의 유형이다. 예를 들어, 전화번호를 잠시 기억하였다가 잊어버리는 것이다. 하지만 인지적 시연이나 정교화를 통해 한 번 들은 이름도 장기기억에 저장할 수 있다. 인지적 시연은 어떤 정보를 머릿속에서 반복적으로 암송하는 것이다.

셋째는 장기기억이다. 감각기관을 통해 들어온 정보가 단기기억과 작동기억을 통해 처리된 다음 오랫동안 기억할 수 있게 저장된 기억을 장기기억이라 한다. 예를 들어, 자신의 주민등록번호를 기억하는 것이다.

이렇게 세 단계의 기억과정을 거친 정보나 지식을 다시 이끌어 내지 못하면 쓸모없는 지식이 되고 만다. 시험을 잘 치기 위해서는 기억했던 것을 필요한 시간에 이끌어 낼 수 있어야 한다. 이때 장기기억 속에 있는 정보나 지식을 의식 속으로 가져오는 것을 인출이라 한다. 반대로 적절한 시기에 필요한 정보나 지식을 의식 속으로 가져오지 못하는 것을 인출실패라고 한다. 예를 들어, 밤을 새워 가며 열심히 암기하였던 것을 다음 날 시험볼 때 기억해 내지 못하고 결국 답을 쓰지 못하는 것이 인출실패다.

그런데 장기기억에 저장되어 있는 어떤 정보는 아무리 인출하려고 하여도 인출되지 않는다. 예를 들면, 대학생이 세 살 때 무엇을 하였는지 회상하려고 노력한다고 가정해 보자. 아무리 노력해도 어린 시절에 한 일을 기억해 낼 수 없을 것이다. 이처럼 장기기억에 저장되어 있던 많은 정보는 오랜 시간이 지나면 장기기억 속에서 사라지거나 인출해 낼 수 없는 정보가 된다. 이렇게 장기기억 속에 저장되었던 정보를 인출할 수 없게 된 것을 망각이라 한다.

새로운 정보나 지식을 장기 기억 속에 효과적으로 저장하고 싶을 때는 다양한 기억전략을 사용할 수 있다. 예를 들어, 장소법, 두문자어법, 상호작용 이미지 생성법, 핵심어 단어법 등과 같은 다양한 기억전략이 있다. 학생이 교과내용을 학습할 때 이런 기억전략들을 효과적으로 사용하면, 시험칠 때 인출을 더 잘 할 수 있게 된다. 특히 학습컨설턴트들은 기억전략에 관한 전문성을 가지고 있으므로 다양한 기억전략을 언제 어떻게 사용할 수 있는지를 학생들에게 가르쳐 주기도 한다.

3) 의미 구성을 통한 학습

지식정보화사회에서는 기존의 지식을 기억하는 것보다는 새로운 지식을 스스로 구성하는 능력을 더 요구한다. 지식 구성과정에 관한 학습이론은 구성주의에서 찾을 수 있다.

피아제(1969)에 따르면 학습은 인지적 갈등을 유발하는 새로운 정보를 학습자의 인지구조에 맞추거나(동화), 아니면 새로운 정보에 맞게 자신의 인지구조를 바꾸고(조절), 마침내 새로운 안정된 인지구조에 도달하는(평형화) 과정에서 이루어진다. 즉, 학습자가 새로운 정보를 수동적으로 수용하는 것이 아니라 새로운 정보와 기존의 인지구조를 조화시키려는 적극적인 노력을 통해 스스로 의미를 구성하는 것이 학습이다. 예를 들어, 유치원 교사가 아이들에게 "숟가락 컵을 만들자."라고 말한다고 가정해 보자. 여기서 '숟가락 컵'은 새로운 정보이며, 기존의 지식에 존재하는 것이 아니기 때문에 아이들이 곧바로 이해하기 어렵다. 그런데 아이들이 이 말을 '숟가락과 컵을 만드는 것'으로 이해하였다면, 아이들은 숟가락과 컵 각각에 대한 기존의 지식을 이용한 것이기 때문에 동화가 발생한 것이다. 이때 교사가 숟가락 컵은 숟가락과 컵이 아니라 '숟가락 모양의 컵' 또는 '숟가락이 손잡이로 달린 컵'이라고 말하면, 아이들은 기존의 지식구조를 변경하여 새로운 지식구조를 만드는 조절을 하게 된다. 동화와 조절이 평형상태를 이루게 된 이후부터는 아이들은 '숟가락 컵'을 새로운 정보가 아니라 이미 알고 있는 것으로 받아들인다. 이처럼 피아제의 구성주의 학습이론은 학습이 발생하기 위해서 각 개인의 인지구조 속에서 어떤 일이 발생하는지를 보여 주는 이론이며, 인지적 구성주의라 불린다.

한편 비고츠키(1978)는 학습은 교사로부터 학생에게로의 지식 전달이 아니라 학생이 교사와 상호작용하고 협력하는 과정에서 교사의 지식을 자기 것으로 내재화하는 것이라고 말한다. 내재화는 혼자만의 활동의 결과가 아니라 다른 사람과 함께 문제를 해결하는 과정에서 다른 사람의 지식과 인지전략을 자기 것으로 만드는 것을 의미한다. 즉, 다른 사람의 지식을 자신의 머릿속에 그대로 복사하는 것이 아니라 다른 사람과 상호작용하는 과정에서 다른 사람의 머릿속에 있는 것과 같은(또는 비슷한) 것을 자신의 인지구조 속에서 재구성한다는 것을 의미한다. 따라서 비고츠키의 구성주의 학습이론에 따르면 학습은 혼자만의 활동이 아니라 다른 사람과의 공동활동이다. 이런 이유로 비고츠키의 구성주의를 사회적 구성주의라 부른다.

4. 지능 · 동기 · 창의성

교사나 학부모들이 학생들을 잘 가르치기 위해서는 학생들의 지능과 인지적 기능에 대한 이해가 요구된다. 학업성취에 영향을 주는 개인적 요인들은 다양하지만, 그중에서도 지능과 동기는 학업성취에 많은 영향을 주는 주요 요인이다. 또한 창의성은 지식정보화시대에서 요구되는 것으로 학교교육을 통해 길러지거나 최소한 학교교육을 통해 저해되지 않아야 하는 인지적 기능이므로 교사들은 창의성에 대한 이해를 갖고 있어야 한다.

1) 지 능

앞에서 다룬 학습자의 발달은 인지적 능력의 발달에 초점을 두었다. 인지적 능력의 발달은 지능에 관한 것인데, 전반적인 인지적 능력의 발달에 초점을 두었다. 지능에 관한 이론은 아동의 발달에 관한 이론만큼 다양하게 등장하였다. 이장에서는 최근 이론인 가드너(Gardner, 1983)의 다중지능 이론에 초점을 둔다. 가드너에 따르면, 지능은 단일요소가 아니라 언어 지능, 논리수학적 지능, 공간 지능, 신체 운동적 지능, 개인내 지능, 대인 지능, 음악 지능, 자연 지능이라는 여덟 가지 요소로 이루어져 있다. 모든 사람은 이런 여덟 가지 지능을 모두 가지고 있으나, 서로 다른 프로파일을 가지고 있다. 즉, 어떤 사람은 언어 지능과 논리수학적 지능이 높고 나머지는 낮을 수 있다. 반면, 다른 사람은 음악적 지능과 대인 지능이 높으나 공간 지능과 신체 운동적 지능이 낮을 수 있다. 따라서 유능한 교사는 학생들의 강점 지능과 약점 지능을 잘 파악하고, 이를 반영하여 수업을 진행한다. 한 가지 수업 방식만(예, 모둠학습) 자주 이용할 때 대인 지능이 높은 학생은 유리하나 그렇지 못한 학생은 불리한 조건에서 공부를 하게 되기 때문이다. 효과적인 학습컨설턴트들도 학생의 강점 지능을 파악하여 이를 적극 활용할 수 있다.

2) 동 기

소를 물가에 끌고 갈 수는 있어도 물을 마시게 할 수는 없다는 격언은 동기의 중요성을 강조한다. 학생들을 공부하도록 강요하여 교실이나 공부방에 밀어 넣을 수는 있어도 학생이 실제로 어떤 내용을 학습하는 것 자체는 교사나 부모가 통제할 수 없는 것이다. 하지만 목마른 소가 스스로 물을 마시는 것처럼, 배우고 싶은 욕구가 있는 학생은 스스로 공부를 하게 된다. 갈증과 같은 생리적 욕구, 배우고 싶은 욕구, 의지, 열망, 호기심 등을 통틀어서 동기라고 부른다.

동기는 인간의 행동을 촉진하고(발생적 기능), 어떤 행동을 할 것인지를 선택하게 하고(선택기능), 또 시작한 행동을 계속하도록(유지기능) 기능하는 심리적 요인이다. 또한 어떤 것을 학습하였다고 하더라도 그 행동을 실제로 행동으로 옮기고 싶은 동기가 없다면 사람들은 그 행동을 하지 않는다. 예를 들어, 한 학생이 교육심리의 내용을 많이 알고 있어도 어떤 이유로 인해 시험시간에 답하고 싶지 않다면 그 학생은 그 결과를 감수하면서라도 답을 하지 않을 것이다. 따라서 교사는 학생들의 동기를 이해하고 학습동기를 높이는 방법을 알고 있어야 한다.

동기는 내재적 동기와 외재적 동기로 구분된다. 내재적 동기는 과제 또는 행동에 대한 자기 자신의 호기심, 재미, 관심에서 나온 것이다. 예를 들어, 목이 말라서 물을 마시는 것과 영어가 재미있어서 영어를 공부하는 것은 내재적 동기로 인해 발생한 행동이다. 이와 같이 내적동기에 의해 발생하는 행동은 비교적 오랫동안 지속된다.

반면 외재적 동기는 과제 또는 행동으로부터 직접 나오는 것이 아니라 그 과제나 행동을 수행하면 주어지는 다른 보상을 얻기 위해 발생하는 동기다. 예를 들어, 영어를 공부하는 것이 싫지만 부모님을 기쁘게 해 드리기 위해서 영어를 공부하는 것은 외재적 동기로 유발된 행동이다. 이와 같이 외재적 동기에 의해 발생하는 행동은 동기요인(incentive)이 사라지면 곧 사라진다.

따라서 교사는 학생들이 공부를 할 때 외재적 동기보다는 내재적 동기가 작용하도록 만들어야 한다. 학생들의 내적동기를 유발시키기 위해서는 제시하는 문제가 실제 생활과 관련 있어야 하며, 자기주도적 학습의 기회가 많아야 한다.

3) 창의성

창의성은 새롭고 적절한 아이디어를 생성하는 능력이다(Sternberg & Williams, 2002). 창의성은 특히 지식정보화사회에서 중요시하는 인지적 특성이며, 다음의 네 가지 틀에서 연구되고 있다.

첫째, 창의적 산출에 기초한 연구는 사람들이 실제로 개발한 아이디어나 작품을 개발하는 과정보다는 그 산출이 창의적인지 아닌지에 대해 판정하고 어떤 요인들이 그런 산출을 얻는 데 영향을 주었는지를 밝히는 데 관심이 있다. 창의적 산출의 중요성은 연구자가 어떤 창의성 측정도구의 타당도를 구하는 데 중요한 역할을 한다는 데서도 찾을 수 있다(Plucker & Renzulli, 1999). 창의성 검사를 개발하였는데, 이 검사에서 높은 점수를 받은 사람이 그렇지 않은 사람에 비해 실제로 창의적 산출을 더 많이 만들어낸다면 그 검사는 타당도를 검증받을 수 있기 때문이다.

창의적 산출에 관한 연구는 창의성 교육에 중요한 시사점을 제공한다. 이와 관련한 연구에 따르면, 학생들에게 창의성을 가르치는 방법은 학생들로 하여금 창의적인 아이디어를 직접 만들도록 시키는 것이다. 개별적 활동이나 팀 활동을 통해 직접 창의성 활동을 함으로써 창의성을 높인다. 이러한 창의적 산출을 만들도록 하는 방법은 창의적 인성, 창의적 과정, 창의적 환경이 모두 요구되기 때문에 효과적인 창의성 교육 방법이라고 할 수 있다.

둘째, 창의적 인성을 밝히려는 연구는 창의적인 사람과 덜 창의적인 사람 사이에는 어떤 특성이나 기질에 차이가 있는지를 탐구한다. 창의적 인성에 관한 연구는 대부분 창의적 업적을 남긴 사람들의 자서전이나 인터뷰를 통해 생활, 성격, 태도 등에 관한 자료를 수집하고 이를 분석하여 창의적인 사람들의 공통적인 인성을 이끌어 낸다. 예를 들어, 아인슈타인이나 에디슨을 집중 탐구하여 보통 사람들이 가지고 있지 않은 특성을 찾아내는 연구다. 데이비스(Davis, 1992)에 따르면, 창의적인 사람의 성격에는 자신들의 창의성에 대한 자각, 독창성, 독립성, 위험을 감수하려는 의지, 개인적 에너지, 호기심, 유머, 복잡성과 참신성에 대한 끌림, 예술적 감각, 개방적 마음, 높은 지각력 등이 있었다.

창의적 인성에 관한 연구에 따르면, 창의성 교육은 학생들의 창의적 인성과 태도를 높여 주는 방향으로 이루어져야 한다. 창의적 발명이나 발견을 한 사람들은 거의 모두 창의적 인성을 가졌다는 점에서 창의적 인성을 교육하는 것이 창의성 교육의 핵심이 되어야 한다고 본다. 학생들이 높은 과제 집착력, 호기심, 위험을 감수하려는 의지를 획득하고, 관심 있는 과제에 몰입하며, 에너지 넘치게 활동하도록 가르치는 것이 창의성 교육의 핵심이 되어야 한다.

셋째, 창의적 과정에 기초한 연구는 인간의 사고과정을 탐구한다. 특히 확산적 사고를 창의적 사고로 보고 확산적 사고를 탐구한다. 확산적 사고는 하나의 정확한 정답보다는 여러 개의 가능한 해답을 산출하는 사고력이다.

창의적 과정에 초점을 둔 연구는 학생들에게 창의성을 가르치는 것이 절차적이고 과학적이어야 함을 시사한다. 어떤 일에 몰입하여 창의적 활동을 수행하더라도 창의적 아이디어를 얻는 것은 쉽지 않다. 아무런 노력도 없이 갑자기 새로운 아이디어가 떠오르는 것이 아니기 때문이다. 창의적 과정에 관한 연구는 창의적 아이디어를 생성하기 위해 필요한 몇 단계의 과정을 밝혀 놓았다. 따라서 창의성 교육의 핵심은 창의적 과정을 내면화하도록 도와주는 것이다.

넷째, 창의적 환경을 강조하는 연구는 한 개인이나 조직이 창의성을 발휘할 수 있는 사회적, 물리적, 가정환경이 어떤 것인지를 찾는 데 관심이 있다. 이런 연구의 방향은 한 개인의 창의적 능력만으로는 어떤 사람이 어떻게 창의적 산출을 얻게 되는지를 설명하는 데 부족하다는 인식에서 나왔다. 달리 말하면 어떤 사람이 창의성을 가지고 있더라도 실제로 창의적 산출을 만들어 내기 위해서는 그러한 분위기나 환경을 조성해 주고 그런 활동을 격려해 주는 환경에 있어야 한다(Csikszentmihlyi, 1996). 창의적 산출을 억제하는 환경에서는 창의성을 가진 개인도 창의적 산출을 만들어 낼 수 없다는 것이다. 뛰어난 창의력을 가진 개인도 창의력 산출을 만들어 내기 어렵다는 것이다.

창의적 환경에 관한 연구의 결과에 따르면, 창의성 교육은 창의성을 방해하는 환경을 제거하는 방향으로 이루어져야 한다. 사람들은 모두 창의적 잠재력을 가지고 있다고 가정하기 때문에 창의성을 방해하는 요인만 제거하면 창의적인 아이디어를 만들 수 있다고 본다.

5. 교사와 교육심리학

교육심리학은 초임교사가 유능한 교사로 발달하는 데 도움을 준다(Sternberg & Williams, 2002). 교직은 전문직이기 때문에 초임교사가 처음부터 유능한 교사로 인정받기는 어렵다. 하지만 교직생활을 다년간 거치는 과정에서 스스로 유능한 교사로 발달한다. 이런 교사발달과정에서 교육심리학은 교사가 자신을 이해하고, 학생을 이해하고, 상호작용의 과정을 이해하는 데 결정적인 역할을 한다. 교육심리학이 교사에게 왜 중요한지를 좀 더 구체적으로 살펴보면 아래와 같다.

첫째, 교육심리학은 교사가 자신을 이해하고, 학생의 특성을 이해하고, 교사, 학생, 그리고 내용 사이의 상호작용을 이해하는 데 도움을 준다. 교사는 자신의 인지적 능력, 학습양식, 사고양식, 그리고 성격 등을 잘 알고 있어야 학생들과 적절히 상호작용하는 방법을 찾을 수 있다. 예를 들어 교사가 자신의 사고양식이 장독립적임을 안다면 장의존적인 학생과 의사소통할 때 어떻게 해야 하는지 알 수 있다.

둘째, 인간의 발달과정을 설명하는 교육심리학은 교사가 다른 연령의 학생들을 다르게 다루도록 안내한다. 한 사람은 태어나면서부터 죽을 때까지 끊임없이 발달한다. 그리고 각 발달단계에 따라 서로 다른 인지적 능력, 정서적 행동을 보여 준다. 따라서 고등학교 교사가 중학교로 옮기거나 중등학교 교사가 고등학교로 근무지를 옮기게 될 때, 교사는 꼭 인간발달에 관한 이론과 연구의 결과를 학습해야 한다.

셋째, 교육심리학의 연구결과는 교수방법을 개선하는 기초자료와 이론적 근거가 된다. 즉 교육심리학은 학생들이 학습해야 할 행동, 지식, 고차적 사고능력에 대한 기본적인 자료를 제공하므로 교사나 예비교사가 이를 활용하여 자신만의 수업을 개발할 기회를 제공한다.

넷째, 교육심리학은 교사가 학생들의 학습동기를 유발하는 방법을 제공한다. 아직 학습과제에 대해 내재적 동기를 형성하지 못한 학생들에게는 외재적 동기를 유발하여 그 과제에 흥미를 느끼도록 만들어 주어야 할 것이다. 한편 내재적 동기가 높은 학생들에게는 외재적 동기를 사용하지 말고 가능한 한 스스로 규제하여 학습하는 자기주도적 학습을 허용해야 할 것이다.

다섯째, 교육심리학은 창의성 교육에 필요한 기본적인 지식과 방법을 제공한다. 창의성 교육에 대한 요구는 증가하고 있지만 교사들은 창의성 교육에 준비되어 있지 않다. 교육심리학은 창의성에 대한 지식과 창의성을 높이는 기법을 제공한다.

연구문제

1. EBS의 기획물인 '아기성장보고서'를 보고 인지발달의 과정을 설명하시오.
2. 고전적 조건화를 통해 학습된 각종 불안이나 공포증은 고전적 조건화를 기반으로 한 체계적 둔감법으로 제거할 수도 있다. 체계적 둔감법에 대해 알아보시오.
3. 조작적 조건화에서 사용되는 간헐적 강화를 위한 강화계획은 크게 네 종류로 나누어진다. 이를 탐구해 보시오.
4. 조작적 조건화를 통해 동물이나 인간이 할 수 없는 새로운 행동도 형성시킬 수 있다. 동물이 행하는 각종 쇼는 행동형성(sharping)을 통해 이루어지는데, 이를 설명하시오.
5. 고전적 조건화와 조작적 조건화를 간략히 비교하시오.
6. 반두라(Bandura)는 관찰학습의 과정을 네 단계로 구분하였다. 그 네 단계를 탐구하시오.
7. 기억의 세 가지 유형에 대한 자료를 찾아보시오.
8. 7차 교육과정에 들어 있는 구성주의 원리를 찾아보시오.

추천 학습자료

〈영상자료〉

1. 인간발달에 대한 이해: EBS의 기획물 '아기성장보고서'

〈인터넷 자료〉

1. 비고츠키 이론과 교육:
   http://star.cnue.ac.kr/%7Eshimwo/article/ Vygotsky.htm
   http://www.kolar.org/vygotsky
2. 피아제의 인지발달:
   http://chiron.valdosta.edu/whuitt/col/cogsys/piaget.html
   http://www.ship.edu/~cgboeree/genpsypiaget.html
   http://www.piaget.org/index.html
3. 고전적 조건화 실험:
   http://www.uwm.edu/~johnchay/cc.htm

참고문헌

김영채(2001). 학습심리학. 서울: 박영사.

김정섭(2004). 교사를 위한 교육심리학. 경기: 서현사.

이영만 외(2004). 교육심리학의 기초. 교사를 위한 교육심리학. 경기: 서현사.

Bandura, A. (1971). *Social Learning Psychology*. New York: General Learning Press.

Erikson, E. H. (1968). *Identity, Youth, and Crisis*. New York: Norton.

Gardner, H. (1983). *Frames of mind: The theory of multiple intelligences*. New York: Basic Books.

Gilligan, C. (1982). *In a different voice: Psychological theory and women' s development*. Cambridge, MA: Havard University Press.

Kohlberg, L. (1983). *The Psychology of Moral Development*. New York: Harper & Row.

Sternberg, R. J., & Williams, W. M. (2002). *Educational Psychology*. Boston: Allyn and Bacon.

Vygotsky, L. S. (1978). *Mind in society: The development of higher psychological processes*. Cambridge, MA: Harvard University Press.

Wittrock, M. C. (1992). An empowering conception of educational psychology. *Educational Psychologist, 27*, 129–142.

제 5 장

생활지도와 상담

이 장에서는 교과지도와 함께 학교교육의 커다란 두 축을 이루고 있는 생활지도를 다룬다. 교과지도란 지식이나 기능을 전수하는 학업지도에 해당하며, 생활지도는 학업지도를 제외한 모든 학교교육활동을 말한다. 교과지도와 더불어 올바른 생활지도가 실시될 때 전인교육이라는 교육의 목표가 달성될 수 있다. 그러나 오늘날 우리의 학교 현장은 과열된 입시경쟁으로 인해 교과교육에만 집중되고 있고, 그 속에서 많은 청소년들이 심리적 부담과 열등감, 위기감으로 혼란을 겪고 있다. 이러한 현실을 개선하기 위해서는 교과교육 위주의 교육에서 벗어나 올바른 생활지도를 실시하는 일이 시급한 과제다. 여기서는 학교교육에서 생활지도가 필요한 이유와 생활지도의 영역, 활동내용 등과 함께 생활지도활동 중 가장 핵심적인 활동인 상담에 대해 다룰 것이다.

학습과제

- 생활지도, 학교상담 및 상담의 의미와 이들의 상호관계를 알아본다.
- 생활지도의 필요성, 원리, 영역 및 활동내용을 알아본다.
- 상담의 정의와 진행과정 및 유형을 알아본다.
- 생활지도와 상담에 임하는 교사의 태도를 알아본다.

영화 〈언제나 마음은 태양(To Sir, With Love)〉은 런던의 빈민가 고등학교에 갓 부임한 흑인 교사가 애정 어린 교육을 통해 반항하는 학생들을 포용하는 과정을 담은 감동적인 드라마로서, 국내에도 개봉되어 교사와 학생들 간의 잔잔한 감정교류를 그려 낸 영화로 호평을 받았다. 줄거리는 다음과 같다.

마크 데커리는 아프리카 기니 출신의 흑인이다. 그는 전직 통신기사이지만 전공인 엔지니어로 취직이 되지 않자, 임시방편으로 교사직을 택한다. 데커리가 발령받은 곳은 런던 항만 근처 빈민촌에 위치한 한 고등학교. 생활고에 찌들어 교육에 대해선 통 관심을 보이지 않는 사람들이 사는 곳이다. 미래에 대한 전망 없이 각박하게 살아온 학생들은 하나같이 말썽꾼으로 교사에게 반항과 무시로 일관하고, 교사들도 이처럼 험한 현실에 대해 포기한 채 방관자적인 태도로 학교생활을 하는 곳이었다.

고등학교 졸업반인 데커리의 아이들은 아직도 책을 제대로 읽지 못하고 예의라고는 눈꼽만큼도 없으며, 미래에 대한 아무런 계획도 없다. 데커리는 출근하는 자신에게 물건을 던지고, 교탁의 다리를 부러뜨리는 등 노골적으로 시비를 걸어오는 학생들을 보며, 기존과는 다른 교육방식이 필요함을 깨닫는다. 흑인 교사는 아이들에게 먼저 예의 바르게 말하는 법부터 가르치기 시작한다. 그는 학생들을 모두 존칭으로 부르고 동등한 인격으로 대우해 주는 한편 삶과 결혼, 연애문제 등 보다 현실적인 주제를 가지고 토론수업을 진행하며 학생들과의 거리를 좁히려 애쓴다. 처음에는 어색해하던 아이들도 점점 예의를 몸에 익히게 되고 박물관 견학 등을 통해 새로운 세상을 배우게 된다.

이런 데커리의 진심은 차츰 학생들에게도 전해지고, 시간이 흘러 졸업이 다가오자 고교 졸업식 댄스파티에서 학생들은 선물과 함께 이 영화의 주제가인 'To Sir, With Love'를 불러 스승에 대한 존경과 사랑의 마음을 표현한다. 데커리는 그런 아이들을 보며 감격에 겨워 눈물을 흘린다. 학교에서 기대하지 않은 보람을 찾은 데커리는 엔지니어로 채용되지만 학교를 떠나지 않기로 결심한다.

1. 생활지도, 학교상담 및 상담의 의미

학교교육은 크게 교과지도와 생활지도로 나뉜다. 우리 교육의 목표인 전인교육은 교과지도뿐만 아니라 올바른 생활지도가 실시될 때 달성될 수 있는 것이다. 교과지도는 교과를 중심으로 이루어지지만 생활지도는 어느 한 교과에 국한되지도, 독립된 교과명을 가지고 있지도 않다. 따라서 생활지도는 교과지도와는 다른 방식으로 접근하여야 한다. 영화 〈언제나 마음은 태양〉 속의 데커리 선생님은 부모와 교사들로부터 관심을 받지 못하던 거친 학생들을 인내를 가지고 생활지도를 실시하여 온전한 학생들로 키워 낸 좋은 모범이다.

1) 생활지도의 의미

생활지도란 영어의 'guidance'를 번역한 것으로서 안내, 지도, 교도의 뜻을 지니고 있다. 생활지도는 1907년 미국 보스턴 시에서 파슨스(Parsons)가 직업지도를 시작한 것에서 그 효시를 찾을 수 있다. 우리나라의 생활지도운동은 해방 후 아동에 대한 관심이 증가하면서 시작되었다고 볼 수 있으며, 오늘날에는 교직과정이 개설되어 있는 거의 모든 대학에서 생활지도와 상담을 강의할 정도로 교사들에게 필수화, 보편화되어 있다.

김태호(2004)는 생활지도는 '학생 개개인이 자신과 자신의 주변 환경의 이해를 바탕으로 바람직한 방향으로 성장 발달하여 건강한 사회 구성원이 되도록 안내하고 지도하며 도와주는 활동'이며 '학생 각자가 자신의 인지적, 정의적, 신체적 특성과 잠재 가능성을 이해하고 발달시켜서 교육적, 직업적, 사회적, 심리적 발달을 최대한 계발하도록 돕는 지도과정' 이라고 정의하였다.

2) 학교상담의 의미

생활지도와 자주 혼용되는 용어로 학교상담(school counseling)이 있다. 그러면 생활지도와 학교상담은 동일한 개념인가? 학교상담은 '학교' 에서 이루어지는 상담, 즉 초 · 중등학교라는 장소를 기준으로 붙여진 용어로, 원래는 생활지도의 한 영역으로서 인식되었으나, 점차 생활지도를 포괄하는 전문적 영역으로 그 개념이 확장되고 있다(김희대, 2007).

학교상담은 '전문적으로 훈련받은 상담자가 학교에서 행하는 모든 전문적 직무와 광범위한 서비스 및 프로그램' 을 지칭하는 포괄적 용어로, 생활지도보다 현대적이며 명확한 개념으로 인식되고 있다(Schmidt, 2003). 학교상담은 단순히 '장소' 에만 초점을 두어 학교에서 상담자(교사)가 내담자(학생)를 돕는 1대 1의 관계만을 의미하는 좁은 '상담' 의 개념에서 벗어나, 학교체제를 구성하고 있는 구성원 모두의 요구와 필요를 반영하여 학생, 부모, 교사들을 돕는 광범위한 서비스를 지칭하는 용어로 보아야 한다. 또한 학교상담은 문제를 가지고 있는 학생만을 대상으로 하는 전문적 활동에 국한되지 않고, 학교의 모든 학생들과 그들의 부모, 교사 등을 대상으로 문제의 예방과 발달적 관점에서 서비스를 제공한다는 면에서 일반상담과 차이가 있다. 요컨대, 학교상담은 교과지도를 제외한 모든 교육적 활동을 지칭하는 일반적 의미의 생활지도 개념에 비해 확장된 개념으로서 그 전문성과 포괄성이 한층 강조된 현대적 용어로 이해할 수 있으며, 일반상담과 다른 고유한 특성이 있음을 알 수 있다.

3) 상담의 의미

상담은 학생생활지도의 핵심활동으로서 생활지도의 많은 부분이 상담을 통하여 이루어진다. 상담(counseling)이란 라틴어의 'consulere' 에서 나온 것으로 '고려하다, 조언을 받다' 라는 뜻이다. 그러므로 상담은 충고나 조언 등의 뜻으로 일상적으로 사용되고 있다. 그러나 전문적인 상담에 대한 정의는 학자에 따라 다양하다. 그 가운데 이장호(2005)는 상담이란 '도움을 필요로 하는 사람이 전문적으로 훈련을 받은 사람과의 대면관계에서 생활 과제의 해결과 사고, 행동, 감정 측면의 인간적 성장을 위해 노력하는 학습과정' 이라고 정의하였다.

이러한 정의는, 첫째, 상담의 구성요소로서 내담자, 상담자, 그리고 대면관계의 세 가지를 설정하고, 둘째, 상담을 통해 학습이 이루어지고, 셋째, 그러한 학습의 목표가 생활과제의 해결 및 인간적 성장이며, 넷째, 상담이란 금방 효과를 내는 것이 아닌 하나의 과정임을 강조하고 있다.

비록 오늘날에는 상담의 방식이 상담자와 내담자가 마주 앉아 대화를 나누는 전통적인 면대면 상담관계에 국한된 것은 아니지만, 위의 정의에는 상담의 기본 특성이 잘 반영되어 있다고 볼 수 있다.

4) 생활지도와 상담의 관계

생활지도와 상담의 관계를 보는 관점은 생활지도와 상담의 전문성에 차등을 두어 상담이 더 전문적인 활동이라고 보는 견해, 생활지도와 상담이 다루는 영역이 다르다고 보는 견해, 상담을 생활지도의 한 방법과 원리로 보는 견해 등 전문가에 따라 차이가 있다(김계현 외, 2009). 여기에서는 이재창(1988), 김계현 외(2009) 등의 견해와 유사하게 상담을 생활지도의 활동 중 하나로 본다.

생활지도활동에는 학생조사, 정보제공, 상담, 정치, 추후지도 등 여러 활동이 있는데, 상담은 그 가운데 핵심적인 활동이다. 실제로 학업, 진로, 성격, 사회성, 건강, 여가지도 등 생활지도의 전반적인 관심영역 가운데 상담이 관여하지 않는 부분이 없다. 따라서 생활지도에서 상담이 차지하는 비중을 강조하기 위해 책 제목이나 강의명에 '생활지도와 상담'을 함께 사용하는 것으로 이해할 수 있다(김계현 외, 2009).

2. 생활지도

1) 생활지도의 필요성

생활지도가 필요한 첫 번째 이유로 입시위주의 학교교육을 들 수 있다. 오늘날 우리나라의 아이들은 태어나면서부터 상급학교 진학을 위한 경쟁을 시작한다고 해도 과언이 아니다. 학교교육은 그 본래 목적인 전인교육을 위한 기능을 담당하지 못하고 있고, 그로 인한 청소년의 부적응 현상이 증가되고 있다. 따라서 인간교육의 기초가 되는 인성교육과 함께 자율성, 협동심, 적응능력을 육성하는 생활지도에 힘을 기울여야 한다.

두 번째로 증가하는 청소년문제로 인해 생활지도가 필요하다. 청소년기는 신체적 · 심리적 성숙이 급격하게 일어나기 때문에 신체적으로나 정서적으로 매우 불안정한 시기다. 이러한 시기에 과열된 입시경쟁이나 스트레스, 정체감의 혼란은 청소년 비행을 일으키고 정신건강을 위협하는 원인이 될 수 있다. 최근 우리나라 청소년의 비행이나 범죄는 양적으로 증가할 뿐만 아니라 질적으로도 흉포화되고 있으며, 비행 시작 연령대가 낮아지는 추세에 있다. 또한 많은 청소년들이 우울증과 자살충동과 같은 정신건강문제, 인터넷 · 스마트폰 · 게임 중독, 괴롭힘과 따돌림 같은 학교폭력 문제 등 학생들의 건강한 발달과 성장을 위협하는 요인들에 노출되어 있다. 교사들은 이러한 어려움을 겪는 학생들을 조기에 발견하여 적절한 조치를 취할 뿐 아니라 보다 심각한 부적응 문제로 이어지지 않도록 예방할 수 있는 생활지도를 실시하여야 한다.

세 번째로 오늘날과 같이 급변하고 다양한 사회 속에서 우리의 아동·청소년이 현실에 적응하고 당면문제를 해결하는 능력을 기르기 위하여 생활지도가 필요하다. 사회적인 측면으로는 정보화와 지식기반사회, 국제화 및 다문화사회에서 요구하는 유능한 인재를 육성하고 공급할 필요가 있고, 개인적인 측면으로는 풍부한 경험을 축적함으로써 시대에 부응하는 창의적·적응적·자율적이며 책임감 있는 전인적 인격체를 육성할 필요가 있는 것이다.

2) 생활지도의 원리

효과적인 생활지도를 위해서는 계획에서부터 목표설정, 프로그램의 실시와 적용에 이르기까지 전문성이 있어야 한다(김충기, 1998; Schmidt, 2003; Sink, 2005). 생활지도활동을 수행할 때 지켜야 할 이러한 전문적인 원리를 이해하고 적용하면 더욱 효율적인 생활지도를 수행할 수 있다. 여러 학자들의 견해를 종합하여 생활지도활동의 기초가 되는 원리를 정리하면 다음과 같다(김충기, 1998; 김태호, 2004; 이병승 외, 2002).

- 모든 학생을 대상으로 해야 한다.
- 치료나 교정보다는 예방에 중점을 두어야 한다.
- 개인의 가치와 존엄성을 인정하고 개성 발달에 역점을 둔다.
- 인지적 영역보다는 정의적 영역에 초점을 맞추어야 한다.
- 처벌보다는 선도와 지도에 역점을 두어 성장을 촉진한다.
- 참되고 진정한 사랑에 기초한 지도를 중시한다.
- 과학적 방법에 기초한 연구와 판단에 근거하여 학교의 요구와 환경 등 특수성을 고려한 독특한 프로그램을 개발해야 한다.

• 자아발견과 자기발전 및 자율적인 지도능력을 기본으로 삼아 학생 스스로 결정하고 계획하는 권리와 능력을 존중한다.
• 학생생활지도 프로그램은 개별적인 프로그램이 아니라 학교교육계획의 통합된 일부가 되어야 한다.
• 일반교사뿐만 아니라 학부모와 지역사회의 생활지도에 대한 이해와 지지를 기초로 해야 한다.

3) 생활지도의 영역

생활지도는 학생 개개인의 전인적 발달을 지향하고 있으므로 학교에서 실시하는 전반적인 교육활동이 모두 관심의 대상이지만, 몇 가지 중심이 되는 영역을 살펴본다면 교육지도, 직업 및 진로지도, 성격지도, 사회성지도, 건강지도, 여가지도를 들 수 있다.

(1) 학업지도

학생들의 학업에 관한 폭넓은 영역을 지도한다. 학교생활과 학업생활에 빨리 적응할 수 있도록 교과과정에 대한 안내, 효과적인 학습방법과 학습습관 및 학습동기 유발방법 등의 지도가 포함되며 학습부진아지도, 독서지도, 기타 학업상의 여러 가지 문제를 지도한다.

(2) 직업 및 진로지도

직업 및 진로지도는 생활지도에서 매우 큰 비중을 차지하는 영역이다. 학생들의 적성, 능력, 흥미 등을 고려하여 상급학교 진학이나 직업선택, 직업준비, 적응 등을 돕는다. 상급학교와 직업세계에 대한 정보 제공, 진학 및 취업을 위한 상담, 현장지도, 추후지도 등이 이에 포함된다.

(3) 성격지도

학생이 건전하고 원만한 성격으로 발달하도록 지도하는 것으로 개인의 심리적 · 인성적 문제를 다루어 적응에 도움을 준다. 욕구불만이나 긴장, 불안, 신경과민 같은 정서적 문제나 태도, 습관, 흥미 등의 가치관 문제를 다룰 뿐만 아니라 생활의 목표와 계획을 수립하고 잠재능력을 개발하도록 돕는 것까지 포함된다.

(4) 사회성지도

친구관계, 이성문제, 사회활동 등과 관련된 대인관계문제나 부모, 형제, 친척과 관련된 가족문제를 가진 학생을 도와줌으로써 사회인으로서 원만한 적응과 창의적 활동을 전개하도록 지도한다. 또한 교양, 윤리, 예절, 인간존중과 관련된 도덕성지도를 통해 민주시민으로서의 기본적 태도를 함양하도록 한다.

(5) 건강지도

신체적 · 정신적 건강을 유지하는 데 도움을 주는 교육적 활동이 이에 해당된다. 신체적 문제에 대한 상담이나 보건 및 건강교육, 사고예방을 위한 안전교육과 심리적 증상 예방을 위한 정신위생 및 정신건강교육이 있다. 또한 흡연이나 음주, 약물 사용에 대한 지도 역시 건강지도에 속한다.

(6) 여가지도

학생이 자유로운 시간을 휴식과 취미활동, 봉사활동 등을 통해 즐겁고 보람 있게 보내도록 지도하는 것이다. 여가시간 동안 건전한 활동을 통해 교양을 향상시킬 뿐 아니라 자기발견과 자기성장을 추진할 수 있다.

생활지도의 영역에는 이상에서 열거한 내용 외에도 금전문제, 종교문제, 동아리 활동, 특수아동에 대한 지도 등 학생생활 전반에 걸친 지도가 포함된다.

4) 생활지도의 활동

이상에서 보았던 광범위한 영역에 대한 지도를 위해 다음과 같은 활동을 실시한다.

(1) 학생조사활동

학생조사활동은 학생이해를 목적으로 수행되는 활동이다. 효과적인 생활지도를 실시하기 위해서는 학생들에 대해 정확하고 풍부한 자료를 수집, 기록, 보관하여 지도방안이나 교육계획을 세우는 등 필요할 때 언제든지 활용되도록 해야 한다.

수집해야 할 자료에는 가정환경, 학교생활기록, 건강상태, 성격 · 지능 · 적성 · 흥미, 학교 내외의 활동, 장래 계획 등이 포함된다. 이러한 자료를 수집하는 방법으로는 가정환경조사, 면담(학생, 학부모, 친구 등), 관찰, 심리검사, 사회성 측정, 개인 자서전 혹은 일기 쓰기 등이 있다.

(2) 정보제공활동

정보제공활동은 학생, 학부모, 교사들에게 필요한 각종 정보를 수집하여 제공하는 활동을 말한다. 생활지도과정에서 제공하는 정보는 크게 교육정보, 직업 및 진로정보, 개인 · 사회적 정보로 나누어진다.

- 교육정보: 학생들이 학업을 수행하는 데 필요한 학교교육과정, 특별활동, 과외 활동 및 교내외 교육시설에 관한 정보가 포함된다.
- 직업 및 진로정보: 각종 직업의 종류, 요구 및 훈련과정, 노동 및 직업 관련 법규, 보수 및 작업조건, 고용과 취업담당기관 등에 관한 사항이 포함된다. 다변화, 다양화된 사회 속에서 직업의 종류나 정보에 대한

전반적인 이해가 가능하다.

- 개인 · 사회적 정보: 개인 및 대인관계에 대한 정보로서 인간의 신체적 · 정서적 발달과정에 관한 정보, 성격의 이해에 관한 정보, 가족과 타인에 대한 이해, 이성관계, 사회적 관계에 관한 정보가 포함된다.

(3) 상담활동

생활지도의 핵심적인 활동으로서 대면관계뿐만 아니라 전화, 편지, 인터넷 등 다양한 방법으로 학생들의 적응과 발달을 돕는 활동이다. 상담활동에 대해서는 다음 절에서 상세히 살펴보기로 한다.

(4) 정치활동

정치활동과 추후지도활동은 주로 진로지도영역을 위해 수행되는 활동이다. 정치란 학생을 개인의 능력과 흥미 · 적성에 맞게 학급, 학교, 특별활동 등에 배치하는 것을 말한다. 또한 전공과 직업의 선택, 부직알선, 특정 훈련의 소개 등에 관한 배치활동도 포함된다.

(5) 추후지도활동

정치를 했다고 해서 학생에 대한 지도가 끝나는 것이 아니라 계속적인 평가와 지도를 통해 성장과 발달을 도와야 한다. 배치 후의 적응상태를 살펴 평가가 좋지 않으면 반성의 기초와 재발 방지의 기회로 삼으며, 필요에 따라 학생을 다른 곳으로 배치할 수 있다.

(6) 교직원, 학부모, 지역사회의 협의활동

생활지도는 담임교사나 상담교사에 의해서만 이루어지는 것이 아니라 전 교직원, 학부모, 지역사회의 협력이 매우 중요하다. 이를 위해서는 교사와 학부모, 지역사회 간의 유기적인 협력관계가 이루어져야 한다. 이러한 관계를 통해 필요에 따라 각종 지원 및 자료 제공, 전문적 조력을 받음으로써 효과적인 생활지도가 가능하다.

3. 상 담

1) 상담의 특징

앞에서도 밝힌 바와 같이 상담에 대한 정의는 학자에 따라 약간씩 차이가 있지만 공통적으로 다음과 같은 몇 가지 특징을 찾을 수 있다(김계현 외, 2009).

첫째, 상담이 이루어지기 위해서는 도움을 필요로 하는 사람(내담자)과 도움을 주는 사람(상담자)이 있어야 한다. 내담자나 상담자 중 한 사람만으로는 상담이 성립되지 않는다.

둘째, 상담은 전문적 활동이다. 즉, 상담자는 전문적 지식과 기술을 갖추고 내담자를 변화시키기 위한 전문적 상담활동을 수행하는 사람이다.

셋째, 상담은 상담자와 내담자의 관계에 기초를 둔다. 상담관계는 역동적인 상호협력관계로서 상담자와 내담자가 대등한 위치에서 함께 세운 목표를 향해 협조하고 노력하는 상호작용과정이다.

넷째, 상담에서 나누는 대화는 의사결정과 문제해결에 관계되는 것이다.

다섯째, 상담은 내담자가 새로운 행동이나 태도를 형성하도록 돕는다.

여섯째, 상담은 내담자가 성장하고 발전하도록 안내하고 돕는다.

2) 상담의 과정

상담의 진행과정을 구분하는 것은 학자에 따라 다양하지만 초기, 중기, 종결단계로 나누는 것이 가장 일반적이다.

(1) 초기단계

상담자와 내담자의 첫 만남부터 문제해결단계(중기)로 들어가기 전 몇 번의 만남을 말한다. 초기단계에서는, 첫째, 내담자의 문제를 이해하고, 둘째, 촉진적 상담관계(래포)를 형성하고, 셋째, 상담목표를 설정하고 상담을 구조화하는 일이 중요하다(이장호 외, 2005).

① 내담자 문제의 이해

내담자가 상담을 받으러 온 문제에 대해 깊이 있는 이해를 해야 한다. 도움이 필요한 직접적인 이유와 문제 발생의 배경과 관계요인을 탐색하여 내담자 문제에 대한 체계적 이해와 평가를 한다. 또한 내담자가 자발적으로 상담에 온 경우가 아닐 때는 문제해결에 대한 동기와 필요성을 인식하도록 도와준다.

② 촉진적 상담관계 형성

상담자가 내담자에게 신뢰감을 주지 못한다면 상담은 진전될 수 없다. 상담자와 내담자가 상담의 성공을 촉진하는 상담관계를 형성할 때 상담은 성공할 수 있다. 촉진적인 상담관계를 형성하기 위해서 상담자는 내담자의 입장에서 내담자를 이해하려는 공감적 이해, 내담자의 행동이나 감정, 사고를 비난하기보다는 수용하고 존중하는 무조건적인 존중의 태도 및 진지하고 솔직한 태도를 갖추어야 한다.

③ 상담목표 설정과 구조화

상담을 통하여 이루고 싶고 변화하고 싶은 것을 목표로 설정한다. 상담의 우선적인 목표는 내담자의 문제를 해결하는 것이다. 나아가서 내담자가 가능성과 잠재력을 발휘할 수 있도록 인간적, 인격적 성숙을 이루는 것도 상담의 목표가 된다. 상담의 목표는 구체적이고 명확하여 측정 가능한 것이어야 하고, 내담자가 달성할 수 있는 현실적인 것이어야 한다.

상담의 진행방식에 대해 합의하는 것을 상담의 구조화라고 한다. 구조화를 통해 상담의 진행과정에 대해 이해하고, 상담기간 및 시간에 대해 합의하며, 상담자와 내담자의 역할 및 바람직한 행동을 인식함으로써 상담의 효과를 최대한으로 높일 수 있다.

(2) 중기단계

상담의 중기단계에는 초기단계에서 설정되었던 상담목표를 달성하기 위한 구체적인 문제해결작업들이 진행되므로 문제해결단계라고도 불리며, 상담의 핵심적 단계다. 이 단계에서는 문제해결을 위한 노력이 경주되고 합리적인 사고를 촉진하며, 실천행동을 계획하는 것이 중요하다. 이장호(2005)에 의하면 문제해결의 노력은 문제를 명확히 정의하고, 문제해결을 위한 방향과 가능한 방안을 수립한 후, 그 방안에 관련된 정보를 수집하고, 수집된 정보와 심리검사 등 참고자료를 기초로 바람직한 행동을 의논하고 계획하여 실제 생활에서 실천해 보고, 그 결과를 평가하면서 계속적으로 행동을 수정 · 보완하는 과정을 거친다.

중기단계에서 주의할 것은 내담자가 상담으로 인해 일어나는 변화에 대한 심리적 부담, 즉 저항을 일으킨다는 것이다. 지금껏 지녀 왔던 사고, 감정 및 행동패턴을 상담을 통해 변화시키려는 데 대한 저항이 일어나면서 상담을 회피하거나 그만두려고 할 수도 있다. 이러한 저항을 극복해야만 상담의 목표를 달성할 수 있다.

(3) 종결단계

내담자가 원했던 변화가 일어나 상담의 목표가 달성되었다고 판단되면 상담을 종결하게 된다. 종결은 갑자기 이루어지기보다는 서서히 이루어지는 것이 좋다. 내담자에게 의미 있고 지속적인 변화가 보이고 상담자의 도움 없이도 문제에 대처해 나갈 능력이 있다고 판단되면 상담자는 내담자에게 사전에 종결을 고지하여 갑작스러운 종결로 인해 충격을 받지 않도록 해야 한다.

상담이라는 친밀한 관계가 종결될 때, 내담자는 더 이상 도움을 받을 수 없다는 생각에 불안을 느끼기 쉽다. 따라서 상담이 종결되기 몇 회기 전부터 내담자와 종결에 관한 이야기를 나누고, 상담을 통해 성취한 내용을 실천하는 연습을 계속하여 상담자에 대한 의존성을 극복하도록 도와야 한다. 또한 추수상담을 통해 내담자에게 문제가 발생할 경우 언제든지 다시 찾아올 수 있는 길을 열어 주어야 한다.

3) 학생상담의 유형

(1) 개인상담

한 명의 상담자와 한 명의 내담자가 상담관계를 형성하여 내담자의 문제를 해결하고 성장과 발전을 촉진하는 과정을 말한다. 개인상담은 내담자의 문제가 심각하여 세심한 주의가 필요한 경우, 내담자가 문제를 집단에 공개적으로 이야기하기를 꺼리거나 두려워하는 경우, 내담자를 포함하여 관련된 사람들의 신상보호가 필요한 경우에 적절하다.

(2) 집단상담

① 집단상담의 정의

한 명 또는 그 이상의 상담자가 여러 명의 학생들을 동시에 만나면서 문제해결이나 인간적 성장을 촉진하는 과정이다. 집단상담은 학교에서 매우 효율적인 생활지도방법으로 활용될 수 있다.

이형득(1992)은 집단상담은 '적은 수의 비교적 정상인들이 한두 명의 전문가의 지도하에 집단 혹은 상호관계성의 역학을 토대로 하여 믿음직하고 수용적인 분위기 속에서 개인의 태도와 행동의 변화 혹은 한층 높은 수준의 개인의 성장발달 및 인간관계발달의 능력을 촉진시키려는 의도에

서 이루어지는 하나의 역동적 대인관계과정' 이라고 하였다.

② **집단의 구성**

모든 구성원이 똑같은 문제를 가지고 있을 필요는 없지만, 유사한 문제를 가진 비교적 정상적인 또래들로 집단을 구성하는 것이 바람직하다. 때로 이질적 집단이라도 치료적 기능이 잘 수행될 수 있다면 집단경험을 더 풍부히 해 줄 수도 있으므로 반드시 동질적인 집단이 구성되어야 하는 것은 아니다.

모든 사람이 집단상담의 구성원으로 적합한 것은 아니다. 의심증이나 지나친 적대감 등 심한 정서적 장애를 경험하고 있는 사람은 집단과정에서 다른 사람들과 융화하는 능력이 떨어질 수 있으므로 집단상담의 대상으로는 적합하지 않다.

집단구성원의 수는 대체로 6~12명이 적당하다. 집단의 크기가 너무 작으면 상호작용이나 구성원이 받는 압력이 너무 커지게 되고, 집단의 크기가 너무 크면 구성원들이 실제로 집단에 참여하기가 곤란할 뿐만 아니라 상담자도 개인에게 주의를 기울이기 어렵다.

③ 집단상담의 이점

이형득(1992)은 개인상담과 비교하여 집단상담의 이점을 다음과 같이 제시한다.

첫째, 집단상담은 성인상담자와의 일대일 관계보다 학생들로 하여금 훨씬 편안하게 여러 가지 문제를 이야기할 수 있게 한다.

둘째, 외적인 비난이나 징벌에 대한 두려움 없이 새로운 행동을 시험해 볼 수 있다.

셋째, 동료 간에 서로의 관심사나 감정을 터놓고 이야기함으로써 소속감과 동료의식을 발전시킬 수 있고, 자신만이 유일하게 문제를 가진 사람이 아니라는 사실을 인식할 수 있어 자신이나 타인을 더욱 잘 이해하게 된다.

넷째, 넓은 범위의 다양한 성격의 소유자들과 만남으로써 여러 가지 학습경험을 풍부히 할 수 있다.

다섯째, 상담자뿐만 아니라 집단구성원들도 상호 간에 상담자의 역할을 감당할 수 있게 되어 지도성 측면에서 유리하다.

여섯째, 내담자는 적극적으로 참여하면서도 때로 고통스러운 문제에 대해서는 관망하면서 집단활동에 참여할 수 있다.

일곱째, 개인상담을 꺼리는 사람들이라도 집단상담을 통해 개인상담의 필요성을 느끼고 용기를 얻어 개인상담에 응할 수 있다.

(3) 기타 상담의 유형

교사는 필요에 따라 학생의 부모나 가족을 면담하는 가족상담을 실시할 수도 있으나, 학교에서 자주 실시되는 상담 형태는 아니다.

그 외에도 상담은 실시하는 방식에 따라 대면상담, 사이버상담, 서신상담, 전화상담 등으로 분류되기도 하고, 상담에서 다루는 내용에 따라 위기상담, 발달상담, 예방상담, 교정상담 등으로 구별되기도 한다.

4. 교사와 생활지도 및 상담

1) 생활지도와 상담에 임하는 교사의 태도

생활지도와 상담에는 전문적 지식과 훈련을 요하는 부분이 있어서 일반교사들이 감당하기 어려운 경우도 있지만, 기본적으로는 모든 교사들이 생활지도와 상담을 실시하게 된다. 학생들을 위해 생활지도와 상담을 실시하는 교사들이 갖추어야 할 태도를 김계현 외(2009)는 긍정적 인간관, 끊임없는 자기발전, 학교조직 및 제도와의 협력이라는 세 가지로 들면서 다음과 같이 정리하고 있다.

첫째, 교사는 긍정적인 인간관을 가져야 한다. 생활지도와 상담의 기본 철학에는 인간과 사회의 긍정적인 면, 즉 잠재 가능성에 대한 신뢰가 깔려 있다. 따라서 교사는 개인, 집단, 사회가 스스로 문제를 해결할 수 있다는 긍정적인 인간관을 가져야 한다.

둘째, 교사는 인간적 성장과 전문성 발전이라는 두 가지 측면에서 끊임없는 자기발전을 도모해야 한다. 생활지도교사와 상담자로서의 발전을 위해 여러 가지 성장 프로그램에 참여하여 정서, 사고, 대인관계 등 총체적인 영역에서 인간적 성장을 추구해야 한다. 또한 항상 발전하는 상담관련 지식과 기법을 습득하고, 변화하는 아동 · 청소년의 행동과 문화에 적응하기 위하여 학회에 가입하여 활동하거나 워크숍에 참여하는 등 전문성 발전을 위한 노력을 경주해야 한다.

셋째, 생활지도와 상담은 학교라는 제도적 조직 안에서 이루어지는 활동이므로 교사는 관리자와 동료교사의 의견과 교육정책 및 행정절차 등을 항상 고려해야 한다. 또한 현재 제도적 지원이 상대적으로 부족한 생활지도와 상담분야에 대해 교육청과 교육부가 관심을 가지고 지원하도록 연구회나 협회를 통해 조직적인 활동을 전개하는 것도 중요하다.

2) 전문상담교사 양성제도

현재 학교 현장에는 특별히 생활지도와 상담과 관련된 자격제도가 실시되고 있다. 모든 교사가 생활지도와 상담을 실시해야 하지만, 전문적인 지식과 자격을 가진 전문가가 어려움에 처한 학생을 상담하고 심리검사를 실시하며 교사나 학부모와 협력하고 자문을 해야 할 경우도 많이 있기 때문이다.

이를 위해 1999년부터 초·중등, 특수학교를 위한 전문상담교사가 양성되게 되었고, 2004년 1월부터 「초·중등교육법」이 개정됨에 따라 전문상담교사 1급과 전문상담교사 2급으로 세분되어 양성되고 있다. 생활지도와 상담을 실시하는 교사들은 이러한 전문상담교사 자격제도에 관심을 가질 필요가 있다. 자격취득 기준은 다음과 같다.

(1) 전문상담교사 1급

① 2급 이상의 교사자격증을 가진 자로서 3년 이상의 교육경력이 있는 자가 교육부 장관이 지정하는 교육대학원 또는 대학원에서 소정의 전문상담교사 양성과정을 이수한 자다.

구분	이수영역 또는 과목	소요 최저이수학점
공통 필수	심리검사, 성격심리, 발달심리, 특수아상담, 집단상담, 가족상담, 진로상담, 상담이론과 실제	14학점 이상(7과목 이상)
	상담실습 및 사례연구	
선택	아동발달, 이상심리, 학습심리, 행동수정, 생활지도연구, 청년발달, 영재아상담, 학습부진아, 사회변화와 직업세계의 이해, 학습심리, 적응심리, 사이버상담, 성상담, 학습상담, 인지심리, 심리학 개론, 사회심리, 생리(생물)심리, 인간관계론, 특수교육학 개론, 학교부적응 상담	4학점 이상(2과목 이상)

비고: 상담실습 및 사례연구는 학점(교과목)을 이수하지 아니하나, 2종 이상의 사례연구·발표를 하고 20시간 이상의 실습을 하여야 한다.

② 전문상담교사 2급 자격증을 가진 자로서 3년 이상의 전문상담교사 경력을 가지고 자격연수를 받은 자로 규정한다.

(2) 전문상담교사 2급

① 대학 · 산업대학의 상담 · 심리관련학과 졸업자로서 재학 중 소정의 교직학점을 취득한 자다. ② 교육대학원 또는 교육부 장관이 지정하는 대학의 상담 · 심리교육과에서 전문상담교육과정을 이수하고 석사학위를 받은 자다. ③ 2급 이상의 교사자격증을 가진 자로서 교육부 장관이 지정하는 교육대학원 또는 대학원에서 일정한 전문상담교사 양성과정을 이수한 자로 규정한다.

관련학부(전공)	기본이수과목 또는 분야	비고
상담 · 심리 및 관련되는 학부(전공, 학과)	심리검사, 성격심리, 특수아상담, 집단상담, 가족상담, 진로상담, 상담이론과 실제	14학점 이상(5과목 이상)

연구문제

1. 생활지도, 학교상담 및 상담의 의미를 설명하고 이들의 상호관계를 정리해 보시오.
2. 학교교육에서 생활지도의 필요성을 설명하시오.
3. 생활지도를 실시하는 원리를 제시하시오.
4. 생활지도가 담당하는 학생지도 영역을 제시하고 이러한 영역의 지도를 위한 활동내용을 설명하시오.
5. 상담이 진행되는 과정을 설명하시오.
6. 학교상담활동 중 집단상담의 이점을 설명하시오.
7. 생활지도와 상담에 임하는 교사는 어떠한 태도를 지녀야 하는지를 논하시오.

추천 학습자료

〈도서〉

1. 김난주 역(2000). 창가의 토토. 구로야나기 테츠코 원작. 프로메테우스.
2. 김대유(2003). 가끔 아이들은 억울하다. 서울: 우리교육.
3. 김명우 역(1991). 꽃들에게 희망을. Trina Paulus의 *Hope for the flowers*. 서울: 소담출판사.
4. 김인자 역(1997). 좋은 학교(William Glasser의 *The quality school: Managing students without coercion*). 서울: 한국심리상담연구소.
5. 김혜련(1999). 학교종이 땡땡땡. 서울: 미래 M&A.
6. 이희경(2000). 마음속의 그림책. 서울: 미래 M&A.

〈영상자료〉

1. 언제나 마음은 태양(To Sir, With Love, 1967)
2. 행복은 성적순이 아니잖아요(1989)
3. 굿윌헌팅(Good Will Hunting, 1997)
4. 선생 김봉두(2003)

〈인터넷 자료〉

1. 한국상담심리학회 http://www.krcpa.or.kr
2. 한국상담학회 http://www.counselors.or.kr
3. 한국청소년상담원 http://www.kyci.or.kr
4. 한국청소년학회 http://www.kyra.or.kr
5. 한국카운슬러협회 http://www.kcoa.or.kr

참고문헌

김계현 외(2009). 학교상담과 생활지도(2판). 서울: 학지사.

김충기(1998). 생활지도, 상담, 진로지도. 서울: 교육과학사.
김태호(2004). 학생생활지도와 상담. 서울: 학지사.
김희대(2007). 한국의 전문상담교사제도. 서울: 서현사.
이병승, 우영효, 배제현(2002). 쉽게 풀어쓴 교육학. 서울: 학지사.
이장호(2005). 상담심리학(4판). 서울: 박영사.
이장호, 정남운, 조성호(2005). 상담심리학의 기초. 서울: 학지사.
이재창(1988). 생활지도. 서울: 문음사.
이형득(1992). 집단상담의 실제. 서울: 중앙적성출판사.

Schmidt, J. J. (2003). *Counseling in schools: Essential services and comprehensive programs*. Boston, MA: Allyn & Bacon.
Sink, C. (2005). *Contemporary school counseling: Theory, research, and practice*. Boston, MA: Houghton Mifflin.

제 6 장

교육과 사회문화

이 장에서는 교육에 대한 사회문화적 접근을 소개한다. 사회문화적 접근이란 사회학적 접근을 좀 더 폭넓게 확장하여 쓰는 말로서 교육이 갖고 있는 사회문화적 특성과의 관련성에 관심을 두고 설명하는 것을 말한다. 교육은 그 자체가 사회문화적 현상이고 사회와 밀접한 관계를 맺고 있기 때문에 교육의 이해에 있어서 사회문화적 접근은 중요하다. 이러한 접근은 거시적인 차원과 미시적인 차원으로 나눌 수 있다. 거시적 차원에 해당되는 문제는 교육의 사회적 기능, 교육과 사회경제적 성취, 사회계층과 교육, 젠더와 교육, 교육과 국가, 교육과 경제, 교육과 문화와 같은 것들이 있고, 미시적 차원에 해당되는 문제는 교육과정사회학, 교사-학생 간의 상호작용, 학생문화, 교사문화, 학교효과 및 효과적인 학교 등과 같은 것들이 중요하게 다루어지고 있다. 교사는 이러한 교육을 제대로 이해하기 위해 관련된 사회와 문화를 먼저 제대로 이해하고 있어야 하며, 학교에서 일어나는 현상들의 사회문화적 배경을 살펴볼 수 있어야 한다. 아울러 이러한 사회문화적 맥락 속에 놓여 있는 교육을 비판적으로 이해하여, 보다 바람직한 교육을 실천하기 위해 현실을 정확히 파악할 수 있는 안목과, 더 나아가 그동안 교육을 장악해 온 지배적 이데올로기로부터 벗어나 사회집단 간의 관계를 열린 마음으로 보다 공정하게 볼 수 있는 지성과 양심과 정열이 있어야 할 것이다.

학습과제

- 교육은 사회와 어떠한 관계에 놓여 있는지 알아본다.
- 자본주의 사회에서 학교교육의 문제점을 알아본다.
- 교육은 개인의 성공과 출세에 영향을 주는지 알아본다.
- 사회집단(사회계층, 젠더, 인종 · 민족)에 따른 교육기회의 불평등은 어느 정도인지 파악해 본다.
- 교사와 학생 각각의 문화를 알아본다.

> 롤스(Rawls)의 정의이론(a theory of justice, 1971)에 의하면, 합리적인 사람들은 일단 평등이나 무지에 대한 본래의 입장이 수립되면 그가 속한 사회기관을 지배하는 원리에 따라 결정을 내린다. 그러한 입장에 있는 합리적인 사람들은 두 가지 원리를 선택할 것으로 롤스는 상정한다. 이러한 원리는 그가 생각하는 공정한 사회질서의 기초를 형성하는 원리들이다. 그 두 가지 원리는 다음과 같이 가장 단순한 형태로 진술되어 있다. "첫째, 각 사람은 다른 사람들과 유사한 정도의 자유만큼의 가장 폭넓은 기본적인 자유를 누릴 수 있는 동등한 권리를 가져야 한다. 둘째, 사회적·경제적 불평등은 그것들이 각 사람들에게 이익이 될 것으로 합리적으로 기대되고, 모든 사람들에게 열려 있는 지위나 직장에 한정해서 허용되어야 한다." (p. 60) 롤스는 더 나아가서 첫 번째의 원리에 우선권을 주고 있다. 즉, 자유는 사회적 획득의 증대를 위해서가 아니라 자유의 증대를 위해서만 제한될 수 있다. 결과적으로, 한 사람의 자유는 자유를 더 적게 가진 다른 사람의 자유를 증대시키기 위해서만 제한될 수 있다는 것이다 (Coleman, 1990).

롤스(Rawls, 1971)는 정의로운 사회에 대한 이론체계에서 위와 같은 견해를 밝힌 바 있다. 과연 무엇이 정의로운 사회인가? 사회가 정의로워야 한다는 말에 대해서 이의를 제기할 사람은 거의 없을 것이다. 사회가 정의로워야 한다면 교육도 그러한 방향으로 나아가야 할 것이다. 그런데 정의로움에 대한 정의내림은 그다지 쉬워 보이지 않는다. 개인이 무한정으로 자유롭기만 하다고 정의로운 것인가? 또는 사회 구성원들 간의 불평등이 없다는 것만 가지고 그 사회가 정의롭다고 말할 수 있는가? 이러한 문제에 대해서 롤스는 나름대로의 하나의 이론을 제시하고 있다. 위에 제시한 인용문은 그러한 롤스의 정의이론 중 핵심적인 부분이라고 할 수 있다. 그는 정의의 중요한 요소로서 자유와 평등을 들고 있다. 그중에서 자유에 더 많은 무게를 두고 있는 것 같다. 정의로운 사회에서는 개인의 자유가 중요한데, 그 자유가 다른 사람의 자유를 억제하거나 침해해서는 정의로운 사회가 될 수 없다는 것이다. 평등도 정의로운 사회에서 없어서는 안 되는 중요한 요소인데, 현실적으로 불평등이 피할 수 없는 것이라면 그 불평등이 정당화되기 위해서는 다음과 같은 두 가지 조건이 모두 충족되어야 한다. 첫째, 그 불평등은 각 사람에게 모두 이익이 될 수 있어야 하고, 둘째, 사회경제적 성취를 위한 위치와 업무가 모든 사람에게 평등하게 열려 있어야 한다는 것이다.

민주주의의 양대 원리는 자유와 평등이라는 것을 많은 사람들이 알고 있지만, 자유와 평등의 관계에 대해서 심각하게 고민해 본 사람은 많지 않을 것이다. 롤스의 정의이론도 어떻게 보면 이러한 자유와 평등 간의 관계를 가지고 정의를 규정하고 있다. 단순하게 생각하면, 가장 이상적인 길은 자유와 평등이 황금분할비율처럼 조화롭게 균형을 이루는 것이다. 그러나 실제로는 결코 쉬운 일이 아니다. 왜냐하면 본질적으로 자유와 평등은 이율배반적인 관계에 있기 때문이다. 즉, 개인의 자유에 치중하다 보면 개인의 사회적 성취는 무한히 허용되지만 현실적으로 그 결과는 개인 간의 성취의 불평등으로 되돌아온다. 근대 이후의 인류의 역사는 어떻게 보면 이러한 자유와 평등 간의 무게 중심이 시계추처럼 왕복을 되풀이한 역사라고도 할 수 있다.

요즈음은 국가 간의 경쟁이 심해지면서 그 경쟁에서 이기기 위한 방향으로 모든 국가의 역량이 집중되고 있다. 이러한 상황에서는 개인 간, 집단 간, 국가 간의 평등문제는 뒤로 물러설 수밖에 없고 자유를 바탕으로 한 효율성, 수월성, 경쟁력이 전면으로 부각되기 마련이다. 우리 교육에서도 이러한 세계적인 추세의 영향으로 평등보다는 자유로운 수월성이 강조되고 있다. 그런데 교육은 경제와 같은 다른 국가적 사업영역과는 달리 효율성, 수월성으로만 치달을 수는 없는 성격이 강하다. 즉, 교육은 민주성과 공공성이라는 측면을 소홀히 할 수 없는 국민복지적인 영역이다. 서두에서 이러한 문제를 꺼내는 이유는 우리가 당면하는 모든 교육문제는 이러한 복잡한 갈등에서 자유롭지 못하기 때문이다.

1. 교육에 대한 사회문화적 접근

교육사회학은 교육현상이나 교육제도에 대한 사회학적 접근을 하는 탐구영역을 말한다. 여기에서 교육현상이나 제도는 교육에 관한 여러 가지 활동이나 인식 또는 사회적으로 형성되어 있는 제도나 문화 등도 포함한다. 예를 들면, 학생들의 학교생활, 학부모가 자녀들의 교육을 중시하는 태도나 행위 또는 고등학교의 평준화 제도 등이 모두 교육현상이나 제도에 해당되는 것들이다.

한편, 사회학적 접근이란 사회학의 관점, 원리, 이론, 개념, 방법론 등을 적용하여 사회현상을 이해, 설명, 해석, 분석, 평가, 논의, 예측하는 것을 말한다. 교육사회학은 경우에 따라서는 이러한 사회학적 접근으로부터 인류학, 경제학, 정치학 등을 포함하는 광범위한 사회과학적인 접근으로 확대되기도 하지만 근거하는 주된 학문은 사회학이다. 따라서 영미권에서는 교육사회학을 사회학의 한 하위영역으로 보는 것이 일반적이지만 우리나라에서는 전통적으로 교육학의 한 분야로 취급되어 왔다.

교육현상이나 제도는 다분히 사회적인 성격을 갖고 있다. 우선 교육이란 행위를 보면 가르치는 사람과 배우는 사람과의 상호작용이라고 할 수 있는데, 이러한 사람들 간의 상호작용은 분명히 사회적인 성격을 띠고 있다. 이것을 좀 더 확대해서 보면 교육행위나 현상이란 교육에 관련된 사회구성원들(교사, 학생, 학교행정가, 학부모, 지역사회 주민 등) 간에 일어나는 상호작용이라는 점에서 사회적이고 또한 이 구성원들이 우리가 함께 살고 있는 사회로부터 온 사람들이라는 점에서도 사회적이며 문화적이다. 따라서 이러한 사회적 · 문화적 성격을 갖고 있는 교육현상이나 제도를 이해하고 설명하기 위해서는 이러한 것들을 주 탐구대상으로 삼고 있는 사회학이나 문화인류학의 접근이 필수불가결하다.

학업성적이 부진한 학생의 경우를 예로 들어 보자. 그의 성적부진을 설명하기 위해서는 여러 가지 다양한 접근이 동원될 수 있다. 우선 개인적 특성으로서 지능이나 성취동기의 수준으로 학업성적의 부진을 설명할 수 있을 것이다. 그 외의 가정배경이나 교사와의 관계, 급우들과의 관계, 일탈행동 등도 지적된다. 전자의 원인들을 심리적 특성이라고 한다면 후자의 경우는 사회적 · 문화적 특성이라고 할 수 있다. 이러한 후자의 특성들이 교육사회학적 접근 영역에 해당된다.

따라서 이러한 교육현상이나 문제에 대한 사회학적 접근은 한 국가의 사회문화적 맥락에서 형성된 교육을 설명하고 이해하는 데 없어서는 안 될 중요한 접근이다.

교육사회학은 현재의 교육현상이나 문제를 있는 그대로 정확하게 설명하고 파악하는 것을 주요한 과제로 삼는다. 그와 더불어 우리가 지향해야 할 바람직한 교육을 끊임없이 추구하기도 한다. 특히 사회가 전근대적 · 억압적 · 비민주적 · 비인간적 · 불평등적인 사회에서 합리적 · 민주적 · 인본적 · 평등적인 사회로 변화되어 가는 시기에서는 이러한 보다 바람직한 교육을 추구하는 교육사회학적 관점은 더욱 필요하다고 할 수 있다.

2. 교육사회학의 주요 관점 및 이슈

앞에서 언급하였듯이 교육사회학은 그 이론, 관점, 개념, 방법론 등에서 사회학을 모체로 하여 교육을 탐구한다. 그동안 교육사회학에서 등장했던 주요 관점 및 이론을 간단히 살펴보면 다음과 같다.

1) 교육사회학의 관점 및 이론

(1) 관점의 수준에 따른 분류

흔히 '숲을 볼 것인가, 그 속의 나무를 볼 것인가' 하는 문제에 해당되는 것으로서 거시적 관점과 미시적 관점으로 나누어 볼 수 있다.

① 거시적 관점

교육을 거시적 수준에서 보는 관점으로서 주로 교육(학교)과 사회와의 관계나 교육구조, 제도, 이념과 같은 문제를 탐구대상으로 삼는다. 이러한 거시적 관점에 해당되는 문제의식의 예로는 교육이 사회(국가, 정치, 경제, 문화)로부터 어떤 영향을 받는가와 같은 문제를 들 수 있다.

② 미시적 관점

이것은 교육 또는 학교 내부에서 무슨 일이 일어나는지 또는 교육조직 내의 구성원 간에 어떤 일이 벌어지고 있는지를 주로 탐구하는 관점을 말한다. 거시적 관점이 학교를 하나의 '검은상자'로 취급하여 학교 내에서 무슨 일이 일어나는지에 대해서 설명하지 못하는 점을 비판하면서 등장하였다. 특히 이러한 미시적 관점을 취하는 이론으로는 상징적 상호작용 이론, 현상학, 민속방법론이 있는데, 이들을 묶어서 해석적 접근이라고 부른다. 이 이론들은 기본 가정, 인간에 대한 이해, 중요 개념 및 이슈 등에서 다소 차이가 있으나 대체로 비슷한 특성을 갖고 있다. 이들의 공통적인 관점은 사회구조와 개인과의 관계에서 사회 전체의 구조보다는 개인의 자유와 능동적 행위, 일상적 활동, 상호작용, 개인적 차원의 관점과 의미 부여 및 해석이 개인의 행동을 이해하는 데 중요함을 강조한다.

(2) 설명 방식 및 이념에 따른 이론 분류

사회를 어떤 방식으로 설명하는가는 '어떤 이념에 기초하여 사회를 볼 것인가' 라는 문제와 다르다. 그렇지만 이러한 설명 방식과 이념은 실제로 밀접한 관계를 맺고 있다.

① 기능이론

기능이론 또는 구조기능이론은 교육과 사회의 관계에서 교육은 담당한 사회적 역할(사회화, 사회적 선발과 배치, 사회적 통합 등)을 수행함으로써 사회의 통합 · 유지 · 발전에 공헌하는 기능을 수행하고 있으며 국가의 정치 · 경제 · 사회 · 문화 발전에 기여하고 있다고 본다. 또한 교육 또는 학교 안에서 구성원들이 자신들에게 합리적으로 배정된 역할을 바탕으로 협력, 타협, 합의 등과 같은 상호작용을 통하여 학교라는 사회체제를 안정적으로 운영한다고 주장한다. 교육과 사회와의 관계, 학교 내의 운영체제 등에 대한 설명 방식으로서의 기능이론은 이념적 입장이라는 측면에서는 보수주의 또는 자유주의적 입장을 띠고 있다.

② 갈등이론

갈등이론이란 기능이론의 문제점을 비판하면서 등장한 이론으로서 사회 내의 집단(계층, 인종 · 민족, 성 등) 간의 갈등관계가 교육영역에도 반영되어 있다고 보는 관점이다. 이 이론의 기본가정은 자본주의사회는 경제적 부와 정치적 권력과 사회문화적 지위에 있어서 사회집단 간에 불평등한 구조를 갖고 있으며, 교육은 그러한 불평등한 관계에서 지배적인 위치를 누리고 있는 지배집단이 정해 놓은 질서, 위계, 불평등구조를 정당화시키며 그것을 교육내용과 방법과 같은 실천을 통하여 재생산시키는 도구라고 본다.

따라서 우리는 지금의 사회집단 간의 불평등한 사회구조를 교육을 통하여 바꿀 수 있다고 희망적으로 생각할 수도 있겠지만 갈등론자들은, 특히 마르크스주의에 입각한 갈등론자들은 그러한 희망적 가능성이 지금의 자본주의사회에서는 실현되지 않는다고 역설한다. 마르크스의 변증법적 유물론과 유물사관에 따르면 교육은 상부구조에 속한 영역으로서 토대에 해당하는 사회의 물질적 생산관계, 즉 자본주의사회에서의 자본가와 노동자와의 불평등한 생산관계에 의해서 일방적으로 결정된다고 보기 때문이다.

마르크스주의가 갈등론을 대표하는 이론이지만, 베버(Weber)의 계층론과 같은 다른 갈등론도 있다. 또한 이러한 정통적인 마르크스 이론을 비판하는 입장이 갈등론 내에도 다양하게 존재한다. 그러한 비판 중에는 사회구조와 개인 간의 관계에 대해서 위와 같은 이론(경제재생산이론)에서처럼 개인이 사회구조에 의해 일방적으로 영향을 받기만 하는 수동적인 존재로 보는 것은 자유의지를 갖고 능동적으로 행동하는 개인에 대한 이해가 잘못되었다는 주장도 있다. 또한 교육과 사회와의 관계에 대해서도 교육은 사회구조에 의해서 일방적으로 결정되는 것이 아니라 교육에 의해서, 특히 의식 있고 역량 있는 교사들에 의해서 불평등하고 모순적인 사회구조가 바뀔 수 있다는 희망적 가능성(Possibility of hope)을 내놓기도 한다. 또한 사회집단 간의 불평등한 관계가 오직 경제적 영역의 생산관계에 의해서만 결정되는 것이 아니고 정치적인 권력이나 문화적 차원의 취향이나 소유 정도, 즉 문화적 자본에 의해서도 설명될 수 있다는 것이다. 이러한 설명 방식을 취하고 있는 이 관점은 이념적으로는 급진주의(radicalism) 또는 온건한 급진주의와 같이 현 사회, 특히 자본주의사회에 대한 비판적 입장을 취한다.

2) 주요 이슈 및 문제

교육사회학에서 그동안 중요하게 다루어 온 중요한 이슈와 문제들을 간단히 살펴보면 다음과 같다. 학교(교육)의 사회적 기능, 사회계층과 교육, 젠더와 교육, 교육적 성취와 사회이동과 같은 이슈들은 주로 거시적 관점에서 논의되는 것들이고 그 뒤에 제시된 학교지식사회학(교육과정사회학), 교사-학생 간 상호작용과 같은 이슈들은 주로 미시적 관점에서 논의되는 것들이다. 이 외에도 교육사회학에서 다루어지는 중요한 문제들은 거시적 문제로서 교육경쟁과 교육열, 사회변화와 교육, 정치(국가)와 교육, 문화와 교육, 경제와 교육, 비교교육 등이 있고 미시적 문제들로는 학교의 사회적 조직, 학교효과와 효과적인 학교, 교사문화, 학생문화, 수업사회학 등이 있다.

(1) 학교(교육)의 사회적 기능

학교가 담당하는 사회적 기능에는 어떠한 것들이 있을까? 여기서 사회적 기능이란 학교가 사회에 대하여 수행하는 기능을 말하는 것으로서 이에 대해서 소위 기능론과 갈등론은 서로 다른 관점을 갖고 있다.

우선 기능론에서는 교육과 사회는 밀접한 기능적 관계를 맺고 있으면서 사회가 교육에 대해 요구하는 것을 교육이 수용하여 그에 적합한 기능을 수행하고 있다고 본다. 그러한 교육의 사회적 기능으로서 중요한 것을 들어본다면, 개인적 차원에서는 사회화, 성장과 발달, 사회적 선발과 배치 등을 들 수 있고 사회적 · 국가적 차원에서는 인적자원의 양성 및 공급, 사회의 충원, 사회통합 및 유지, 국가발전(정치, 경제, 사회, 문화발전) 등을 들 수 있다. 요컨대, 기능론에 의하면 교육은 현 사회체제의 유지 및 발전에 공헌하는 기능을 수행하고 있다고 본다.

갈등론은 교육과 사회의 밀접한 관계를 인정하고 있다는 점에서는 기능론과 다르지 않지만, 교육이 사회구조에 대해서 주로 수동적인 역할에 충실하고 있다고 보는 점과 사회를 보는 관점에서 구별된다. 이들이 보는 사회는 구성집단(사회계층, 성, 인종 · 민족) 간에 항상 갈등과 투쟁이 일어나는 불안정한 구조를 갖고 있으면서, 동시에 새로운 형태의 사회로 변화되는 속성을 갖고 있다. 특히 오늘날의 자본주의사회는 자본가계층과 노동자계층이라는 사회계층 간의 갈등이 심하고 소외계층, 피지배계층에 대한 지배계층의 부당한 착취, 통제, 지배가 자행되고 있으며, 그 결과 계층 간의 불평등이 심각한 상태에 있다고 본다. 이러한 사회에서 교육은 계층, 성, 인종에 따른 사회집단 간의 부당한 위계질서와 불평등구조를 정당화하고 재생산하는 데 충실하다는 것이다. 다음 예문들은 이러한 갈등론에 해당되는 이론들의 핵심적인 부분들이다.

> 간단히 말해서 20세기 (미국의) 교육의 역사는 진보주의의 역사가 아니라 비지니스적 가치를 학교에 강요한 역사며, 급속히 팽창하는 자본주의에 있어서의 권위와 특권을 반영하는 사회적 관계의 역사다.
>
> (In short, the history of twentieth-century education is the history not of progressivism but of the imposition upon the schools of "business values" and social relationships reflecting the pyramid of authority and privilege in the burgeoning capitalist system…) (Bowles & Gintis, 1976: 44)

> 모든 교육행위는 객관적으로 볼 때 그것이 자의적인 힘에 의해서 문화적 자의성을 강요하는 한 상징적 폭력(Symbolic violence)이다.
>
> (All pedagogic action (PA) is, objectively, symbolic violence insofar as it is the imposition of a cultural arbitrary by an arbitrary power.) (Bourdieu & Passeron, 1977: 5)

> 어떻게 노동자계층의 아이들이 노동자계층의 직업을 갖게 되는지를 설명하기가 어려운 점은 그들이 스스로 그렇게 되도록 했기 때문이다.
>
> (The difficult thing to explain about how working class kids get working class job is why they let themselves.) (Willis, 1977: 1)

> 교육과정을 문화적 정치(Cultural politics)의 한 형태로 개념화하는 것은 교육의 보다 중요한 목표를 사회변혁의 여건조성으로 인정하는 것이다. 학생들을 자신들의 역사적, 인종적, 계급적, 젠더적 위치를 인식하는 정치적 주체로 설정함으로써, 그리고 자신들의 삶을 결정하고 보다 큰 인간의 자유와 해방을 위하여 투쟁할 것을 정치적으로, 윤리적으로 마음먹게 되는 세력으로 설정함으로써 그러한 사회변혁의 여건이 조성되는 것으로 보고 있다.
>
> (To conceptualize curriculum as a form of cultural politics is to acknowledge the overriding goal of education as the creation of conditions for social transformation though the constitution of student as political subjects who recognize then historical, racial, class, and gender situatedness and the forces that shape then lives and are politically and ethically motivated to struggle in the interest of greater human freedom and emancipation.) (McLaren, 1995: 38)

위에서 인용·제시한 짤막한 글들은 각각의 저술에 담겨 있는 저자의 전체 사상과 이론 중에서 극히 일부분만을 빙산의 일각처럼 떼어 놓은 것들이다. 따라서 아무리 그것들이 전체의 핵심적인 부분을 나타내고 있다고 하더라도 전체를 정확하게 파악하기에는 너무나 큰 제한성과 위험성이 따른다. 그럼에도 불구하고 이러한 짧은 인용문을 제시한 것은 중개자의 해설을 거치지 않고 직접 그 속에 담겨 있는 저자의 심오한 뜻을 조금이라도 맛볼 수 있기를 바라기 때문이다.

여기에 제시한 인용문은 소위 사회집단 간 불평등 재생산 기제로서의 자본주의 학교교육에 관한 이론들의 계보에 해당되는 중요한 저술에서 발췌한 내용이다. 첫 번째가 볼스와 진티스의 사회(경제)재생산론이고, 두 번째가 부르디외와 빠세롱의 문화재생산론이고, 세 번째가 윌리스의 문화생산론(저항이론)이며, 마지막이 지루(Giroux) 등의 문화정치로서의 교육론이다. 여기서는 각 이론들의 핵심적인 내용과 그들 간의 관계를 중심으로 간략하게 설명해 보고자 한다.

먼저 사회(경제)재생산이론은 마르크스의 유물사관과 변증법적 유물론에 입각한 신마르크스주의 사회구성체론을 적용하여, 교육과 사회구조와의 관계를 설명하는 이론이다. 마르크스주의에 의하면 한 사회를 움직이는 원동력은 물질생산에 있어서의 사회적 관계인데, 자본주의사회에서는 그것이 곧 자본가와 노동자 간의 위계적인 생산관계가 된다. 이것을 마르크스주의 용어로는 토대(base)라고 하고 그 외의 사회의 모든 영역을 상부구조(superstructure)라고 부른다. 이때 토대가 상부구조에 영향을 주어 일방적으로 결정하는 관계를 갖는데, 이러한 관계는 역사적으로 되풀이되는 중요한 변증법적 관계다. 이러한 관점에서 볼 때 교육은 상부구조에 속하는 영역으로서 학교에서 일어나는 구성원들 간의 사회적 관계는 물질생산이 일어나는 경제영역에서의 위계적인 생산관계에 의해서 일방적으로 결정된다는 것이다. 여기서 학교구성원들 간의 사회적 관계란 교사와 학생 간의 위계적인 관계, 사회계층적 배경에 따른 학생들 간의 관계, 학교급에 따른 위계적 관계, 고등학교 계열 간 관계 등이 모두 해당된다. 이러한 학교에서의 사회적 관계는 공장에서의 자본가와 노동자 간의 위계적인 생산관계와 일대일로 대응하면서 후자에 의해서 결정되는 종속적인 관계에 놓여 있다는 것이다. 이러한 작용을 대응원리(correspondence principle)라고 부른다. 그러한 원리가 나타나는 현상으로서 학생들의 계층적 배경에 따라 차별적으로 일어나는 사회화를 들고 있다. 즉 학교가 중산층 자녀들에게 강조하는 것은 독립심, 자율성, 창의성 등인데 비해 노동자계층 자녀들에게는 의존성, 종속성, 규칙준수 등을 강조해서 교육시킨다는 것이다. 결과적으로 사회계층에 따른 불평등은 학교교육을 통해서 완화되거나 개선되기보다는 그대로 재생산된다는 것이다. 왜냐하면 학교교육을 통해 생산관계를 토대로 하는 사회구조를 바꾸기는 어렵기 때문이다. 이러한 이론을 경제재생산론(economic reproduction theory) 또는 사회재생산론(social reproduction theory)이라고 부르는데, 전자는 경제 영역의 생산관계를 강조해서 붙은 명칭이고 후자는 물질생산에 있어서의 자본가와 노동자 간의 위계적인 사회적 관계라는 점을 강조해서 붙은 명칭이다.

두 번째 이론인 문화재생산이론(cultural reproduction theory)은 자본주의 사회의 지배계층과 피지배계층 사이의 힘의 관계를 바탕으로 지배계층의 문화가 그 사회의 공식적인 문화로 자의적으로 정당화되는 데 학교교육이 기여하고 있다는 주장이다. 그러한 과정에서 학교에서 일어나는 일은 지배계층의 문화적 자의성(cultural arbitrariness)이 교육적 권위를 통해서 학생들에게 강요되고 교육적 작업을 통해서 오랫동안 깊이 심어져서 결국은 심리적 성향과 태도와 같은 하비투스(habitus)로 내면화된다는 것이다. 이러한 학교교육을 통해서 계층 간의 문화자본의 격차는 계속 재생산되어 간다는 주장이 문화재생산이론이다.

세 번째 이론인 문화생산이론(cultural production theory)은 학교에서의 학생문화는 바깥사회의 위계적인 계층문화에 의해서 구조적으로 일방적으로 결정되는 것이 아니라 자유의지를 갖고 있는 개인(학생)들에 의해서 스스로 형성되고 생산되는 측면이 강하다는 주장이다. 특히 노동자계층의 남자중등학교 학생들이 자신들의 노동자계층문화를 바탕으로 학교에서 반학교 저항문화를 생산해 내면서 스스로 아버지와 같은 육체노동자의 길을 걸어간다는 설명을 제기한다. 이와 같이 학생문화가 학생들에 의해 생산된다는 점을 제기함으로써 개인이 사회구조에 의해서 일방적으로 결정되거나 영향을 받는 수동적 존재가 아니라 자유의지를 갖고 사회구조적 힘에 저항하거나 대응한다는 점을 강조함으로써, 저항이론

(resistance theory)이라고도 불리는 이 이론은 앞의 사회재생산론이나 문화재생산론을 비판하고 있다. 또한 문화재생산론에서 사용하는 문화의 개념은 집단이 공유한 삶의 방식에 관한 취향이나 관습 또는 개인적 하비투스와 같이 집단이나 개인이 소유하고 있는 구조적 측면을 지칭하고 있는데 비해, 문화생산론에서는 집단구성원들이 일상적 삶 속에서 생생하게 실천적으로 체험해 가는 행위 또는 의식과 같은 체험적 문화(lived culture)를 중요시하고 있다는 점에서 다르다고 할 수 있다.

마지막으로, 교육을 문화적 정치현상으로 보는 관점은 앞의 세 이론에서와 같이 교육이 경제적 · 문화적 구조에 의해서 수동적으로 결정되는 관계에 있기 때문에 교육을 통해서 그러한 사회구조를 근본적으로 변화시키기가 어렵다는 무력한 입장을 비판하면서 제기된 주장으로서 프레이리(Freire)와 그의 영향을 받은 비판적 교육이론가들(지루(Giroux), 애플(Apple), 맥레이른(McLaren) 등)이 주창하는 새로운 비판적 페다고지(critical pedagogy)다. 프레이리는 교육을 통해 불평등하고 모순된 자본주의 사회구조에 대한 비판적 의식을 깨우침으로써 소외되고 억압된 자아를 해방시킬 수 있다는 믿음을 평생 동안 실천하며 문화적 정치현상으로서의 교육 사상을 구축하였다. 이 이론에서 교육이란 자본주의 사회에서 집단간의 권력관계가 교육과정 속의 지식의 선택, 교과서 선택, 교사의 수업행위, 교사와 학생집단의 일상적 실천문화 등을 통해 은밀하게 작용하는 정치적 장으로 본다. 이러한 문화적 정치로서의 교육을 통해 힘이 약한 집단은 지식의 습득, 주체성 형성, 사회적 관계, 학업성취 등에서 피해를 볼 수밖에 없다. 따라서 새로운 비판적 페다고지는 힘이 약한 사회집단(노동자계층, 여성, 소수인종 등)에 불리하게 작용하는 학교교육이 하나의 문화적 정치현상임을 인식하고 지배집단의 정치적 힘의 행사에 대항해서 싸워 이길 수 있는 교육이 되어야 한다고 역설하고 있다.

(2) 사회계층과 교육

교육사회학에서 사회계층은 그동안 매우 중요한 개념으로 다루어져 왔다. 특히 갈등론에 의하면 그동안 인류의 역사에서 어느 사회든 계층이 없었던 사회는 없었고, 그것이 교육을 포함한 구성원들의 삶에 지대한 영향을 끼쳤기 때문이다. 또한 사회학자들이 이러한 사회계층에 큰 관심을 갖는 또 하나의 이유는 사회계층 간의 비인간적이고 비합리적인 심각한 불평등은 모든 사회 구성원들이 행복한 삶을 추구하는 데 걸림돌이 되고 있다고 보기 때문이다.

사회계층은 법이나 관습에 따라 규정되는 신분이나 계급과는 달리 다분히 인위적으로 규정한 구분이다. 사회계층에 대한 개념적 규정으로서 대표적인 것은 마르크스주의자들이 사용하는 사회계급(생산수단의 소유 여부에 따라 자본가계급과 노동자계급으로 구분)과 막스 베버(Max Weber)가 제시하는 사회계층(경제적 부, 사회적 위신, 정치적 권력으로 종합적으로 규정)을 들 수 있다. 이와 같이 사회계층의 개념규정에 따라 그에 대한 측정방법도 다를 수 있다. 일반적으로는 직업지위(수입과 학력을 고려)를 가지고 계층을 양적인 점수로 측정하기도 하고 수입, 직업적 평판, 문화적 소유 정도 등을 종합적으로 고려하여 측정하기도 한다. 그 결과, 사회계층을 자본가계층과 노동자계층으로 단순하게 구분하기도 하고 그것을 다시 상류층, 중산층, 하류층으로 구분하기도 하며 또는 그 구성비율이 큰 중산층과 노동자층으로 대별해서 사용하기도 한다.

사회계층과 교육과의 관계에 대해서 가장 많이 논의되는 것은 사회계층에 따라서 받는 교육의 기회와 수준에 차이가 있다는 점이다. 교육기회(educational opportunity)는 일반적으로 교육을 받을 수 있는 기회를 뜻한다. 하지만 좀 더 깊이 들여다보면 그러한 교육에 접근할 수 있는 접근기회(access)와 교육을 받는 과정에서 대우와 수준이 주어지는 과정기회(process), 그리고 교육을 받은 결과로서의 학업성취와 학력이라는 결과기회(output)로 나누어지기도 한다(Coleman, 1968). 교육의 기회를 이와 같이 세 가지 측면으로 나누었을 때 대부분의 사회에서 학생의 사회계층적 배경에 따라 격차가 존재한다는 것이 그동안의 연구나 관찰에 의해 밝혀진 사실이다.

이에 관해서 간단히 살펴보면, 우선 교육 접근기회에 있어서 사회계층 간 격차는 과거에 비해서 완화되었지만 아직도 많이 남아 있으며 고등교육단계에서는 뚜렷이 나타나고 있다. 고등교육, 즉 대학 단계의 교육기회에서 나타나는 사회계층 간 차이 현상을 살펴보면, 대학진학률은 사회계층이 높을수록 높은 경향이 있을 뿐 아니라 사회적으로 선호하는 대학이나 인기 있는 전공학문의 영역에서도 사회계층이 높은 학생들이 차지하는 비율이 높다. 또한 대부분의 선진국에서와 같이 우리나라도 중등교육단계까지는 거의 완전취학에 가까운 보편교육 수준에 도달해 있다. 그러나 고등학교단계에서도 일반계와 실업계로 나누어 보았을 때, 사회계층적 배경이 낮은 학생일수록 실업계 고등학교에 다니는 비율이 높은 경향이 있다.

교육이 일어나는 과정, 즉 학교에 입학하여 다니는 과정에서 학생들에게 주어지는 학습이나 성취의 기회 또는 교사로부터 받은 대우나 취급에 있어서도 학생의 사회계층적 배경 간의 차이가 발생하고 있다. 예를 들면, 학생의 사회계층적 배경에 따라 학생에 대한 교사의 관심, 배려, 칭찬 및 기대 등이 달라지고 수업 중 주어지는 발표기회나 상호작용이 달라지기도 한다. 또한 수준별 학습이나 능력별 반편성과 같은 학습집단의 편성에서도 학생 개인의 학습능력뿐만 아니라 가정의 사회계층적 배경도 영향을 준다는 연구결과들이 많이 보고되고 있다. 이러한 사회계층에 따른 교육과정에 있어서의 불평등은 사회가 민주화, 평등화되면서 많이 완화되어 왔지만, 아직도 우리 주변에서 가시적으로 또는 은연중에 많이 일어나고 있다. 이러한 점에서 교사들의 사회계층과 교육의 관계에 대한 이해와 의식 변화가 요청된다.

끝으로, 사회계층 간 교육기회의 불평등을 교육의 결과적인 측면에도 적용할 수 있다. 교육의 결과는 학생의 입장에서 보면 인지적 · 정의적 · 신체운동적 영역에서의 학습결과로서 매우 다양한 것들이 포함될 수 있지만, 일반적으로는 학교에서의 시험 및 평가에 의해서 측정된 인지적 학업성취도로 대표되고 있다. 교육의 결과는 더 나아가서 이러한 학업성취도 외에도 어느 수준까지 교육을 받았는가를 나타내 주는 학력까지도 포함한다. 여기에서 학력은 학교를 어느 단계까지 다녔는가를 나타내는 양적 수준과 어떤 수준의 학교를 다녔는가를 나타내는 질적 수준으로 나눌 수 있다. 이와 같이 교육의 결과를 학업성취도와 더 나아가서 양적 · 질적 학력을 포함하는 것으로 볼 때, 학생의 교육결과는 사회계층적 배경이 높을수록 더 높은 경향이 있다.

학업성취의 경우, 그에 대한 사회계층의 영향은 개인의 인지적 능력의 영향과 함께 이제까지 밝혀진 요인 중에서 가장 큰 것으로 보고되고 있다. 이러한 가정의 사회계층적 배경의 영향은 우선 자녀의 인지적 능력(선천적, 후천적)과 성취동기 등으로 일부분 설명되기도 하고, 부모의 자녀에 대한 교육적 관심과 지원, 재정적 지원, 문화적 자본 등에 의해 설명되기도 한다. 한편, 학력에 대한 사회계층적 배경의 영향은 학업성취에 대한 영향보다 더 크게 작용하며, 그 영향은 주로 자녀의 인지적 능력과 학업성취라는 매개변인에 의해 상당 부분 설명되지만 여전히 학력에 직접적으로 미치는 영향이 크다.

이와 같이 사회계층이 자녀의 학업성취나 학력에 직접적으로 미치는 영향은 개인(자녀)이 통제할 수 없는 소위 배경적 영향으로서, 이러한 영향이 크면 클수록 그러한 사회는 개인이 능력을 가지고 노력한 만큼 성공할 수 있는 능력주의 사회(meritocratic society)라기보다 개인의 사회계층적 배경에 따라 교육적 성취가 결정되고, 더 나아가서는 사회적 성취가 결정되는 소위 귀속주의적 성격이 강한 사회(ascriptive society)라고 할 수 있다.

(3) 젠더와 교육

젠더(gender)는 사회문화적인 특성으로 형성되고 구별되는 성으로서,

생물학적 구별로서의 성(sex)과는 다른 의미로 사용된다. 사회집단의 하나로서 젠더에 따라 주어지는 교육은 남녀 간에 어떤 불평등을 낳고 있는가? 이러한 문제를 중심으로 젠더와 교육과의 관계를 살펴본다.

① 교육에 있어서의 성별 불평등

교육에 있어서의 성별 불평등은 최근의 교육사회학 분야에 있어서 중요한 문제다. 우선 교육을 받을 수 있는 기회(취학기회)에 있어서는 여성이 남성보다 제한이 많았으나, 최근에는 고등교육을 제외하고는 그러한 성별 불평등이 많이 없어졌다. 일반적인 고등교육의 취학률에 있어서도 성별 차이는 거의 나타나지 않게 되었다. 다만 차이가 남아 있는 곳은 4년제 대학의 취학률과 학생들이 선호하는 전공영역에서의 성별 비율이다. 즉, 이러한 영역에서는 아직도 여성의 비율이 남성에 비해 낮은 편이다. 이러한 차이는 능력의 차이에 기인하기도 하지만 가부장제적인 사회인식에 기인하기도 한다.

그렇다고 초중등교육단계의 모든 영역에서 성별 불평등이 없어졌다고 할 수는 없다. 학교 밖의 사회에서 여전히 남아 있는 남아선호사상이나 가부장제 같은 사회제도나 인식이 학교 내에서도 작용하고 있음을 볼 수 있다. 예를 들어, 학교 내에서 남녀 학생에게 기대되는 성역할은 여전히 다른 부분이 많다. 교사들과 학생들은 남학생에게는 보다 남자답게, 여학생에게는 여자답게 생각하고 행동하기를 기대한다. 이러한 성역할 고정관념(sex-role stereotype)과 편견은 교과서를 포함한 교육과정에 아직도 반영되고 있는 부분이 적지 않다. 그리고 교사들의 학생에 대한 태도에 있어서도 여전히 나타나고 있다. 학생들 간의 관계를 보면, 아직도 남학생들은 남학생들끼리 어울리고 여학생들은 여학생들끼리 어울리는 경향이 강하다. 또한 고등교육에서와 같이 초·중등학생들의 선호교과나 직업진로도 성별에 따라서 다른 경우가 많다. 그리하여 결과적으로 그러한 교과에 있어서의 성적도 남녀 간에 다르게 나타나기도 한다.

교육에 있어서의 성별 차이가 그야말로 생물학적 차이에 연유한 것이라면 사회학적으로 별로 문제가 되지 않았을 것이다. 그러나 그러한 차이들이 남녀집단 간의 힘의 관계나 이해관계에 기초한 지배 · 피지배, 통제 · 종속의 관계에 관한 차이라면 그것은 사회적 · 문화적 · 정치적 격차이자 불평등의 문제라는 것이다. 이러한 교육에 있어서의 성별 불평등 현상을 그 원인과 대안을 중심으로 설명하는 이론적 입장에 대해서 간단히 살펴본다.

② 페미니즘과 교육

페미니즘(feminism)이란 사회문화적으로 남성과 여성이 구별되어 있고, 그 구별은 여성에게 불리하게 작용하고 있기 때문에, 여성이 그러한 불평등과 억압으로부터 해방되는 방향으로 남녀 간의 불평등이 시정되어야 한다는 주장이다. 이러한 주장은 이론적인 특성에 따라 자유주의, 급진주의, 마르크스주의, 사회주의 등 여러 가지 입장으로 나누어진다.

우선 자유주의적 관점에서 보면, 교육에 있어서의 성불평등의 주 원인은 학교 내 구성원들이 갖고 있는 성역할 고정관념에 있으므로 그것을 바꿈으로써 개선될 수 있다고 본다. 따라서 이러한 성역할 고정관념을 교육을 통해서 바꿔 주기 위해서는 학교를 남녀공학으로 운영하여 상호작용을 통하여 이성에 대해 이해하고, 성역할 고정관념에서 잘못된 부분을 각성할 수 있는 기회를 주는 것이 바람직하다는 것이다. 이러한 접근은 현재 일어나고 있는 교육에 있어서의 성불평등이 나타난 현상에 국한해서 그것들을 시정하거나 완화시킴으로써 문제를 해결할 수 있다고 믿는 관점으로서, 합리적이면서 온건한 입장에 해당된다고 할 수 있다. 이에 비해 교육에 있어서의 성불평등은 그 근본적인 원인이 개인의 의식이나 행동에 있다기보다는 사회구조나 제도에 있다고 보고 그것을 바꾸지 않는 한 성불평등문제는 쉽사리 해결되지 않는다고 보는 입장이 있는데 바로 급진주의, 마르크스주의, 사회주의적 페미니즘이다.

급진주의적 페미니즘은 성불평등의 근본적인 원인을 가부장제에 두고 있고, 마르크스주의적 페미니즘은 노동시장에서의 위계적 성별 분업에, 그리고 사회주의적 페미니즘은 가부장제와 성별 분업에 두고 있다. 여기에서 성별 분업이 뜻하는 것은 남성은 중요한 직업을 차지하고 여성은 하찮은 주변적인 일이나 직업을 맡아서 하는 위계적이고 불평등한 분업구조를 말한다. 사회주의적 페미니즘의 관점에서 보면 남성은 집안의 가장으로서 바깥에 나가 일을 해서 가족을 부양하는 중요한 역할을 수행하고, 여성은 집안에서 가사노동을 하거나 아동의 양육을 맡거나, 경우에 따라서는 가족 수입의 보조원으로서 노동시장에서 하찮은 보조노동에 시달리고 있다는 것이다.

(4) 교육적 성취와 사회이동

사회이동(social mobility)이란 사회계층 간의 수직적 이동으로서 상향이동과 하강이동으로 나누어진다. 그리고 교육이란 개인이 받은 교육, 즉 학력을 뜻한다. 이러한 교육은 개인의 사회이동에 기여하는가? 이 문제는 한 사회에서 학력이 지니는 사회경제적 가치를 나타내는 중요한 문제이기도 하고, 그 사회가 얼마나 능력주의적인 사회인가를 나타내 주는 지표가 되기도 한다. 개인의 사회경제적 성취를 결정하는 두 가지 중요한 요인으로서 가정의 사회경제적 배경과 개인의 학력을 들 수 있다. 이 두 요인 중에서 만약 가정배경이 개인의 학력보다 더 큰 영향을 미친다면, 그 사회는 능력주의적인 측면보다는 귀속주의적인 측면이 더 강한 사회라고 할 수 있다. 반대로 가정배경보다는 개인의 학력이 더 큰 영향을 미치고 학력이 가정배경에 의해서 결정되는 부분이 작다면 그 사회는 다분히 능력주의적 사회라고 말할 수 있다.

우리나라 학부모의 교육열이 세계적으로 드높은 근본적인 이유는 교육이 자녀의 사회경제적 성취를 가져다줄 것이라는 믿음에 바탕을 두고 있기 때문이다. 그런데 과연 그 믿음이 과학적인 근거가 있는 것인가? 이에 대해서 그동안 미국과 영국을 중심으로 많은 연구가 이루어져 왔으나, 그 결론은 연구마다 다르고 사회마다 다르다. 우선 미국의 연구결과들을 살펴보면 개인의 직업적 성취에 대한 영향력에 있어서 학력이 가정의 사회경제적 배경에 못지않게 크다는 연구결과도 있고(Blau & Duncan, 1967), 학력보다는 가정배경의 영향력이 더 크다는 연구결과도 있다(Jencks et al., 1979). 그런데 이러한 연구결과들을 객관적인 입장에서 비교해 보면 개인의 사회경제적 성취에 대한 영향력에 있어서 가정의 사회경제적 배경과 학력은 비슷한 정도로 크다고 결론짓는 것이 공정할 것으로 판단된다. 다만 연구들에서 사용된 자료분석 방법과 결과에 대한 해석이 다르기 때문에 다른 결론을 내리고 있는 것으로 보인다. 따라서 이러한 연구결과들을 바탕으로 볼 때, 미국사회는 능력주의적 성격이 강한 사회이지만 그에 못지않게 귀속주의적 성격도 다분히 있다고 말할 수 있다. 이에 비해 영국사회는 능력보다는 사회계층적 배경이 더 중시되는 귀속주의적 성격이 더 강한 사회로 알려져 왔다. 그렇다면 우리나라는 어떤 사회인가? 이에 대해서는 정확한 결론을 내리기에 아직은 연구들이 부족하지만, 미국과 영국의 중간쯤에 위치한 사회라고 여겨진다.

(5) 학교지식사회학(교육과정사회학)

학교에서 가르치고 있는 지식은 어디에서 온 것이며, 누구에 의해서 만들어진 것인가? 이러한 질문은 1970년대에 와서 영국의 마이클 영(Michael Young)과 같은 소장 교육사회학자들에 의해서 제기되었다. 그 전에는 학교지식의 형성배경이나 출처에 대한 의문보다는 지식의 효과적인 전달이나 교수에 주로 관심을 가졌다. 지식의 사회적 성격과 형성적 측면을 새롭게 조명하는 지식사회학과 지식에 대한 비판적 관점인 마르크스주의의 영향을 받은 이들, 소위 신교육사회학자(new sociology of education)들은 학교지식에 대한 새로운 비판적 의문을 제기하였다. 이들은 "학교지식은 누구를 위하여 봉사하는가?" "무엇이 학교지식으로 중요시되는가?" "학교지식은 어떤 사회적 · 정치적 맥락에서 형성되는가?" "누가 학교지식을 결정하는가?" 등에 대해 의문을 제기했다. 이와 같이 이들 신교육사회학자들은 종전에 학교지식에 대하여 갖고 있던 기본 상정들, 즉 "학교지식은 보편타당하고 객관적이어서 누구에게나 의미 있고 유익한 가치를 지니고 있다."라는 믿음을 부정하고 있다. 왜냐하면 대부분의 학교지식은 어느 특정한 힘 있는 지배집단에 의해서 특정한 사회 · 정치적 맥락에서 만들어지는 것이기 때문에 어느 특정한 집단에게만 특히 의미가 있고 유익하게 작용한다는 것이다. 따라서 이들의 주장에 의하면, 학교지식이 이와 같이 사회적으로 정치적으로 형성되는 것이기 때문에 지배집단의 자녀들은 학업성취에서 성공할 가능성이 높은 반면에 피지배집단의 자녀들은 실패할 수밖에 없다는 것이다.

신교육사회학자 또는 교육과정사회학자들은 이러한 주장에 대한 실증적인 근거를 교과서 분석 등을 통해 제시하고 있다.

(6) 교사-학생 간 상호작용

학교 안에서 일어나는 일에 대한 관심은 학교지식에 대한 사회학적 관심과 함께 미시적 교육사회학의 주된 연구영역이다. 특히 교사와 학생 간의 상호작용은 학생들 간의 상호작용과 교사들 간의 상호작용과 함께 학교 내부에서 일어나는 일에 대한 교육사회학의 중요한 관심사다. 교사와 학생들은 학교에서 하루에도 수많은 상호작용을 하면서 가르치고 배운다. 이들은 주로 교육과 학습이라는 공동의 목적을 가지고 학교에서 만난다. 따라서 이들 간의 관계는 사랑과 복종을 바탕으로 상호협조적이고 우호적일 것으로 예상된다.

그러나 현실은 항상 그렇지 않다. 오히려 상호갈등이 많이 일어나고 심지어는 적대적이기까지 하다. 그러한 현상의 주된 이유는 우선 학생들이 학교에 오는 동기가 자신의 배움을 위한 자발적인 참여가 아니라 대부분 사회제도에 따른 타의와 강요에 의하여 의무적으로 등교해야 하기 때문이다. 또한 교사 한 사람이 다수의 미성숙한 학생들을 상대해서 교사가 의도하는 방향으로 학생들을 이끌고 가야 하는 상황이기 때문에 교사는 통제를 우선시할 수밖에 없다. 발달단계로 볼 때 일반적으로 미성숙한 학생들은 그것에 대해 저항적이거나 비협조적이 된다. 그리하여 미국의 초창기 교육사회학자 월러(Waller)는 일찍이 이러한 현상을 가리켜 언제 깨질지 모르는 '위험한 평형상태(perilous equilibrium)' 라고 묘사하였다.

물론 학생들이 모두 그와 같이 저항적이거나 비협조적이지는 않다. 대체로 학생들은 교사나 학교와의 관계에서 순응적인 집단, 저항적인 집단, 그리고 그 사이의 경계에 해당하는 집단으로 나뉜다. 이러한 집단에 해당되는 학생들은 어떤 배경과 행동특성들을 갖고 있는가를 밝히는 것이 교육사회학의 중요한 연구과제가 되어 왔다. 그러한 연구들 중에는 주로 저항집단 학생들에 대한 연구가 가장 많은데, 그중 하나인 윌리스의 연구(Willis, 1977)는 남자중등 모던스쿨에 다니는 12명의 저항집단 학생들에 대한 참여관찰 연구다. 이들은 아버지가 모두 육체노동자인 노동자계층 출신 소년들로서 학교와 교사의 권위와 질서를 무시하거나 거부하는 자신들만의 반학교문화(counter-school culture)를 스스로 만들어 가는 학교생활을 하고 있었다. 이들은 스스로를 '사나이(lads)' 라고 부르면서 남성답고 저항의식이 있음을 자부하지만 반면에 학교의 권위나 질서에 순응적이고 모범적인 학생들을 '얌전이(ear' oles)' 라고 비하해서 비꼬고 있다. 이 '사나이' 들은 현 사회체제에서는 자신들이 결국 육체노동자가 될 것이라는 것을 간파하고는, 자신들에게 의미 없는 학교생활에서의 권위나 질서를 거부하고 온갖 저항적인 일탈행위를 일삼으면서 스스로 노동자의 길을 걸어간다는 것이다. 이처럼 이 연구는 저항집단 학생들의 반학교문화를 사회계층론적 관점에서 설명하고 있다.

이와 같은 학생들의 생활태도에 따른 집단문화는 학업성적에 따라 구분되기도 한다. 즉, 저항집단 학생들의 학업성적은 순응적인 집단과 중간적인 집단보다 낮고 학년이 높아질수록 그 격차는 더 벌어진다고 연구들은 보고하고 있다. 이러한 학업성적 차이에 따른 집단문화는 그들의 사회계층과 관련이 있으며, 또한 학교에서 주어지는 교사의 차별적 대우에도 그 원인이 있는 것으로 나타났다.

교사와 학생 간의 관계나 상호작용에 대한 이론적 설명은 위에서와 같이 사회계층론이나 젠더론적 관점에서 비판적인 방향으로 제시되기도 하지만, 상징적 상호작용론(symbolic interactionism)이라는 미시적 관점에서 아마도 가장 유효적절하게 제시된 것으로 보인다. 상징적 상호작용론이란 사회구조 속의 개인을 자유의지를 갖고 행동하는 능동적인 존재로 보고, 그들은 다른 사람과의 상호작용을 통하여 상대방에 비친 자신의 모습에서 자신의 정체성을 파악하게 되고 상호작용의 매개체인 상징(언어, 몸짓, 표정, 기호 등)을 통하여 특정 상황이나 행동을 자신의 상황 정의(definition of situation)에 따라 해석하고 이해한다는 것이다. 그리고 개인의 행동은 다른 사람과의 이해관계에서 합리적인 계산과 판단하에 유목적적으로 일어나는 것으로서 그 속에는 나름대로의 전략과 타협이 개입된다고 본다. 이러한 상징적 상호작용론적 관점에서 교사와 학생 간의 관계를 보면 두 집단은 상징적 상호작용을 통하여, 그리고 자신이 처한 상황 정의를 통하여 상대방과 자신을 이해하게 되고 경우에 따라서는 이해관계에 기초하여 상대방에 대한 전략과 타협을 하기도 하는 관계임을 이해하게 된다.

3. 교사와 교육사회학

교사들에게 교육사회학이 필요한 이유는 무엇일까? 우선 교육이나 학교가 사회로부터 동떨어져 있는 외딴섬이 아니라는 점을 인식하는 것이 중요하기 때문이다. 교육은 사회의 한 영역으로서 사회와 밀접한 관계를 맺고 있다는 것을 염두에 두고 교육을 이해하고 교육에 임하는 것이 중요하다. 그리고 학교에서 일어나는 일들이 얼핏 보면 학교 내에서 독립적으로 발생하는 것처럼 보일지 모르지만, 어느 것 하나 바깥사회와 관련 없이 일어나는 것이 없다. 예를 들면, 학생들의 문제행동, 교사와 학생들 간의 갈등, 교사들의 문화, 교과서와 교육과정, 수업 중 행동, 학교조직, 학부모의 치맛바람 등이 그러하다.

따라서 교육을 제대로 이해하기 위해서는 먼저 사회를 제대로 이해해야 한다. 사회를 이해하거나 보는 관점과 입장은 개인이 처한 소속집단이나 그가 갖고 있는 신념이나 가치관에 따라서 다양할 수밖에 없다. 학교를 구성하고 있는 학생, 교사, 교장, 행정직원들은 그야말로 다양한 사회문화적 배경과 개인적 특성을 가지고 있다. 이들이 학교에서 연출하는 행동은 그러한 다양한 배경과 특성을 바탕으로 일어나기 때문에 다양하고 복잡하다. 그러므로 학교구성원들의 개인적인 행동과 집단적인 문화를 제대로 이해하기 위해서는 그러한 다양한 사회문화적 배경을 먼저 이해해야 하며, 그들이 갖고 있는 다양성을 존중하고 공정하게 대할 수 있어야 한다. 그러기 위해서는 자기중심적인 편견과 지배적 이데올로기에 한정된 편협한 입장을 버리고 다양성과 평등성을 수용할 수 있는 열린 마음을 가져야 한다.

교육사회학을 공부하다 보면 이제까지 알고 있었던 많은 지식과 갖고 있었던 많은 태도와 가치관들이 그동안 우리가 받아 온 교육으로 인하여 형성된 것이라는 것을 깨닫게 된다. 그리고 그러한 지식, 태도, 가치관들이 그 당시 사회의 힘과 권력으로 사회를 지배하고 주도했던 집단들(정치권력집단, 상류층 및 중산층, 남성 등)이 만들어 냈거나 주입했던 것들이고, 그것들을 별 의심 없이 정답인 양 수동적으로 받아들인 것들이란 것을 인식하게 된다. 따라서 그러한 것들이 절대적인 가치를 지니고 있는 이상적인 것도 아니고 어느 방향이건 잘못된 것일 수도 있다는 것을 알게 된다. 교사는 주어진 지식과 가치관을 열심히 전달하고 가르치기만 하는 기계가 되어서는 안 된다는 이유가 바로 여기에 있다.

그러므로 교사는 교육에 있어서 진리가 무엇이고 정의가 무엇이며, 이상이 무엇인가에 대해서 항상 비판적으로 성찰하는 진지한 자세를 견지

해야 한다. 그리하여 교육을 통해서 사회가 보다 민주적이고 인간적이며 평등한 사회가 될 수 있도록 실천에 힘써야 한다.

연구문제

1. 교육의 사회적 기능과 역할에 대해 기능론과 갈등론은 어떻게 다른 관점과 설명방식을 갖고 있는지 설명하시오.
2. 사회계층적 배경에 따른 교육기회의 불평등은 어떤 양상으로 나타나고 있으며, 그 원인은 무엇인지 설명하시오.
3. 교육에 있어서 성별 불평등은 어떤 양상으로 나타나고 있는지 설명하시오.
4. 학력은 개인의 사회이동에 어떠한 영향을 미치는지 설명하시오.
5. 학교에서 가르치고 배우는 지식은 어떤 사회적 성격을 갖고 있으며 어떻게 만들어지는지 설명하시오.
6. 교사와 학생집단은 어떤 사회적 관계를 맺고 있는지 설명하시오.
7. 교사는 어떤 사회적 역할과 자세를 가져야 하는지 논의하시오.

추천 학습자료

〈도서〉

1. 김신일(2003). 교육사회학(제3판 수정본). 서울: 교육과학사.
2. 오욱환(2003). 교육사회학의 이해와 탐구. 서울: 교육과학사.
3. 이종각(2005). 새로운 교육사회학총론. 서울: 동문사.

〈인터넷 자료〉

1. 한국교육사회학회 http://www.soe.or.kr/

2. 한국교육인류학회 http://www.kssae.or.kr/
3. 미국교육사회학회 http://www.asanet.org/soe
4. 영국교육사회학회지 http://www.tandf.co.uk/journals/titles/01425692.asp

참고문헌

Bourdieu, P., & Passeron, J. C. (1977). *Reproduction in Education, Society, and Culture*. London: Sage Publications.

Bowles, S., & Gintis, H. (1976). *Schooling in capitalist America: Educational reform and the contradictions of economic life*. New York: Basic Books, Inc., Publishers. 이규환, 강순원 역(1986). **자본주의와 학교교육**. 서울: 사계절.

Coleman, J. S. (1968). The concept of equality of educational opportunity. *Harvard Educational Review, 38*, no.1 winter: 7-22.

Coleman, J. S. (1990). *Equality and Achievement in Education*. Boulder: Westview Press.

Giroux, H. (1992). Series Foreword: Education, Pedagogy, and the Politics of Cultural Work. in Trend, *D. Cultural pedagogy: Art/Education/Politics*. New York: Bergin & Garvey.

McLaren, Peter. (1995). *Critical pedagogy and predatory culture*. New York: Routlege.

Rawls, J. (1971). *A Theory of Justice*. Cambridge, Mass.: Harvard University Press.

Willis, P. (1977). *Learning to labor: How working class kids get working class jobs*. N.Y.: Columbia University Press. 김찬호, 김영훈 역(1989). **교육현장과 계급재생산: 노동자 자녀들이 노동자가 되기까지**. 서울: 민맥.

Young, M. (Ed.) (1971). *Knowledge and control: New directions for the sociology of education*. New York: Collier MacMillan Lt

제 7 장
평생교육

이 장에서는 평생교육에 대한 이해를 위해 평생교육을 자세히 소개하려 한다. 인간의 수명이 연장되고 고령인구가 많아지며 사회의 변화들에 대한 예측이 갈수록 어려워지는 현대사회에서, 교육을 생애주기 전체의 평생교육적 차원에서 사고한다는 것은 모든 교육에 있어 이제 기본으로 인식되고 있다. 한 인간의 성장이라는 교육적 접근에 있어서 생애 전체의 관점에서 보아야 한다는 점은 아무리 강조해도 지나침이 없을 듯하나, 여전히 교육을 학교교육의 테두리로 제한하여 보려는 시각들이 존재한다. 학생은 학생대로 미래에서 어떠한 일을 할 것인가의 문제도 100세라는 전체 삶의 주기를 고려하여 어떻게 살 것이고 무엇을 하며 살 것인가를 선택해야 하며, 교사 또한 학교가 인생의 전부가 아니므로 자신의 성장을 평생학습에 의존할 필요가 있다. 또한 사회와 국가도 이제는 학교만으로 삶의 모든 교육을 담당할 수 없는 바 평생학습의 촉진을 위한 다양한 지원망의 구축이 필요하다. 제도를 통해 가능한 부분은 제도를 통해서, 제도가 미치지 못하는 부분은 다른 사회적 연결망을 갖추는 것이 필요하다. 이를 위해 우선, 평생교육은 사회적으로 그리고 학문적으로 왜 필요한가를 살펴보고 평생교육과 관련된 유사개념을 정리해 보며, 그동안 우리나라에서의 평생교육이 제도화를 중심으로 역사적으로 어떻게 발전되어 왔는가를 검토해 본다. 그리고 평생교육의 대상과 내용에 관한 특성들을 검토한 후 최근 평생교육의 이슈를 함께 고민해 본다.

학습과제

- 사회적 변화와 학문적 발달에 따른 평생교육의 필요성과 개념을 알아본다.
- 평생교육의 제도와 역사에 대하여 알아본다.
- 평생교육의 대상집단(target group)에 대하여 알아본다.
- 평생교육의 내용영역에 대하여 알아본다.
- 학습도시와 학습망을 알아본다.

"… 사람에게 지식이나 소중하다고 생각하고 있는 것을 어떻게 몸에 지닐 수 있는지를 분명하게 말하라고 한다면, 학교 안에서보다 학교 밖에서 더 많은 것을 습득한다는 사실을 곧 알게 된다. 사실에 관한 지식이나 인생, 일에 대한 많은 것들의 이해는 TV를 본다거나 독서를 통해 얻거나, 우정과 사랑 또는 동료 간의 예를 따른다거나 거리에서 닥친 일들에서 받은 충격에서 얻어지는 것이다. 또는 거리의 개구쟁이 그룹의 친구들 가운데에서, 신참훈련의 의례라든가 병원에 입원했다든가 또는 신문사의 시민상담실이라든가, 연관부설작업장 또는 보험회사 등을 방문함으로써 얻은 지식일 수도 있다. 학교에 의존하지 않는 대안이라는 것은 사람들에게 학습을 시키는 새로운 고안물을 얻기 위해 공공의 재원을 이용하는 일은 아니다. 오히려 그것은 인간과 환경 사이에 새로운 양식의 교육적 관계를 만들어 내는 일이다. 새로운 양식을 육성하기 위해서는 성장에 대한 태도, 학습에 유효한 도구 및 일상생활의 질과 구조가 동시에 변혁되지 않으면 안 될 것이다." …

"나는 학교에 관한 생각이 뒤바뀔 수 있다는 점을 보여 줄 생각이다. 다시 말해 다음과 같은 것을 보여 주고 싶은 것이다. 첫째, 학생에게 배우기 위한 시간이나 의지를 가지도록 하기 위해 그들을 회유한다거나 강제하는 교사를 고용하는 대신에 학생들의 학습에 대한 자주성에 의존하고, 둘째, 모든 교육의 내용을 교사를 통해 학생의 머릿속에 주입하는 것 대신에 학습을 둘러싸고 있는 세계가 새로운 경험을 제공해 줄 수가 있다는 것을 보여 주고 싶다." …

"나는 네 개만, 아마 세 개만이라도 명확한 학습경로, 즉 학습한 것을 서로 교환할 기회가 있으면 그것만으로도 진정한 학습에 필요한 모든 자원을 포함할 수 있다고 생각한다. 아이들은 자기에게 논쟁을 걸어오고, 자기와 경쟁하고, 자기에게 협력하고, 혹은 무엇인가를 이해하는 것에 관해 자기에게 도전해 오는 친구를 발견하게 된다. 그리하여 만약에 운이 좋으면 아이들은 정말 자기 일을 걱정해 주는 경험이 풍부한 연장자와 대결하거나 연장자로부터 비판을 받게 된다. 사물, 모델, 동료 및 연장자가 학습에 필요한 네 가지 자원이다. 모든 사람이 그것을 충분히 이용할 수 있도록 하나하나가 서로 다른 형태의 짜임새를 필요로 한다. 나는 네 가지의 자원 중 어느 것이든 간에 그것을 이용할 수 있게 하는 특수한 방법을 나타내는 '네트워크'를 위해 '기회의 망(opportunity web)'이라는 말을 사용하고자 한다. … 새로운 교육제도는 계획을 입안하게 될 때 교장이나 총장 등을 위한 시설 운영상의 목표라든가, 전문적 교육자가 가지고 있는 교수 목표라든가, 또는 어떠한 가설상의 계급에 속하는 국민의 학습 목표 등을 검토하는 것에서 시작하는 것은 아니다. 그것은 "무엇을 배워야 하는가"라는 문제에서가 아니라 "학습자는 학습을 하기 위해 어떠한 종류의 사물이나 사람들과 접촉하는 것을 원하는가"라는 물음에서 시작해야 한다." (Illich, 2004: 124-126)

1. 평생교육의 등장, 개념과 역사

평생교육은 정책과 학문적 담론, 그리고 실천과 관련하여 그 등장과 개념 그리고 역사의 언급에 있어 차이를 보인다. 정책적 측면에서 평생교육은 UNESCO와 OECD와 같은 국제기구를 통한 국제적 정책담론 속에서 확산되어 우리나라에까지 전달되었고, 학문적으로는 심리학, 사회학, 교육학, 사회복지학, 노동경제학 등에서 노화와 직업사회화, 성인교육, 노인복지, 실업에 대한 연구들이 언급되면서 평생교육이 강조되었으며, 실천적으로는 직업훈련과 사회교육의 실천을 통해 평생교육의 중요성이 언급되어 왔다.

1) 평생교육 담론과 실천의 등장 배경

(1) 사회적 및 학문적 담론의 변화

우리 사회에서의 평생교육에 대한 강조는 국가와 사회를 통해 지속적으로 이루어져 왔고 현재에도 이루어지고 있다. 특히 언론은 평생교육 담론의 사회적 확산을 주도해 왔다고 봐도 과언이 아니다. 국가는 평생교육에 대한 국가적 책무성을 공포하고 국가정책의 주요 대상으로 평생교육을 설정하였으며, 이를 위해 제도화를 추진하였다. 또한 우리 사회는 삶의 질과 노동력의 경쟁력 강화라는 측면에서 생애주기 전반에 걸치는 과정 속에서의 지속적인 (평생)학습을 강조하여 왔다. 이와 함께 기업은 기업의 생산성 증대와 경쟁력 강화를 위해 기업체근로자들의 역량의 지속적 개발을 위해 평생학습을 강조해 왔다. 이러한 배경 속에 '평생직장이 아닌 평생직업' 이라는 사회적 슬로건이 확산되고 회자되기 시작하였고, 생애기간 중 노동과 여가에 이르기까지 학습이 개인 행복의 중요한 요소로 등장하였다.

사회 속에서 평생교육을 강조하는 흐름 및 논리와는 달리 지식을 생산해 내는 학문적 담론의 발전에 의해 평생교육이 점점 더 강조되고 있다. 대표적으로 인간발달의 문제를 다루는 심리학의 경우에도 기존의 심리학이론들은 대체로 아동과 청소년의 발달에 관한 이론에만 한정되었는데 이제는 성인과 노인시기까지를 포괄하는 생애주기의 확장에 관심을 가지고 있다. 우리에게 잘 알려진 인지발달이론가인 피아제의 경우만 하더라도 그의 인지발달이론의 마지막 단계인 형식적 조작기에 대한 설명은 대체로 청소년기에 집중되어 있다. 그러나 최근 중년이라는 중요한 생애발달시기가 청소년기에 못지않게 주목받고 있으며 노년기발달에 관한 이론들도 적지 않게 제시되고 있다. 사회학의 경우도 사회적 개념의 은퇴라는 생애경력에 주목하고 세대적 접근틀을 통해 생애전반에 대한 관심을 갖기에까지 이르렀다. 이러한 배경 속에 선진국에서는 성인교육, 성인발달, 노년학, 노인교육 등이 해당 학문의 중요한 관심영역으로 떠오르고 있다.

2) 평생교육의 유사 개념

평생교육과 관련하여 우리는 개념을 두 가지 차원으로 항상 분리하여 생각할 필요가 있다. 첫째는 법적 개념이며, 둘째는 학문적 개념이다. 법적 개념은 평생교육법과 관련법들에서 명시한 개념들이고, 학문적 개념은 평생교육에 관한 학문적 담론 속에서 생성된 개념들이다. 물론 이 두 개념 간에는 차이가 존재한다. 평생교육과 관련된 개념들은 이러한 학문적, 법적 차원에서 우선적으로 검토해 보는 것이 도움이 될 수 있다.

(1) 형식교육, 비형식교육, 무형식학습

평생교육은 대체적으로 형식교육적 측면, 비형식교육적 측면, 그리고 무형식학습의 차원에서 논의된다. 평생교육을 이러한 측면에서 살펴보는 것은 교육의 형식의 차원에서이기도 하고 교육의 공간적 차원에서이기도 하다.

우선 형식교육(formal education)은 학교교육과 동의어로 이해될 수 있다. 형식교육으로서의 평생교육은 국가와 지방정부, 기타 공공기관, 그리고 공적 자금에 의해 평생교육이 지원되는 여러 기관들이 형식교육기관으로서의 평생교육기관으로 이해될 수 있다. 또한 평생교육기관이나 국가의 제도화와 관련된 학점은행제 등을 시행하는 기관들도 이에 포함된다. 이와 더불어 고등교육차원에서 대학의 공식교육과정의 개방을 통하거나 별도의 평생교육원들을 통한 고등평생교육 또한 대표적인 평생교육의 형식기관이다. 형식교육으로서의 평생교육은 광의의 평생교육과 관련된 법과 제도, 체계와 연관된 시스템 내적 교육형식이다.

비형식교육(non-formal education)은 형식교육체계 외에 전통적으로 교육의 업무가 주된 것은 아니나 조직업무의 일부로 평생교육의 업무를 담당하고 있는 기관들의 체계라고 할 수 있다. 대표적으로는 박물관과 도서관, 미디어 관련 기관, NGO단체, 자원봉사단체, 기업 및 기타 평생교육시설들이 포함된다. 우리가 평생교육으로서의 비형식교육에 주목해야 하는 이유는 사실상의 많은 평생교육들이 이루어지고 있기 때문이며 비형식교육에서 이루어지는 평생교육의 노하우들이 형식교육으로서의 평생교육으로 도입되고 있기 때문이다. 도서관이 평생학습관으로 지정되어 운영되고 있는 것도 비교적 오래되었으며 박물관이 시민과 성인학습자들 대상으로 박물관강좌와 해설자를 운영하는 것도 거의 박물관의 시작과 더불어 시작되었다.

무형식학습(informal learning)은 최근 일상학습과 일터학습 등의 개념과 함께 강조되고 있는 주제로 학습자의 관점에서 의도하고 계획하지 않은 상황에서 일어나는 학습을 의미한다. 여행과 같은 삶의 일상 속에서 그리고 자원봉사와 일터와 같은 노동의 일상 속에서, 우연적으로 사건에서 학습하는 것이 무형식 학습이다. 그리고 이러한 무형식학습은 의례와 연행 속에서 신체성과 재현의 과정에 의해 이루어진다(Wulf, 1990). 이러한 무형식학습도 평생교육에 포함되지만 무형식학습과정을 암묵적으로 촉진하기 위해 기획하는 것 또한 평생교육의 미래과제에 속한다.

(2) 평생교육, 성인교육, 사회교육, 계속교육, 영속교육, 종신교육, 인적자원개발

평생교육과 관련된 개념들은 매우 다양하며, 부분적으로 혼란도 많다. 사실 이와 더불어 그 개념의 사용에 있어서 역사적 · 사회적 · 문화적 배경이 다른 국가들이 다른 개념을 쓰는 것은 전혀 이상한 일이 아니다. 중요한 것은 개념사용의 맥락을 이해하는 것이다. 한국에서는 초기에 사회교육의 개념이 학문적 · 제도적으로 관철되다가 그 후 성인교육과 평생교육이 패러다임 경쟁을 하는 시기를 잠시 거쳐 이제는 평생교육과 평생학습 개념이 사회적으로 주도하고 있다. 국내에서는 평생교육이 정책과 실천에서 주도적인 개념으로 사용되고 있는 것과 달리 일본의 경우 사회교육 개념이 주도해 온 가운데 최근 평생학습개념이 도입되면서 갈등을 겪고 있는 상황이다. 가까운 중국의 경우 종신교육이 학문적 주도 개념으로 자리 잡고 있으며, 유럽과 영미권에서는 일찍이 성인교육 또는 계속교육 또는 성인계속교육이라는 개념이 학문적으로 관철되고 있다. 제도적으로는 성인교육과 계속교육이 부분적으로 관철되고 있으나 정책적으로는 EU 등의 영향으로 평생교육과 평생학습이 주도적인 정책개념으로 자리 잡고 있다. 평생교육과 평생학습은 사실상 UNESCO 등을 중심으로 하는 국제적 정책 담론에서 형성된 개념으로 전 세계적인 영향을 끼치고 있다고 볼 수 있다. 그러나 학문적으로는 평생교육과 평생학습이 여전히 그 담론의 생성과 확산에 있어 어려움을 겪고 있다.

평생교육과 경쟁하는 개념 중에 인적자원개발이라는 개념이 있다. 우리나라의 경우 평생교육법과 인적자원개발기본법이 한때 경쟁한 시기도 있었다. 평생교육을 인적자원개발과 대립개념으로 파악하는 시각은 평생교육을 사회교육으로 한정하여 이해한 경우다. 그러나 평생교육이 인적자원개발을 포함한다고 보는 시각도 있다. 이는 평생교육을 직업능력개발까지를 포괄하는 생활세계와 직업세계의 균형에 초점을 둔 관점이다.

현재 인적자원개발의 개념은 매우 다양하게 정의되고 있는데 인적자원개발의 개념이 다양하게 정의되고 있는 이유는 대체로 다음과 같은 여섯 가지로 요약된다(이무근, 2000: 1). 첫째, 인적자원개발의 개념은 교육, 개발, 훈련 등과 같은 복잡하고 추상적인 개념으로 되어 있기 때문이다. 둘째, 과거에는 인적자원개발의 개념이 기업에만 적용되었으나 최근에는 가정, 학교, 기업, 국가 등 모든 조직에 적용되는 개념으로 확장되고 있기 때문이다. 셋째, 인적자원개발에 접근하는 시각, 즉 인적자원개발 관련 전문가들의 서로 다른 학문적 배경에 따라 인적자원개발을 다각적으로 정의할 수 있기 때문이다. 넷째, 인적자원개발의 주요 수혜자를 개인, 가정, 기업, 국가 중 누구로 보는가에 따라 개념과 영역이 다양하게 정의될 수 있기 때문이다. 다섯째, 인적자원개발에 대한 학제간 접근방법으로 인하여 개념 및 영역들에 대한 합의가 어렵기 때문이다. 여섯째, 나라별, 시대

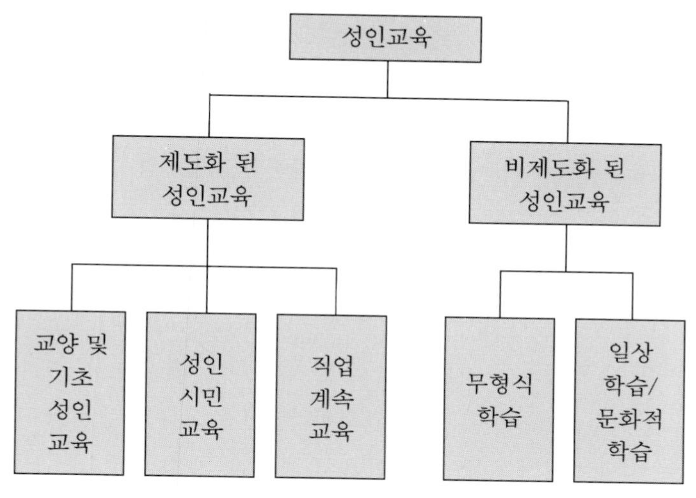

[그림 7-1] 평생교육의 영역 구조도

별로 인적자원개발의 영역과 개념을 다르게 설정하여 사용하고 있기 때문이다. 한 예로, 미국은 노동력(workforce), 캐나다는 인적자원(Humanresource), 싱가포르는 인력(manpower), 영국은 고용(employment)과 연관해서, 프랑스는 교육 · 연구 · 기술의 맥락에서, 독일은 능력개발(Kompetenzentwicklung), 일본은 생애학습과 직업능력개발 차원에서 인적자원개발을 개념화하고 있다. 이러한 논의의 기초하여 현재는 효력을 발휘하지 못하였지만 2002년 8월에 법률로 제정되었던 「인적자원개발기본법」에 따르면 인적자원이란 국민 개개인 · 사회 및 국가의 발전에 필요한 지식, 기술, 태도 등 인간이 지니는 능력과 품성을 말하며, 이에 인적자원개발은 국가 · 지방자치단체 · 교육기관 · 연구기관 · 기업 등이 인적자원을 양성, 배분, 활용하고 이와 관련되는 사회적 규범과 네트워크를 형성하기 위하여 행하는 제반활동을 의미하고 있다(인적자원개발기본법, 2002).

(3) 평생교육과 평생학습에 대한 논의

최근 평생교육의 장에서 자주 듣는 이야기는 평생교육과 평생학습을 대립시키는 개념적 전개다. 평생교육과 평생학습이라는 개념이 현장에서 많이 사용되고 있는데 적지 않은 사람들이 평생교육은 오래되고 낡은 개념으로 평생학습은 새롭고 바람직한 개념으로 이해하고 있다. 이들은 더 나아가 평생교육 패러다임에서 평생학습 패러다임으로의 변화를 주창하거나 평생교육보다는 평생학습이라는 개념을 사용해야 한다고 심심치 않게 주장한다. 이러한 논지는 일견 맞기도 하지만 다른 한편으로는 논리적으로 맞지 않는 부분들이 많다. 교육의 개념에 대하여 사회와 전문가들의 부정적인 시각이 존재하나 이는 교육적 행위의 한 단면 또는 부정적인 부분만을 본 것이며 긍정적인 부분을 간과한 것이다. 교육적 행위의 개념을 인간 스스로가 생각하고 느끼고 행위할 수 있도록 도와주는 것으로 정의할 때는 전혀 문제가 없다. 더 큰 문제는 교육패러다임을 폐기하고 학습패러다임을 취할 경우로, 교육이라는 개념의 포기는 교육학의 학문적 근거 및 교육적 실천의 존재기반을 포기하는 것이다.

최근 학습학이라는 개념을 사용하는 학자들이 있으나 엄밀히 말해 학습은 심리학과 문화인류학, 교육학 등 여러 학문이 공동의 관심을 갖는 학제간 연구로서의 인간과학이다. 따라서 학습학 그 자체로는 연구의 가치가 있으나 이 또한 교육학의 고유한 관점을 요구한다. 교육학의 고유한 관점 없이 학제간 연구에 참여한다는 것은 교육학으로서의 관점을 포기하는 것이기 때문에, 개념의 혼란을 불식시킬 이론적 실천이 요청된다. 이러한 맥락에서 오히려 다음과 같은 논지는 수긍할 만하다.

> "평생학습이 개인의 생애발달 전 과정에서 의식적으로 이루어지는 모든 형태의 변화과정을 가리키는 개념이라면, 평생교육은 그러한 평생학습이 개인과 사회의 지속적인 성장을 이끄는 방향으로 이루어질 수 있도록 지원하는 의도적이고 조직적인 노력이라고 할 수 있다." (김한별, 2010: 27)

(4) 평생교육과 성인교육, 사회교육 간의 논의

평생교육의 연구자들 중 과거의 사회교육의 이념성을 부활해야 한다고 주장하는 학자들이 다수 있다. 이는 지금의 평생교육이 가치의 문제를 전혀 다루지 못하고 있기 때문에 생겨나는 현상이다. 학문사적으로 보면 독일에서는 19세기에 이미 사회교육과 사회교육학(Sozialpädagogik)이 등장하였는데 이 시기의 사회교육학은 지금의 평생교육과 사회복지를 합친 개념에 가깝다. 여기서의 사회교육은 공동체나 특정한 가치를 지향하고 있다기보다는 사회문제에 대한 교육적 대응에 가까운 개념이라고 판단된다. 현재 한국에서 사회교육을 언급하는 주장들은 애매모호한 개념의 공동체교육, 민족주의교육 등으로 이해된다. 이들 사회교육자들이 새마을교육은 사회교육의 범주에 포함시키지 않은 것으로 볼 때, 이는 명확해진다. 따라서 사회교육 논의는 평생교육의 공간적 범주의 확장으로서 지역사회와 지역성 간의 연결고리로 이해한다면 문제는 해결될 것으로 보인다. 사회교육을 평생교육의 가치적 차원으로 본다면 가치논의로 확산시키면 된다.

우리나라의 경우 선진국의 제도를 많이 참고하면서도 어떻게 성인교육 대신 평생교육이라는 개념을 차용했는가를 들여다보는 것은 매우 흥미로운 작업이다. 평생교육 개념이 학문적 담론의 생성에 의해 법제도화와 연결된 것은 아님이 분명하다. 평생교육법이 생긴 것이 1999년이고 한국평생교육학회가 한국사회교육학회로부터 학회 명칭을 변경하여 활동한 것이 얼마 안 되기 때문이다. 오히려 사회교육인가? 성인교육인가? 하는 논쟁이 있었고 지속되어야 하는데 여기에서 평생교육의 자리는 사실상 역사적으로 발견하기 어렵기 때문이다. 평생교육의 개념이 너무 넓고 문제가 많아 논란의 여지가 많았던 데 비해 성인교육에 대한 논의가 정책적으로 적은 것은 어떠한 이유에서인가 하는 것은 평생교육역사 연구를 통해 밝혀져야 할 것이다.

3) 한국 평생교육의 역사와 제도화[1)]

한국의 평생교육의 역사는 문맹퇴치교육과 YWCA와 같은 민간단체에 의한 직업훈련 등으로 시작되었다. 초기의 평생교육은 이렇듯 의식있는 개인과 단체에 의해 시작되었다. 초기의 평생교육은 하나의 국민운동과 사회운동의 차원에서 진행되었다. 해방 후 평생교육은 새마을운동과 같은 국가적 차원의 평생교육과 노동운동에서 진행한 야학에 이르기까지 다양한 스펙트럼을 보여 주고 있다. 또한 전국적으로는 한글교육을 중심으로 한 문해교육이 많은 시민단체와 종교단체를 통해 이루어졌다. 지역적으로는 문화원운동과 같은 문해운동과 의식운동을 결합한 평생교육도 활발하였다.

우리나라의 본격적인 사회교육운동은 새마을운동과 관련된 새마을교육이라고 말하는 데 이의가 없을 것으로 보인다. 농촌사회교육운동이자 계몽운동으로 시작된 새마을교육은 많은 비판과 논의에도 불구하고 한국의 근대화시기를 적극적으로 함께한 사회교육운동이다. 새마을교육은 많은 다양한 생산적인 결과를 낳았음에도 불구하고 체제유지적인 의식화교육으로 평가되면서 1970년대 후반과 1980년 초반의 시민단체들의 사회교육을 촉발한 계기가 되었다. 이때에는 노동자교육과 환경교육 등 사회문제에 대응한 시민사회의 사회교육들이 생성되었다. 한국형 스터디 서클도 이때 본격적으로 생겨났다고 볼 수 있다. 이때 생겨난 학습단체들은 추후 시민단체로까지 발전하게 되었는데 이는 우리나라의 전형적인 모습이

1) 한국의 평생교육의 역사를 기술하고 설명하는 방법은 여러 가지가 있을 수 있다. 평생교육의 역사를 기술하고 설명하는 방식에는 평생교육의 사상적 흐름에 대해 기술하는 사상사적 접근, 사회변동과 사회변화의 관점에서 서술하는 사회사적 접근, 평생교육의 영향사적 관점에서 접근하는 시각, 그리고 제도의 흐름과 발전의 관점에서 기술하는 방식 등 여러 가지가 있다. 그러나 본서에는 평생교육의 개관을 쉽게 하기 위해 시기적으로 기술하고자 한다.

라고 볼 수 있다. 시민단체의 사회교육이 활성화됨과 함께 사회교육의 제도화[2] 움직임들도 거세게 일어났다. 이러한 움직임은 국가체제가 선진화되고 정비됨에 따라 다양한 형태로 변모하게 되었다.

직업훈련과 관련된 법들이 생겨난 후 사회교육법이 1982년 제정 · 공포되었다. 사회교육법은 우리나라 평생교육의 법제도화를 추동한 큰 분기점이라고 보여진다. 그 후 학점은행제의 도입으로 대학을 평생교육과 연계시킨 제도들도 생겨나게 되었다. 대학에서는 '학교와 지역사회' 라는 과목이 개설되었고 그 후 '교육사회학' 과 '사회문제와 교육' 과목 중 한 부분으로 사회교육이라는 주제들이 다루어졌으며 그 후 '사회교육' 또는 '사회교육학' 이라는 과목들이 개설되기 시작하였다. 그 후 영미권에서 공부한 학자를 중심으로 '성인교육학' 이라는 과목이 개설되었고 그 후 평생교육법의 도입을 전후하여 '평생교육학' 에 관한 내용들이 개설되어 보급되기에 이르렀다.

평생교육이 학문으로 자리 잡으면서 평생교육전문인력인 평생교육사도 육성되고 있다. 초기에는 사회교육전문요원으로 불리우고 국가자격으로 발급되었으나 1999년 평생교육법이 제정 · 공포되면서 전문인력이 본격적으로 제도화된 현장으로 배출되기 시작하였다. 현재는 평생교육법에 명시한 평생교육사 양성을 위한 교과목들이 개설되어 있으나 이 과목들이 변화하는 평생교육의 지형에 맞지 않고 너무 기술공학적이라는 시민사회영역의 지적들도 있다. 최근의 마을만들기, 창조도시 등의 프로젝트에 결합하는 평생교육사들의 역량의 한계도 언급되고 있는 실정이다.

2) 철학자이자 사회학자인 위르겐 하버마스(Jürgen Habermas)에 따르면 한 사회는 생활세계(lifeworld)와 체계(system)로 구분해서 이해할 수 있다. 이에 따라 우리나라의 평생교육의 발전은 제도화 이전단계와 제도화 이후단계로 간략히 설명하고 이해하는 방식이 가능하다. 일반적으로 제도화는 법 체계와 지식전달 체계의 수립, 그리고 기구설치 등을 통한 사회 속에서의 작동시스템 및 인력양성시스템의 구축 등을 특징으로 한다.

2. 평생교육의 특성

1) 평생교육의 대상집단(target group)

(1) 실업자교육

개인과 사회에게 고용이 중요한 현안으로 다가온 현대사회에서 실업자는 평생교육의 매우 중요한 대상집단이다. 실업자는 크게 단기실업자와 장기실업자로 구분된다. 단기실업자는 실업상태가 대략 1년 미만인 실업자들로, 실업자재취업훈련을 통한 이들의 재취업으로의 이행은 비교적 수월할 수 있으나 이 경우에도 원하는 직업과 요구되는 인력 간의 간극은 여전히 존재한다. 특히 실업상태가 1년을 넘어서는 장기실업자의 경우 사회적응의 문제까지 발생하므로 이들을 위한 직업능력개발교육은(선진국 사례를 통해 살펴보더라도) 사회적으로 매우 어려운 과제다. 장기실업자를 위한 교육은 최근 직업훈련을 넘어서 인문학교육의 과제로도 접근되고 있다. 자활을 위한 능력개발은 직무능력습득에 초점을 둔 직업훈련보다는 인생관과 가치, 삶을 되돌아보는 성찰을 위한 인문학적 접근이 더 효과가 있다는 연구보고도 있다.

실업자교육의 또 다른 한 축은 창업교육이다. 원하는 일자리가 없는 관계로 직업훈련 후에도 취업과 연계가 안 되는 경우가 많기에 오히려 창업을 권유하는 사회적 풍토가 늘어나고 있으나 이 또한 특정 직업에 몰리다 보니 그 성과가 쉽게 드러나지 않고 있다. 우리가 잘 알 듯이 IMF때 명예퇴직한 화이트칼라들이 대거 제과제빵 분야의 창업을 하다 보니 기존의 업소까지 힘들어지는 경우가 발생하였고 최근에는 치킨집과 바리스타과정의 이수를 통한 소형커피점 개점 등으로 이제는 폐업하는 점포도 늘어가고 있는 실정이다. 실업자교육이 어려운 이유는 실업자교육이 지니는 근본적인 딜레마에 있다. 구인과 구직이 미스매칭이 되는 현대사회에서 누구나 원하는 괜찮은 일자리는 적은 반면 가고 싶지 않은 일자리가 많기에, 한편에서는 사람을 계속 구하고 다른 한편에서는 일자리가 없어 힘들어하는 상황이 생기는 것이다.

(2) 기업교육

유럽에서는 성인교육의 한 영역으로 기업교육을 포함하고 있다. 기업에 대한 재직자를 대상으로 하는 교육은 그들의 직무능력을 향상시키고 기업 내 경력개발을 촉진하며 직업의 안정성을 높인다. 이러한 기업교육은 결과적으로는 기업이 가지고 있는 휴먼웨어의 업그레이드를 통해 기업의 생산성을 향상시키는 것을 목적으로 한다. 기업교육은 일반적으로 HRD(Human Resource Development)와 동의어로 이해되기도 한다. HRD는 개인개발과 조직개발, 그리고 경력개발을 포함하고 있는데 이 중 개인개발은 교육, 훈련과 관련된 것으로 HRD에서의 개인개발은 기업교육과 같은 의미로 해석될 수 있다. 기업교육은 기본적으로 전통적인 계층별교육(신입사원교육, 대리교육, 과장교육, 팀장교육, 임원교육 등)과 업무별(예, 영업, 기획, 홍보, 영업, 자재, 재무 등) 교육으로 구성된다. 이외에 핵심역량과 리더십을 위한 교육과 조직활성화를 위한 교육 등이 기업교육의 틀 속에서 이루어진다. 직무능력향상을 위한 기업교육은 때로는 고용보험기금과 연계되어 운영되기도 한다. 기업교육의 운영은 크게 내부교육과 외부팀에 위탁하는 교육으로 나누어지게 된다. 외부팀에 위탁하는 교육은 대체로 교육컨설팅업체와의 위탁계약형태로 이루어진다. 현재 기업교육에 투입되는 외부 산업(기업)교육강사의 수는 추정이 불가능할 정도로 많고 그 수준에 있어서도 차이가 많다. 기업의 규모가 클수록 내부교육에 초점을 두고 있는데 이 경우 사내강사양성과 사이버교육시스템의 구축 등을 통하여 사내교육시스템을 갖추고 있다. 현재 기업교육의 문제는 컨텐츠가 너무 유행을 따른다는 점과 새로이 개발되어 제공되는 컨텐츠들이 부족하다는 점을 들 수가 있다.

(3) 여성교육

우리 사회에서는 평생교육의 참여자들 중 다수를 여성들이 점유하고 있다. 이 얘기는 여성들이 아직 육아와 가사업무를 전적으로 책임지고 있으며 여전히 직업세계로의 이행이 어렵다는 점을 반증하는 것이기도 하다. 최근 우리 사회는 여성들이 여러 영역에서 앞서 나가고 있으나 처해진 상황에 따라 여전히 사회의 소외계층에 속한다고도 볼 수 있다. 육아휴직 후 직업세계로 진출하려고 하는 경력단절여성(약칭 경단녀)들의 경우 학력과 무관하게 재취업이 어려울 뿐 아니라 취업을 하더라도 고임금의 전문직으로는 취업이 거의 어렵다. 이러한 현실 때문에 여성들이 결혼 후에도 출산을 꺼리는 저출산의 원인이 되기도 한다. 선진국에서는 평생교육으로서의 여성교육의 담론과 관련하여 세 가지 논의가 있다. 첫째는 여성들의 취업을 지원하는 데 평생교육이 온 힘을 쏟아야 한다는 점이다. 우리나라의 경우에도 일찍이 YWCA와 같은 여성단체들은 여성들의 직업훈련에 크게 힘써 왔다. 이러한 입장은 페미니스트 진영으로부터 여성들을 노동시장의 주변부인력을 양성하는 데 여성직업훈련이 기여하여 여권신장에 걸림돌이 된다고 비판한다. 평생교육으로서 여성교육에 관한 두 번째 담론은 양성평등교육 및 페미니즘교육이다. 즉, 페미니즘교육으로서 여성교육은 여성들이 처한 사회구조적 틀을 변화시키기 위하여 여성들의 의식을 변화시켜야 한다고 본다. 한국사회의 경우 여성시민단체들이 이러한 경향의 여성교육을 계속적으로 실시하고 있다. 이러한 입장에 대해서는 여성 내에서도 비교적 교육받은 계급(여성 내 상위계급)들이 자신들의 사회적 · 정치적 입장들을 관철하고 그들의 지위를 더 높이기 위해 주도하고 있으며 다수 여성들이 처해져 있는 상황과 생활정치를 개선하는 데에는 무관심하다는 비판을 받고 있다. 세 번째로 현재 다양한 기관과 단체를 통해 제공되는 여성들 개인을 위한 평생교육프로그램에 관한 것으로 이러한 자유주의적 접근은 우리나라의 여성평생교육에서는 커다란 한 축으로 자리 잡고 있다. 이러한 흐름은 여성을 집단으로서가 아니라 한 개인으로 파악하며 그들의 삶의 질과 정체성 함양에 초점을 두고 있다. 이러한 흐름은 중산층중심의 교육이며 여성이 처한 공동의 현안과 관심으로부터 멀어지게 한다는 비판이 있다. 그러나 이러한 세 가지 입장과 접근은 통합적으로 바라보는 균형된 시각이 필요하다. 각각의 것들은 서로를 배제할 필요가 없이 실용적으로 접근할 필요가 있다.

(4) 고령자교육-노인교육

현재 우리나라 사회는 전체인구 중 65세 이상 인구가 7~14%에 속하는 고령화 사회로 이행하였다. 머지않아 인구의 1/3 또는 1/2이 65세 이상의 노인인구로 채워질 것이며 이는 우리사회의 인구가 역삼각형의 구조로 이루어지게 되는 것을 의미한다. 평균수명 또한 길어져서 100세 시대라는 언어표현은 이제 우리사회의 매체에서 흔히 접할 수 있다. 이제 은퇴 이후에도 정말 적지 않은 기간 동안 여가든 노동이든 수 십 년 가까이 노인으로 살아야 한다. 노인으로서의 삶은 많은 생애사건 속에 놓이게 하며, 스스로의 학습을 통하여 이 시기의 위기를 슬기롭게 이겨 내야 하는 상황에 놓이게 되었다. 우리나라의 법에 의하면 고령자는(「고령자 고용촉진법」에 의하면) 55세 이상인 자, 노인은(「노인복지법」에 의하면) 65세 이상인 자로 규정되어 있다. 법과 제도와 연계하여 고령자교육과 노인교육을 생각해 본다면 이 연령대에 기초해야 한다. 그러나 최근에는 이러한 연령이 과연 현실을 반영하고 있는가 하는 논의가 적지 않다. 우리나라의 노인교육은 종교단체, NGO단체에서 운영하는 노인교실이 주류를 이루고 있으나, 최근에는 노인복지관에서의 노인대학도 활발한 편이다. 이와 더불어 대학에서 시니어교육과정을 운영하고 있는 곳도 적지 않다. 또한 대학에서 정규교육과정과 연계하여 노인교육과정을 운영한 경북대학교의 명예학생제도와 같은 사례들도 있다. 이전과는 달리 학력이 높아지고 있는 노인계층이 늘어나면서 이들의 요구를 수용할 수 있는 프로그램들이 많아질 전망이다. 정책적 개념과는 달리 이론적으로 노인은 특정 연령과 관련되지 않고, 놓여진 상황과 관련하여 정의된다. 크게 노인은 노인초기, 노인중기, 노인후기로 분류되는데 노인초기는 자신이 노인인 것을 받아들이지 못하는 시기, 노인중기는 자신이 노인임을 적극적으로 받아들이는 시기이며 노인후기는 주변인들의 도움을 필요로 하는 시기로 구분된다. 현재 우리나라 노인교육은 기존의 노인교실 틀을 아직 벗어나지 못하고 있다. 가까운 일본의 경우 학령인구가 줄어들어 폐교가 된 초등학교를 공공 고령자교육대학으로 전환시켜 운영함으로써 교육인구구조의 변화에 대응하고 있다. 이와 더불어 현재 한국사회는 최근 고령사회 리스크에 놓여 있다. 저출산과 인구의 고령화는 미래사회의 노동력에도 큰 문제를 야기하고 있다. 700만 명이 넘는 베이비부머 세대들이 퇴직하면서 이들 고령인력에 대한 다양한 평생교육적 대응전략이 요구된다. 이렇듯 노인기로 이행하는 시기의 삶의 위기를 극복하기 위한 고령자교육과 노인교육은 매우 중요한 미래 평생교육의 과제로 인식된다.

(5) 이주자교육(결혼이주여성)

최근 한국사회의 다문화사회로의 이행에 대한 사회과학적 논의가 활발해지면서 다문화교육 또는 상호문화교육에 대한 연구들이 증가하고 있다. 이미 많은 외국인노동자의 수가 한국사회로 유입되는 것과 함께 결혼을 통한 여성이주자의 수도 늘어 가고 있다. 소위 결혼이주여성들은 결혼을 통해 코리언 드림을 꿈꾸며 한국사회로 이주해 왔으나 한국사회에서의 적응을 위한 현실은 쉽지 않다. 최근의 이혼율이 그것을 말해 주고 있다. 한국어는 물론이고 나이 차가 심한 남편과의 관계 및 고부갈등, 한국문화에 대한 적응의 어려움, 그렇게 관용스럽지 못한 한국인들의 시선, 그리고 언어와 연계된 직업준비의 어려움 등 한국사회로의 적응은 요원하다. 이러한 결혼이주여성들의 성공적인 이주를 돕기 위해 한국 정부와 사회는 다양한 프로그램을 통해 이들의 정착을 돕고 있다. 현재 이들을 위한 교육프로그램은 다양한 부처의 사업들로 구성되어 있다. 그러나 이러한 부처 간의 사업들도 중복사업들이 적지 않아 결혼이주여성을 프로그램에 참여하도록 하는 것이 쉽지 않을 정도로 많은 문제를 드러내고 있다. 또한 부처 간에 결혼이주여성을 대상으로 하는 다양한 교육지원사업들이 지역 차원에서는 통합관리 또는 네트워크관리가 전혀 되지 않고 있다. 최근에는 다문화교육담론과 관련하여 상호문화역량의 개념을 강조하며 평생교육의 대상으로 이들 이주자만이 아닌 내국인들도 함께 교육프로그램에 참여하도록 해야 한다는 주장이 설득력을 얻고 있다.

2) 평생교육의 내용영역

(1) 교양교육 - 인문학교육

교양교육(Allgemeinbildung)이 주목받게 된 것은 훔볼트(Humboldt)가 직업교육에 대응하여 언급한 것으로 거슬러 올라간다. 교양교육에서 중요한 것은 개인성과 주체성이다. 그야말로 교양교육은 효용성에 기초한 교육이 아니라 자신자신을 위한 교육이다. 예를 들어, 요리교실 같은 것은 식사를 준비하기 위한 기술교육으로 볼 수도 있지만, 음식만들기를 통한 자신의 삶의 질 개선이라는 목적이 더 크므로 교양교육으로 간주된다. 교양교육은 직업교육과는 달리 인간 개인이 삶 속에서 마주치는 다양한 세계(Welt)들과의 상호작용에서 주체적인 힘(해석능력, 판단력, 행위능력)을 갖게 해 주는 것을 목적으로 한다. 따라서 한편으로 보면 교양교육은 경제적으로 여유를 가진 시민계급과 상류층들의 전유물일 수 있으나 이는 교육을 소유의 개념으로 볼 경우이며 좀 더 확장된 시각을 가지면 한 개인이 살아가는 전 삶의 영역에 있어 주체적인 힘을 가질 수 있는 기초교육인 것이다. 전문성과 특수성이 강조된 근대사회에서는 직업교육에 비해 그 중요성이 간과되었으나, 수많은 정보가 흘러다니는 현대사회, 점점 더 복잡해지는 사회에서 가로지르기 이성이 강조되고 있는 현실에서 교양교육은 그 중요성이 갈수록 커지고 있다. 구슬이 서말이라도 꿰어야 보배라는 우리나라 속담과도 같이 여러 가지 개별적이고 전문화된 지식들을 연결해 주는 교양적 지식은, 경우에 따라서는 직업세계에 있어서도 힘을 발휘하는 시대가 다가올 것으로 예측된다. 최근 우리나라의 경우 교양교육은 인문학교육을 통해 활발해지고 있다. 정부는 한국연구재단을 통해 인문학 진흥을 촉진하고 있으며 지방자치단체들의 경우에도 평생교육적 차원에서 인문학교육을 촉진하고 있으며 인문학교육으로 유명한 시민단체들 또한 적지 않다. 대학은 지역사회를 위해 인문학강좌를 계속적으로 개설해 가고 있다. 시민들의 인문역량을 높이는 것으로 삶에 있어서의 통찰력을 지니게 하는 것을 목적으로 하는 인문학교육은, 불확실성이 높고 유행이 지배하는 사회 속에서 개인들이 삶의 긴 여정을 위해 가져야 하는 삶의 태도와 관점을 형성하게 도와준다. 인문학교육은 최근 기업으로까지 그 중요성이 확대되고 있는 추세다. 교양교육의 한 축으로 우리에게는 성인기초교육으로 잘 알려진 한글교육이 있다. 아직까지 우리 사회의 노인계층, 특히 여성노인들 중에는 비문해자들이 적지 않다. 이들을 대상으로 하는 NGO와 종교단체들의 한글교육과정이 활발하게 이루어지고 있다. 언어교육은 개인의 생활세계에서의 생활적응력과 삶의 질을 높인다는 측면에서 교양교육의 영역으로 인식될 수 있다.

(2) 문화예술교육

우리나라에서 문화예술교육이 사회의 주목을 받게 된 것은 2004년에 발간된 문화관광체육부의 『창의한국』이라는 백서를 통해서다. 『창의한국』은 우리나라 문화정책의 패러다임을 일대전환한 정책백서다. 이 이전까지의 문화예술정책은 그야말로 예술가를 지원하는 정책이었다면 『창의한국』 이후의 정책은 문화예술의 향유자를 정책대상으로 포함하는 정책이다. 문화예술 향유자를 위한 대표적인 문화예술정책은 문화예술교육으로 나타나게 되었는데 문화예술교육의 제도화는 이러한 움직임 속에서 만들어져 갔다. 문화예술교육정책 초기에 문화관광체육부는 교육부와의

MOU를 통해 학교문화예술교육을 활성화하는 정책을 발표하였다. 학교문화예술교육은 학교에 예술강사(teaching artist)를 파견하는 정책을 기본으로 하고 있는데 이 제도는 프랑스로부터 벤치마킹한 것이다. 이후 문화예술교육으로 노인, 장애우, 군인, 재소자 등 사회의 다양한 취약계층을 대상으로 하는 사회문화예술교육을 전개하게 되었고 이러한 흐름 속에 문화예술교육은 국민 생애 전 주기를 대상으로 확대되었다. 문화예술교육정책사업의 핵심에는 한국문화예술교육진흥원이라는 국가사업기구와 이들과 연결되어 있는 지역의 문화재단(지역문화예술교육지원센터)가 있다.

현재 문화예술교육의 제도화는 국가자격과정의 구축에까지 이르게 되었는데 예술대학 교육과정의 이수를 통해 취득하게 되는 문화예술교육사라고 하는 국가자격과정은 현재 그 태동에 있어 정치적인 성격을 지녀 예술장르별 수학 이외의 여러 전공 영역들, 예를 들면 문학, 역사학, 예술경영학, 교육학 등은 제외되는 등 많은 문제점을 안고 있다. 평생교육법에 명시된 교육영역으로서 문화예술교육은 문화부의 관리감독기관인 한국문화예술교육진흥원의 사업으로 진행되고 있어 교육부와 문화부 사이의 갈등을 안고 있는 주제로 남아 있다. 특히 평생교육 프로그램의 1/3정도가 문화교육, 여가교육, 예술교육 프로그램인 현 실정에서 교육부 쪽과 문화부 쪽의 문화예술교육은 별도로 관리되고 있는 것이다. 문화예술교육은 개념적으로는 학문적 개념이 아닌 정책적 개념이다. 학문적 담론에서는 문화예술교육이라는 개념 대신 예술교육, 미적 교육, 문화교육이라는 개념으로 불리운다. 예술교육은 크게 예술가로 육성하는 전문교육으로서 예술교육과 일반인들의 심미성을 길러 주는 예술교육으로 나뉜다. 일반인들의 심미성을 길러 주는 예술교육 내에서는 도구를 사용해 예술작품을 만들어 내는 창작교육과 예술적 감수성을 길러 주는 감상 및 지식교육으로 구분된다. 미적 교육은 예술교육보다는 좀 더 철학적인 접근으로 인간의 인식능력으로서의 미적 인식능력의 개발과 촉진에 초점을 둔다. 학문적으로 미학이라는 개념을 처음 도입한 바움가르트너(Baumgartner)에 의하면 미학은 인간의 인식론에 가깝다. 과학적 사고에 기반한 인식방식이 아닌 미적 인식의 경험과 능력을 촉진하는 것이 미적 교육인 셈이다.

예술교육과 미적 교육과는 달리 문화교육은 매우 광범위한 것으로 예술교육과 미적 교육 모두를 포괄하는 개념이다. 문화교육은 언어와 문화 간의 소통, 세대 간의 소통까지를 포함하는 교육이다. 이러한 문화교육은 크게 해방적 기능, 보상적 기능, 치료적 기능과 같은 세 가지 사회적 기능을 한다. 해방적 기능은 사회 속에서 가치를 선도하는 기능이며, 보상적 기능은 문화적 기술의 낙후됨을 보완하는 기능, 치료적 기능은 말 그대로 사회 속에서 상처받는 개인들의 심리적 상태를 치유하는 것이다. 이러한 문화예술교육은 개인의 삶의 질을 제고하고 정체성을 찾게 할 뿐 아니라 직업적 차원에서 개인의 능력을 보여 주는 기초가 된다. 이러한 맥락에서 최근 기업에서 창의성을 위해 문화예술교육에 관심을 가지는 것은 우연이 아니다.

(3) 민주시민교육

민주주의는 우리 사회의 성숙과 질적 도약을 이끌었던 세계사회의 주목을 받았던 주제다. 이러한 민주주의는 성숙하고 성찰적인 개인들의 육성을 통해 가능하다고 보는 칸트(Kant)의 계몽주의적 전통과 한 사회의 성숙은 자유로운 상호작용과 의사소통이 보장되어야 한다는 듀이(Dewey)의 『민주주의와 교육』 담론과 연관된다. 이렇듯 민주시민교육은 교육적 실천과 정치적 실천이 상호의존하고 있는 그 접점에 놓여 있다. 성숙된 정치는 교육받은 성숙된 시민이 있어야 가능하며 성숙된 교육은 성숙된 정치를 통해 그 환경이 구축되는 것이다.

민주시민교육은 국가에 따라서는 시민교육으로, 또는 민주주의교육으로 또는 정치교육으로 불린다. 민주시민교육은 대체로 시민으로서의 권리와 의무에 관한 여러 가지 시민성(citizenship)을 제고하는 교육에서부터 시민으로 인식될 수 있는 폭넓은 영역에까지 확대된다. 독일의 경우 민주시민교육은 정치교육으로 이해되어 시민들의 생활 속의 정치적 능력의 제고를 위한 사회적 합의를 시도하는 등 큰 노력을 경주해 왔다. 한 사회 속에서 공동으로 추구할 시민성을 규명하고 이를 위해 민주시민교육의 목적과 목표를 설정하는 작업은 매우 기초적이면서도 중요한 과제다. 또한 독일의 경우 연방과 주정부 차원에서 민주시민교육 촉진을 위한 기구를 설립하고 학교교육과 평생교육을 지원해 왔다. 우리나라의 경우 시민단체 등이 주도가 되어 민주시민교육을 제도화하기 위한 시도를 해 왔으나 좌절된 바 있다. 현재 우리나라의 민주시민교육은 공공영역에서 이루어지고 있는 의식교육과 보수단체와 진보단체 등에서 진행하고 있는 민주시민교육프로그램들이 있다. 이러한 프로그램들은 최근 시민성과 사회적 자본(social capital)을 연계하여 한 사회의 삶의 질과 수준을 측정하는 지표로 논의되고 있는 실정이다. 주민자치교육, 미디어교육, 양성평등교육, 환경교육 등이 대표적인 민주시민교육의 세부내용영역들이다. 민주시민교육의 방법으로는 민주적 의사결정을 위한 토론기법들이 활용되고 있다. 민주시민교육이 가진 한 가지 큰 본질적인 문제는 점점 참여율이 줄어들고 있다는 점이다.

(4) 직업능력개발

직업능력개발은 평생교육의 중요한 내용영역이다. 사회교육을 주장하는 전문가들은 평생교육이 직업능력개발에 초점을 두는 순간 체제순응적으로 변모한다고 주장한다. 그러나 이러한 주장은 현대사회의 특성에 살펴볼 때 설득력이 없다. 현대사회를 관조하는 최근의 철학담론에서는 사람이 일자리를 갖지 못하면 인간이 존엄하다고 말할 수 없을 정도로 실업의 문제는 인간의 생존과 실존을 흔드는 큰 생애사건으로 간주하고 있다. 따라서 이러한 상황에 대응하기 위한 직업능력개발은 평생교육에서 간과해서는 안 될 주제다. 생활세계와 직업세계는 인간의 삶을 지탱하는 두 가지 축으로 일-가정 양립(work-life balance)은 국가정책의 중요한 정책으로 자리 잡고 있다. 평생교육과 관련하여 직업능력개발은 자신이 가진 직업능력을 향상하는 훈련과 다른 직업으로 전환하기 위한 훈련, 그리고 실업상태를 벗어나기 위한 재취업훈련 세 가지 측면에 주목해야 한다. 현대사회를 위험사회로 설명하며 그 특성 중 하나를 '개인화'로 설명하는 독일의 사회학자 울리히 벡(U. Beck)에 따르면, 이러한 직업의 문제들 또한 개인들이 스스로 해결해야 하는 상황에 현대인들은 놓여 있다고 한다. 이러한 직업리스크를 최소화하기 위해 개인들은 교육과 훈련에 의존할 수 밖에 없는 것이다. 특히 삶의 주기와 주기를 이행하는 전이(transition)단계에 놓여진 개인들에게 직업능력개발은 생존의 문제로 매우 중요한 것이다. 이를 위해 새로운 직종과 관련된 직업훈련프로그램들이 개발되고 제공되어 개인들을 실업상태에서 벗어나게 하는 것은 매우 중요한 과제다. 특히 독일과 같은 선진국의 경우 노동조합이 직업능력개발정책에 매우 높은 관심을 가지고 있으며 이와 관련된 다양한 정책들을 제시하고 있는데, 이에 비해 우리나라의 노동조합은 근로자들의 직업능력개발보다는 임금협상에 주로 전력을 기울이고 있는데 이는 근시안적 접근이라고 볼 수 있다.

(5) 지속가능발전교육

인간이 문명을 발전시키면서 치른 대가로 얻게 된 생태파괴와 관련하여 많은 철학적·과학적인 논의들이 있어 왔으며 이러한 논의들은 교육적 담론형성에 주도적인 영향력을 행사해 왔다. 환경오염은 환경기술의 개발을 통해 점차 개선될 수 있다고 보는 환경테크놀로지 친화적인 입장에서부터, 우리 삶과 생산구조의 근본적인 변화를 꾀하지 않고는 문제를 해결할 수 없다는 생태급진론적 입장에 이르기까지 다양한 논의들이 환경교육·생태학습 담론에 깊숙이 개입하여 왔다. 지속가능발전의 가치는 이러한 오랫동안의 담론과 논쟁 속에서 절충적으로 만들어진 실현가능하다고 판단되어진 합의다. 따라서 여전히 최근까지도 지속가능발전에 대한 비판적인 입장들이 존재하고 있으며 보는 사람의 입장에서 어떠한 입장을 취하는가에 따라 지속가능발전은 진보적일 수도 있고 보수적일 수도 있다. 그러나 지속가능발전(Sustainable Development: SD)[3]이라는 개념은 많은 논쟁과 비판, 그리고 대안 제시 속에서도 현재까지 비교적 광범위한 합의를 얻기에 이르렀다. 생태주의자들은 지속가능발전이 여전히 발전패러다임에 포섭되어 있다고 비판하며 이 또한 지구의 환경파괴와 이로 인한 인간생존을 위한 자연적 기반을 원상대로 회복하기에는 어려울 것이라고 비관적으로 전망한다. 반면 시장경제주의자들은 환경문제는 환경기술의 개발을 통해 해결될 수 있음에도 불구하고 지속가능발전에서 강조되는 핵심가치들은 다분히 자본주의체제에 맞지 않는다며 지속가능발전의 급진성을 비판한다. 그러나 지속가능발전이라는 개념의 도입은 환경파괴를 막는 것이 시급한 현재적 관점에서는 구체적인 공동행위를 하기에는 안성맞춤이다. 환경과 생태 가치에 관한 근본주의자와 시장주의자들이 합의할 수 있는 개념인 것이다. 지속가능발전개념의 유용성에 대하여 영국의 사회학자인 앤서니 기든스(A. Giddens)는 다음과 같이 말하고 있다.

> "'지속가능한 발전' 이라는 개념의 도입은 아주 의미 있는 효과를 가져왔다. 그 이전까지는 전혀 양립할 수 없었던 두 세력, 녹색운동가들을 비롯해 성장에 반대하는 세력과 그 반대편에 있는 친시장주의 세력이 적어도 일정 수준까지는 서로 화합하도록 하는 데 기여했던 것이다." (Giddens, 2009: 95)

안토니 기든스는 지속가능발전 개념의 중요성을 강조하지만 지속가능발전 개념 대신 지속가능성의 개념에 더 이론적 · 실천적 의미를 둔다

3) 이와 더불어 최근 부산에서 개최된 제3차 OECD포럼에서는 지속가능성은 사회의 성숙도를 판단하기에는 너무 복잡하고 어려우므로 사회적 진보(social progress)와 같은 개념으로 대치되어야 한다고 주장하였다.

(Giddens, 2009). 그는 지속가능발전 개념의 분석적이지 못한 부분 때문에 미래세대의 이익에 관심을 두는 지속가능성의 개념을 주목하고 있다. 부르트란트 보고서에 따르면 지속가능발전이라는 개념은 현 세대의 욕구를 만족시키면서도 미래세대의 행복을 훼손하지 않는 것을 골자로 하는데 지금까지는 크게 환경적, 경제적, 사회적 차원의 세 가지 차원이 상호연관된 것으로 언급되고 있다.[4] 특히 지구발전을 위한 새천년개발계획(MDG)도 지속가능발전이 강조된 지속가능한 개발계획(SDG)으로 컨셉이 변화되고 있다. 이러한 맥락에서 독일 교육부(BMBF)는 지속가능발전교육을 '인간을 지구적 관점의 고려 속에 생태적으로도 지탱가능하고 사회적으로 정당하며 경제적으로도 성과가 있는 발전을 촉진하는 교육' 으로 개념을 정의하고 있다. 최근 세대 간의 갈등으로 유발되는 연금과 같은 국가재정, 청년실업만큼이나 심각해진 고령자의 일자리문제, 자연자원의 훼손의 문제, 문화재의 보존, 그리고 도시의 재생과 같은 이슈들 등 삶과 사회의 전반에 걸쳐 지속가능성은 중요한 미래의 교육 과제로 떠오르고 있다. 이러한 측면에서 지속가능발전교육은 평생교육의 매우 중요한 내용영역으로 떠오르고 있다.

3. 평생교육의 이슈와 쟁점

1) 핵심역량과 직업기초능력

역량에 대한 담론은 OECD가 1997년부터 추진한 '역량의 정의와 선정 프로젝트' 라는 국제적인 학제간 연구로 더욱 발전되고 확산되었다. 이 프

4) 지속가능발전교육의 범주에 환경, 경제, 사회뿐만 아니라 문화와 정치까지도 포함하는 논의들이 적지 않다.

로젝트의 목적은 개인의 성공적인 삶과 사회의 효율적인 기능을 위해 가장 중요하다고 할 만한 핵심역량은 찾을 수 있는지 그렇다면 이러한 역량을 구성하는 요소는 무엇인지를 규명하는 것이었다(이병준 외, 2010). 이 프로젝트에서는 역량을 특정한 맥락에서 복잡한 요건을 성공적으로 충족시키기 위해 태도, 감정, 가치, 동기 등과 같은 사회적 · 행동적 요소와 인지적 · 실천적 기술을 가동시키는 능력으로 정의하였다. 그리고 이 프로젝트에서 도출한 핵심역량은 개인이 삶에 도전하기 위해 필요한 잠재적 역량을 갖추는 데 초점을 둔 것이며 단순한 지식이나 기술이 아닌 복잡한 상황에 반응하고 특별한 상황 속에서 심리적, 사회적 자원을 개발하고 활용하는 능력의 형성을 강조하는 것이다.

DeSeCO 프로젝트의 핵심역량을 위한 개념구조에서는 역량이 크게 세 가지 범주로 나뉜다. 이 세 가지 범주는 각각 구체적인 초점을 가지고 있고 성찰성이라는 개념 속에 서로 연관되어 있으며 핵심역량을 정의 내리고 배치하는 기초사항들을 형성하는 데 공통성을 가지고 있다.

첫째, 정보기술과 같은 물리적 환경과 언어사용과 같은 사회문화적 환경 양자의 환경 속에서 상호작용을 하기 위해 다양한 도구를 사용할 수 있는 능력이다. 자율적 행동의 범주는 상대적인 자율성과 정체성에 초점을 두고 있으며 다음과 같은 하위 행동들을 포함한다.

- 자신의 자원 · 권리 · 제한점 · 욕구를 규명하고 평가 · 방어하기
- 프로젝트를 실행 · 기획하기
- 학습전략 등을 개발하기
- 상황 · 체제 · 관계 등을 분석하기

둘째, 점차 세계화되고 있는 현대를 살아가면서 다양한 배경을 가진 타인과 협력하고 이질적인 집단의 사람들과도 상호작용을 잘 할 수 있는 능력이다. 도구활용의 범주는 물리적, 사회문화적 도구를 통한 상호작용에

초점을 두고 있으며 다음과 같은 하위 행동들을 포함한다.

- 목표달성을 위한 기술 활용하기
- 정보 및 지식의 수집 · 분석 · 활용하기
- 문해력
- 수리력

셋째, 다양한 사회적 환경과 자율성 속에서 자신의 인생을 잘 영위하고 자신의 삶을 책임질 수 있는 능력이다. 사회적 이질집단과의 협동 범주는 주로 타인과의 상호작용에 초점을 두고 있으며 다음과 같은 하위 행동들을 포함한다.

- 타인과 관계 형성하기
- 갈등 관리 및 해소하기
- 시너지 활동하기
- 집단 작업 및 협동하기
- 타인에 대한 도움주기
- 집단에 대해 참여하기

핵심역량 논의와 더불어 우리나라의 평생교육담론에는 직업기초능력에 대한 논의가 비교적 오랫동안 자리 잡아 왔다. 직업기초능력담론은 대체적으로 영국, 호주, 뉴질랜드와 같은 영연방국가들로부터 우리나라에 유입되었는데 이들 국가에서는 변화가 심한 직업세계에 대응할 기초적인 직업적 능력의 요소의 규명에 초점을 두어 왔다. 수리력, 언어능력, 의사소통능력, 대인관계능력, 문제해결능력, 자기주도적 학습능력 등은 어느 시대, 어느 사회든 필요로 하는 기초적인 능력이라고 볼 수 있다.

2) 자기주도적 학습

학문적으로 볼 때 자기주도적 학습에 대한 논의는 1970년대 북미를 중심으로 논의되기 시작했다. 터프(Tough)는 학습자가 혼자 학습을 할 때 거치게 되는 과정적 절차에 관심을 가지며 자기교수(self teaching)를 12단계로 제시하는 자기계획학습의 컨셉을 제시하였다. 이후 노울즈(Knowles)는 교수자중심의 학습과 대비시키는 개념으로 자기주도학습의 개념을 제시하고 있다. 그에 따르면 자기주도적 학습은 비형식적이고 상호존중적이며 협력적이고 참여적 의사결정과 상호협상 · 평가에 기반하고 있다. 이러한 논의는 Guglielmino의 자기주도학습준비도라는 척도의 개발에까지 이르게 된다. 결국 자기주도성은 학습자가 스스로 학습의 과정과 내용을 통제하는 것으로 이해된다. 이러한 자기주도적 학습에 대해서는 자기주도성을 학습자 개인의 속성과 같은 내재적인 요소로서가 아닌 상황적이라는 비판과 자기주도성의 사회구조적 요소에 대한 고려가 부족하다는 비판적인 시각이 존재한다. 학문적 담론과는 별도로 우리나라에서는 평생교육과 평생학습이 강조되면서 자기주도적 학습에 대한 중요성이 부각되고 있다. 최근에는 입시에도 자기주도적 학습 전형이, 그리고 심지어 자기주도학습사라고 하는 인력에 대한 민간자격까지 생겨나고 있다. 이러한 일련의 상황들 속에서 자기주도적 학습은 누구나 관심을 가져야 하는 의무사항으로까지 인식되고 있어 자기주도적 학습의 개념에 대한 소통이 필요한 시점이다. 전문가들에 따르면 자기주도적 학습은 크게 두 가지 차원에서 논의가 되고 이해되고 있다. 첫째는 자기주도적 학습을 학습주체자의 자기주도성에 초점을 두고 논의하는 방식이다. 이러한 입장에서는 기본적으로 모든 학습자는 자기주도성을 가지고 있다고 전제하고 사회화의 과정이나 어떠한 학습생애사적 이유로 인해 자기주도성이 낮아진 것을 높이는 데 초점을 두게 된다. 이러한 입장에서의 자기주도성을 높이는 방식은 굳이 전문가가 아니더라도 여행을 통한 경험과 가까운 사람과의 대화, 순간적이고 우연적인 체험 등 매우 다양한 방식으로 가능하다. 둘째는 자기주도적 학습을 교수-학습의 구체적인 방법적 전략으로 접근하는 방식이다. 이러한 방식에서는 개인이 구체적인 계획적 학습에 있어서의 전략을 수동적으로가 아닌 능동적, 즉 자기주도적으로 전환해야 한다는 지적이다. 이 경우 학습자와 관련된 교육기획자는 학습자가 자기주도적으로 학습해 갈 수 있도록 교육방법적인 터치를 해 주도록 조성하는 역할을 맡게 된다. 이러한 교육방법적인 자기주도적 학습방식은 학교교육뿐만 아니라 성인교육, 기업교육에까지 적용되고 있는 실정이다. 이러한 자기주도적 학습에 대한 강조는 교수자중심의 학교교육에 대비하여 학습자가 평생교육의 중심이 되어야 한다는 성인교육적 고려를 기반으로 하고 있다. 그러나 선진국의 학교교육 또한 학습자와 교수자의 상호균형을 강조하고 있는 만큼 성인교육의 전유물은 아니라는 인식을 가질 필요가 있다. 교수와 학습은 균형추를 오가는 실천이지 학습자의 생애단계와 관련이 있는 것은 아니다. 이와 더불어 성인교육은 교육이 아니라 학습만이 있다는 일방적 사고 또한 문제가 될 수밖에 없다. 경우에 따라서는 성인도 칸트가 말한 자기성찰성의 부족상황을 빈번히 노출할 경우 교육의 대상이 될 수도 있는 것이다. 이는 칸트의 계몽의 철학을 지배되지 않는 주체로 인식한 푸코(Foucault)의 계몽에 대한 해석과 맥을 같이한다. 이러한 맥락에서 스테펀 브룩필드(Brookfield)의 다음의 주장은 칸트와 푸코의 입장을 계승하는 것으로 해석할 수 있다.

> "통제된 자기주도성은 그 용어에 있어 모순이며 자신을 부정하는 개념이다. … 표면적으로 우리는 학습의 속도, 자원, 평가기준에 대해 결정할 때 우리의 학습을 통제하고 있다고 말할지 모른다. 그러나 학습 가능한 내용의 범위가 이미 정해져 있다면 … 우리는 (학습을) 관리하고 있다기보다는 관리되고 있는 것이다. … 제대로 된 자기주도학습 프로젝트란 헤게모니의 가능성에 대한 민감함을 그 핵심에 두는 것이다. 완전한 성인의

자기주도성이란 우리가 도대체 무엇을 배우는 것을 중요하다고 정의 내리는지, 그리고 이러한 정의가 강압적 이해관계에 봉사하게 되는 것인가에 대한 면밀한 점검이 있을 때만 가능하다." (최선주, 2013: 14에서 재인용; Brookfield, 1993: 234)

3) 평생학습도시

2000년 이후 한국의 평생교육정책 중 가장 두드러진 하나의 정책이 실행되었는데 그 정책사업이 바로 평생학습도시사업이다. 우리나라 정부는 일본과 영국, 독일 등 선진국의 학습도시사업을 벤치마킹하면서 우리나라의 지역에 기반한 평생학습정책을 확산시켰다. 경기도 광명시, 전북 진안군, 대전 유성구, 부산광역시 해운대구 등을 시작으로 평생학습도시를 선정하고 정책사업비를 지급해 왔다. 지금까지 전국적으로 100여 개가 넘는 지방자치단체 및 기초자치단체들이 평생학습도시로 선정되어 왔다.

이러한 정책적 아이디어의 시발점은 사실 창원시로 거슬러 올라간다. 평생학습도시의 최초의 형태는 1995년 경남 창원시에서 통과된 지역의 사회교육기관들에 대한 재정지원 조례다. 시민단체들이 운영하고 있는 사회교육기관에 지방자치단체가 지원해 주는 것이다(박신영, 2004). 평생학습도시로 선정된 지방자치단체들은 행정부서에 평생교육을 진흥하는 행정추진기구들을 만들거나 확대하고 지역의 평생교육발전을 위한 기본 및 실행계획들을 수립하였다. 또한 지역의 기관 및 단체, 동아리들에게는 예산이 지원되었고 지역의 인력들을 위한 연수프로그램들이 마련되었으며 지역의 여러 단체들의 협력망인 네트워크가 구축되기 시작하였다. 이러한 평생학습도시정책은 지방자치단체장들에게 평생교육이 시민들을 위한 중요한 교육정책의 하나임을 주지시키는 데 커다란 기여를 하였다. 그러나 평생학습도시사업은 지방자치단체장들이 경쟁적으로 치적을 쌓기 위한 공모사업으로 인식되었고 전국의 평생학습도시들이 대동소이한 사업매뉴얼을 소화해야 하는 등 평생학습도시를 컨설팅한 컨설턴트들의 역량의 한계도 노출되었다. 이러한 초기의 평생학습도시들은 도약을 위해 창조도시, 지속가능발전, 문화예술, 주민자치와 연계된 새로운 컨셉으로 재충전하고 있는 실정이다.

또 다른 근본적인 문제는 적지 않은 평생학습도시들이 지역성에 기초하여 지역의 현안과 지역사회에 대한 진단에 기초하여 독자적인 모델을 구축할 수 있었으나, 지나친 중앙집중형 지원체제와 좁은 전문가 인력, 각종 공모지원사업 등의 평가시스템으로 지역성에 기반한 모델을 구축하는 데에는 절반의 성공밖에 거두지 못하였다는 것이다. 특히 모든 도시들이 평생학습도시를 하겠다고 하면 지정해 주면 되는데 질 관리와 평가를 위해 전국의 전역을 평생학습도시로 변모시키는 데에는 실패하였다. 평생학습도시를 중앙에서 승인해 준다는 것이 자체모순에 빠진 것이다. 이러한 비판적 성찰에 기초한 논의는 최근 마을 만들기, 창조도시, 도시재생과 관련된 평생학습도시의 모델의 새로운 진화를 위해 반드시 거쳐야 할 문제영역이라고 볼 수 있다. 평생학습도시를 사업들의 묶음이 아니라 도시가 추구해야 할 가치와 철학, 전략으로 보아야 할 필요가 있는 것이다. 창조도시의 세계적인 전문가로 알려진 차알스 랜들리(Ch. Landry)가 학습도시의 지향과 가치, 중요성을 언급한 것을 다시금 생각해 볼 필요가 있다.

> "미래에는 '학습도시' 가 '창조도시' 보다 더욱 강력한 메타포가 될 것이다." … "진정한 학습도시는 자신의 경험과 타인의 경험 속에서 학습하고 발전하는 도시다. 즉, 그것은 도시 그 자체를 이해하고, 그리고 이해한 것을 반성하는 장소를 말한다. 결국, 학습하는 도시는 '반성하는 도시' 이고, 그 특징은 자기평가를 한다는 점에 있다. 학습도시가 가진 특성 가운데 관건이 되는 것은 급속하게 변화하는 사회적 · 경제적인 환경 속에서는 성공적으로 적응할 수 있는 역량이다. 무사태평한 도시가 아주 오랫동안 과거에 성공한 수법을 되풀이하고 있다면, 학습도시는 자신들이 처한

상황과 보다 폭넓은 관계성을 이해하고, 새로운 문제에 대하여 새로운 해결책을 제시한다는 점에서 그 창의성을 갖고 있다." (Landry, 2005: 386)

연구문제

1. 사회적, 학문적 담론의 평생교육의 필요성을 설명하시오.
2. 평생교육의 역사와 제도화에 대하여 설명하시오.
3. 평생교육의 대상집단(target group)에 대하여 설명하시오.
4. 평생교육의 내용영역에 대하여 설명하시오.
5. 핵심역량과 직업기초능력에 대하여 설명하시오.
6. 자기주도적 학습에 대하여 설명하시오.
7. 평생학습도시에 대하여 설명하시오.

추천 학습자료

〈도서〉

민주화운동기념사업회(2008). 핵심역량. 번역자료.

Arendt, H. (2002). 인간의 조건(이진우, 태정호 역). 경기: 한길사.

Giddens, A. (2009). 기후변화의 정치학(홍욱희 역). 서울: 에코리브르.

Wulf, Ch. (2013). Anthropology. A Continental Perspective. University of Chicago Press.

참고문헌

Giddens, A. (2009). 기후변화의 정치학(홍욱희 역). 서울: 에코리브르.

Illich, I. (2004). 학교없는 사회(심성보 역). 서울: 미토.

Landry, C. (2005). 창조도시(임상오 역). 서울: 해냄.

Lehr, U. (2015). 노인심리학(박응희, 이병준 역). 서울: 교육과학사(근간 예정).

박신영(2004). 창원시 평생교육정책 집행 및 성과에 관한 평가연구. 부산대학교 대학원 교육학과 석사학위논문.

박지연(2012). 학습도시 · 문화도시 · 창조도시 연계모형에 따른 문화예술교육 연구. 부산대학교 대학원 교육학과 박사학위논문.

손유미(2001). 실직자 직업전환과정 연구. 서울대학교 대학원 교육학과 박사학위논문.

이병준 외(2010). 문화역량과 문화예술교육. 경기: 교육과학사.

이병준 외(2015). 평생교육론. 서울: 학지사(근간 예정).

최선주(2013). 입시경쟁체제에서 형성된 시험형 자기주도성에 관한 생애사적 연구. 서울대학교 대학원 교육학과 박사학위논문.

제 8 장
교육을 위한 행정

이 장에서는 교육을 위한 지원활동의 하나인 교육행정을 다룬다. 교육행정은 본질적으로 교육활동을 지원하는 봉사적인 특성을 지니고 있다. 교육행정 이론은 교육행정사상의 발전에 따라 과학적 관리론, 인간관계론, 행동과학론, 체제론, 대안적 이론으로 전개되어 왔다. 학교교육은 기본학제와 특별학제로 운영되고 있으며, 교육행정조직은 교육부를 중심으로 하는 중앙교육행정조직과 교육위원회 및 교육청을 중심으로 하는 지방교육행정조직으로 구성된다. 교육활동이 직접적으로 이루어지고 있는 단위학교는 여러 부서로 조직되어 있으며, 학급의 원활한 운영을 위한 담임교사의 역할이 매우 중요하다. 사회의 변화에 따라 교육활동을 지원하는 교육행정의 패러다임도 과거의 규제 및 통제 위주의 기능에서 지원과 컨설팅 위주의 기능, 집권적인 교육행정에서 지방교육자치와 단위학교 책임경영이 강조되고 있다. 학교교육의 질적 향상을 위해서 단위학교 구성원들 간의 관료적인 공식적 관계로서의 학교가 아니라 공동체로서 이해하는 관점으로의 패러다임 전환이 강조되고 있다. 여기서는 교육행정의 주요 이론, 학교제도와 교육조직, 교육행정의 과정, 교사와 교육행정을 다루고자 한다.

학습과제

- 교육행정의 개념과 특성을 알아본다.
- 교육행정의 주요 이론을 알아본다.
- 교육제도, 교육행정조직, 학교조직을 알아본다.
- 교육행정의 주요 과정을 알아본다.
- 교육행정의 새로운 기능과 바람직한 학교를 형성하기 위한 교사의 역할을 알아본다.

기러기 무리는 고요한 바람을 타고 순풍에 돛을 단 듯 평화롭게 순항하고 있었다. 선두에 머물면서 무리를 하늘 길로 안내한 후에 그의 마음은 다시 그랜드 구스와 그에게서 들었던 수업으로 돌아가 있었다. "언제라도 우리는 아주 무서운 폭풍을 만날 수 있어. 아주 엄청난 폭풍을 만나면 다른 기러기 무리들이 우리와 함께 힘을 합치게 되는데, 이렇게 하나씩 모인 무리들은 거대한 하나의 V자 형태를 만나게 될 거야. 이 형태는 아주 오랜 역사를 가지고 있지. 특히 수가 적은 무리들에게는 목숨을 구할 수 있는 유일한 방법이란다." 무리는 계속 날고 있었다. 하나하나의 기러기 무리들이 커다란 대열 속으로 섞여 가는 모습은 구름이 퍼져 나가는 모습만큼이나 일사불란했다. 기러기 무리는 함께 날며 천천히 대열 속으로 들어갔다. 그때마다 대열의 기러기들은 자신의 자리를 조정하여 완벽한 대형을 만들었다. 그것은 아름답고 장엄한 광경이었다(아름다운 비행, 루이스 A. 타타글리아).

위의 이야기는 겨울 철새인 기러기들이 겨울을 맞이하기 위해서 수천 마일을 날아서 남쪽으로 날아갈 때 일어나는 상황을 상상한 내용이다. 기러기들은 서로 힘을 합쳐서 V자 대형을 만들어야 하며, 이 대형을 유지하기 위해서 각각의 기러기들이 최선을 다할 때에 먼 여정을 이동할 수 있다. 특히 맨 앞에서 날아가는 기러기는 목적지를 향한 방향을 세워야 할 뿐만 아니라 거센 바람을 뚫고 가야 하기 때문에 훨씬 어려운 과업을 수행해야 한다. 기러기와 같은 동물의 세계에서도 개체로서의 힘은 약하지만, 개체가 모여 서로 힘을 합칠 때 철새의 대이동과 같은 경이적인 힘을 발휘한다.

이와 같은 원리는 인간사회에도 적용된다. 학급에서 교사와 학생들이 하나되어 노력할 때 뛰어난 업적을 성취하는 경우를 흔히 볼 수 있다. 그러나 요즈음 우리 현실에서는 오히려 학급 또는 학교의 구성원들이 서로 분열되고 갈등을 일으키는 사례를 많이 접하게 된다. 이는 학교를 둘러싼 사회적인 영향도 무시할 수 없지만 직접적으로는 학급·학교, 더 나아가 교육행정의 기능이 정상적으로 작용되지 못하고 있는 데서 기인한다.

과거의 전통적인 교육기관에서는 교사와 학생이 소규모였기 때문에 교육활동 수행에 있어서 구성원들 간의 조정과 협력이 그리 중요하지 않았다. 그러나 현대의 교육체제에서는 국가에서 모든 아동의 기초교육을 담당하기 때문에 학생과 교사뿐만 아니라 교육기관의 수도 과거와 비교할 수 없을 정도로 증가되었다. 이러한 교육기관, 교사, 학생들의 활동과 업무가 서로 조정되지 않고 각자 마음대로 운영된다면 어떻게 될 것인가? 교육행정은 수많은 교육기관의 교육활동이 원활하게 이루어질 수 있도록 교육기관을 수준별로 조직하고, 학교를 설립하고, 교육목표를 설정하고, 학생과 교원을 배치하고, 필요한 시설과 물자를 공급하는 역할을 담당한다. 좀 더 미시적으로는 교육활동이 실제로 이루어지는 단위학교와 학급에서 교사, 학생, 학교행정가, 학부모가 서로 협력하여 교육목표를 설정하고 이를 달성할 수 있도록 지원한다.

1. 교육행정의 개념과 특성

1) 교육행정의 개념

교육행정의 개념은 교육에 관한 행정과 교육을 위한 행정으로 대별된다. 교육에 관한 행정은 교육행정을 행정의 한 분야로서, 교육이라는 특정 분야의 행정으로 보는 관점이다. 교육을 위한 행정이란 교육을 지원하는 봉사활동으로서 행정을 보는 관점이다. 과거의 교육행정은 교육에 관한 행정이라는 측면이 강조되었지만, 근래에는 교육을 위한 행정이라는 측면이 강조되고 있다. 그러나 교육행정은 교육에 관한 행정과 교육을 위한 측면을 모두 포함하는 개념으로 파악되어야 한다.

교육행정은 일반적으로 국가나 지방자치단체가 교육목표를 설정하고, 사회로부터 교육활동에 필요한 교사, 학생, 교육과정 등 교육자원을 확보하고 교육여건을 조성하며, 교육목표 달성이 효과적으로 이루어지도록 결정, 계획, 지도성 발휘, 의사소통, 평가하는 일련의 작용이다. 또한 교육행정은 넓게 해석할 때 학생관리, 교원인사, 교육과정의 편성 및 운영, 학교시설관리 등과 같은 학교행정뿐만 아니라 교육정책의 수립 및 집행, 교육재정의 확보 등과 같은 중앙정부 및 지방자치단체의 교육행정까지 포괄한다.

2) 교육행정의 특성

교육행정은 타 분야의 행정과 공유하고 있는 일반적인 특성과 교육행정만이 가지는 고유한 특성으로 나누어 볼 수 있다. 교육행정의 일반적인 특성은 다음과 같다.

첫째, 공공성이다. 이는 교육행정의 성과를 측정하는 기준은 물질적 이윤이 아닌 공공복리 증진이어야 한다는 것이다.

둘째, 봉사적 특성이다. 교육행정은 교육목적 달성을 위해 필요한 교육적 자원의 확보와 교육여건을 조성하는 지원적이고 봉사적인 특성을 지닌다.

셋째, 민주성이다. 교육활동은 구성원들이 합의한 규칙에 따라 민주적인 절차에 따라 이루어져야 한다. 교육행정도 구성원들의 참여를 통한 민주적인 절차와 규범에 따라 이루어져야 한다.

교육행정의 독자적 특성은 교육을 위한 행정이라는 관점에서 강조되며, 구체적인 내용은 다음과 같다(박병량, 주철안, 2012).

첫째, 임무의 중요성이다. 교육은 사회의 새로운 구성원들이 지닌 잠재성을 계발하고 성장해 나가도록 가르치고 지도하는 역할을 담당한다. 또한 이들에게 사회의 전통과 가치, 지식을 전승하도록 하여 사회의 구성원으로서 준비시키는 중요한 기능을 수행한다.

둘째, 전문성이다. 교육은 교사와 학생 사이에서 이루어지는 전문적인 활동이기 때문에 이를 지원하는 교육행정도 전문적인 지식과 능력을 갖춘 전문가에 의해 수행되어야 한다.

셋째, 복잡성이다. 교육이 이루어지는 학교는 교수-학습을 주된 기능으로 하는 교과 및 학년부서가 존재하고, 이를 지원하는 사무관리부서로 구성되는 복잡한 조직이다.

넷째, 구성원들 간의 협력이다. 교육과정에서 교육조직의 주된 구성원들인 교사, 학생, 교육행정가, 학부모 등이 모두 공식적 · 비공식적으로 참여하게 되며, 구성원들 간에 고도의 협력관계를 보이게 된다.

다섯째, 분권화 구조다. 교육기관은 전문가인 교사로 구성되어 있고, 전문직은 자율과 책임을 특성으로 하기 때문에 학교조직은 분권화된 구조를 갖게 된다.

여섯째, 성과 평가의 어려움이다. 교육의 성과는 지식, 기술, 태도의 변화 등을 포함하기 때문에 교육적 성과를 파악하기가 어렵다. 또한 교육의 성과는 오랜 기간에 걸쳐서 나타난다.

일곱째, 교육적 본질과 목적에의 연관성이다. 교육기관의 교육목표와 이를 달성하는 교육방법은 교육의 본질상 밀접하게 연관된다. 교육기관의 모든 교육활동뿐만 아니라 교육행정활동도 교육적인 본질과 목적에 부합해야 한다.

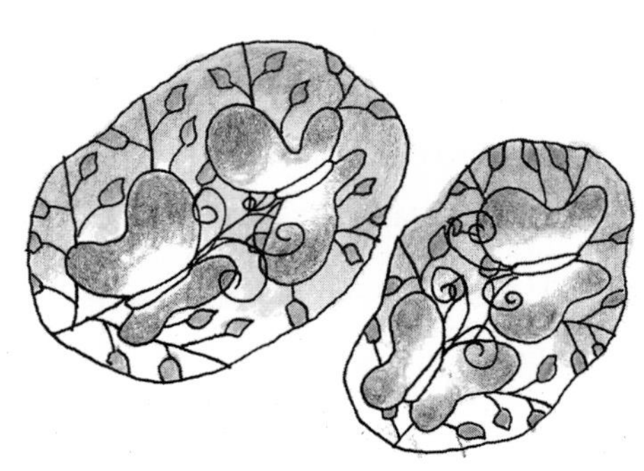

2. 교육행정의 주요 이론

교육행정은 교육행정활동 및 실제에 관련된 가치와 원리를 규명하고, 행정활동 및 실제를 설명하고 예측하며, 행정실제에 필요한 지식과 기술을 탐구한다. 교육행정이론의 교육행정현실에 대한 적합성이 저하될 때 이를 보완하기 위해 새로운 이론이 대두하게 된다. 교육행정이론은 20세기 이후에 능률을 강조하는 과학적 관리론, 조직 내의 인간에 관심을 둔 인간관계론, 과학적 관리론과 인간관계론의 조화 및 교육행정의 이론화를 추구한 행동과학론, 교육조직과 환경과의 상호관계를 중시한 체제론, 전통적 교육행정이론의 관점을 비판한 대안 이론으로 전개되어 왔다.

1) 고전적 조직이론

고전적 조직이론은 과학적 관리의 시기(1910~1930)에 대두하였다. 대표적인 이론으로는 테일러(Taylor)의 과학적 관리론, 베버(Weber)의 관료제론, 굴릭과 어윅(Gulick & Urwick)의 행정관리론 등이 있다. 과학적 관리론은 조직관리에 과학적 관리의 이론을 도입한 것으로 생산과정에 활용되는 기술과 지식을 체계화하고 생산활동을 과학적으로 측정 · 분석한다. 굴릭과 어윅의 행정관리론은 전체 조직의 관리에 관심을 두어 경영과정의 보편적 요소를 제시하였고, 베버는 능률성과 합리성을 높일 수 있는 이상적인 조직으로 관료제를 제안하였다. 관료제의 특징으로는 전문화에 의한 분업, 권위의 계서제, 권리와 의무의 역할체제, 작업절차, 비개인적인 인간관계, 능력에 의한 선발 및 승진이 제시되었다. 이러한 과학적 관리운동과 능률의 원리는 생산성 향상에는 기여하였으나, 인간을 경시했다는 비판을 받았다.

2) 인간관계론

조직에서 인간요소를 경시한 과학적 관리론에 반대하여 대두된 이론이 인간관계론이다. 인간관계론(1930~1950)의 대표적인 학자로는 폴랫(Follet), 메이요(Mayo), 뢰슬리스버거(Roethlisberger), 레빈(Lewin)을 들 수 있다. 조직체 내 인간관계의 중요성을 규명하는 데 큰 기여를 한 호손실험 연구에 따르면 물리적 조건보다는 인정, 소속감, 사기 등과 같은 인간의 사회 · 심리적 조건의 변화가 생산성을 높이는 데 중요 요인으로 작용하고, 공식조직 내에 자생하는 비공식조직의 협력 정도에 따라 생산능률이 변화한다. 또한 의사소통의 중요성을 지적하였다. 폴랫은 최초로 행정에서 인간관계의 중요성을 강조한 학자로서 모든 조직에서의 기본적인 문제는 역동적이고 조화로운 인간관계를 발전 · 유지시키는 일이라고 보았다. 레빈은 인간관계론을 바탕으로 지도성에 관한 실험연구를 수행하였다. 인간관계론은 조직에서 인간 상호 간의 중요성과 기능을 분명히 이해하고, 기계의 부속품처럼 무시된 개인의 중요성을 인식하였으며, 직무만족과 생산성과의 관계를 밝혀 민주적 지도성이나 감독에 의한 참여적 결정과 경영을 촉진하는 데 공헌하였다. 반면에 인간관계를 구성하는 사회조직의 원리나 조직상황 등의 영향을 간과했다는 한계점이 있다.

3) 행동과학론

1950년대를 전후하여 고전이론과 인간관계론이 지닌 이론적 문제점을 비판하면서 이를 종합하려고 시도한 버나드(Barnard), 사이몬(Simon) 등은 행동과학적 접근을 통해 행정이론의 발전에 공헌하였다. 행동과학론에서는 인간의 행위에 대한 이론 수립을 목표로 여러 과학분야에서 이루어진 행동연구를 하나의 통일된 이론체제로 종합하고자 하였다. 버나드는 조직을 사회적 협동체로 보고 조직 내 비공식조직의 중요성, 의사결정의 중요성 등을 강조하였으며, 사이몬은 의사결정에서 최적의 합리성보다는 제한된 합리성 추구가 효과적이라고 지적하였다. 행동과학론은 교육행정의 이론화 작업을 위한 이론화 운동을 통해 실제적 처방 수준의 교육행정학을 이론 수준으로 발전시키는 데 공헌하였다.

4) 체제론

1960년대 조직과 관리과정에 대한 새로운 통합적 접근방법으로 대두한 이론이 체제론이다. 체제론에서는 조직이 주위 환경의 영향을 받을 뿐만 아니라 환경에 의존한다는 사실을 강조하였다. 체제이론가들은 조직을 전체적으로 연구하여 조직과 구성요소 간의 상호관계 및 외부 환경과의 관계 탐구에 초점을 두었다. 체제는 하나의 전체를 이루고 있는 상호관련된 부분들로 구성될 뿐만 아니라 이 부분들이 전체의 목적 달성을 위해 적극적으로 협동한다. 조직은 환경으로부터 자원을 투입받아 일련의 기술적·행정적 과정을 거쳐 결과를 생산하기 위해 투입요소를 산출로 전환시킨다. 사회체제이론에서는 인간의 행동은 규범적 차원과 개인적 차원에서 조직 내 역할과 개인의 인성이 상호결합되어 발생된다고 설명하였다.

5) 대안 이론

1970년대 중반 이후 기존의 전통적인 주류 교육행정이론의 관점과 가정에 대해 비판하는 해석론, 비판이론, 포스트모더니즘, 페미니즘 등의 대안 이론이 등장하였다. 1950~1970년대까지의 이론화·과학화 운동은 구조-기능주의의 관점에서 객관화·일반화·계량화하려는 데 관심을 두었다. 이에 대한 비판으로서 대안 이론은 주관성, 비결정성, 비합리성, 개인적인 해석을 강조한다. 중립적인 관찰보다 감정, 객관성보다 상대주의, 통일성보다 단편성을 선호한다. 해석론에서는 교육현상을 인위적인 체계로 간주하고 자연과학의 대상과는 달리 개별성과 특수성에 의해서 이해되어야 한다고 보았다. 비판이론은 현재의 지식과 실제에 내재하고 있는 일관성과 모순을 드러낼 뿐만 아니라 인간의 소외, 억압을 가져오는 기본적인 사회구조를 변화시키고자 한다. 교육의 과정에서도 현재의 권위구조, 교육과정, 교육학에 의해 누구의 이익이 옹호되는가를 규명하고자 한다. 포스트모더니즘은 논리적인 경험주의에 대항하여 지식에 대한 개인적, 비일반화, 감정적인 형태를 보인다. 페미니즘은 조직이 남성문화에 의해 지배되고 있다고 지적한다. 예컨대 전통적으로 여성적인 역할에 관련된 개인이나 집단의 특성(지원적, 비주장적, 정서적, 의존적, 경청적, 표현적)은 남성적인 특성(분석적, 공격적, 합리적, 독자적, 비개인적, 수단적)에 종속되어 왔으며, 이러한 현실은 바뀌어야 한다고 지적한다.

3. 교육제도와 교육조직

1) 교육제도

학제는 국가의 교육이념을 실현하기 위한 제도적 장치다. 학제는 학교교육을 단계별로 구분하고, 각 단계의 교육목적과 교육기간, 교육내용을 설정한다. 학제는 또한 수직적으로는 교육단계 간의 접속관계, 수평적으로는 학교교육과 학교 외 교육 간의 연결관계를 규정함으로써 국가의 교육운영을 제도적으로 규정한다. 우리나라의 현행 학제는 1950년대에 6-3-3-4제의 골격을 정립한 이후 지난 50여 년 동안 기본 구조에 큰 변화 없이 유지되어 왔다. 현행 학제는 크게 기본학제와 특별학제로 구분되며, 여기에 학교 외 교육제도로서 각종 사회 및 평생교육제도가 있다. 기본학제와 특별학제에 소속된 각 학교 및 기능은 다음과 같다.

기본학제는 유치원, 초등학교, 중학교, 고등학교, 대학교로 이어진다. 즉, 취학 전 교육기관으로 만 3세부터 초등학교 취학 전까지의 유아를 대상으로 하는 유치원, 초등학교, 전기중등교육기관인 중학교와 후기중등교육기관인 고등학교, 기본학제의 최상위단계인 고등교육기관으로서의 대학, 전문대학 등으로 이루어져 있다. 특별학제는 기본학제의 보완적 기능을 수행하거나, 사회교육의 성격을 가지고 정규학교의 교육과정에 준하는 교육을 실시하기 위한 제도다. 고등학교과정으로는 방송통신고등학교, 근로청소년을 위한 특별학급 또는 산업체부설특별학교가 있으며, 고등교육기관으로는 산업대학과 방송통신대학 및 기술대학이 있다.

2) 교육행정조직

(1) 중앙교육행정조직

중앙교육행정조직은 중앙정부의 교육행정을 위한 조직과 구조를 말하며, 우리나라의 중요한 중앙교육행정기구는 교육부다. 교육부는 교육의 기본적인 정책을 개발하고, 장기적인 교육계획을 수립하며, 수립된 정책과 계획의 집행을 담당한다. 교육부는 부총리 겸 장관을 정점으로 차관, 담당관, 실 · 국, 과 등의 계선구조로 이루어진다. 교육부의 기구는 3실, 3국 · 10관, 49과(담당관)로 편성되어 있다. 교육부의 실 · 국별 담당업무를 간단히 살펴보면 다음과 같다.

- 교육부의 책임자인 부총리 겸 장관은 국무회의의 구성원이고, 교육

에 관련된 사항에 대하여 대통령에게 보고하며 지시받는다.

- 기획조정실은 주요 업무계획, 예산편성 및 집행, 규제개혁, 교육시설, 비상안전, 국제교육협력, 재외동포교육 등의 업무를 담당한다.
- 교육정책실은 초 · 중등학교 정책, 공교육진흥, 교원정책, 교원복지, 교육과정정책, 교과용 도서의 편찬, 창의교수학습 및 인성체육예술교육, 학생복지정책, 학생폭력대책, 학생건강안전, 방과후 학교 지원 등의 업무를 담당한다.
- 대학지원실은 대학교육의 기본 정책, 대학학사제도의 기본 정책, 대입제도, 지역대학육성, 전문대학정책, 산학협력, 취업창업교육, 학술진흥, 대학재정지원, 대학원 지원, 대학 장학 등의 업무를 담당한다.
- 지방교육지원국은 지방교육자치, 지방교육재정, 유아교육정책, 특수교육정책 등의 업무를 담당한다.
- 평생직업교육국은 인재직무능력 정책, 평생학습정책, 진로교육정책, 직업교육정책 등의 업무를 담당한다.
- 교육정보통계국은 교육정보화정책, 교육행정 정보화 추진, 교육전산망의 구축 및 관리, 교육통계, 이러닝 등의 업무를 담당한다.

교육부의 직속기관으로는 대한민국학술원, 국사편찬위원회, 국제교육진흥원, 국립특수교육원, 교원징계재심위원회, 17개의 시 · 도 교육청이 있다. 교육부와 관련된 정부출연 연구기관으로는 한국교육개발원, 한국교육과정평가원, 한국직업능력개발원 등이 설치되어 있다.

(2) 지방교육행정조직

지방교육행정조직은 유 · 초 · 중등교육을 지원하기 위한 교육행정조직으로서 교육위원회, 교육감으로 이루어진다. 지방교육행정조직은 지방교육자치제의 원리에 기초하여 운영되고 있다. 지방교육자치제도는 지방교육의 전문성과 자주성을 구현하기 위하여 지방주민들이 주체가 되어 대표자를 선출하고, 이들을 통하여 지방의 교육사업을 경영해 나가도록 권한과 책임을 부여하는 제도다.

현행 지방교육자치제도에서 1991년에 「지방교육자치에 관한 법률」이 제정 · 공포되면서 실질적으로 시행되었다. 시 · 도의 교육학예에 관한 주요 사항의 심의 · 의결기관으로서 교육위원회, 교육사무의 집행기관으로서 교육감, 교육감을 보좌하는 행정기관으로서 교육청이 설치되어 있다. 지방교육자치의 단위는 광역자치단체인 시 · 도 단위에서만 실시하고 있어 시 · 군 · 구의 기초단위까지 자치를 실시하고 있는 일반 지방자치와는 다르게 운영되고 있다.

교육위원회는 교육 · 학예에 관한 의안과 청원 등을 심사 · 의결하는 시 · 도 상임위원회로서 설치된다. 교육 제출할 조례안과 예산안 및 결산안, 특별부과금 · 사용료 · 수수료 · 분담금 및 가입금의 부과와 징수에 관한 사항 등에 대해서 심의권을 행사하고 있다. 교육위원회는 시 · 도별 특성에 따라서 7～15인까지를 정수로 하고 있으며, 교육위원 전원이 시의원으로 선출된다. 교육위원의 임기는 4년이며 중임제한은 없고, 교육위원회의 위원장은 교육위원 중에서 무기명 투표로 선출되며 임기는 2년이다.

교육감은 집행기관의 성격으로서 시 · 도의 교육 및 학예에 관한 사무의 집행권과, 소관사무로 인한 소송이나 재산의 등기 등에 대하여 시 · 도 대표권 등을 행사하고 있다. 교육감은 시도 주민의 직접선거에 의해 선출되며, 임기는 4년으로 1차에 한해 중임할 수 있다. 그리고 교육감의 보조기관 성격을 띠는 부교육감은 교육감이 추천하는 인사를 교육부장관의 제청으로 국무총리를 거쳐 대통령이 임명한다.

현행 지방교육자치제도는 지방의 교육학예에 관한 조례 제정, 예산 및 결산 등 주요 안건에 대한 최종 의결권이 시 · 도 의회에 부여되어 있다. 따라서 교육위원회는 주요 안건에 대한 상임위원회로서 권한과 기능에서 제한받고 있다. 특히 교육에 대한 비전문가로 구성된 광역의회에서 지방의 교육학예에 대한 주요 안건을 최종적으로 의결하기 때문에 의사결정의 전문성과 효율성이 떨어지고 있다. 따라서 교육의 자율성, 전문성 및 정치적 중립성을 보장하는 방향으로 지방교육자치제도가 개선될 필요가 있다. 지방자치가 실시되고 있지만, 중앙교육행정조직인 교육부장관은 각 시 · 도의 교육 및 학예에 관한 사무에 대한 조언, 권고, 지도, 자료제출 요구, 시정명령, 명령 또는 처분 취소, 집행정지, 자치사무에 대한 감사 등의 권한을 가지고 있어 지방의 교육학예에 대한 사무에 관여할 수 있다.

3) 학교조직

학교는 교육목적을 수행하기 위해서 교사, 행정가, 직원, 학생의 주요 구성원으로 조직되어 있다. 학교의 구성원들은 전체 조직의 목적 달성을 위해서 여러 부서에 배치되어 역할을 담당한다. 학교의 주요한 부서는 집행기구, 심의기구, 자문기구 등으로 구분된다. 학교조직은 개별 학교마다 차이는 있으나 대개 교육지도조직, 운영조직, 교무분장조직 등으로 분류된다.

(1) 교육지도조직

학교의 교육지도조직은 학생들을 대상으로 교육하고 지도하는 교원의 활동을 총괄하는 핵심적인 조직이다. 학교에서 교과과정, 특별활동, 생활지도 등으로 구성되는 교육과정은 이 조직을 통하여 운영된다. 교육지도조직은 학교조직의 특성을 대변하는 전문조직의 성격을 갖는다. 학교교육의 성패는 바로 이 조직의 활성화 정도에 달려 있다. 학교의 교육지도는 교장-교감-교과(학년)부장-교과(학급)교사로 이어지는 지도체계를 가지고 있다. 교장은 교무를 통할하고 소속 교직원을 지도 · 감독하며, 학생을 교육한다. 교감은 교장을 보좌하여 교무를 관리하고 학생을 교육한다. 학년부장교사는 동학년 담임교사들을 지원하고, 교과부장교사는 같은 교과교사들을 지원한다. 그리고 학급담임 및 교과교사는 학급의 학생들을 대상으로 교과에 대한 학습지도를 한다. 학년부장교사와 교과부장교사는 학교 조직구조에 따라 법정수만큼의 교내 보직에 의하여 임용된다.

(2) 교무분장조직

학교에는 조직운영에 필요한 여러 가지 업무를 교사들이 분담하여 처리하는 교무분장조직이 있다. 즉, 학교에서 교무분장조직은 학교의 교무를 수행하기 위한 일종의 사무조직이다. 교무분장조직은 학교의 교육과정 운영을 지원하는 조직으로서 교장-교감-부장(보직교사)-교사로 이어지는 조직계통을 갖는다. 교무분장조직은 학교의 각종 사무를 능률적으로 수행하기 위한 직능조직의 성격을 갖고 있다. 교무분장조직은 조직기구표상에 나타난 조직으로 개별 학교마다 다소 차이는 있으나 크게 행정기능별, 교과별, 학년별로 구분된다. 행정기능별로는 대체로 교무, 학생, 연구, 윤리, 과학, 환경, 체육 및 서무 등으로 일반화되어 있으나 교무, 학생, 연구 등은 학사업무를 수행하는 부서이며 윤리, 과학, 환경, 체육 등은 교과지원업무를 수행하는 부서다. 교과별 교무분장의 경우 각 교과부장을 중심으로 교과목별로 구성되고, 학년별 교무분장의 경우 각 학년부장을 중심으로 학년업무를 관리하도록 구성된다. 개별 학교에서 교무분장조직의 부서는 보직교사의 수와 교사의 수에 따라 결정되며, 교사 및 보직교사의 배치기준은 초·중등교육법시행령에 규정되어 있다.

(3) 운영조직

운영조직이란 학교운영에 참여하는 심의 및 자문기구를 말한다. 학교운영에 필요한 의사결정을 내릴 때 주요 구성원들의 의견을 반영하기 위한 심의기구와 학교장의 의사결정에 자문활동을 담당하는 자문기구가 있으며, 학교운영을 지원하고 회원 간의 친목을 도모하기 위하여 비공식적으로 운영되는 기구로서 학부모회와 어머니회가 있다.

학교운영위원회는 학교운영에 관한 심의기구로서 「초·중등교육법 및 동법시행령」에 근거하고 있는 법정 기구다. 학교운영위원회는 교육위원 및 교육감의 선출, 학교의 운영에 관한 주요 사항에 대한 심의, 학교운영 지원비의 징수 등의 기능을 수행한다. 학교운영위원의 정수와 구성비율은 지역의 특성, 학교의 규모, 학교급별 등을 고려하여 당해 학교의 운영위원회 규정으로 정한다. 운영위원의 구성비율은 학부모위원 40~50%, 교원위원 30~40%, 지역위원 10~30%로 하여 7~15인의 범위 내에서 정한다. 위원의 임기는 1년으로 연임 가능하며, 위원장 및 부위원장은 각각 1인을 두되 교원위원이 아닌 위원 중에서 선출하며 1년 임기에 연임이 가능하다.

학교운영에 관련된 의사결정의 자문기구로는 교직원회의, 부장회의, 인사자문위원회, 선도위원회, 성적관리위원회, 학교분쟁조정위원회, 학년협의회, 교과연구협의회 등이 있다. 교직원회의는 학교경영에 관한 협의, 학교운영 주요 사업 협의, 학교 내 규칙 제정 등의 기능을 담당하며 전 직원으로 구성된다. 부장회의는 학교운영의 주요 업무, 주요 시책 및 의사결정, 각부 주요 업무 등에 대한 협의체로 교장, 교감, 각부 부장, 서무과장 등이 참여한다. 인사자문위원회는 교내 인사행정에 관한 사항에 대한 협의 · 자문의 기능을 수행하며 주임교사 임용, 학급담임, 교무분장 배정, 포상대상자, 국외연수대상자 추천 등을 주요 내용으로 한다. 선도위원회는 학생선도 및 학생 생활지도, 표창에 관한 사항 등을 협의한다.

성적관리위원회는 학업성적 평가 및 관리의 객관성, 공정성, 투명성과 신뢰도를 높이고 학교생활기록부의 전산처리와 관리 및 학업성적관련 업무를 효율적으로 시행하기 위한 것으로, 위원장은 학교장, 부위원장은 교감이 되고 위원은 교무분장을 고려하여 학교장이 임명한다. 학교분쟁조정위원회는 교육활동 중 발생하는 교원과 관련된 분쟁사안을 심의 · 조정 · 권고하기 위해 설치되었다. 학년협의회는 학교 및 학년경영업무 추진에 대한 협의체로서, 학급경영 분석 및 정보교환 · 교과운영 · 생활지도 운영 · 특별활동 운영 · 학년행사 · 주요 시책 사전협의 등을 주 내용으로 한다. 교과연구협의회는 각 교과별 교사들이 모여 교과과정 편성, 교과 담당교사 배정, 교재 재구성 및 교수-학습자료 제작, 학습지도 연간 계획 등을 협의하고 평가도구 제작, 교수-학습지도방법의 개선, 교수-학습자료 관리 등을 담당한다.

4) 학급조직

학급은 교수-학습조직의 기본 단위로서 학생과 교사들에게는 교육활동의 장이면서 생활의 장이다. 학급의 교육과 생활경험을 계획하고 조직하며 지도하는 학급경영은 학교교육의 성과는 물론이고 학생 개개인의 삶의 질을 결정하는 중요한 역할을 한다. 학급담임이 담당하는 학급경영 활동은 교과지도에서부터 생활지도, 학급사무에 이르기까지 다양하다. 학급경영의 주요 영역 및 구체적인 활동은 다음과 같다.

교수-학습영역에는 구체적으로 학습지도 준비, 교과지도, 특수아지도, 가정학습지도, 특기적성지도 등이 있다. 생활지도영역에는 인성지도, 학습상의 문제에 관한 지도, 진로 및 직업지도, 건강지도, 여가지도 등이 있다. 환경 및 시설영역에는 게시물관리, 시설관리, 비품관리, 청소관리, 물리적 환경관리, 정신적 환경관리 등이 있다. 가정 및 지역사회영역에는 가정과의 유대관계, 지역사회와의 유대관계, 교육유관기관과의 유대관계, 지역사회자원의 활용, 봉사활동 등이 있다. 사무영역에는 학사물관리, 학습지도에 관한 사무관리, 학생기록물관리, 가정통신문관리, 각종 잡무관리, 학교경영평가관리 등이 있다.

학급담임은 또한 학급 내에서 이루어지는 여러 행사 및 활동에 학급구성원 모두의 자발적이고 적극적인 참여를 이끌어내기 위해 학급구성원들에게 학급의 일을 분담하고 자신들의 개별적인 의견을 체계적으로 수렴할 수 있도록 학급운영의 구조를 확립해야 한다. 즉 학급회의 및 운영위원회 조직, 각 부서 및 부서별 활동조직을 구성한다. 효과적인 분단의 조직과 좌석의 배정, 담임교사의 교육관이나 학급구성원들의 바람직한 공동체 구성 의지가 반영된 학급의 자율적인 규범의 설정, 학급구성원의 학업 성취와 물리적 · 심리적 · 사회적 영향을 미치는 학급환경의 조성 및 청소 지도, 주변의 업무 지도, 학급의 단체활동지도, 안전관리, 건강관리 등도 학급경영에 있어서의 구체적인 활동들이다.

4. 교육행정의 과정

1) 지도성

지도성은 일반적으로 조직목표 달성을 위해서 구성원들의 행동에 영향을 미치는 활동으로 정의된다. 지도성은 교육조직의 성공 여부를 결정하는 중요한 요인이다. 리더십 이론은 특성이론, 행동연구, 상황이론, 변혁적 리더십 등으로 구분된다. 특성이론은 리더는 출생할 때 리더로서의 특성을 가지고 있다고 가정하고 구성원들과 구별되는 리더의 특성을 밝히고자 하였다. 스톡딜(Stogdill), 베니스(Bennis), 유클(Yukl) 등 여러 학자들은 리더십 특성에 관한 연구에서 효과적인 리더의 특성으로 리더의 개성, 직무에 대한 동기, 리더의 능력과 기술을 지적하였다. 즉, 효과적인 지도자는 개성에 관련된 특성으로 자신감, 스트레스에 대한 인내, 정서적인 성숙, 성실성을 보인다. 또한 직무와 대인관계에 대한 관심이 높고 권력과 성취에 높은 가치를 부여하며, 성공에 대한 높은 기대감을 보인다. 효과적인 지도자는 직무수행과 관련된 전문적 지식과 능력을 갖추어야 한다. 이러한 능력에는 직무성취를 위한 전문적 능력, 대인관계능력, 복잡한 문제를 해결할 수 있는 통합적 능력이 포함된다.

특성이론에 이어서 조직의 지도자가 나타내는 행동을 기술하는 리더십 행동연구에서는 효과적인 지도자와 비효과적인 지도자의 행동을 비교하는 데 초점을 두었다. 대표적인 연구로는 레빈(Lewin)의 연구, 오하이오 주립대학 연구, 미시간 대학 연구 등이 있다. 효과적인 지도자는 직무에 대한 관심과 구성원의 배려에 대한 관심이 높은 것으로 나타났다. 학교경영자의 경우에도 이상의 두 가지 차원이 높게 나타날 때에 보다 효과적인 것으로 보고되었다.

상황이론에서는 효과적인 지도성 행동은 상황에 따라 다르다고 전제하고, 지도성을 지도자와 구성원 간의 관계, 직무특성, 구성원의 성숙도 등을 포함하는 다양한 상황요인을 지적하였다. 피들러(Fiedler)의 상황적응이론에서는 지도성의 유형을 과업지향적 지도자와 인간관계지향적 지도자로 구분하고, 상황요인으로는 지도자의 직위 권력, 업무의 구조, 지도자와 구성원의 관계에 따른 지도자에 대한 상황의 호의성 정도가 있다. 피들러는 지도자에 대한 상황의 호의성 정도가 높은 상황과 낮은 상황에서는 과업지향적인 지도자가 보다 효과적이며, 중간 정도의 상황에서는 관계지향적 지도자가 보다 효과적이라고 제시하였다.

변혁적 리더십에서는 지도자 행동의 비합리적인 측면 또는 영감적이고 상징적인 측면을 강조하였다. 변혁적 리더십에서는 구성원들에 대해 외적인 보상을 통해 동기를 유발하는 거래적 지도자 대신에 변혁적 지도자를 제시한다. 변혁적 지도자는 구성원들에 대한 단순한 보상과 조직에 대한 노력의 교환 이상으로 이념화된 영향력, 영감적 동기유발, 지적인 자극, 개별화된 배려를 통해 구성원들의 동기를 유발한다.

2) 동기유발

조직의 핵심적인 구성요소로서의 인간, 조직목표 달성을 위한 인간의 동기유발은 행정가가 조직의 목표와 기능을 원활하게 수행하기 위한 기초다. 개인의 행동유발에 있어서의 내적 요인에 초점을 둔 내용이론과 행동형성과정에 초점을 둔 과정이론이 있다. 내용이론은 구성원의 동기를 유발하는 요인이 무엇인지에 초점을 둔 것으로, 매슬로(Maslow)의 욕구단계이론, 허즈버그(Herzberg)의 동기-위생이론, 앨더퍼(Alderfer)의 ERG 이론 등이 대표적이다. 매슬로는 인간은 항상 무엇인가를 필요로 하는 결핍의 존재로 충족되지 못한 욕구를 충족시키기 위해 동기가 유발된다고 보았다. 매슬로는 사람의 욕구를 생리적 욕구, 안전의 욕구, 사회적 욕구, 존경 욕구, 자아실현 욕구의 다섯 단계로 하위 수준에서 상위수준으로 구분하였으며, 하위단계의 욕구가 먼저 충족된 후에 상위단계의 욕구가 나타나고 이를 충족시키기 위해 행동이 유발된다고 보았다. 허즈버그는 직무의 만족을 주는 요인과 직무불만족을 가져오는 요인이 별개로 존재한다고 지적하였다. 직무만족요인으로는 성취, 성취에 대한 인정, 일 자체, 책임, 승진 등과 같은 직무 및 직무내용과 관련된 사항과 직무불만족요인으로는 상급자 및 동료와의 인간관계, 기술적 감독, 조직의 정책, 작업조건, 급여 등과 같은 직무환경 및 인간관계에 관련된 사항을 들었다. 앨더퍼는 인간의 욕구는 체계적으로 정돈될 수도 있고 낮은 수준의 욕구와 높은 수준의 욕구 간에는 근본적 차이가 있다고 보고 조직에서 피고용자의 동기를 결정하는 주요 요인으로서 생존(existence)-관계(relatedness)-성장(growth)의 욕구를 제시하였다. 생존욕구는 인간의 생존을 위해 필요로 하는 욕구로서 생리적인 욕구와 물질적인 욕구를 포함하며, 관계욕구는 사회적 존재로서 인간이 타인과 인간관계를 맺으려는 욕구이며, 성장욕구는 인간이 성장하며 자신의 잠재력을 최대한으로 발휘하고자 하는 내적인 욕구다.

과정이론은 인간의 동기유발이 어떠한 과정을 거쳐 이루어지는가에 초점을 둔 것으로 브룸(Vroom), 포터와 롤러(Porter & Lawler), 아담스(Adams), 로크(Locke) 등의 연구가 대표적이다. 브룸은 기대이론에서 인간은 이성과 사고를 지닌 존재로 현재와 미래의 행위에 대해 의식적인 선택을 한다고 가정함으로써 동기화 과정에서 개인 지각의 중요성을 강조하고 동기를 여러 자발적 행위 가운데서 개인의 선택을 지배하는 과정으로 정의하였다. 포터와 롤러는 성과-만족이론에서 직무수행능력은 과업성취와 그에 결부된 보상에 부여하는 가치, 노력이 보상을 가져다줄 것이라는 기대에 의해 좌우되며, 노력에 의한 직무성취는 개인의 만족, 만족에 결부된 내 · 외재적 보상에 의해 강화된다고 보았다. 아담스는 공정성 이론에서 한 개인이 타인에 비해서 얼마나 공정한 대우를 받고 있다고 느끼는가에 관심의 초점을 두고 공정하다고 느낄 때 직무에 대한 만족을 갖게 된다고 보았고, 로크는 목표설정이론에서 목표를 성취하려는 의도가 동기를 형성하는 가장 중요한 요인이라고 보았다.

3) 의사결정

여러 대안 중에서 하나의 대안을 선택하는 과정으로 정의되는 의사결정은 행정가가 수행하는 중요한 기능 중의 하나다. 조직 내에서의 의사결정과 참여를 인식하는 데 도움이 될 수 있는 의사결정 모형은 다음과 같다. 먼저 합리성 모형은 인간과 조직의 합리성을 전제한 것으로, 조직의 의사결정자가 완전한 이성과 합리성에 입각하여 의사결정을 내린다고 본다. 합리성 모형은 모든 가능한 해결대안을 인식하고, 각 대안의 모든 가능한 결과를 알아내고, 그의 가치체제와 반대되는 결과를 평가할 수 있고, 목표를 충족하는 정도에 따라 대안의 순수를 정하고 나서 목표달성을 극대화할 수 있는 대안을 선택하는 일련의 단계를 거치게 된다. 그러나 합리성 모형은 지나치게 이상적이고 규범적이기 때문에 현실의 의사결정상황에는 잘 부합되지 않는다는 제한점을 가지고 있다.

마치와 사이먼(March & Simon)은 합리성 모형을 수정한 만족화 모형을 제시하였다. 즉, 대부분의 조직문제가 복잡하고 인간의 지적 능력이 한정되어 있기 때문에 의사결정자들은 최선의 대안보다는 현실적으로 만족할 만한 것에 그친다고 보았다. 점증적 모형에서는 일반적으로 문제가 복잡하고 불확실하며 갈등이 높을 때, 대안의 결과에 대한 철저한 분석보다는 기존 상황과 유사한 소수의 대안을 각각 결과와 비교하여 결정한다고 보았다. 이 경우에 의사결정은 기존의 의사결정을 점진적으로 수정해 나감으로써 부분적 · 순차적 · 점진적인 방향으로 진행된다. 혼합모형은 합리성 모형과 점증적 모형의 혼합모형으로 기본적인 방향 설정 등은 합리성 모형에 의해 선택한 후에 초점을 맞추어 세부적인 사항은 점증적 모형에 의해 의사결정을 이루어 나가는 것이 현실적이라고 제시하였다.

조직의 의사결정에 대한 네 가지 모형이 있지만 언제나 효과적인 최선의 방법은 없기 때문에 조직의 상황에 가장 적합한 모형을 선택해야 한다. 의사결정은 조직이 처한 복잡성의 정도와 불확실성과 갈등을 다룰 수 있는 능력에 따라 달라진다. 예컨대 문제가 단순하고 정보가 확실할 때, 조직구성원들의 선호가 분명할 때 합리성 모형이 적합하다. 조직이 처한 문제가 불확실성이 높고 구성원들 간에 갈등이 많을 때 일반적으로 만족화 모형이 적절하다. 대안의 개발이 어렵고 결과가 복잡해서 예측하기 어려울 때는 점증적 모형이 채택될 수 있다. 한편 점증적 모형은 방향 없이 표류할 수 있기 때문에 혼합모형이 활용될 수 있다.

5. 교사와 교육행정

1) 교육행정의 새로운 기능

21세기에 들어서 학교를 둘러싼 환경은 매우 동태적인 특징을 지님으로써 교육의 목표 · 내용 · 교육행정의 기능 · 구조 등에도 영향을 미치고 있으며, 교육과 교육행정의 새로운 패러다임에 대한 요구가 강하게 나타나고 있다. 즉, 과거 산업사회에서 정립되었던 교육행정 패러다임에서 미래사회에 적합한 새로운 교육행정 패러다임의 정립이 절실히 요청되고 있다. 미래사회의 모습은 학자에 따라서 여러 가지로 묘사되고 있다. 미래사회는 급속한 정보화와 과학기술의 발달에 따라 크게 변모될 것으로 예측된다. 이와 함께 과거 인간에게 가해졌던 많은 제약들이 크게 약화됨으로써 민주화가 확대될 것이며, 기존의 인식체계와 규범체계가 부정되고 새롭게 정립될 것이다. 이런 변화의 흐름에서 인간 개개인의 주체적인 의식과 행동의식이 강화될 것이며, 사회에서의 다양성과 혁신성, 창의성이 중시될 것이다.

미래세계를 주도적으로 이끌어 갈 수 있는 인간을 길러 내기 위해서 교육조직의 운영이나 교육행정의 운영방식은 기존의 방식과는 크게 달라져야 한다. 즉, 미래의 교육조직이 학생의 학습을 중심으로 자생적인 교육력을 갖춘 학교가 될 수 있도록 지원되어야 한다. 자생력인 교육력을 갖춘 학교는 교육의 본질을 구현할 수 있는 능력과 조건을 스스로 갖춘 학교를 가리킨다(윤종건 외, 2002). 이 학교에서는 교육과 학교에 대한 건강한 의식과 비전을 구성원들이 공유하고, 구성원들 간에 서로 배우면서 함께 성장한다. 학교에서 구성원들은 내발적인 동기에 의해 활동하고 자신의 일에 책임감을 갖는다.

새로운 교육행정은 각 학교를 이러한 자생적인 교육력을 갖춘 학교로 발전시키는 것을 중요한 목표로 삼아야 한다. 학교의 구성원들은 가르치는 일을 전문적인 능력을 가지고 원숙하게 해내는 활동에서 내재적인 만족을 얻는다. 또한 학교구성원 상호 간에 신뢰와 협력을 통해서 가르치는 일의 수준이 더욱 향상된다. 학교구성원들은 더불어 생활할 때 행복감을 느끼게 된다. 새로운 교육행정은 학교의 구성원들이 행복한 생활을 영위할 수 있도록 지원해야 할 것이다.

새로운 교육행정의 패러다임이 실현되기 위해서는 교육행정의 운영방식이 기존의 구성원들 간의 적대적 관계, 관료적 조직, 독재적 지도성, 중앙의 통제, 일방적 의사전달 등의 방식에서 협동적 관계, 유기적 조직, 지도성의 공유, 자율성과 책무성, 의사전달 네트워크의 형성 등으로 변화되어야 할 것이다. 더욱이 새로운 교육행정은 단위학교에 대한 규제적 통제 위주 기능에서 단위학교의 자생적인 교육력을 북돋우는 지원 및 컨설팅

기능을 중시하는 것으로 바뀌어야 한다.

2) 학교공동체 형성과 교사의 역할

학교교육에 대한 사회적 요구의 다양화로 인해 교육행정의 대상이 되는 단위학교의 교육이념 · 교육내용 · 형태 등이 다양화되고, 교육의 질적 수준 제고나 다양한 교육프로그램의 제공이 이루어지기 위해서 학교현장의 자율성이 향상되고 있다. 과거의 교육행정은 중앙교육행정기관의 정책개발뿐만 아니라 집행기능이 강조됨으로써 중앙집권적인 방식으로 운영되었지만, 점차로 지방교육자치제도가 강조되면서 시 · 도 교육위원회 및 교육감의 역할이 증대되고 있다.

교육활동이 직접 이루어지고 있는 단위학교에서 교육적 의사결정이 이루어질 때 교육적 효과성이 높아질 수 있다는 가정이 설득력을 얻고 있으며, 이에 따라 단위학교 책임경영제의 도입이 이루어지고 있다. 따라서 단위학교의 교직원 인사, 교육과정의 편성과 운영, 교육재정의 운영 등에 대한 권한이 점차적으로 증대하고 있으며, 이와 동시에 학생의 교육적 성취도 향상과 같은 교육적 책무성이 강조되고 있다.

성공적 학교를 가져오는 핵심적인 특성으로서 학교의 활동이 학생의 교수–학습활동에 초점을 맞추고, 교사의 교수–학습활동이 높은 수준으로 이루어지고, 학교 전체의 공동체적 역량이 계발되고, 학부모를 비롯한 교육행정기관 · 지역사회 인사 등이 적극적으로 지원하는 것(Newmann et al., 1995) 등이 지적되고 있다. 뉴먼(Newmann) 등의 연구에 의하면 학교의 핵심적 구성원들인 교사들의 교육적 활동이 높은 수준에서 이루어져야 하고, 이러한 교육적 활동이 개인적인 수준에서 끝나는 것이 아니고 전체 교사들의 교육적 역량이 축적될 때 성공적인 학교를 가져올 수 있다는 것이다.

이뿐만 아니라 국내외의 학자들은 학교가 관료적 조직으로서의 특성이 지나쳐 학교의 정상적인 기능 수행이 약화됨으로써 단위학교가 공동체로서 이해되어야 한다는 점이 강조되고 있다(Sergiovanni, 1994; 주철안, 2004). 즉, 오늘날 도처에서 나타나는 교단의 갈등과 교육적 위기를 극복하고 단위학교를 배움과 돌봄이 가득한 성공적인 학교를 만들기 위해서는 학교행정가 또는 특정한 일부 교사의 노력만으로는 안 되고 전체 교사, 행정가, 직원, 학생, 학부모 모두의 공동체적인 노력이 필요하다. 특히 학교의 구성원들 중에서 핵심적인 역할을 수행하는 교사들은 학생들과의 인간적인 신뢰감과 유대감을 형성함으로써 돌봄을 회복할 뿐만 아니라 자신들의 수업을 공개하고, 학생교육과 지도에 대한 자신의 지식과 기술을 동료교사들과 공유하고, 보다 나은 방법을 찾기 위해 협력함으로써 교사와 학생, 학부모 등 공동체 구성원이 서로 배우면서 함께 성장하는 배움과 돌봄의 공동체를 만드는 데 주력해야 한다.

연구문제

1. 교육행정의 개념과 교육행정의 본질적 특성을 생각해 보시오.
2. 교육행정이론이 어떻게 변천해 왔는지 그 주요 내용을 파악해 보시오.
3. 현행 교육자치제의 주요 내용과 한계점, 그리고 개선점에 대해 생각해 보시오.
4. 학교조직의 주요 부서와 기능, 그리고 담임교사의 역할에 대해 생각해 보시오.
5. 학교공동체 형성을 위한 교사의 역할에 대해서 토론해 보시오.

추천 학습자료

〈도서〉

1. 이훈구 외(2000). 심리학자의 교실이야기. 법문사.
2. 주철안 역(2004). 학교 공동체 만들기: 배움과 돌봄을 위한 도전. 에듀케어.

〈영상자료〉

1. KBS 일요스페셜, '교실이야기'

〈인터넷 자료〉

1. 교육부 http://www.moe.go.kr
2. 한국교육개발원 http://www.kedi.re.kr
3. 한국교육행정학회 http://www.kssea.or.kr

참고문헌

박병량, 주철안(2012). 교육행정 및 교육경영. 서울: 학지사.

윤종건 외(2002). 전환시대의 한국교육행정. 서울: 원미사.

Newmann, F. M. et al. (1995). *Authentic achievement: Restructuring schools for intellectual quality.* San Francisco: Jossey-Bass.

Sergiovanni, T. (1994). *Building Community in Schools.* San Francisco: Jossey Bass.

제 9 장

교육과정의 이해

이 장에서는 교육활동의 기본 계획이라고 할 수 있는 교육과정 분야를 소개한다. 교육과정은 교육목적, 교육내용, 교육방법을 결정하는 것과 관련된 교육학의 학문 분야다. 여기서는 교육과정 분야의 가장 기초적인 개념들을 알기 쉽게 소개하고자 한다.

학습과제

- 교육과정의 다양한 의미를 알아본다.
- 교육과정의 유형과 유형별 특성을 알아본다.
- 교육과정의 주요 활동과 그들 간의 관계를 알아본다.

옛날 어느 숲 속에 많은 동물들이 모여 살았습니다. 동물들은 팔월 보름에는 한자리에 모여 축제를 벌였습니다. 축제가 끝날 무렵에 행사의 사회를 맡았던 토끼가 한 가지 제안을 하였습니다.

"우리는 늘 본능에 의하여 살아왔지만, 우리가 알고 있는 것을 후손들에게 체계적으로 전달할 수 있다면 생활이 더욱 풍요하고 윤택해질 테니, 학교를 세우자."

축제에 참가한 대부분의 동물들이 토끼의 제안에 동의하였습니다.

그날 이후 학교를 세울 준비가 착착 진행되어 갔습니다. 학교 건물을 짓고 필요한 시설을 갖추고 장비를 구입하여 배치하였습니다. 선생님과 행정직원을 뽑고 그들 중에서 덕행과 명망이 가장 뛰어난 분을 교장선생님으로 선출하였습니다. 이제 학교는 교육과정을 결정하는 일을 제외하고는 학생들을 받아들일 만반의 준비를 갖추었습니다.

교육과정을 결정한다는 것은 왜 무엇을 어떻게 가르칠 것인가에 관한 결정을 말합니다. 여러분이 알고 있는 방식으로 표현한다면 교육목적, 교육내용, 교육방법 등을 결정하는 것을 말합니다.

학교 설립을 맨 먼저 제안했던 토끼가 말했습니다.

"숲 속 생활에서 가장 중요한 것은 '달리기야!' 달리기는 웰빙 시대에 건강을 위해서도 필요하지만 맹수로부터 자신의 몸을 보호하기 위해서는 반드시 배워야 해."

딱따구리가 고개를 끄덕이며 말했습니다.

"달리기는 반드시 배워야 한다고 생각해. 하지만 '날기' 를 배우지 않는다면 숲 속의 생활이 고달플 거야. 날 수 있어야 높은 나무 위에 열린 열매나 나무껍질 속에 숨어 있는 벌레를 먹을 수 있고, 자기보다 빠른 맹수의 습격으로부터 안전하게 대피할 수 있어. 따라서 모든 동물은 날기도 배워야 한다고 생각해."

옆에서 졸고 있던 고슴도치가 아직 잠이 덜 깬 채로 기지개를 펴면서 "먹거리는 땅 위나 나무 위에만 있지 않아. 땅 밑의 세계는 먹을거리로 가득 차 있어. 또한 아무리 더운 여름이나 추운 겨울에도 땅 속은 온도가 적당하여 이보다 살기 좋은 환경은 없다고 생각해. 그러니까 동물이라면 당연히 굴을 파고 그 속에 집을 짓는 방법을 익혀 두어야 해."라고 말했습니다.

토끼, 딱따구리, 고슴도치의 말에 숲 속의 모든 동물들이 고개를 끄덕였습니다. 축제장을 가득 채운 동물들은 자신의 자녀들이 숲 속에서 안전하고 풍족하며 편안한 삶을 살기 위해서는 달리기, 날기, 굴파기 등을 학교에서 반드시 배워야 한다고 생각하였습니다. 말하자면 학생들이 반드시 이수해야 할 필수과목이 된 것입니다.

개학을 했습니다. 어린 토끼는 달리기는 잘하지만 학교를 졸업하기 위해서는 날기와 굴파기를 배워야 했습니다. 그러나 토끼가 날기 연습을 하기 위하여 높은 나뭇가지 위에 올라갔을 때 몸이 사시나무 떨듯이 흔들렸습니다. 하지만 날지 못한다면 필수과목을 이수하지 않는 것이 되고, 그러면 졸업이 불가능하여 사회에서 학력이 부족한 동물이라는 불명예를 안고 살아야 합니다. 토끼는 눈을 감고 높은 나뭇가지 위에서 뛰어내렸습니다. 토끼는 다리를 심하게 다치고 말았습니다. 토끼는 날기와 굴파기는 고사하고 자신이 잘하는 달리기조차 하기 어렵게 되었습니다. 어린 딱따구리도 형편이 크게 다르지 않았습니다. 딱따구리는 작은 몸으로 달리기 연습을 하고 또 하였지만 발전이 없어 자신에게 무척 실망을 하였습니다. 그러나 더욱 큰 문제는 굴파기를 반복하다가 부리가 갈라지는 큰 상처를 입은 것입니다. 이제는 그토록 좋아하던 나무줄기 속에 들어 있는 맛있는 벌레를 먹을 수도 없게 되었습니다. 어린 고슴도치도 예외가 아니었습니다. 고슴도치는 달리기를 연습하는 과정에서 자신의 능력에 회의를 느끼게 되어 세상의 모든 일에 자신감을 잃었습니다. 더욱이 고슴도치에게 날기란 사실상 불가능한 일인데도 불구하고 학교를 졸업하지 못하면 직장을 얻거나 배우자 선택에 제약이 많기 때문에 높은 나뭇가지 위에서 뛰어내리다가 머리를 크게 다쳐 가끔씩 헛소리를 하는 정신이상의 증세를 보이게 되었습니다. 숲 속의 어린 동물들이 학교를 졸업할 때 정신이상을 보이거나, 신체적으로 불구가 되거나, 자신감을 상실한 동물들이 적지 않았습니다[1].

과연 숲 속 학교의 교육목적과 교육내용과 교육방법은 바르게 선택된 것일까?

교육과정은 교육목적, 교육내용, 교육방법을 결정하는 것과 관련된 교육학의 학문 분야다. 아래에서는 교육과정 분야의 가장 기초적인 개념들을 살펴보려고 한다.

1. 교육과정의 개념

정의(定意)라는 말은 말 그대로 어떤 주어진 용어의 다양한 뜻 중에서 '어떤 하나의 뜻(意)을 선택하여 정(定)한다' 는 의미를 담고 있다. 교육과정 분야의 문헌을 살펴보면 교육과정이 무엇인가 하는 정의는 문헌의 수만큼 많아서, 처음 공부하는 사람들은 그 실체를 잡지 못하여 혼란을 겪게 된다.

1) 이 글은 레오 버스카글리아 교수의 『살며, 사랑하며, 배우며』라는 책에 실린 우화를 우리 현실에 맞추어 고쳐 쓴 것이다.

이런 점에서 교육과정에 대하여 단일하고 적절한 정의를 내릴 필요가 있다고 생각할 수 있으나, 이런 일은 자이스(Zais, 1976)의 말처럼 '생산적이지 못한 일'로 보인다. 왜냐하면 용어에 대한 정의는 정의를 내리는 사람의 신념에 따라 용어의 다양한 뜻 중에서 하나를 선택한 것이기 때문에 어떤 정의가 옳다거나 그르다고 말할 수 없으며, 어떤 정의가 채택되든지 간에 동의를 하지 않는 사람들이 있기 때문이다. 그러나 무엇보다도 용어에 대한 단일한 정의를 채택하는 것이 생산적이지 못한 이유는 그 용어가 사용된 시대적・역사적 맥락을 무시함으로서 용어가 지닌 풍부한 의미를 살필 수 있는 기회를 잃게 되기 때문이다.

따라서 여기서는 교육과정의 정의라는 말 대신에 교육이나 교육학 분야에 종사해 온 사람들이 교육과정에 대하여 지닌 생각, 즉 교육과정의 개념을 크게 네 가지로 묶어 보고, 그 관련성을 역사적 맥락 위에서 살펴보고자 한다.

1) 교육내용

교육과정의 개정 작업이 있을 때 신문이나 방송에서 보도하는 교육과정의 일반적인 의미는 각급 학교에서 배우는 교과들의 종류, 중요도, 시간 배당 등이다. 즉 언론기관에서 고등학교 교육과정이 바뀌었다고 보도하면 그것은 고등학생들이 배우게 될 교과목의 종류, 필수・선택의 구분, 각 교과에 배당된 단위 수가 달라진다는 것을 말한다. 이러한 의미의 교육과정은 학교에서 배우게 될 교과들의 목록을 가리킨다.

또한 중학교에서 국어를 가르치는 어떤 교사에게 교육과정을 보여 달라고 요구할 때 국어교과에 포함되는 언어기능, 문법, 문학 등에 관한 주요 주제를 열거했다면, 그는 교육과정을 해당 교과의 강의요목으로 생각하는 것이다. 이런 의미의 교육과정은 한 강좌에서 가르칠 내용을 요약해 적어 놓은 강의요목과 같은 것이다.

이와 같이 교육과정을 교과들의 목록이나 교과들의 강의요목인 교육내용으로 생각하는 입장은 역사적으로 가장 오래되었고 널리 알려져 있다. 만일 일반인들에게 학교에서 하는 일을 대략적으로 알리고자 할 때, "우리 학교는 이러이러한 교과들을 통하여 학생들을 교육하고 있습니다."와 같이 교육내용으로 답하는 것은 쉽고 편안한 일이다.

2) 학습경험

교육목적이 학생들의 바람직한 행동변화에 있다는 것은 보편적인 사실이다. 만일 어떤 학생이 학교를 다니면서 주요한 교과들을 배웠지만 조금도 나은 방향으로 달라지지 않았다면, 학습에 문제가 있다고 생각한다. 즉, 아무리 중요한 내용으로 구성된 교과라 하더라도 학생들에게 학습되지 않는다면 교육적으로 아무런 가치가 없다.

교육과정을 학습경험으로 보는 입장은 이러한 취지에서 제안되었다. 학생들의 바람직한 행동변화가 교육목적이라면, 교육과정은 학교의 시간표에 제시된 교과들의 목록이나 교사가 나누어 주는 교수계획표에 나타나는 것이 아니라 학생들이 갖는 경험 속에 있다는 것이다.

하지만 학생들이 학교생활을 하는 동안에 갖는 모든 경험이 교육적인 가치가 있다고 보기는 어렵기 때문에 교육과정을 학교에서 제공하는 경험 중에서 계획된 경험으로 한정 짓는 것이 좋다는 견해들이 있다. 돌(Doll, 1992)이 교육과정을 학교의 지원 또는 감독 아래 학생들에게 제공하는 모든 경험이라고 한 것은 이러한 의미다.

그러나 학교가 계획하는 경험이란 어떤 것인가? 경험이란 클리버드(Kliebard, 1975)의 지적처럼 교육과정 분야에서 사용하기에는 너무나 주관적이고 애매한 말이므로, 학교가 경험을 계획한다는 말은 학생의 능동적 경향을 파악하고 그들에게 작용하는 환경조건을 계획 · 조작하여 가치 있는 경험을 적시에 할 수 있도록 도와주는 일로 볼 수 있다.

3) 문서 속에 담긴 교육계획

교육과정을 '문서 속에 담긴 교육계획'이라고 정의한다면 일반인들이 이해하기 쉽지 않을 것이다. 왜냐하면 문서란 그릇과 같고 그 속에 채워지는 내용이 의미를 가지듯이, 교육과정을 문서 속에 담긴 계획으로 본다는 말은 계획 내용의 종류만큼 다양한 교육과정이 있다는 것을 말하기 때문이다. 예를 들어, 교육과정 문서 속에 담긴 내용이 교과들의 목록이나 교과 속에 포함되는 주요 주제들이라면 교육과정의 의미는 교육내용으로 생각되고, 교육과정 문서를 채우는 내용이 학교에서 학생들이 갖는 학습경험의 총체라면 교육과정은 학습경험으로 간주된다. 따라서 교육과정을 문서에 나타난 교육계획이라고 보는 입장은 교육과정에 관하여 아무것도 알려 주는 것이 없는 빈말에 불과하기 때문이다.

그러나 교사를 비롯한 교육관계자들에게는 이 정의가 유의미하다. 그들은 교육과정이라는 이름을 가진 문서들을 만들거나 다루며, 평가하는 기회를 갖기도 한다. 물론 그들이 만들거나 취급하는 문서들의 내용이 교육내용이나 학습경험 또는 학습성과들만으로 구성된 것도 있어서 교육과정의 의미를 그와 같이 생각하는 경우도 있지만, 일반적으로 교육과정 문서에는 이들 요소들 중의 어느 하나가 아니라 모두를 포함하고 있다.

이런 의미에서의 교육과정은 문서 속에 담긴 교육목적과 교육내용의 체계, 그리고 이를 효과적으로 전달하기 위한 교육방법, 교육평가, 교육운영 등에 대한 종합계획을 가리킨다. 즉, 교육과정은 학교교육을 통해서 도달해야 할 교육목표들의 체계와 배워야 할 교육내용들의 범위와 위계로 구성되며, 학생들이 이와 관련된 학습경험을 가질 수 있도록 기회를 제공하는 교육방법, 교육평가, 기관운영의 일반적 지침들로 구성된다.

이러한 정의는 교육과정을 학습성과, 학습내용, 학습경험보다는 학습을 위한 종합계획으로 본다는 점에서 포괄적이며, 예비교사들이나 현직교사들이 교육부, 교육청, 학교에서 만든 문서에 들어 있는 내용을 이해하는 데 도움을 준다는 점에서 실용적이다.

4) 실존적 체험과 그 반성

교육과정(curriculum)의 어원은 라틴어 'currere'이다. currere는 마차 경주에서 말들이 따라 달려야 하는 정해진 길(course)을 뜻하기도 하고, 경주에서 각각의 말들이 정해진 길을 따라 달리면서 갖는 체험의 과정(course)을 의미하기도 한다. 교육과정을 생생한 체험과 그 반성으로 보는 관점은 후자의 해석에 기초를 두고 있다. 즉, currere로서의 교육과정은 교육자나 학습자 자신이 외부의 사물이나 사건을 접하고 읽고 생각하고 느끼며 배우는 체험과 그 반성의 과정을 가리킨다. 파이너(Pinar, 1975)는 교육자나 학습자가 자신이 갖는 교육경험의 본질을 분석하여 그 실존적 의미를 찾는 작업인 currere의 방법론을 강조한 바 있다.

이러한 관점에서의 교육과정은 교육자나 학습자가 살아오면서 갖게 된 체험들을 자신의 존재의 의미와 연관지어서 해석하고, 그것을 통하여 자기 반성적인(self-reflective) 삶을 살아가도록 하는 과정인 것이다.

예를 들어, 교사가 도덕시간에 '직업윤리의식'을 가르친다고 했을 때, 교육과정의 일반적인 운영방식은 직업의 개념을 명확히 설명하고, 동서양의 직업관의 차이를 알게 하며, 직업윤리를 구성하는 핵심요소들을 사례를 들어 이해시킨 다음, 형성평가를 통하여 부족한 부분을 보충하여 설명하는 방식으로 진행한다.

그러나 교육과정을 체험과 실존적 반성으로 보는 입장에서는 다음과 같은 방식으로 교육과정을 운영한다. 첫째, 교사와 학생들이 직업윤리와 관련된 교재를 읽고 학생들이 관심을 가진 대목에서 발견한 주제를 함께 논의한 다음, 이러한 주제를 해석하거나 더욱 발전시킨 글을 검토한다. 둘째, 학생들은 현재 자신이 처해 있는 상황에 대한 짧은 글을 작성한다. 우리나라에서 학생은 가정에서는 자녀로서, 학교에서는 학생으로서의 신분을 갖는다는 점에서 자녀와 학생을 하나의 직업으로 간주하고 가정과 학교에서의 자신의 삶에 대한 짧은 글을 작성한다. 셋째, 교사와 학생들은 교재를 해석한 글과 학생이 작성한 자서전적인 글을 비교하고 일치하는 점을 논의한다. 이때 교사와 학생들은 직업과 관련된 그들 자신의 체험을 반성적으로 탐색하고 분석함으로써 직업윤리의식을 기르게 된다.

이와 같이 교육과정은 보는 관점에 따라 매우 다양하게 정의된다. 마치 하나의 사물이 각도에 따라 달리 보이는 것과 같이, 교육과정에 대한 정의는 각기 나름대로의 근거를 가지고 있다. 따라서 교육과정의 경우에 어떤 정의가 옳고 어떤 정의가 틀렸다고 말할 수 없다.

포스너(Posner, 1992)는 교육과정에 대한 정의가 이와 같이 다양하게 존재하는 것을 윤리적 · 정치적 시각에서 해석하고 있다. 이 말은 교육과정을 보는 관점에 따라 관련 기관과 인사들의 역할과 책임이 달라지며, 권력관계도 바뀐다는 것이다.

예를 들어, 교육과정을 교육내용으로 볼 때와 학습경험으로 볼 때 학교와 교사의 역할과 책임은 달라질 수밖에 없다. 교육과정을 교육내용으로 본다면 학교와 교사는 가르칠 교과들의 목록을 점검하거나 만들고, 각 교과 속에 들어갈 내용을 위계적으로 조직하는 것으로 역할과 책임이 완수된다. 더욱이 교육부가 교과들의 목록과 교과내용의 결정권을 가지고 있다면 교육과정과 관련된 학교와 교사의 역할은 매우 제한되며, 교육과정의 운영에 있어서 교육부의 통제를 강하게 받게 된다.

그러나 교육과정을 학습경험으로 본다면 학생들의 흥미, 관심, 필요 등의 조사를 바탕으로 학생들의 삶을 살피고, 하나의 생태계로서 학교를 파악하려는 노력이 학교와 교사들에게 요구된다. 학생들의 학습권이 강조되는 것은 말할 것도 없고, 학교와 교사는 교육과정의 개발 · 운영 · 평가에 관한 엄청난 과업을 수행해야 한다. 물론 학교와 교사들의 교육과정관련 자율성은 높아지고 교육부의 통제력은 약해진다.

2. 교육과정의 유형

유형(類型)은 '닮은 꼴' 이라는 뜻을 지니는데, 유형을 구분할 때는 그 이유와 방식이 있게 마련이다. 특히 학문을 하는 과정에서 유형의 구분은 현재 관심을 가지고 있는 현상이나 사태를 파악하는 데 도움을 준다. 교육과정의 유형을 구분하는 것은 교육과정과 관련된 현상이나 사태를 닮은 것끼리 묶어 봄으로써 현상이나 사태들의 공통점과 차이점을 파악할 수 있고, 나아가 다양한 형태들이 존재한다는 것을 알게 됨으로써 현상이나 사태를 종합적으로 파악할 수 있게 한다.

또한 유형을 구분할 때는 유형 구분의 목적에 알맞은 방식을 선택하며, 그 방식에 따라 구분되는 유형이 다르게 나타나게 된다. 예를 들어, 앞에서 제시한 교육과정에 대한 네 가지 견해를 '사전에 계획을 얼마나 치밀하게 했는가' 의 정도에 따라 구분한다면 문서 속에 담긴 교육계획, 교육내용, 학습경험, 실존적 체험과 그 반성의 순서로 열거할 수 있지만, '교수자 중심 대 학생 중심' 의 잣대만을 생각하면 문서 속에 담긴 교육계획과 교육내용, 학습경험과 실존적 체험과 그 반성의 두 가지로 구분할 수 있다.

여기서는 교육과정과 관련된 현상이나 사태를 종합적이면서 심도 있게 파악하기 위해서 교육과정 전개의 과정, 교육의 궁극적 목적, 교육의 결과와 이데올로기라는 차원에서 교육과정유형들을 구분하고자 한다.

1) 공식적 교육과정

공식적 교육과정(official curriculum)이란 공적인 문서 속에 담긴 교육계획을 말한다. 우리나라에서는 국가 수준의 교육과정, 시 · 도 교육청의 교육과정 지침, 지역 교육청의 장학자료, 학교교육과정 등이 공식적 교육과정에 속한다고 할 수 있다.

2) 실제적 교육과정

공식적 교육과정은 교육과정의 의미를 매우 축소시킨다. 아무리 계획이 훌륭하다 할지라도 그 계획을 실행에 옮기지 않는다면 쓸모없을 것이다.

글래턴(Glattorn, 1987)이 행한 교육과정의 유형 분류에 따르면, 공식적 교육과정이 문서화된 교육과정(written curriculum)으로 국가, 지역, 학교 수준의 교육과정지침이나 교육계획을 말한다면, 실제적 교육과정은 가르친 교육과정(taught curriculum), 학습된 교육과정(learned curriculum), 평가된 교육과정(tested curriculum) 등으로 나눌 수 있다.

먼저 가르친 교육과정은 교사들이 교실에서 실제로 가르친 교육내용을 말한다. 학습된 교육과정은 학생들이 실제로 학습한 교육내용으로서 교육과정의 모든 유형 중에서 가장 중요하지만 가장 통제하기 어려운 부분이다. 예를 들어, 수학교사가 한 시간 내내 함수 개념을 가르쳤는데, 학생들이 개념에 대한 이해는 하지 못하고 선생님의 말씀을 바른 자세로 듣는 참을성을 배웠다면 가르친 교육과정과 학습된 교육과정은 판이하게 다른 것이다. 평가된 교육과정은 중간고사나 기말고사, 지필평가나 관찰평가, 서술식 평가나 객관식 평가, 자격고사나 선발고사 등의 평가를 통하여 사정되는 교육내용을 가리킨다. 평가된 교육과정은 문서로 된 교육과정보다 가르친 교육과정과 학습된 교육과정에 큰 영향을 미칠 때가 많다. 예를 들어, 대학입학수학능력시험에 출제되는 문제는 공식적 교육과정에 관계없이 고등학교 교사들이 가르치게 되고 학생들은 이에 대한 학습을 철저히 하게 된다.

교육과정개발자나 교육행정가는 공식적 교육과정, 가르친 교육과정, 학습된 교육과정, 평가된 교육과정을 더욱 긴밀하게 연결하기 위한 노력을 하지만 교육과정 유형들 사이에는 사실상 거리가 있기 마련이다.

3) 영 교육과정

영어로 영(null)에는 여러 가지 뜻이 있지만, 영 교육과정에서 영의 의미는 '법적인 구속력이 거의 없는' 또는 '학습할 기회가 거의 없는' 이라는 뜻을 지닌다. 따라서 영 교육과정(null curriculum)이란 법적인 구속력이 있는 공적인 문서에 들어 있지 않거나 학교에서 가르치지 않아서 학습할 기회가 없는 교육내용을 말한다. 그러나 학교에서 가르치지 않는 모든 내용이 영 교육과정이 되는 것은 아니며, 배울 만한 가치가 있는데도 불구하고 가르치지 않는 내용에 한정된다고 할 수 있다. 예를 들어, '남이 귀를 기울이도록 말을 하는 방법과 남이 말을 하도록 귀를 기울이는 방법' 과 같은 기술은 가정, 학교, 사회생활을 하는 데 필수적인 기술이지만 공식적 교육과정에 빠져 있거나 학교에서 가르치지 않는다면 영 교육과정에 속한다.

영 교육과정을 최초로 제안한 아이스너(Eisner, 1994)는 학교에는 공식적인 교육과정에 속하지 않는 많은 교육내용들이 있는데, 만일 학교가 이것들을 공식적인 교육과정에 포함하지 않는다면 학교의 교육적인 영향력은 그만큼 위축되거나 왜곡될 수 있다고 경고하였다. 예를 들어 공식적인 교육과정이 문자나 숫자 위주의 표현 양식만을 강조하고 시각, 청각, 운동 등 다양한 표상형식의 개발을 경시한다면, 공식적인 교육과정은 인간의 다양한 능력 중에서 일부만을 개발하게 되어 결국 교육적으로 막대한 손실을 끼치게 된다는 것이다.

이와 같이 영 교육과정은 공식적인 교육과정 문서에 담겨 있거나 학교에서 가르치는 교육내용의 가치를 되묻고, 더욱 중요한 것이 빠지지는 않았는가를 살펴보도록 한다는 점에서 가치가 있다.

4) 잠재적 교육과정

잠재적 교육과정(latent/hidden curriculum)은 겉으로 드러나지는 않지만 학생들의 지식, 태도, 행동에 영향을 미치는 '교육실천 · 환경'과 '그 결과'를 말한다.

잠재적 교육과정은 학교를 단순한 교육의 장이 아니라 학생들이 생활하는 공간으로 간주한다. 학생들의 인지, 태도, 행동변화는 공식적인 교육과정을 통해서뿐만 아니라 학교 안의 눈에 띄지 않는 교육실천과 학교의 물리적 조건, 제도 및 행정조직, 사회 및 심리적 상황 등의 환경에 의하여 일어난다. 잠재적 교육과정은 이들 교육실천과 환경이 학생들에게 미치는 지속적인 영향력과 그 결과를 뜻한다.

잭슨(Jackson, 1968)은 그의 저서 『교실에서의 생활』에서 잠재적 교육과정에 해당하는 현상을 관찰하고 군집, 상찬(賞讚), 평가 등의 학교특성이 학생들의 삶에 미치는 영향력을 제시하였다. 잠재적 교육과정에 대한 이와 같은 연구는 학교나 교실에서 실제로 일어나는 일들을 밝혀 주었다는 점에서 교육적인 가치가 높다고 할 수 있다.

근래 잠재적 교육과정에 대한 논의는 성별, 계급, 인종, 권력 등과 지식, 수업, 평가 등의 관계를 밝히는 방향으로 확대되어 왔다. 학교에서 일어나는 일들은 학교의 안만 들여다보는 것만으로는 이해의 한계가 있으며, 사회와의 관계 속에서 학교교육을 파악해야 한다는 것이다. 예를 들어 노동계급 학생들에게는 시간엄수, 용모단정, 권위존중 등의 노동자의 역할 수행에 관련된 내용을 가르치고, 상류계급의 학생들에게는 지적 개방성, 문제해결력, 융통성 등의 관리자나 전문가의 역할 수행에 필요한 내용을 가르친다면 학교는 학부모의 경제적 계급에 따라 학생들에게 교육내용을 차별적으로 제공하게 된다(이규환 역, 1986). 또한 학교에서 여성을 가정주부, 간호사, 유치원 교사 등으로 묘사하고 남성을 정치지도자, 의사, 기업인 등으로 기술하는 등 직업적 수행능력과 지위에 있어서 성차별적 내용을 담고 있는 교육용 자료를 가르친다면 학생들은 성(사회적 성)에 대한 편향된 시각을 갖게 될 것이다.

이와 같이 사회에서 권력을 쥐고 있는 집단이 자신들의 이익을 유지하기 위하여 학교의 교육실천과 환경을 의도적으로 조직하고 통제하는 행위와 그 결과를 잠재적 교육과정이라고 부르기도 한다. 이때 잠재적이라는 말은 권력자의 편에서 보면 '의도적으로 숨긴(hidden)' 이라는 뜻이 되며, 교육실천에 종사하는 교사나 교육을 받는 학생들이 이를 의식하지 못한다면 '의식을 하지 못했기 때문에 숨어 있는(latent)' 이라는 의미를 지니게 된다.

3. 교육과정 활동

교육과정 활동은 다음과 같이 크게 세 가지로 나눌 수 있다. 이들 활동들이 유기적인 연관성을 가지고 계속적으로 순환할 때, 학교교육의 성과는 높아진다.

1) 교육과정 개발

엄격한 의미에서 교육과정 개발은 교육목적과 교육내용의 체계 그리고 이를 효과적으로 전달하기 위한 교육방법, 교육평가, 교육운영 등에 대한 종합적인 계획이 담긴 문서를 만드는 활동을 가리킨다. 하지만 교육과정을 어떤 방식으로 생각하는가에 따라서 특정한 교과들의 목록이 담긴 문서, 학습경험의 계획에 관한 문서, 의도된 학습성과들의 목록을 적은 문서를 만드는 활동들도 교육과정 개발 활동에 포함된다.

교육과정 개발은 여러 수준에서 이루어지는데, 가장 광범위한 수준에 적용되는 교육과정 문서에서부터 특정한 학교에 적용되는 문서에 이르기까지 다양하다. 예를 들어, 전체 초등학교에 적용되는 교육과정에서부터 어떤 하나의 초등학교에만 적용되는 문서에까지 적용 범위가 다양한 문서들이 개발된다.

교육과정 개발은 여러 단계를 거쳐서 이루어진다. 먼저 참여기관과 인사가 선정되고, 그들에 의해 프로그램에 담기는 주요 항목들이 결정된다. 대개 그들은 교육목적의 설정, 교육내용의 선정과 조직, 학습경험의 선정과 조직, 교육평가의 내용과 방법 등에 관한 주요 항목들을 결정하게 된다. 이러한 결정들은 문서 형태로 출판 · 보급된다.

2) 교육과정 운영

교육과정 분야에서 발생하는 큰 어려움 중 하나는 개발된 교육과정이 학교현장에서 실행되지 않고 방치될 때 일어난다. 전문인력과 많은 비용을 들여 만든 교육과정이 교육적으로 의미 있는 성과를 얻지 못하고 휴지 조각처럼 버려지는 경우가 있다. 따라서 교육과정 개발뿐만 아니라, 지속적이고 효율적인 운영이 필요하다. 교육과정 운영이란 개발된 교육과정을 학교현장에서 채택하고 실행에 옮기는 과정을 뜻한다.

교육과정 개발은 여러 수준에서 일어나지만 운영은 학교에서 이루어진다. 학교는 상급기관에서 개발한 교육과정을 원형에 가깝게 운영하기도 하며 학교의 사정에 맞게 변형하여 운영하기도 한다. 최근에는 상급기관에서 개발된 교육과정의 주요 의도를 훼손하지 않는 범위에서 학교의 실정을 고려한 운영방식이 강조되고 있다.

교육과정 운영에 영향을 미치는 요인들은 다양하다. 요인들은 인적환경과 물적환경으로 구분할 수도 있으며, 학교 내 요인과 학교 외 요인으로 나눌 수도 있다. 이들 요인들이 교육과정 운영을 성공으로 이끌기도 하고 실패로 몰아넣기도 한다. 이들 요인 중에서 영향력이 가장 큰 요인은 교사 변인이라고 할 수 있다.

교육과정 운영과 수업활동을 구분하기는 쉽지 않다. 교육과정 문서에 담긴 내용이 수업을 통해서 전개되지 않을 때 교육과정 운영의 성공을 기대하기 어렵다는 점에서 교육과정 운영에서 수업활동을 분리하기는 어렵다. 그러나 교육과정 운영과 수업활동은 구분된다. 교육과정 운영을 위한 계획은 효과적인 수업활동이 일어나기 위한 여러 조건들의 조성과 관련이 있다. 교장의 지도성, 교사연수, 교육과정 자료의 구비, 교육시설, 장치, 기구의 정비 등은 수업계획보다는 교육과정 운영계획에 포함되는 내용들이다.

3) 교육과정 평가

교육과정 평가는 교육과정의 값을 매기는 활동, 즉 교육과정의 가치를 판단하는 활동이다. 교육과정 평가는 교육과정 계획의 수립에 해당하는 교육과정 개발 평가, 계획된 교육과정을 행동으로 옮기는 교육과정 운영 평가, 교육과정 운영의 결과적 산물에 대한 교육과정 성과 평가를 포함한다.

교육과정을 평가하는 목적은 교육과정 개발이나 운영활동이 효과적으로 일어날 수 있도록 하고, 교육과정 운영의 결과를 사정하여 교육과정의 유지와 수정 및 폐기 여부를 판단하는 데 있다.

교육과정을 평가할 때는 판단, 관찰, 실험의 방법으로 자료를 수집하고 양적 방법과 질적 방법으로 수집된 자료를 기술하고 분석한다.

4. 교육과정 수준

교육과정 활동은 국가, 지역, 학교, 학년, 학급, 학생 등의 여러 수준에서 이루어진다. 오늘날 많은 국가들은 중앙집권적인 교육과정 체제나 지방분권적인 교육과정 체제를 선택했을 때 수반되는 결함을 최소화하기 위하여 이들의 절충 형태를 취하고 있다. 국가는 교육과정의 일반적인 지침을 발표하고, 이러한 지침의 준수 여부를 가리기 위한 최소한의 평가활동을 수행하며, 지역과 학교는 국가 수준의 교육과정지침을 지역이나 학교의 특수성에 비추어 그 교육과정을 재개발, 운영, 평가하게 된다. 우리나라의 경우도 1995년부터 적용되는 제6차 교육과정부터 2015년 현재에 이르기까지 이러한 교육과정 체제를 채택하고 있다.

1) 국가 수준 교육과정

국가 수준의 교육과정이란 교육에 대한 국가의 의도를 담은 문서내용을 말한다. 우리나라에서는 교육부장관이 교육법에 의거하여 결정 · 고시하며, 초 · 중등학교에서 편성 · 운영해야 할 교육과정의 목표, 내용, 방법, 평가, 운영 등에 관한 기준 및 기본 지침을 담고 있다.

국가 수준의 교육과정은 정치적 · 사회적 · 문화적 통합과 국가의 시대 · 사회적 요구를 충족시키며 전문인력, 막대한 비용, 장시간의 투자로 만들어진다. 그리고 교육과정의 표준화로 학교 교육의 질 관리가 용이하며, 학생들이 진학하거나 학교를 옮겼을 때도 교육과정의 일관성과 연속성을 보장할 수 있다.

하지만 국가 수준의 교육과정은 각 지역이나 학교의 특성을 반영하지 못하며, 너무 구체적이거나 상세하게 규정되면 지역이나 학교의 자율성과 교사의 전문성을 해치게 된다. 이런 점에서 제6차 교육과정부터는 '교육과정의 성격' 이라는 항목을 설치하여 국가 수준 교육과정의 성격, 기능 한계 등을 명확히 제시하고 있다.

2) 지역 수준 교육과정

지역 수준의 교육과정은 교육에 대한 지역의 의도를 담은 문서내용을 말하며, 국가 수준의 기준과 학교의 교육과정을 연결하는 교량 역할을 한다. 다시 말하면 지역 수준 교육과정은 각 시 · 도와 지역의 특성과 실정, 필요, 요구, 교육기반, 여건 등의 제 요인을 조사 · 분석하여 전국 공통의 일반적 기준인 국가 수준 교육과정을 조정하고 보완하여 그 결과를 학교 교육과정에 반영하도록 하는 데 목적이 있다.

지역 수준 교육과정의 개발과 운영은 지역의 특수성을 반영하며, 지역 교육청(시 · 도 교육청과 시 · 군 · 구 교육지원청)의 교육문제 해결능력을 신장하고, 교육관련 전문성을 키울 수 있다는 공통적인 장점을 가진다. 반면에 시간, 인력, 비용 등의 부족으로 질이 낮아지고, 지역 간의 교육 격차가 심화될 수 있다는 위험도 있다.

우리나라에서 지역 수준의 교육과정은 지방교육자치에 관한 법률 제27조로 규정하고 있으며, 대개 국가 수준의 교육과정으로부터 위임받은 사항의 수행과 관련된다. 시 · 도 교육청에서는 교육과정 편성 · 운영지침을 작성하며, 시 · 군 · 구 교육청에서는 장학자료를 개발하여 학교교육과정을 안내하고 통제한다.

3) 학교 수준 교육과정

학교 수준 교육과정은 학교의 실태를 반영하며, 학부모와 학생들의 특성과 요구를 고려하여 교육에 대한 학교의 의도를 담은 문서내용을 말한다. 이러한 학교 수준 교육과정은 교육목표, 내용, 방법, 평가, 운영방식

등을 핵심으로 구성한다. 우리나라 제7차 교육과정에서 강조하는 학교 수준 교육과정은 국가가 결정한 교육목적을 실현하기 위하여 국가와 지역 수준의 교육과정을 지침으로 구성한다.

국가 수준의 교육과정 문서와 시 · 도 교육청이 작성한 교육과정 편성 · 운영지침에는 교육과정과 관련되어 학교가 해야 할 일을 편성, 운영, 평가의 세 영역으로 나누어 제시하며, 교육부와 시 · 도 교육청은 학교가 이러한 일을 제대로 추진할 수 있도록 그 방법과 절차를 사례연구와 함께 제시하고 있다.

이상에서 교육과정 분야의 가장 기초적인 개념들을 살펴보았다. 앞에서 말한 바와 같이, 교육과정 분야는 교육의 가장 핵심적인 질문이라고 할 수 있는 교육목적(왜), 교육내용(무엇을), 교육방법(어떻게 가르쳐야 하는가)을 결정하는 것을 주요한 활동으로 삼고 있다. 이런 점에서 교육과정은 학생들에게 의미 있는 교육적 경험을 제공하기 위한 계획과 실행과 평가활동을 가리킨다. 이러한 활동이 기반이 될 때 효율적이고 효과적인 교육이 이루어질 것이다.

연구문제

1. 교육과정이 어떤 분야의 학문인가를 물을 때, 교육과정에 대한 정의(definition)를 찾기보다는 다양한 의미(conceptions)를 제시하는 방식으로 답하는 것이 좋은 이유를 설명하시오.
2. 초등학교, 중학교, 고등학교 생활을 되돌아보고 잠재적 교육과정에 속한 부분을 찾아보고 동료들과 함께 검토해 보시오.
3. 학교에서 반드시 가르쳐야 한다고 생각하는데, 가르치지 않는 것이 있다면 무엇일까? 그와 같이 생각하는 이유도 함께 제시해 보시오.

추천 학습자료

〈도서〉

1. 이종관 역(1985). 살며, 사랑하며, 배우며. 서울: 지문사.
2. 이홍우 역(1987). 민주주의와 교육. 서울: 교육과학사.
3. 차경수 역(1975). 아동의 교실생활. 서울: 배영사.

〈영상자료〉

1. 죽은 시인의 사회(Dead Poet' s Society, 1989)

〈인터넷 자료〉

1. 한국교육과정평가원 http://www.kice.re.kr
2. 한국교육과정학회 http://www.curriculum.or.kr
3. 한국교육학술정보원 http://riss4u.net

참고문헌

교육인적자원부(1997). 국민공통기본 교육과정.

김대현, 김석우(2005). 교육과정 및 교육평가(3판). 서울: 학지사.

이규호 역(1967). 실존철학과 교육학. 서울: 배영사.

이규환 역(1986). 자본주의와 학교교육. 서울: 사계절.

이종관 역(1985). 살며, 사랑하며, 배우며. 서울: 지문사.

Doll, R. C. (1992). *Curriculum improvement: Decision making and process* (8th ed.). Boston: Allyn & Bacon.

Eisner, E. W. (1994). *The Educational Imagination*. New York: Macmillan.

Jackson, P. W. (1968). *Life in Classroom*. New York: Holt, Rinehart and Winston.

Glattorn, A. A. (1987). *Curriculum Renewal.* Alexandria VA : ASCD.

Kliebard, H. M. (1975). Persistent Curriculum Issues in Historical Perspective, in *Curriculum theorizing: The reconceptualists by William Pinar* (Ed.), California : McCutchan Publishing Corporation.

Pinar, W. (1975). Currere : Toward reconceptualization, in *Curriculum Theorizing: The reconceptualists by William Pinar* (Ed.), California : McCutchan Publishing Corporation.

Posner, G. J. (1992). *Analyzing the Curriculum.* New York : McGraw-Hill.

Zais, R. S. (1976). *Curriculum: Principles and foundations.* New York : Harper and Row.

제10장

학교학습과 수업방법

이 장에서는 학습자들의 학습이 보다 효과적으로 이루어질 수 있도록 하기 위해서는 어떠한 점을 고려해야 하는지에 대한 학교학습과 수업방법을 다룬다. 학교학습이 보다 효과적이고 효율적이려면 수업방법을 잘 계획하여 제공해야 한다. 그렇기 때문에 학습이 무엇이며, 학습은 수업과 어떠한 관계가 있는지를 알아야 한다. 또 수업이란 활동은 보다 효과적인 학습을 위해서 체계적이고 과학적인 방법으로 계획되어야 하며, 그 계획에 더해서 교수-학습활동이 이루어져야 한다. 그런데 수업의 활동은 학습의 효과를 담보로 하는 어떤 원리, 원칙, 이론 등에 근거를 두고 계획되고 제공되어야 한다. 우연한 기대만을 노리는 수업의 활동은 존립하기가 어렵다.

학습과제

- 학습, 수업, 교수 개념의 성격과 관계를 알아본다.
- 이상적 학습과 교수의 관계는 어떤 것인지 알아본다.
- 수업의 과정을 세 단계로 나누고, 주요 활동을 알아본다.
- 교수-학습의 계획에서 고려해야 할 주요 원리를 알아본다.

학교교육의 실제를 이야기할 때 무엇이 가장 중요하냐고 묻는다면, 대개는 각 학급의 교실에서 이루어지고 있는 수업이라고 말할 것이다. 한 시간 한 시간의 수업이 제대로 이루어지고, 거기에 참여하는 학생들이 그 한 시간의 수업에 능동적이고 재미있게 참여한다면, 학교교육의 효과는 최대화될 수 있을 것이다. 이와 반대로 한 시간의 수업에 참여하는 학생들이 재미없고 또 배운 것이 없다고 생각하면, 그 학생이 학교교육을 통해서 받은 교육의 결과도 비효과적이고 교육적 성과도 없을 것이다. 따라서 교육의 성과를 이야기할 때, 한 시간 한 시간마다 이루어지는 가르치고 배우는 수업을 가장 중요하게 생각해야 하는 것이다.

다음 예화를 통해 먼저 효율적인 수업이 어떤 것인가를 생각해 보고, 이를 위한 구체적인 방법을 이야기하도록 하자.

'방법은 먼 곳에 있지 않다.'

어느 일요일 오후였다. 밀린 원고를 쓰느라 한창 열을 내고 있는데, 초등학교 2학년 딸아이가 서재로 들어왔다. 딸애는 나에게 "아빠, 나병이 뭐야?" 하고 물었다. 그래서 나는 즉흥적으로 "나병이란 문둥병이야!"라고 한마디로 대답해 주었다. 그랬더니 그 애는 "문둥병이 뭐야?" 하고 되물었다. 나는 하던 일을 중단하고 그야말로 대학에서 강의하듯이 "나병이란 흔히들 문둥병이라고 하는데, 이 병은 나병 균이 우리 몸에 침입하면……." 하고 장황하게 설명을 해 주었다. 그래도 그 애는 이상한 표정을 지으며, 나병이 어떤 것인지 모르겠다고 했다. 할 수 없이 나는 약간 짜증을 내면서 했던 이야기를 보다 쉬운 말로 설명해 주고는 "알았어?" 하고 물어보았다. 그래도 또 모르겠다고 대답했다. 나는 "상급 학년이 되면 그때 알게 될 거야."라고 대답하고는 하던 일을 계속했다. 그러나 일이 잘 되지를 않았다. 그래서 할 수 없이 이것저것 책을 뒤지는데, 우연히 『가정의학백과사전』이란 책이 눈에 띄었다. 그 책을 뒤져 보니 용케도 나병에 걸린 아프리카 사람의 얼굴과 다리를 천연색으로 찍은 사진이 두 개 있었다. 나는 '이것이다.' 싶어서 딸아이를 다시 불렀다. 나는 그 두 장의 사진을 보여 주면서 나병이란 어떤 것이며, 나병에 걸리면 바로 이렇게 된다는 이야기를 해 주었다. 그러고는 "이제 알았어?"라고 물어보았다. 그랬더니 딸애는 "예!"라고 자신 있게 대답하였다. 드디어 나병이 무엇인지는 확실히 알게 된 것이다.

내가 그렇게도 열을 올리면서 약 한 시간을 소비하여 설명했을 때는 잘 모르겠다던 애가, 단 두 장의 사진과 약 5분간의 설명으로 나병이 무엇인지를 이해하게 된 것이다. 처음부터 내가 그 방법을 썼더라면 아주 쉽게, 그리고 고생을 하지 않고 이해시킬 수 있었을 것을…….

학생들을 상대로 가르치는 일을 하다보면 여러 가지 수업방법을 생각하게 된다. 그리고 여러 가지 수업자료를 이용하기도 한다. 그러나 많은 수업자들은 교과서와 분필만 들고 교실에 들어가서 학습자들을 가르치는 일을 감행한다. 그리고 한 시간(또는 50분)을 줄곧 교사가 교과서 내용을 설명하고, 끝나는 종이 울리면 교무실로 돌아온다. 각종 교육방법에 관한 책을 뒤져 보면 '시청각자료를 이용한 수업'과 '직접 경험의 학습의 중요성'에 관하여 강조하고 있다. 교직교육을 받은 교사라면 이러한 이야기를 많이 들었을 것이다. 그러나 맨주먹으로 수십 명의 학습자를 상대로 가르치겠다고 자신 있게 교실에 들어가는 교사의 생각은 무엇일까? 조금 더 관심을 가지고 한 장의 궤도나 자료들을 준비하여 교실에 들어가 수업을 하면 수업을 하기도 쉽고, 학습자들도 쉽게 이해할 수 있을 것이다.

1. 학습, 교수, 수업

교수와 학습, 즉 가르치고 배우는 과정은 교육에서 가장 중요한 부분이다. 다양한 학교가 생기고 유지되는 궁극적인 이유가 바로 여기에 있다. 이 절에서는 교수와 학습이 무엇이며, 서로 어떤 관계에 있는지 알아보기로 한다.

1) 학습의 성격

(1) 학습의 개념

학습이란 흔히 배우는 일이라고 말한다. 그러나 사람들에 따라서는 이것을 다른 뜻으로 받아들이고 있는 경우가 많다. 그러면 학습의 개념을 알아보기 위해 다음의 몇 가지 예들의 성격을 비교해 가면서 살펴보자.

〈예 1〉 TV와 조카아이

다섯 살 먹은 조카아이가 아침 8시 30분에 하는 TV 프로그램 '하나 둘 셋' 을 신나게 따라 부르며, TV 속의 아이들처럼 노래 부르고 춤을 춘다.

〈예 2〉 Seaworld의 돌고래

어린이대공원에 있는 돌고래가 조련사의 지시에 따라 물 위로 펄쩍 뛰어올라 5m 높이에 매달아 놓은 종을 들이받고 물속으로 헤엄쳐 들어간다.

〈예 3〉 초등학교 1학년 동생

개구쟁이 같던 막내 동생이 초등학교에 입학을 하고 난 며칠 후부터 아침에 학교 갈 때는 아버지 어머니께 "학교에 다녀오겠습니다." 라며 공손하게 인사한다.

〈예 4〉 이 책을 읽은 독자(혹은 대학생)

학습의 개념이 무엇인지 분명히 말할 수 없던 독자가 이 책의 제9장을 읽고 난 후에는 학습이란 어떤 성격의 것인지 정의할 수 있게 되었다.

앞의 네 가지 예를 읽고, 어떠한 예는 학습에 해당하고 어떠한 예는 학습이 아니라고 하는지 생각해 보자. 〈예 1, 2, 3, 4〉 모두가 학습에 해당한다고 생각하는가? 그렇다면 무엇 때문에 그렇게 생각하는가? 또 어떤 사람이 〈예 3〉과 〈예 4〉는 학습에 해당하고, 〈예 1〉과 〈예 2〉는 학습이 아니라고 한다면 무엇 때문일까?

학습이 무엇인지에 대해 학자들은 다양한 정의를 내리고 있다. 넓은 의미에서의 학습이란 '유기체가 그를 둘러싸고 있는 환경과의 상호작용을 통해 그 유기체의 행동에 변화'가 일어난 경우라고 할 수 있다. 그러나 좁은 의미에서의 학습이란 '학습자가 정해진 학습목표를 달성하려는 상황에 참여하여 의도한 학습목표를 성취하는 활동'을 하는 경우라고 한정 짓고 있다. 이 두 가지 입장에서 앞의 예를 보면 그 의미가 좀 더 분명해진다.

넓은 의미에서의 학습을 생각하면 앞의 〈예 1, 2, 3, 4〉는 모두가 학습에 해당한다. 이때 학습의 주체를 유기체라는 아주 넓은 대상으로 보았다. 조카아이, 돌고래, 초등학교 학생, 독자(대학생) 등은 모두가 유기체에 해당한다. 그리고 환경과의 상호작용 측면에서는 TV 프로그램을 반복적으로 보고 듣는 일, 책의 해당 부분을 읽고 비교하며 생각하는 일은 학습을 주체가 그에게 허용된 환경과 상호작용하는 것이라 할 수 있다. 마지막으로 행동의 변화의 측면에서 보면 춤추며 노래를 부를 수 있다, 종을 칠 수 있다, 인사를 한다, 정의를 내릴 수 있다 등은 이전에는 할 수 없던 행동이 그 당시 제공된 환경과의 상호작용을 통해서 새로이 할 수 있게 되는 것이므로 그 유기체의 행동에 변화가 일어났다고 볼 수 있다. 이렇게 넓은 의미에서의 학습은 학습의 주체를 사람뿐만 아니라 동물까지 포함시키고,

제공된 학습의 조건도 비의도적인 것과 의도적인 것을 모두 포함한다. 행동의 변화도 언제나 바람직한 것에만 국한시키는 것이 아니라 바람직하지 않은 행동의 변화까지 포함시켜 학습의 성격을 규정하고 있다.

그러나 좁은 의미에서의 학습을 정의할 때는 학습의 주체, 학습의 상황, 행동의 변화 등에 있어서 위와 다른 단서를 달고 있다.

첫째, 학습의 주체를 학습자로 한정한다. 이때 학습자란 교육적 기능을 가진 제도적 기관에서 그 교육을 받을 자에 국한시킨다. 각급 학교의 학생들이 바로 여기에 해당한다. 그러나 자동차학원, 노인대학, 사회교육기관 등에 등록하여 교육을 받는 사람도 학습자에 해당할 수 있다.

둘째, 학습의 상황은 의도적인 것에만 국한시킨다. 예를 들어, 공교육기관이나 학교는 그들이 설정한 교육의 목표를 성취시키기 위해서 나름대로의 알맞은 프로그램이나 학습의 조건을 의도적으로 계획한다. 그 후 계획된 학습의 상황에 학습자들이 참여하여 여러 가지 활동에 참여하도록 요구한다. 그러므로 학습의 상황, 즉 학습의 조건은 여러 가지 상황이 있을 수 있지만, 그중에서 가장 알맞은 조건이 어떠한 것인가를 의도적이고 계획적으로 선택하고, 선택된 학습의 상황을 마련해 주어야 한다.

셋째, 학습을 통한 행동의 변화는 바람직한 행동의 변화를 전제로 한다. 행동의 변화는 사회의 규범에 비추어 볼 때 정당해야 한다. 즉 변화시키려는 행동이 규범적으로 지지를 받을 수 있는 가치 있는 것이어야 한다. 그리고 대개의 경우 이러한 행동의 변화를 학습목표나 수업목표라는 말로 바꾸어 쓰며, 이는 학습활동이 시작되기 전에 결정된다.

이러한 세 가지 요건에 맞추어 정의하면, 학습은 학습자들이 정해진 학습목표를 성취하기 위하여 계획적으로 제공된 학습의 조건과 상호작용하는 과정이라고 할 수 있다. 이때 상호작용이란 제공된 학습의 상황에서 듣고, 해 보고, 느끼고, 말하는 등의 활동을 모두 포함한다.

앞에서 학습에 대한 개념을 살펴보았다. 다음에는 학습에 관한 대표적인 몇 가지 정의를 살펴본 다음, 공통점을 찾아서 정리해 보겠다.

힐가드(Hilgard, 1966)는 학습을 좀 더 넓은 의미에서 보아 학습이란 '주어진 환경 속에서 계속적인 경험으로 일어나는 행동의 변화' 라고 하였다. 단, 그러한 행동의 변화는 타고난 반응경향, 성숙 또는 피로나 약물에 의한 일시적인 상태의 변화로는 설명될 수 없는 것이라고 정의했다. 그리고 이와 비슷하게 모건과 킹(Morgan & King, 1966)은 학습이란 '경험과 연습의 결과로 일어나는, 비교적 지속적인 변화' 라고 정의했다.

이와는 달리 학습을 좀 더 좁게 본 학자도 있다. 게리와 킹슬리(Garry & Kingsley, 1970)는 학습이란 '연습과 훈련을 통해서 행동이 발생하고 변화하는 과정' 이라고 정의하며, 학습의 상황을 연습과 훈련으로 국한하였다. 물론 이 정의에서 학습의 주체는 학습자에 맞추고 있다. 이와 비슷하게 비그(Bigge, 1964)는 학습이란 '유전(성숙 · 발달 등)에 의해 유도되지 않은, 살아 있는 유기체의 통찰, 행동, 지각 또는 동기의 변화' 라고 정의하였다. 이 정의에서는 성숙, 발달을 통한 행동의 변화는 학습으로 보지 않았다.

이상에서 살펴본 학습에 대한 정의들을 몇 가지로 나누어 정리할 수 있다. 우선 학습의 내용은 행동의 변화라는 것이다. 학습을 행동의 변화로 보는 것은 행동주의적 관점이며 통찰, 지각 또는 동기의 변화로 보는 것은 인지주의적 관점이라고 할 수 있다. 다음으로 학습의 수단 또는 방법은 경험과 훈련이다. 이때 학습은 개체와 그를 둘러싼 환경과의 상호작용으로 발생한다고 보는 것이다. 그리고 학습에 포함될 수 없는 것으로는 어두운 극장에 들어갔을 때와 다시 밖으로 나왔을 때 사람의 눈이 환경의 변화에 적응하는 것과 같은 자율적 반응경향에 의한 변화와 신체의 성숙에 의한 변화, 그리고 피로, 약물 또는 사고 등에 의한 일시적인 변화 등을 들고 있다.

김호권(1977)은 학습의 정의에 포함된 공통적인 개념들을 이끌어 내 [그림 10-1]과 같이 도식화하였다.

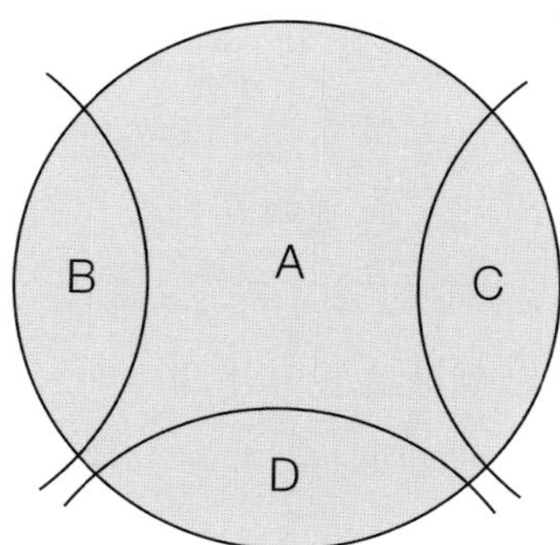

A: 개인에게 일어나는 모든 변화(원 전체)
B: 자율적 반응경향에 의한 변화
C: 성숙에 의한 변화
D: 일시적인 변화

[그림 10-1] 학습에 의한 행동변화

따라서 인간에게 일어나는 변화를 위와 같이 나타냈을 때 학습에 의한 변화는 다음과 같은 공식으로 나타낼 수 있다.

학습(L) = A−(B+C+D)

결국 학습이란 경험(훈련이나 연습 등)을 통하여 학습자에게 일어나는 비교적 지속적인 행동이나 인지의 변화라고 정리할 수 있다. 이와 같은 학습의 정의에 따르면 타고난 반응경향에 의한 행동과 성숙으로 말미암아 자연적으로 일어나는 변화, 그리고 질병이나 사고 등으로 인한 일시적인 변화는 학습이 아닌 것으로 본다(변영계, 1984).

첫째, 신체적 체력의 한계, 감각적 순응, 약물 등에 의해서 일어난 행동의 변화는 그것이 경험의 결과로 나타났다고 해도 학습의 범주에 넣지 않는다. 예를 들어 어두운 방에 들어간 사람이 처음에는 아무것도 볼 수 없다가 시간이 경과한 후에 점차 사물을 볼 수 있게 되는 경우, 약물을 복용한 후에 아주 즐거워하는 행동의 변화, 100m 트랙을 힘껏 달리고 나서 다시 또 달렸을 때 속도가 줄어든 경우 등은 한 시점으로부터 시간이 경과한 후에 변화된 행동이라 해도 학습의 범주에 넣지 않는다.

둘째, 변화된 행동이라도 그것이 성숙(maturation)에 관련되는 것은 학습의 범주에 넣지 않는다. 행동의 변화 중에는 그 변화된 행동이 유기체의 정상적인 생리학상의 성장과 발달의 과정으로 일어나는 것도 있다. 이러한 행동의 변화는 학습된 결과로 일어난 것이 아니므로 학습된 행동의 범주에서 제외시킨다. 인간이 태어나서 기다가 걷게 되고, 걷다가 뛰게 된다든지 혹은 아주 초보적인 언어능력을 습득하게 되는 것 등은 대개 성숙의 결과로서 일어나는 것이다. 성숙과 학습은 명확하게 구분되는 것이므로 성숙의 과정으로 변화된 행동은 학습의 범주에 넣지 않는다.

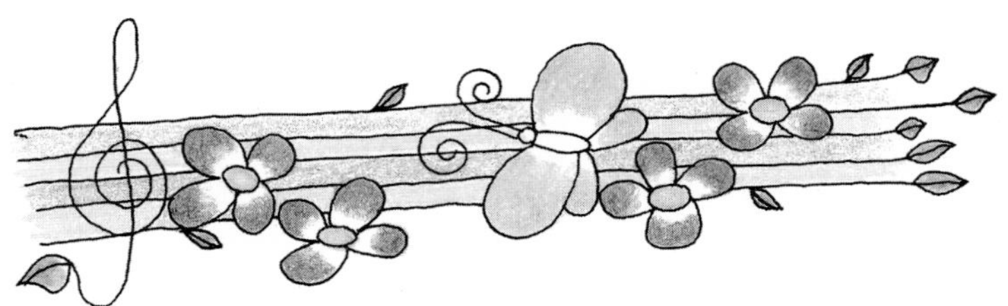

(2) 학교학습의 특성

앞 절에서 논의한 대로 학습은 유기체가 그를 둘러싸고 있는 환경과 상호작용하여 행동의 변화를 가져온 것이라고 정의할 수 있다. 여기서 학습주체를 유기체로 본 것은 인간뿐만 아니라 많은 동물들도 수준과 정도의 차이는 있을지라도 학습을 하기 때문이다.

학교학습도 넓은 의미의 학습의 정의에서 벗어나지는 않는다. 그러나 교실에서 벌어지고 있는 학습은 그 장면이 학습심리학자들이 이용하는 실험실과는 비교가 되지 않을 정도로 특이하며, 학습과제 또한 실험실의 동물실험이나 인간을 대상으로 하는 무의미철자훈련 등과는 달리 복잡하고 유의미하다. 이런 차이점들 때문에 학습심리학자들이 발견한 여러 학습법칙들을 학교학습에 직접 적용하기 어려우며, 학교학습을 중심으로 한 독자적인 이론의 발전이 필요하다는 주장이 대두되고 있다(Glaser, 1962; Gage, 1964; Gagné, 1970; Bloom, 1976; Bugelski, 1976 등).

부겔스키(Bugelski, 1976)는 학습을 실험실학습과 학교학습으로 나누고, 두 학습 유형의 차이점을 다음과 같이 정리하면서 실험실학습과 구분되는 학교학습을 설명해 줄 수 있는 이론의 필요성을 주장하였다.

첫째, 학습자가 다르다. 실험실학습에서는 흔히 작은 동물(쥐, 개, 원숭이 등)이나 특별히 선정된 인간집단이 대상이 된다. 반면에 학교학습에서는 수없이 많은 특성을 지닌 학습자들을 대상으로 한다.

둘째, '과거 경험' 과의 연결성 문제다. 학습심리학자들의 주된 관심사는 원리의 응용보다는 원리의 발견이기 때문에 실험의 결과에 영향을 줄 수 있는 과거와 현재의 경험을 통제하고, 그것들과 단절된 새로운 과제로 실험을 하려고 한다. 이와는 달리 학교학습에서는 현재의 학습을 성공적으로 하기 위하여 과거 학습경험과의 연결성을 중요하게 생각한다.

셋째, 학습의 기준이 다르다. 실험실학습에서는 동물을 대상으로 한 실험에서 미로를 몇 번 잘 달린다거나, 사람을 대상으로 한 경우 무의미철자를 몇 번 바르게 외우는 것으로 학습이 되었다고 본다. 반면에 학교학습에서는 학습능력이 아주 떨어지는 집단이거나 유치원 수준의 어린 아동이 아니면 학습의 기준이 그렇게 단순하지는 않다.

넷째, 학습과제의 질이 다르다. 실험실학습에서 주로 사용되는 과제는 미로 달리기, 점프하기, 지렛대 누르기(동물 대상) 등과 같이 단순하거나 철자 외우기(사람 대상) 같은 의미 없는 것들이다. 학교학습에서 다루는 과제는 이와는 비교할 수 없을 정도로 정교하고 복잡하며 다양하다.

다섯째, 학습을 통제하는 기술이 다르다. 실험실학습에서는 학습시간을 초 단위까지 엄격히 통제하고, 학습을 위한 시행 횟수나 학습량까지도 엄격히 통제한다. 학교학습에서는 이런 식의 통제는 거의 불가능하다.

여섯째, 학습자의 '개인차' 를 보는 관점이 다르다. 실험실학습에서는 사람이나 동물을 모두 동일한 실험단위로 보며, 기본적으로 실험대상의 개인차를 인정하지 않는다. 만약 개인차가 있다면 그것은 통계적으로 조정한다. 학교학습에서는 학습자의 개인차를 인정하고 존중하며, 이에 맞는 교수-학습을 이상적인 것으로 본다.

일곱째, '학습자의 수' 에 대한 제한이 어느 정도인가도 다르다. 실험실에서는 한 번에 한 피험자만을 대상으로 하며, 여러 명의 피험자를 대상으로 하는 경우에도 교사 역할을 할 수 있는 자동화된 기계장치를 이용하여 일대일 실험이 되도록 한다. 또 실험의 효과를 위하여 실험자와 피험자, 피험자 간의 접촉도 허용하지 않는다. 학교학습에서는 일대일 학습은 아주 드물고, 학습의 효과를 높이기 위하여 교사와 학습자, 학습자 간의 상호작용을 중요하게 여기고 상호작용이 이루어지도록 힘쓴다.

마지막으로 학습의 목적성과 효용성의 차이다. 실험실에서 다루어지는 학습과제는 본질적으로 그것을 학습하는 개인에게 그다지 큰 쓸모가 없는 것들이 대부분이다. 이와는 달리 학교학습에서 배운 것들은 짧게는 다음 학습에 도움이 되고, 길게는 인생 전체에 유용한 것들이다.

이를 다시 정리하면, 실험실학습에서 발견되는 학습의 원리나 법칙들을 실제 학교학습에 바로 적용하기는 어려우며, 학교학습의 상황을 고려한 나름의 학교학습이론이 개발되어야 한다. 한편 앞으로 사용하는 학습이라는 용어는 주로 좁은 의미의 학습, 다시 말해 학교학습으로 규정한다.

2) 교수와 수업

(1) 교수의 개념

교수(教授)라는 말은 글자 그대로 '가르쳐 주는 것' 을 의미한다. 즉 교사가 학생들에게 지식과 기능을 가르치는 것이라고 단순하게 풀이할 수 있다. 영어의 teaching을 교수로 번역하여 사용하기도 하고, instruction을 교수로 번역하기도 한다. 학자에 따라서는 instruction을 수업으로 번역하여 교수와 엄격하게 구분하여 사용하기도 한다. 교수와 수업의 개념 구분에 대해서는 다음 절에서 구체적으로 논의하기로 하고, 여기서는 교수에 대한 여러 학자들의 정의를 살펴보고 그 성격을 생각해 보기로 한다.

코레이(Corey, 1971)는 교수를 어떤 특정한 조건하에서 특정한 행동을 습득하거나 배제하고 혹은 특수한 상황에 대해 반응을 하거나 학습이 일어날 수 있도록 개인의 환경을 계획적으로 관리하는 전 과정이라고 정의했다. 라이겔루스(Reigeluth, 1983)는 교수를 수업에 비해 포괄적인 것으로서 구체적으로는 설계, 개발, 적용, 관리, 평가를 포함하는 것이라고 정의하였다. 앞의 두 정의를 보면 교수는 '학습이 발생할 수 있도록 하기 위해 도움을 주는 의도적이고 계획적인 활동' 이라고 정의할 수 있다. 또한 수업에 비해 포괄적인 개념으로 교사가 수업을 하기 위한 준비, 계획, 실행(수업), 평가(수업후 처치) 등을 포함하는 모든 활동을 말한다.

이 책에서는 교수라는 개념을 '교사가 수업시간에 가르치는 활동(즉, 수업)' 을 포함하여 그것을 준비하고 실행하며 평가하는 모든 활동을 포함하는 포괄적인 것으로 사용할 것이다.

(2) 교수와 수업의 관계

교수와 수업의 의미에 대해서 명쾌한 합의가 이루어지지 않고 있으나 대부분 instruction을 교수로, teaching을 수업으로 구별하고 있다.

교수와 수업의 개념에 대해서 교수를 보다 포괄적인 개념으로 보는 사람도 있고(Corey, 1971; Gagné, 1974) 수업을 교수보다 더 포괄적인 개념으로 보는 사람도 있다(Hosford, 1973).

이 책에서는 교수를 수업에 비해 포괄적이며 구체적으로는 설계, 개발, 실행, 관리, 평가가 포함되는 것으로 보고, 수업은 교수의 영역 중에서 교사의 수업행위와 실행에 중점을 두는 것으로 구분한 라이겔루스(1983)의 견해를 따르기로 한다. 즉, 수업은 교사가 교실에서 수업시간에 가르치는 것으로서, 교수활동의 일부분으로 보는 것이다. 이런 관점에서 볼 때 수업

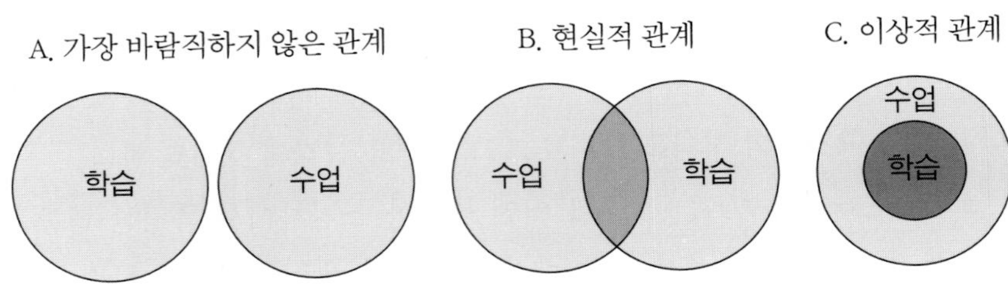

[그림 10-2] 학습과 수업의 관계

은 교수활동 가운데 학습과 가장 가까이 있는 것으로 볼 수 있다.

수업과 학습의 관계와 차이점을 살펴봄으로써 교수와 학습의 관계도 미루어 짐작해 볼 수 있을 것이다. 학습과 수업은 어떤 관계를 갖고 있는가를 [그림 10-2]를 통하여 세 가지 경우로 생각해 보자.

A는 수업자가 일정한 내용을 수업했지만 학습자는 전혀 그 내용을 학습하지 않은 경우다. 현실적으로 교실학습의 경우에도 소수의 학생에게 있음직하다. C는 수업자가 수업한 내용을 하나도 빠뜨리지 않고 학습자가 완전히 학습한 경우로, 이 역시 교실학습에서 특정의 소수 학생에게만 나타남직한 이상적인 관계다. B는 수업과 학습의 관계를 가장 현실적으로 나타낸 경우다.

그러면 수업과 학습의 관계가 이상적인 형태가 아닌 현실적인 형태로 나타나는 원인은 무엇일까? 다음 세 가지로 그 원인을 설명할 수 있다(변영계, 1997).

첫째, 학습이 반드시 수업의 결과로만 발생하지는 않는다는 것이다. 정도의 차이는 있지만 학습은 수업 없이도 환경과의 상호작용을 통해서 발생할 수도 있기 때문이다.

둘째, 수업과 학습이 이루어지기까지의 전 과정이 얼마나 충실했는가의 문제다. 즉, 교육과정부터 교수설계, 그리고 수업과 학습에 이르는 과정의 충실도를 얼마나 장담할 수 있느냐는 것이다.

셋째, 수업과 학습상황에서 계획에 없는 돌발사태가 발생할 수도 있다는 것을 간과해서는 안 된다. 이 때문에 수업이 의도했던 대로 이루어지지 않거나 수업준비 시 상정했던 학습자의 상태가 변화하거나, 수업상황이 돌발적으로 변화할 수도 있다.

다음으로 수업과 학습의 차이점을 보면 다음과 같다.

첫째, 수업에는 일정한 목표가 있어야 하지만 학습에는 목표가 있을 수도 있고 없을 수도 있다. 이 말은 수업은 의도적이고 계획적인 것이지만 학습은 의도나 계획이 없는 경우에도 가능하다는 의미다. 따라서 학습은 넓고 포괄적인 개념이다.

둘째, 수업은 독립변수고 학습은 종속변수다. 독립변수란 '작용하는 변수' 또는 '처치하는 변수' 라는 뜻이며, 종속변수란 '작용이나 처치에 의해 나타나는 결과' 라는 뜻이다. 즉 수업은 능동적이고 적극적인 작용이며, 학습은 그 결과로 나타나는 일련의 종속적인 변화라는 것이다.

셋째, 수업에 대한 연구는 실제 교육이 이루어지는 교실의 현상에 관심이 있으나, 학습에 대한 연구는 기본적으로 연구실이나 실험실의 실험상황에 더 관심이 있다. 교실에서 가장 중요한 일은 어떤 과정을 통해서 학습이 이루어지는지를 알아내는 것이다.

마지막으로, 수업은 처방적(prescriptive)이지만 학습은 기술적(descriptive)이다. 처방은 의사가 환자의 아픈 원인을 찾아서 그에 맞는 치료를 하는 것과 마찬가지로 어떤 목적을 달성하기 위하여 어떻게 해야 하는지를 제시하는 것을 의미한다. 반면에 기술은 어떤 현상이 일어나는 과정과 결과를 있는 그대로 설명하고 나타내는 것이다. 그러므로 수업은 학습이라는 목표 달성을 위하여 여러 대안적인 방법들 중에서 가장 적합한 것을 선택하여 그것을 제공하는 활동이고, 학습은 유기체에게 나타나는 학습의 과정과 결과를 있는 그대로 기술하는 것이라 할 수 있다. 그러나 실제로는 학습의 과정과 문제점이 잘 기술되고 진단되면 이에 맞는 처방을 해서 좋은 학습 결과를 가져올 수 있기 때문에 학습과 수업은 아주 밀접한 관계가 있다고 본다.

2. 수업과 수업계획

1) 수업계획의 필요성

수업계획은 좋은 수업을 하기 위한 준비활동의 한 단계로서 좋은 수업을 위해서는 좋은 수업계획이 있어야 한다. 수업계획의 필요성은 다음과 같다.

- 수업계획 없이는 수업의 효과성, 효율성, 매력성, 안전성을 보장하기 어렵다.
- 교직은 전문직이기에 수업은 교사의 책임이며, 교사는 전문인으로서 자신의 활동을 미리 계획하여야 한다.
- 최근 수업에 대한 교사의 재량권이 증가하고 있는데, 이런 재량권을 적절히 활용하기 위해서 교사는 미리 수업을 준비해야 한다.
- 수업에 활용되는 매체나 체제 등은 갈수록 복잡해지고 있으며, 수업의 목표 역시 질과 양이 변화하고 있다. 또한 학습자들의 요구나 개인차도 크게 벌어지고 있는 실정이다. 이러한 수업환경에 맞는 수업을 위해서는 반드시 수업계획이 필요하다.

2) 수업계획 시 고려해야 할 요소

좋은 수업계획을 위해서 고려해야 할 요소들은 다음과 같다(변영계, 김영환, 손미, 2000).

- 수업목표나 내용에 적합한 수업방법은 무엇인지 분석하고 선택해야 한다.

- 수업은 여러 가지 학습활동이 포함되기에 학습활동에 대한 계획이 수립되어야 한다. 즉, 동기유발을 위한 활동 등 다양한 형태의 활동들을 고려해야 한다.
- 수업의 대상, 즉 학습자들을 분석하고 이들에 맞는 수업방법을 계획해야 한다.
- 수업계획은 수업자의 자질, 능력, 선호하는 수업방법 등을 고려해 이루어져야 한다. 예컨대 첨단기자재가 있더라도 수업자가 사용할 수 없다면 소용없다.
- 수업에 관련된 현실적인 제 여건이 고려되어야 한다. 여기에는 허용된 수업시간의 양, 학습활동을 할 공간과 장소, 교수-학습자료, 시설, 예산, 안전, 이동의 문제, 부모의 동참이나 허락 등 다양한 요소들이 있다.

학교수업의 효율화는 한 사람의 수업자가 칠판과 분필만으로 해결할 수 없다. 따라서 다양한 학습활동, 수업매체, 수업방법, 현실적 여건 등이 종합적으로 고려되어야 한다. 이러한 제 요인들이 정해진 수업목표를 효과적으로 달성시켜 기능과 역할을 다할 수 있도록 하기 위해서는 수업자는 수업 전에 치밀하고 과학적인 사고를 통해 자기수업에 대한 결정을 해야 한다. 이러한 체제적인 사고와 결정을 통해서 만들어진 수업계획이 있어야 의도한 수업목표를 달성할 수 있다.

3) 수업계획의 일반적 원칙

수업계획을 위한 일반적 원칙은 다음과 같다.

- 수업계획은 지도목적에 적합해야 한다. 즉, 수업과 학습의 효과가 발생할 수 있어야 한다.

- 수업자의 특성이나 수업방법에 따라 다소 변경할 수 있는 융통성이 있어야 한다.
- 계획은 수행과 평가를 통해 검증될 수 있어야 한다.
- 단원의 계획과 맞는 일관성이 있어야 한다.
- 실제 적용단계에서 예상치 못한 환경이나 요구에 접하게 되었을 때를 대비한 변경 가능성이 있어야 한다.
- 생활지도나 각종 학교의 교육행사 등을 고려해서 이런 활동들과도 연계될 수 있는 포괄성이 있어야 한다.

4) 수업계획의 수준

수업계획은 대체로 장기계획과 단기계획으로 구분할 수 있다. 장기계획은 학습의 연간계획, 월간계획, 단원계획이 포함되는 것으로서 모든 학교활동, 생활지도, 행사교육과 일과, 평가 및 지도 등에 관한 세부적인 계획이 배경을 이루고 있는 예정설계다.

단기계획으로는 주안, 일안, 시안 등을 생각할 수 있는데, 주안은 모든 장기계획을 바탕으로 일주일을 단위로 구체적인 지도계획을 세우는 것이다. 일안은 그날그날의 학습지도계획이고, 시안은 매시간 학습내용에 따라 효과적인 학습지도를 하기 위한 계획인데, 이들의 관계는 [그림 10-3]과 같다.

이 외에도 수업계획을 단원전개계획과 차시별 계획으로 나누기도 한다. 단원전개계획은 교과목별로 정해져 있는 각 단원을 어떠한 방법으로 가르칠 것인가에 대한 총체적이며 개략적인 계획이다. 그리고 차시별 계획은 단원의 계획에서 세분화된 매 수업시간별로 한 시간 수업을 어떻게 시작해서 어떠한 활동을 시키고 매듭지을 것인가에 대한 보다 치밀한 계획이다. 단원전개계획은 단원의 설계 또는 단원지도계획이라 부르기도 한다. 차시별 계획은 시안, 단시안, 학습지도안 등으로 부르기도 한다. 그

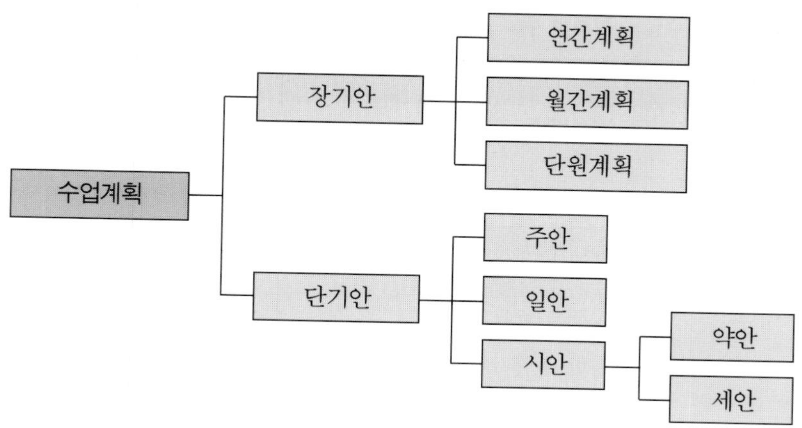

[그림 10-3] 수업계획의 수준별 유형

리고 차시별 수업안은 그 계획의 세분화 정도에 따라 아주 자세하고 친절하게 작성하는 경우 세안이라 하고, 이와 반대로 아주 간략하게 작성하는 경우 약안이라고 한다.

3. 수업의 단계와 주요 활동

수업활동은 도입, 전개, 정리라는 세 단계로 구분할 수 있다. 한 수업시간에 제공될 주요한 교수-학습활동들을 도입, 전개, 정리의 세 단계로 나누어 요약 · 제시하면 〈표 10-1〉과 같다.

표 10-1 **수업의 단계별 주요 활동**

지도단계	주요 활동
도입	동기유발 목표인지 선수학습 관련짓기
전개	학습내용의 제시 학습자료의 제시 학습자의 참여 다양한 수업기법의 활용 시간과 자료의 관리
정리	학습과제 요약, 종합 연습과 피드백을 통한 강화 일반화 보충자료 제시 및 차시 예고

1) 도입단계의 성격과 주요 활동

도입단계는 본 수업이 시작되는 단계로 비교적 짧은 시간에 이루어진다. 수업상황에 따라 약간의 차이는 있지만 대략 5~10분 정도가 적절하다. 이 시간에는 학습자의 주의를 집중시키고, 도달해야 할 학습목표를 제시해야 하며, 본 수업과 관련된 과거의 학습내용들을 회상시켜 관련지을 수 있도록 한다.

(1) 학습자의 동기유발

수업 자체가 재미있고 흥미롭다면 학습자는 당연히 관심을 갖고 주의를 집중할 것이다. 따라서 교사는 학습자의 동기유발을 위해 다양한 방법들을 사용해야 한다. 첫째, 학습자들에게 주어진 수업목표를 달성했을 때 그들이 할 수 있게 되는 것이 무엇인지 설명한다. 학생들은 수업의 도입단계에서 자신이 그 수업을 성공적으로 참여했을 때 무엇을 할 수 있게 되는가를 분명히 알아야 학습동기가 생긴다.

둘째, 학습과제와 관련이 있는 예화나 경험담을 들려주어 학습자의 관심을 유도한다. 최근의 뉴스 보도와 신문을 통해서 알려진 사건들이나 일상생활에서 경험한 내용들을 언급함으로써 학습자의 관심을 불러일으킨 다음, 이것이 학습과제와 어떻게 관련이 있으며 왜 중요한지에 대해서 설명한다. 기본적으로 교사는 학교 밖의 생활사태에서 일어나는 일에 관심을 가져야 하며, 주의 깊게 관찰하고 기록해 두었다가 필요할 때 적절히 활용할 수 있어야 한다. 또 학습자들이 어떤 문제에 흥미를 느끼고 있으며, 어떤 일에는 관심이 없는지에 대해서도 알고 있어야 한다.

셋째, 학습과제를 설명하거나 표현해 주는 시청각자료들을 사용하여 학습자의 주의를 집중시킨다. 학습해야 할 문제사태를 담고 있는 사진, 필름, 테이프, 멀티미디어나 인터넷 자료 등을 보여 줌으로써 학습자의 호기심을 자극하고 시선을 모으는 것이다. 예를 들어 수질오염의 심각성에 대해 학습할 경우, 교사가 이를 단순히 설명하는 것보다는 슬라이드나 비디오를 통해 문제장면들을 보여 주는 것이 학습자의 동기유발에 훨씬 더 효과적이다.

(2) 학습목표의 제시

학습목표를 제시할 때 다음 두 가지를 유의해야 한다.

첫째, 학습목표는 한 시간 수업이 끝났을 때 학습자가 할 수 있게 되는 것으로 진술해야 한다. 즉, 학습자가 수업활동을 통해서 성취할 수 있는 것으로서 가능한 한 행동적 수준에서 구체적으로 제시해야 하는 것이다. 이렇게 진술된 학습목표는 수업의 성공 여부를 판단하는 평가기준이 되며, 이 평가기준은 학습자의 학습활동을 촉진시키는 요인이 될 수도 있다.

둘째, 학습목표를 학습자들에게 분명히 인지시킨 다음에 수업에 임해야 한다. 이를 위해서는 수업목표를 칠판에 판서하거나, 구두로 설명하거나 또는 모범작품을 보여 주는 방법이 있다. 이를 통해 교사와 학습자가 학습목표를 의식하면서 이에 초점을 맞춘 수업을 전개할 수 있다. 또한 학습목표의 중점사항을 강조해서 설명하거나, 이에 도달할 수 있는 절차를 학습자에게 이해시키는 것도 효과적인 수업을 위해 필요하다.

(3) 선수학습과 관련짓기

본시 수업에서 다룰 학습과제와 관련이 있는 과거의 학습경험들을 회상시키거나 재생시켜 주는 일도 도입단계에서 이루어져야 한다. 어떤 과제의 학습이 잘 이루어지도록 하기 위해서는 그 과제와 관련이 있는 선수학습을 상기시켜 줄 필요가 있다. 선수학습과 현재 학습해야 할 과제들을 연결시켜서 학습자로 하여금 그 관계를 분명히 이해하게 하면 새로운 학습과제의 해결이 매우 용이해질 수 있다.

2) 전개단계의 성격과 주요 활동

전개단계는 수업의 중심활동으로, 도입과 정리단계의 활동을 연결한다. 실제 본시 수업의 65~70%는 주로 이 단계에 해당된다. 전개단계에서는 학습과제의 내용을 학생들에게 제시하고, 다양한 수업방법을 사용하여 수업의 목표달성을 위한 교수-학습활동을 하게 된다.

(1) 학습내용의 제시

학습내용을 학습자들에게 제시하기 위하여 교사가 생각해야 할 일은 학습내용의 제시 순서에 관한 문제다. 여기에는 몇 가지 원칙이 있다.

첫째, 학습과제의 분석표를 기초로, 가장 기본적인 학습과제부터 시작해 점차 일반적인 학습과제에 이르기까지 순차적으로 제시하는 것이다. 먼저 단순하고 쉬운 학습과제부터 학습하게 하고, 그 다음 이를 토대로 점차 복잡하고 어려운 학습과제를 학습하도록 하는 것이다.

둘째, 한 시간에 가르칠 학습내용을 학습자의 수준과 특성, 수업의 조건과 활동상황 등을 고려하여 적당한 크기로 묶는 것이다. 예를 들어, 수준이 낮은 학습자를 위한 한 단위의 학습활동의 묶음은 수준이 높은 학습자의 그것에 비해 비교적 작아야 하며, 수업상황의 변화도 자주 일어나야 한다. 한 단위의 학습내용이 너무 큰 경우에는 학습자들이 성공적으로 학습하기가 어려우며, 피상적으로 흘러 지루하고 따분한 수업이 이루어질 가능성이 많다. 따라서 학습내용을 적절한 크기로 분할하여 가르칠 때 수업은 효과적으로 이루어질 수 있다.

셋째, 주어진 학습목표를 성취하기 위해 학습해야 할 내용과 예들을 선정하여 계획하는 것이다. 학습자들이 학습내용을 보다 쉽게 이해하도록 하기 위해서 가르칠 개념이나 원리에 해당하는 예들을 선정하여 적당한 때에 제시해야 한다.

(2) 학습자료의 제시

학습자료는 학습목표를 달성하는 데 도움이 되는 다양한 프로그램이나 매체들을 말한다. 여기에는 인쇄된 자료, 시청각자료, 컴퓨터 보조수업 자료 등 여러 가지가 있다. 과거의 학습자료는 단순히 수업을 보조하는 수단으로 사용되었으나, 최근에는 학습자료 자체가 수업을 주도할 수 있도록 개발되고 있다. 학습자료 제시의 계획성을 고려하지 않은 수업전개는 자칫 잘못하면 산만해지기 쉬우며, 때로는 수업의 역효과를 초래할 수 있다는 점에 주의한다.

학습자료 및 매체를 선정하고 활용할 때에는 학습자의 특성을 고려하여야 한다. 예를 들어, 학습자의 독서능력이 부족한 경우라면 교과서나 책을 읽는 것보다는 설명이나 대화를 듣는 것, 도표나 모형을 통한 학습이 더 효과적이다. 또한 어린 아동이라면 보고 듣고 조작하는 실제적이고 직접적인 활동을 함으로써 더 효과적인 학습을 할 수 있으며, 성장한 학생이나 성인은 언어적 방법에 의하여 보다 잘 학습할 가능성이 높다. 이 문제에 대한 연구결과들은 학습자의 연령과 지능이 낮을수록 추상적인 기호나 언어를 수단으로 하는 수업매체보다는 구체적이고 감각적인 매체로 학습하는 것이 보다 효과적임을 시사해 준다.

(3) 학습자의 참여 유도

전개단계에서는 많은 질문과 응답이 오가며, 실제 어떤 행동을 보여 주기도 한다. 따라서 학습자의 적극적인 학습활동은 필수적이다. 그러므로 교사가 수업의 전 과정을 주도해서는 안 된다. 집단이나 개인별로 학습자의 참여를 유도해야 하며, 충분한 시간을 할애해 주어야 한다. 학습자를 수업에 보다 능동적으로 참여시키는 방법은 다음과 같다.

첫째, 학습자가 그들이 학습한 지식, 기술, 경험, 태도 등을 구두로 표현할 수 있도록 질문한다.

둘째, 학습자의 생각과 의견을 상호교환하는 방식으로 토론의 기회를 마련한다.

셋째, 학습자들에게 학습과제를 부과한다. 단순히 지적 영역뿐만 아니라 기술적 · 태도적 영역의 과제도 제시할 수 있다. 이러한 과제 제시는 학습자들 간에 서로를 가르칠 수 있고, 동료학습을 유도한다는 점에서 학습자의 적극적인 참여가 기대되는 부분이다.

넷째, 학습자들이 수업시간 동안 노트 필기를 함으로써 핵심적인 학습내용에 주의를 기울이게 되며, 이는 학습을 강화시키는 결과를 가져온다.

(4) 다양한 수업방법의 사용

주어진 수업목표를 달성하기 위해서는 다양한 수업방법이 요구된다. 수업목표와 관련된 내용을 학생들에게 체계적으로 설명하여 학생들이 그 내용을 이해하게 하는 방법을 생각할 수 있다. 이와 반대로 학생들이 수업목표를 획득하기 위하여 각자가 학습문제를 좀 더 구체화하고 각자가 그 해답을 찾도록 하는 방법을 생각할 수도 있다. 가르칠 수업목표, 수업상황, 수업자료의 특성, 학습자의 수준 등에 따라서 다양한 방법을 사용하는 것이 좋다.

(5) 시간과 자원의 관리

전개단계는 도입과 정리단계에 비해 시간 비중이 높은 편으로 한 시간 수업의 약 65~70%를 차지한다. 따라서 몇 개의 하위단계 또는 활동으로 구분하여 시간과 자원을 관리하는 것이 효율적인 수업전개를 위해 필요하다. 하위단계들은 학습과제와 학습자의 특성 및 수준에 따라서 여러 단계로 나눌 수 있지만 대체로 탐색활동단계, 해석활동단계, 응용단계의 세 가지 주요 활동으로 나뉜다. 이 세 가지는 한 시간 수업 중에 한 번으로 끝날 수도 있지만 몇 번씩 반복할 수도 있다.

3) 정리단계의 성격과 주요활동

정리단계는 학습지도의 종결부분이다. 이 단계에서는 학습한 내용을 요약정리하고 강화시키며, 일반화할 수 있도록 지도한다. 수업에서 매우 중요한 단계이므로 사전에 철저한 준비와 함께 반드시 실행되어야 한다. 그러나 실질적으로 교사들이 시간관리를 잘못하여 정리단계를 제대로 활용하지 못하는 경우가 많이 있다. 학습자에게 수업시간에 배운 학습내용들을 정리할 수 있는 기회를 주지 못하면 앞의 단계에서 학습한 내용을 확인·평가할 수 있도록 시간을 배분해야 한다.

(1) 학습과제에 대한 요약과 종합

학습내용을 살펴보면서 중요한 사항들을 요약하고 종합해 준다. 요약이란 중요한 하나하나의 지식을 정리해 주는 것이며, 종합이란 학습자가 부분적으로 파악하고 있는 학습내용을 전체적인 맥락에서 이해시켜 하나의 완성된 학습과제로서 이해하거나 수행하게 하는 것이다.

(2) 연습과 피드백을 통한 강화

학습지도를 통해 학습한 내용을 학습자가 실제 상황이나 이와 유사한 상황에서 적용시킬 수 있도록 연습의 기회를 제공해야 한다. 중요한 개념이나 일반적인 원리 그리고 새로 학습한 기술과 운동능력 등은 몇 번의 반복만으로는 숙달되지 않는다. 그러므로 학습한 내용을 새롭고 다양한 상황에 직접 적용시켜 보는 연습을 해야 한다. 연습은 학습한 것을 보다 분명하게 이해시켜 주며, 쉽게 망각하지 않도록 해 준다. 피드백은 정오답에 대한 정보와 칭찬이나 격려가 함께 제시되어야 한다.

(3) 일반화

학습자들이 학습한 내용을 주변의 생활문제에 적용해서 그 문제를 해결해 보는 경험은 학습의 일반화 및 전이의 효과를 가져온다. 이것은 연습의 효과와도 밀접한 관련이 있기 때문에 상호작용하는 가운데서 일반화의 수준을 높일 수 있다. 일반화를 위한 방법을 제시하면 다음과 같다.

첫째, 단순암기나 단편적인 학습보다는 학습요소나 내용들의 관계를 이해하고, 이에 관련된 문제사태를 해결할 수 있도록 학습하게 한다.

둘째, 학습한 내용을 실생활에 적용해 보는 기회를 반복적으로 제공한다.

셋째, 학습 직후에 학습한 내용을 요약정리하게 한다.

(4) 보충자료 제시 및 차시 예고

수업시간 동안 충분히 다루지 못했던 학습내용이나 학습자가 더 알고 싶어 하는 주제에 관한 보충자료나 참고도서들을 언급해서 학습자의 지적 욕구를 충족시켜 주어야 한다. 또 수업시간에 깊이 있게 다루지 못한 부분을 학습자가 스스로 보완하고 심화시킬 필요가 있다.

한편, 다음 시간에 학습할 내용이나 주제를 이번 수업시간에 배운 것과 관련지어 제시한다. 이렇게 함으로써 학습의 계열성을 유지시키고, 차시 수업에 대한 학습자의 준비와 기대효과도 유도할 수 있다.

연구문제

1. 학습을 어떻게 정의할 수 있는가?
2. 학교교육에서 수업이 가장 중요하다는 주장의 근거는 무엇인가?
3. 학습과 수업의 이상적인 관계는 어떤 경우인가?
4. 한 시간의 수업을 도입, 전개, 정리로 나누었을 경우 각 단계에서 중요한 교수-학습활동은 무엇인가?
5. 학습과 수업의 관계에서 어떤 경우가 가장 이상적인지 그림을 그려서 설명하시오.

추천 학습자료

1. 변영계, 김영환, 손미(2000). 교육방법 및 교육공학(2판). 서울: 학지사.
2. 변영계, 이상수(2003). 수업설계. 서울: 학지사.
3. 변영계(1984). 학습지도. 서울: 학지사.
4. 변영계(2005). 교수-학습 이론의 이해(2판). 서울: 학지사.

참고문헌

김호권(1977). 완전학습의 원리. 서울: 한국능력개발원.
변영계(1984). 학습지도. 서울: 학지사.
변영계(1997). 수업장학. 서울: 학지사.

Bigge, M. L. (1964). *Learning Theories for Teachers*. N.Y.: Harper & Row.

Bloom, B. S. (1976). *Human Characteristics and School learning*. N.Y.: McGraw-Hill Book Co.

Bugelski. B. R. (1976). *Some practical laws of learning*. Bloomington, Ind: Phi Delta Kappa Educational Foundation.

Corey, S. M. (1971). *The Nature of Instruction*. NJ: Prentice-Hall.

Gage, N. L. (1964). Theories of teaching, In Hilgard, E. R. (ed.), *Theories of Learning and Instruction*. Chicago: The University of Chicago Press.

Garry, R., & Kingsley, H. L. (1970). *The Nature and Conditions of Learning* (3rd ed.). Englewood Cliffs, NJ:Prentice-Hall.

Glaser, R. (1962). Psychology and instructional technology, In R. Glaser (ed.), *Training Research and Education*. Pitts.: Univ. of Pitts. Press.

Gagné, R. M. (1970). *The Conditions of Learning* (2nd ed.). N.Y.: Holt, Rinehart, & Winston.

Gagné R. M. (1974). *Essentials of Learning for Instruction*. Hinsdale: Dryen Press.

Hilgard, E. R. (1966). *Theories of Learning* (2nd ed.). N.Y.: Appleton-Century Crafts.

Hosford, P. L. (1973). *An instructional theory: A beginning*. Englewood Cliffs. NJ: Prentice-Hall.

Morgan, C. T., & King. R. A. (1966). *Instruction to Psychology* (3rd ed.). N.Y.: McGraw-Hill.

Reigeluth, C. M., & Stein, F. S. (1983). The elaboration theory of instruction, in C. M. Reigeluth (ed.), *Instructional design theories and models: An overview of their current status*. NJ: Hillsdale, Lawrence Erlbaum Associates, pp. 3-36.

제11장

교육공학의 이해

이 장에서는 교육목표의 달성을 위해 필요한 다양한 체제적인 접근법을 제공해 주는 교육공학의 기초에 대해 알아본다. 이를 위해서 우선 교육공학의 개념은 무엇이고 어떤 하위개념들로 구성되어 있으며, 교육공학이 주로 다루거나 대상으로 하고 있는 학문적이며 실제적 영역들이 어떤 것들인지를 알아본다. 또한 교육공학이 어떻게 발달해 왔는지를 이해하는 것은 여러 가지 점에서 향후 IT를 중심으로 한 다양한 교수기법들을 이해하는 데 도움이 될 것이다. 이를 토대로 교수매체의 개념과 종류, 그리고 교수매체가 교수-학습활동에 어떻게 도움이 되는지 살펴본다. 최근 교육공학은 학교교육은 물론 기업교육과 평생교육 등 다양한 분야에서 그 활용이 요구되고 있으며, 적용도 활발하게 이루어지고 있다. 이런 점에서 교육공학의 앞으로의 전망과 교사로서 교육공학을 어떻게 활용해야 할지에 대해 알아본다.

학습과제

- 교육공학의 개념과 영역에 대해 간략하게 설명할 수 있다.
- 교육공학의 발달과정에 대해 시대적 특징을 위주로 설명할 수 있다.
- 교수매체의 개념을 설명할 수 있다.
- 교수-학습과정에서 교수매체의 기여도를 이해하고 올바르게 활용할 수 있다.
- 교사를 위한 교육공학의 의미와 활용영역에 대해 설명할 수 있다.

IT를 활용한 미래의 교육은 어떤 모습일까? 미래를 생각하며 1996년에 썼던 글을 원문 그대로 옮겨 보았다. 언제쯤 이런 미래가 현실로 올 수 있을까? 그리고 그 미래에 우리의 교육은 또 어떻게 변화되어 있을까?

훈이는 다른 네 명의 친구들과 한 그룹이 되어 '개구리의 환경과 먹이의 관계' 에 대해 멀티미디어 타이틀을 가지고 공부를 하게 되었다. 멀티미디어 프로그램 앞에서 훈이와 친구들은 어떻게 이 문제를 풀어야 하는지, 그리고 환경과 먹이는 어떤 관계가 있는지 토의하기 시작했다. … 결국 개구리를 해부해 보기로 하였으나, 경험이 없었기에 적당한 방법을 찾지 못했다. 훈이가 '도움' 버튼을 누르자 '개구리 해부과정' 이라는 메뉴가 나왔고, 비디오와 오디오를 곁들여 개구리 해부과정에 대한 자세한 설명이 제시되었다. 훈이와 친구들은 자신감을 얻었고, 개구리를 해부하기로 하였다. 숙이가 처음에는 개구리가 불쌍하다고 반대했으나, 진짜 개구리를 사용하지 않는다는 사실을 알고 동의했다.

컴퓨터 화면에는 여러 종류의 개구리 사진들이 제시되었다. 그중 한 마리를 선택하자, 그 개구리의 독특한 울음소리가 나면서 그 개구리는 해부대 위에 뉘어졌다. 화면 주변에는 칼, 가위, 핀셋, 확대경, 현미경 등의 다양한 도구들이 제시되었고, 마우스를 이용해 칼 등을 선택해서 개구리를 해부할 수 있었다. 해부를 하던 도중 철이가 개구리의 위 속을 보고 싶어 했다. 훈이가 확대경을 선택한 다음 개구리의 위를 선택하자, 개구리의 위가 확대되었다. 철이는 화면에서 '기록' 단추를 눌러서 노트가 나오게 한 후 '철이' 를 눌러서 자신의 노트를 열고는 개구리 위 속에 있던 것들을 기록했다. 훈이도 자신의 노트를 열고 '복사' 를 선택하자, 개구리 위 속의 그림이 훈이의 노트에 복사되었다. 숙이가 개구리의 단면을 보고 싶어 했는데, 훈이가 단면을 보여 주는 기능을 선택한 다음 위치를 선택하자 단면이 제시되었다. 철이는 개구리의 피를 채취하고는 현미경을 선택해서… 이때 선생님이 오셔서 지금까지 어떻게 개구리를 해부했는지 그

과정을 알고 싶어 하셨다. 훈이는 녹화 재생 단추를 눌렀고, 그러자 화면에는 지금까지 훈이와 친구들의 활동이 재생되었다. 선생님은 전진과 후진 단추를 이용해서 과정을 확인하시고는 절차 및 접근방식이 아주 특이했으며, 좋은 결과가 예상된다고 칭찬해 주셨다. 선생님은 몇 가지 제안을 해 주신 후 다른 그룹의 활동을 둘러보러 다른 방으로 가셨다.

해부를 마치자 숙이가 개구리를 원 상태로 돌려놓자고 했고, 훈이가 동의하여 '회복' 단추를 누르자 개구리가 살아나서 뛰어다녔다. 훈이와 친구들은 박수를 치며 기뻐하였다. 훈이와 철이는 각각 자신의 노트를 컬러 프린터를 통해 프린트하였다. 철이는 다른 시간에는 아프리카산 황소개구리를 해부하여 위 속에 들어 있는 것이 오늘 해부한 우리나라 청개구리와 어떻게 다른지 알아보고 싶다고 하였다. 훈이는 다음 시간에는 개구리가 뛸 때 뼈가 어떻게 움직이는지 그 단면도를 보리라 생각하면서 프린터를 찾으러 복사실로 갔다. 숙이는 실험실을 청소할 필요가 없어서 좋다고 하였다.

선생님은 연구실에서 온라인 시스템을 통해 학생들의 노트와 활동사항을 확인하고, 그것에 대한 선생님의 생각을 학생들의 노트에 써 넣었다. 내일 학생들은 자신의 노트를 열어 보고 선생님의 생각에 대해 다시 자신의 생각을 얘기할 기회를 가지게 된다(김영환, 1996).

"교육공학이 무엇입니까?" "교육에도 공학이 있습니까?" 얼마 전까지만 해도 교육공학을 소개하면서 가장 흔하게 들었던 질문들이다. 왜 사람들은 교육공학이라는 말에 고개를 갸우뚱하게 될까? 그것은 '공학'과 '교육'이 어쩐지 잘 어울리지 않는다고 생각하기 때문일 것이다. 하이니히(Heinich, 1973)도 일찍이 공학이라는 말이 교육에 적용될 경우 큰 오해를 불러일으킬 수 있음을 지적했는데, 이런 오해는 공학을 보다 실제적인 사고나 하나의 과정으로 보지 못하기 때문임을 밝힌 바 있다.

1. 교육공학의 개념 및 영역

1) 교육공학의 개념

하나의 학문 분야를 정의하는 일은 결코 쉬운 일이 아니다. 교육공학 역시 마찬가지다. 특히 교육공학은 시대적 발전에 따라 이름을 바꾸어 왔는데, 시각교육에서 시청각교육으로, 그리고 교육공학에서 이제는 교수공학(instrucional technology)으로 변천하고 있다.

1977년, 미국교육공학회(AECT)에서는 교육공학이란 '인간 학습에 관련된 모든 문제점을 분석하여 이에 대한 해결책을 고안하고 실행하며 평가 관리하기 위하여 인간, 절차, 이념, 장치 및 조직을 포함한 복합적이고 통합된 과정' 이라고 정의하였다. 따라서 교육공학은 인간 학습의 문제를 규명하고 해결하기 위한 이론을 포함하며, 문제점을 분석하고 해결하기 위해 복합적이고 통합적인 과정을 실제 적용하는 것과 관련이 있다.

또한 미국교육공학회는 교육공학과 교수공학이 상호교환되어 사용될 수 있음을 전제로 1994년부터 '교수공학' 이라는 용어를 채택하였다. 실즈와 리치(Seels & Richey, 1994)가 참여하여 만든 미국교육공학회의 가장 최근 정의는 교수공학을 학습을 위한 과정과 자원의 설계, 개발, 활용, 관리 및 평가에 관한 이론과 실제로 정의하고 있다.

그동안 교육공학이라는 말이 실제 교육공학 관련 학자들의 주요 관심 영역에 비해 보다 넓은 의미와 영역으로 인식되었던 것이 사실이다. 교육공학이 교육의 하위영역인 교육과정, 교수, 상담, 행정, 평가의 다섯 영역을 모두 포괄하는 것으로 받아들여졌기 때문이다. 그러나 교육공학 관련자들의 주요 관심이 점차적으로 '교수' 라는 측면에 더 가까워지면서 교수공학이라는 개념을 선호하게 된 것이다.

2) 교육에서의 공학과 교육의 공학

교육공학을 이해하는 데는 크게 두 가지 측면이 있는데, 하나는 교육 목적의 보다 효율적인 달성을 위해 공학을 수단으로 활용하는 '교육에서의 공학(technology in education)' 이고, 다른 하나는 교육의 개선을 위한 과정으로서 공학을 사용하는 '교육의 공학(technology of education)' 이 있다. 홀로웨이(Holloway, 1984)는 전자와 같이 공학을 수단으로 도입한 것을 채택(adoption)이라고 하고, 후자와 같이 과정으로서 도입한 것은 적응(adaptation)이라고 설명하면서 채택보다는 적응이 더 바람직하다고 말한다.

'교육에서의 공학' 이란 협의의 교육공학으로, 예를 들면 시청각매체를 수업에 활용하는 것을 말한다. 여기서 매체는 하드웨어와 소프트웨어로 구성되며, 초기에는 주로 하드웨어의 개발과 보급에 치우쳤으나 점차 소프트웨어의 개발에 더 많은 관심을 가지게 되었다.

'교육의 공학' 이란 교육목표의 달성을 위해 교육과 그에 관련된 과정 및 요소들을 통합적인 체제로 이해하면서 여기서 발생할 수 있는 문제의 해결이나 목표의 성취를 위해 체제적인 접근법을 사용하는 것을 말한다. 이것은 한 단위시간의 교수-학습과정의 효율성을 증대시키는 것에서부터 학교교육에 관련된 계획적이고 체제적인 전반 활동의 개선까지도 포괄하고 있다. 보다 구체적으로는 교육내용과 목표의 선정, 학습계열의 설정, 효율적이고 효과적인 수업설계, 수업방법, 평가, 수업 등과 학급 및 학교의 경영과 관리, 각종 시설의 관리 및 운영 등에 관한 교육문제 전반을 들 수 있다.

여기서 체제적인 접근법이란 문제의 해결을 위해 전체를 분석하고, 이 전체 속에서 각 부분의 기능들이 어떻게 역동적이며 상호보완적으로 관계되는지를 파악하고, 다시 이들을 전체 속에서 이해하려는 방법을 말한다. 이런 체제적 접근법은 교육공학의 가장 중요한 특성 중의 하나다. 따라서 교육공학의 개념은 교육에서의 공학이 아니라 교육의 공학이라는 측면에서 파악되어야 한다.

3) 교육공학의 영역

교육공학의 영역은 그 개념에 따라 설계, 개발, 활용, 관리, 평가의 다섯 영역으로 구분되며, [그림 11-1]과 같이 서로 긴밀하게 상호연관 및 지원 관계에 놓여 있다. 그리고 이들 영역은 각각 다시 세부적인 하위요소와 관련 활동으로 구성된다.

따라서 교육공학이란 이들 다섯 가지의 연구영역에 대한 탐구를 통해

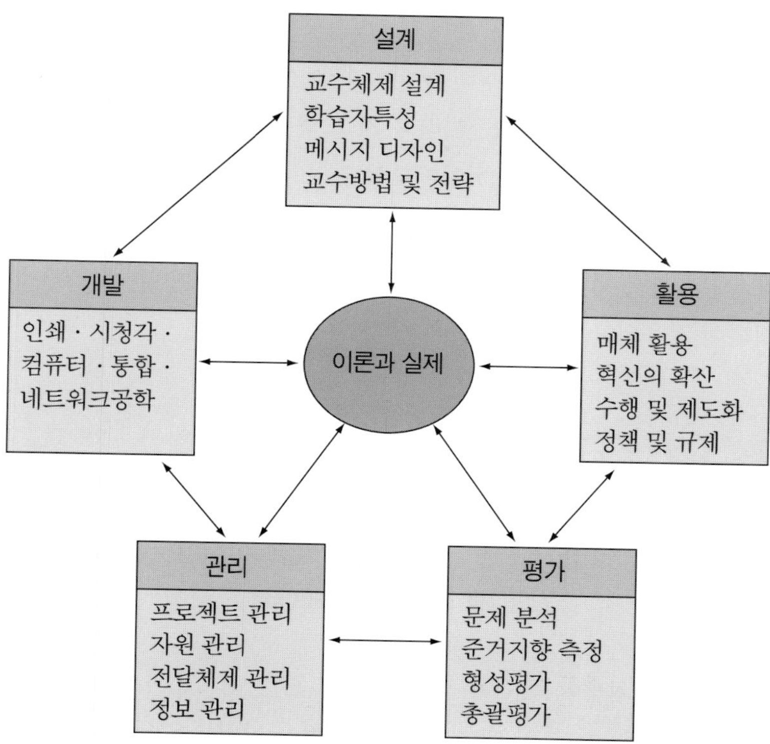

[그림 11-1] 교육(수)공학 내부 영역들 간의 관계(Seels & Richey, 1994)

학습과 관련된 문제해결을 위한 이론과 실제를 다루고 있는 영역이라고 볼 수 있다.

(1) 교수설계

교수설계(instructional design)란 교육실무자와 교수개발자에 의해 수행되는 전문적인 활동으로서, 교수방법들을 이해하고 개선하고 적용하는 것이다. 즉, 특정 학습내용이나 학습집단에 대하여 학습자의 지식과 기능면에서 기대되는 변화를 가져오기 위해 필요한 최적의 교수방법이 무엇인지를 결정하는 과정으로, 이 과정의 최종산출물은 학습을 위한 교수계획표(교수명세서)를 작성하는 것이다.

교수설계과정에서 고려해야 할 요소들은 다음과 같다.

① 교수체제설계(Instructional Systems Design: ISD)

교수설계를 위해 사용되는 여러 가지 모형 중 가장 기본적인 모형으로 ISD 모형이라고 불린다. ISD 일반모형은 요구에 입각하여 투입(input)의 최소화와 성과(output)의 최대화를 모색하는 절차적 모형으로 분석, 설계, 개발, 실행, 평가의 단계로 구성되어 있고 평가의 결과는 모든 과정에 피드백되어 적용되고 수정과 보완의 준거가 된다.

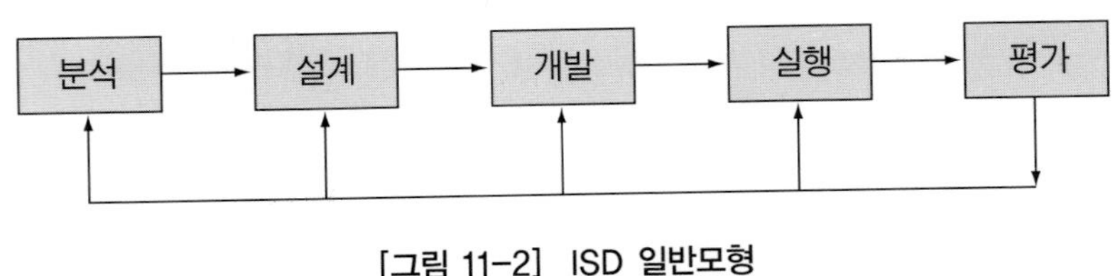

[그림 11-2] ISD 일반모형

ISD 모형은 교수와 관련된 인간 학습에 관한 지식들과 경험에서 나온 자료를 바탕으로 하고 있으며, 이 기본 모형을 바탕으로 다양한 모형들이 개발되어 왔다.

② 학습자특성

학습의 과정과 결과에 영향을 미치는 학습자의 특성을 분석하기 위한 지침, 자료 등이 포함된다(연령, 경험, 성별, 선수학습, 흥미 등). 이러한 학습자특성에 관한 연구들은 교수와 학습의 전 과정에서 고려해야 할 필요가 있는 학습자 변인을 기술하거나, 학습자 변인을 어떻게 고려할 것인가를 구체화시키기 위해 수행된다.

③ 메시지 디자인

메시지란 여기서는 궁극적으로 교수-학습내용이다. 따라서 교수-학습에 있어 의사소통을 원활하게 하기 위해 필요한 메시지의 외적 형태(예, 시청각디자인)와 지각, 인지, 기억 등이 연계된 제시방식에 대한 기획과 결정을 포함한다.

④ 교수전략

한 단위수업 내의 활동이나 사태를 선정하거나 일정한 묶음의 단위수업들을 계열화하기 위해 구체적인 사양을 정하는 것이다. 여기서 계열화란 묶인 단위수업들의 학습내용을 어떤 순서로, 어떤 크기로 배치할 것인가를 결정하는 데 도움을 주는 전략으로 거시적 교수전략이다. 반면 한 단위수업 내의 활동에 대한 전략은 미시적 교수전략이라고 불린다.

표 11-1 거시적 수준과 미시적 수준의 전략

	거시적 수준	미시적 수준
무엇을 가르칠 것인가?	한 학기 또는 과목에서 가르칠 내용의 선정	한 시간 동안 가르칠 내용의 선정
어떻게 가르칠 것인가?	• 계열화 전략 • 종합화 전략 • 요약화 전략	• 동기 전략 • 제시 전략 • 강화 전략

(2) 교수개발

교수개발(instructional development)은 선정된 교수방법을 실제적으로 개발해 내는 기법을 이해하고, 필요에 따라 그것을 개선하고 그 개발기법들을 직접 적용하여 각종 교수-학습자료와 매체를 개발하는 데 목적이 있다. 따라서 교수개발의 과정은 다음과 같은 특성을 갖는다.

- 교수개발의 과정은 교수매체의 유형과 특성에 관한 연구 및 이론을 기초로 이루어진다.
- 교수개발의 과정은 요구분석의 결과를 바탕으로 한 설계에서 출발하며, 다시 형성평가 및 종합평가의 결과를 수렴하여 완성된다.
- 교수개발의 과정은 교수에 적용되는 다양한 하드웨어와 소프트웨어를 통합하여 이루어지는데, 구체적인 하위영역은 인쇄공학, 시청각공학, 컴퓨터공학, 그리고 이들이 모두 하나로 합해진 통합된 공학 등이다.

① 인쇄공학

인쇄공학은 교수-학습활동을 지원하는 가장 기본적인 것으로 주로 문자와 그림, 사진 등의 인쇄물을 활용해 효과적으로 활용하는 원리와 전략을 말한다. 교육공학의 영역 중 가장 초기부터 있었고, 아직도 그 중요성은 결코 간과될 수 없는 영역이기도 하다. 아무리 첨단공학이 발전하였더라도 아직까지는 학습을 돕는 가장 기본적인 자료며, 다른 매체에 비해서 경제성과 사용상 간편성이 뛰어날 뿐 아니라 심리적으로도 가장 친근하기 때문이다.

② 시청각공학

시청각공학은 교수-학습활동을 돕기 위해 컴퓨터 이외의 다양한 기계들을 사용하여 시각과 청각적 자료와 매체를 제작하거나 활용하기 위한 원리와 전략을 말한다. 이것은 크게 다음과 같이 세 가지로 구분할 수 있다.

- 비투사자료: 투사가 필요 없는 자료로서 실물, 모형, 각종 도표와 그래프, 포스터와 만화 등이 있다.
- 투사매체와 자료: 강한 빛을 이용해서 시각적 자료를 복수의 학습자에게 제시하기 위한 매체와 자료로서 OHP(TP), 필름스트립(필름), 실물투시기(실물자료), 슬라이드 기계(슬라이드) 등이 있다.
- 시청각매체와 자료: 움직이는 영상이나 소리를 이용해서 교수-학습활동을 지원하기 위한 매체와 자료로서 비디오(테이프), 오디오(테이프나 CD), 영화(필름) 등이 있다.

③ 컴퓨터공학

컴퓨터공학은 컴퓨터를 기반으로 하여 교수-학습자료를 설계·제작하기 위한 원리와 전략으로, 디지털화된 정보를 처리한다는 점에서 아날로그 방식의 정보와 자료를 처리하는 시청각공학과 구분된다. 이 영역에는 컴퓨터 보조수업(Computer-Assisted Instruction: CAI) 및 컴퓨터 관리학습(Computer-Managed Instruction: CMI), 그리고 멀티미디어 등이 포함된다. AECT의 1994년의 정의(Seels & Richey)는 컴퓨터공학과 통합공학으로 나누어 제시하고 있지만 이것은 당시 환경에 기반한 것이고, 최근의 경향은 CAI나 CMI가 멀티미디어로 통합되고 있기 때문에 그 정의를 지나치게 구분할 필요는 없을 것이다.

④ 네트워크공학

네트워크공학은 컴퓨터를 중심으로 한다는 점에서 컴퓨터공학 및 통합공학과 유사하나, 여러 매체를 통합하여 데이터베이스화된 자료를 제작하거나 통신을 이용해 전달하면서 교수-학습활동을 지원하는 점에서 차이점을 갖는다. 그러나 최근 컴퓨터 관련 공학 역시 실제로는 네트워크공학으로 변해 가고 있다. 여기에는 LAN, CALS, 인트라넷, 인터넷, 인터넷 방송, 위성방송, 디지털 및 데이터방송, 가상교육 등이 있다.

(3) 교수실행

교수실행(instructional implementation)이란 개발된 교수방법과 자료, 매체들을 실제로 활용하는 방법을 이해하고, 개선하고 적용하는 데에 목적이 있다. 이것은 매체의 활용, 혁신의 확산, 실행 및 제도화, 그리고 정책과 규제로 구성된다.

매체의 활용은 교수매체의 특성을 파악하여 이에 가장 적합한 교수-학습상황에 효과적이며 효율적으로 활용하려는 것으로 가장 오랜 역사를 갖고 있다.

혁신의 확산은 매체의 활용에 장애가 되는 요소들을 파악하여 활용을 극대화하려는 노력에서 비롯된 것으로 매체를 둘러싼 여러 체제들의 변화가 필요하다는 점을 강조한다. 사실 어떤 매체든 처음 나오면 혁신의 산물로 인식되는데, 이런 혁신에는 여러 가지 형태의 저항이 있게 마련이다. 확산은 이런 저항을 최소화하기 위한 것이다.

실행 및 제도화는 확산의 결과가 일상의 교수-학습 상황 속에서 제대로 자리를 잡기 위한 방안을 강구하고 이를 제도적으로 뒷받침한다.

정책 및 규제는 교수공학을 확산하고 활용하는 데 영향을 주는 사회의 규칙, 법, 그리고 행위 등에 관련한 국가 수준의 의사결정을 말하며 보통 정해진 방침인 정책과 이의 시행과 실천을 감시하기 위한 규제 등이 있다.

(4) 관리영역

교수공학에서의 관리는 교수공학의 과정과 결과를 운영하고 조정하는 기능으로 기획 · 조직 · 조정 및 감독의 형태로 나타난다. 그 하위요소로는 프로젝트 관리, 자원관리, 전달체제관리, 정보관리 등이 있다. 프로젝트 관리는 말 그대로 교수설계와 개발에 관한 프로젝트를 기획, 조직, 조정 및 감독하는 것이다.

자원관리는 교수공학에 관련된 각종 자원의 지원체제와 서비스에 대한 관리기능으로 여기에는 인적자원, 예산, 재료, 시간, 시설, 그리고 지적자원까지 포함된다. 특히 지적 재산권을 세계적으로 인정하고 보호하려는 경향이 강해지고 있으므로 소프트웨어 보호법 및 지적 재산권 보호 등의 요지 정도는 알아 두어야 한다.

전달체제관리는 교수자료를 학습자와 교수자에게 보급하고 확산시키는 과정과 방법을 관리하는 것이며 정보관리는 교수공학에 관련된 정보를 저장 · 전달 · 처리하는 과정과 방법을 관리하는 것으로, 특히 최근에 정보관리의 중요성이 더욱 강조되고 있다.

(5) 교수평가

교수평가(instructional evaluation)는 이 모든 활동들의 효과성, 효율성, 매력성, 안전성 등을 평가하기 위해 필요한 방법들을 이해하고 개선하고 적용하려는 것이다. 여기에는 문제분석, 준거지향평가, 형성평가, 총괄평가 등이 있다.

문제분석은 정보수집과 의사결정전략을 사용하여 문제의 본질과 매개변인을 결정하는 것이다. 준거지향평가는 학습자들이 사전에 정의된 학습내용을 숙달하였는가를 판단하는 것으로 목표와 관련하여 지식, 태도, 기능, 행동 등의 변화가 얼마나 이루어졌는지에 관한 정보를 제공한다. 형성평가는 개발과정에서 각종 정보를 수집하여 개발 산출물의 질을 향상시키고자 하는 것이 목적이고, 총괄평가는 산출물의 유용성을 결정하기 위하여 개발의 결과가 사용된 이후에 각종 정보를 수집하고 그 효과를 평가하는 것이다.

2. 교육공학의 발달

교육공학의 역사에 대해서는 고대 그리스로 거슬러 올라가야 한다는 견해도 있으나, 본격적인 활동의 시작은 1920년대라고 볼 수 있다. 미국의 시각교육국을 중심으로 한 1920년대의 시각교육운동은 시각물의 활용을 권장하는 운동으로, 각 대학에서 교사를 위한 시각수업에 관한 코스가 개설됨은 물론 시각수업에 관한 정기 간행물이 출간되었으며, 시각교육에 대한 체계적인 연구가 보고되었다.

또한 제2차세계대전을 전후로 시각자료와 청각자료를 통합할 수 있는 기술의 발달로 시각교육에서 시청각교육으로의 전환이 일어났다. 이러한 시청각교육의 개념은 1950년대 말부터 발달하기 시작한 통신이론의 영향으로 교수-학습에 있어서 커뮤니케이션 과정을 중시하는 시청각통신교육의 개념으로 발달하였다.

1960년대에 이르러 시청각통신교육의 개념은 체제개념이 도입되면서 체제적 접근방식에 따른 교수개발의 개념이 교육공학의 중심 영역으로 등장하였다. 결국 이러한 움직임을 통해 매체 활용에 관련된 기존의 한계를 극복하고 교육공학의 개념을 성립하기에 이르렀다.

다음은 교육공학의 발달과정에 대한 이해를 돕기 위한 교수매체의 발달과정이다.

1) 초기의 시도들

대부분의 책들과 교육공학자들은 교육공학의 사상적 배경으로 코메니우스(Comenius, 1592~1670)의 경험주의 사상을 들고 있다. 코메니우스는 그림을 삽입한 최초의 교과서인 『세계도회(Orbus Pictus, The World of Pictures)』를 개발하여 교수방법에 있어 획기적인 시도를 하였다. 1658년

뉴렘버그(Nuremburg)에서 출판되고 미국에서 1810년까지 판매된 이 책은 그림과 단어들을 질문이나 다른 설명 없이 제시하여 학습자들이 스스로 단어를 공부할 수 있도록 한 것이 특징이다.

교과서에 그림을 활용하려는 이러한 노력은 1800년대 초기 독일의 페스탈로치(Pestalozzi)의 사물을 이용한 수업법에 의해 널리 확산되기 시작했다. 그는 단어의 학습이 구체적인 사물과 관계를 가질 때 보다 잘 이루어진다고 믿었으며, 수업이 구체적인 것에서 추상적인 것으로 진행되어야 함을 제시하였다.

2) 1900년대 초

1900년대 초기에 학교에 부속된 박물관들이 생겨나면서 본격적인 교수매체의 활용이 시작되었다. 이 박물관들은 초기형태의 OHP, 슬라이드, 필름, 그림, 도표, 다른 전시자료 등을 구비하여 본격적인 시청각수업을 지원한 지원센터의 구실을 하였으며, 이때부터 매체를 이용한 수업을 시각수업(visual instruction) 또는 시각교육(visual education)이라고 불렀다. 이러한 시각교육운동은 1920년대를 거치면서 미국의 시각교육국을 중심으로 공식화되었다. 시각교육에 대한 정기 간행물의 출간은 물론 체계적인 시각교육에 대한 연구 보고가 진행되었다.

또한 이 시기에는 교육용 영화가 등장하였다. 1902년 영국의 찰스 어번(Charles Urban)이 런던에서 최초의 교육용 영화를 상영하였고, 1911년에는 에디슨(Thomas Edison)이 학교에서 활용할 목적으로 교육용 영화를 제작하였다. 그리고 1922년에는 폭스(Fox)사가 모든 학교 교실과 교회에 유성영사기를 보급하려는 의도를 가지고 교육용 영화 제작을 시작하였다.

그러나 1920년대에 보급되기 시작한 유성영사기의 출현은 오히려 교육용 영화산업을 위협하였으며, 이후로 교육용 영화산업은 오히려 사양길에 접어들었다. 이즈음 영화의 교육적 가치에 관한 연구결과들이 보고되기 시작하였는데, 역설적이게도 그 결과는 영화가 수업에 효과적이라고 나타났으나 대세를 돌릴 수는 없었다.

3) 제2차 세계대전과 교수매체의 발전

제2차 세계대전은 모든 관심을 온통 전쟁에 집중시켰으며, 이러한 이유 때문에 상대적으로 학교에 대한 관심도 줄어들고 학교에서의 매체의 활용에도 부정적인 영향을 주었다. 그러나 매체 제작 산업체와 군대에서의 매체의 활용에는 큰 활력이 되는 시기였다. 미국방성은 많은 수의 병사들을 단시간 내에 효과적으로 교육하기 위해 영화만큼 효율적인 것이 없다는 것을 깨달았던 것이다.

제2차 세계대전 직후 많은 사람들은 매체의 교육적 효과에 대해 확신을 하게 되었고, 이것은 학교에서의 매체 활용에 대한 새로운 관심과 연구로 이어졌으며, 시청각 기자재가 광범위하게 사용됨에 따라 시청각교육이 대두되었다. 이때 행해진 연구들은 매체의 어떤 특성들이 학습에 영향을 주는지, 그리고 이런 특성은 얼마나 다양한 것들인지에 관해 초점이 모아졌으며, 나중에 커뮤니케이션의 과정에 대한 연구로 이어졌다.

4) 1950~1960년대

1950년대는 미국에서 교수매체의 개발과 활용에 중요한 전환기가 되는 시점이다. 1958년에 있었던 소련 인공위성 스푸트니크의 발사에 따른 충격으로 미국은 이에 대응하기 위한 특별법을 만들게 되었고, 이 법은 교수매체의 개발과 활용을 위한 연구에 긍정적인 효과를 주었다.

이 시기에는 교수-학습과정을 통신과정으로 보려는 통신이론과 교육에 체제적으로 접근하려는 체제이론이 결합하여 시청각통신이라는 새로운 개념이 등장하였다. 교육공학의 개념 정립에 있어 통신이론의 도입은 이론적 체계를 획기적으로 변화시켰다. 교수-학습활동에서 사용되는 사물에 관심을 두었던 시청각교육운동에 비해 커뮤니케이션 모델이 도입되면서 등장한 시청각통신은 송신자와 수신자 사이에서 일어나는 커뮤니케이션의 전체 과정을 대상으로 한다는 점에서 차이를 가지고 있다.

1960년대 이르러서 교수매체의 개발과 연구를 이끄는 대부분의 사람들은 시청각통신교육이라는 말이 가지는 역할과 폭이 확장되고 있음을 알게 되었고, 이러한 움직임은 결국 '시청각통신교육' 을 '교육공학' 을 거쳐 '교수공학' 으로 변화시키는 데 일익을 담당하였다.

3. 교수매체

1) 교수매체의 개념

(1) 매체의 개념

매체(media)라는 말은 영어의 'medium' 의 복수형인 'media' 를 번역한 것으로서, 무엇과 무엇의 사이, 즉 between에 해당하는 라틴어의 'medius' 에 그 어원을 두고 있는데, 작게는 하나의 장치에서부터 크게는 체제의 형태를 갖고 있다. 예를 들면, 전화는 두 사람 사이에서 정보의 교환이 가능하도록 맺어 주는 하나의 장치이며, TV와 라디오 등은 정보를 가지고 있는 방송국으로부터 정보가 없는 수신자들에게 정보를 전달해 주는 체제다. 요즘에는 날로 발전하는 정보통신에 힘입어 멀티미디어 등 복합적인 매체들이 등장하고 있다.

그렇다면 매체가 필요한 근본적 이유는 무엇일까? 그리고 이런 매체들은 왜 급속도로 발전하는 것일까? 아마도 이것은 필요한 정보를 보다 효과적이고 효율적이며 매력적인 방법으로 안전하게 전달하고자 하는 인간의 요구에 바탕을 두고 있을 것이다. 이렇게 어떤 정보가 유목적적으로 한 개체에서 다른 개체로 이동되는 것을 커뮤니케이션이라고 한다. 수업 역시 교수자와 학습자 사이에 학습내용이 유목적적으로 이동된다는 점에서 커뮤니케이션의 일종이라고 할 수 있다.

(2) 교수매체의 개념

교수매체란 결국 교육목표가 효과적이고 효율적이며 매력적인 방법으로 안전하게 달성될 수 있도록 하기 위해 교수자와 학습자 사이, 또는 학습자와 학습자 사이에 학습에 필요한 커뮤니케이션이 발생하도록 도와주는 다양한 형태의 매개수단 또는 제반 체제다.

이에 따라 교수매체의 범위는 다양하게 설정될 수 있다. 좁은 의미에서의 교수매체는 특별한 기구 없이도 쓸 수 있는 모형과 사진 등의 자료, 슬라이드, 비디오 등과 같이 교수자의 수업활동을 돕는 보조기구와 이런 기구의 활용을 위해 필요한 비디오테이프 등의 자료, 그리고 학습자가 수업자의 도움 없이도 독립적으로 활용할 수 있는 컴퓨터, CAI(Computer Assisted Instruction) 프로그램 등을 예로 들 수 있다. 반면에 넓은 의미에서의 교수매체는 교수자와 학습자 사이의 교육적 커뮤니케이션을 증대할 수 있는 제반 체제, 즉 수업설계전략의 수립에서부터 학교교육환경, 교육을 지원하는 모든 정보통신혁명의 산물들까지도 포함한다.

2) 교수-학습과정에서 교수매체의 기여도

(1) 교수매체와 교수설계의 관계

교수-학습과정에서 교수매체의 기여도는 비교적 높게 평가되고 있다. 그런데 구체적으로 어떤 기여가 있는지 알아보기 전에 우선 확인해야 할 것이 있다. 그것은 기여도가 교수매체 그 자체가 가진 고유한 속성에서 나오는 것이라기보다는 오히려 교수매체를 제작하는 과정에서 투입된 노력의 결과라고 보는 것이 타당하다는 것이다. 이는 교수매체를 제작하는 것이 단순히 내용을 매체에 옮기는 것이 아니기 때문이다. 즉, 교수매체의 제작과정에서 중요한 것은 매체 제작을 위해 필요한 기구를 조작하기 위한 기술적인 지식보다는 수업내용분석, 학습자분석, 그리고 주어진 수업목표에 대한 분석과 이를 바탕으로 한 수업설계다. 교수매체는 수업설계를 바탕으로 하되, 수업내용과 목표의 특성상 교사를 중심으로 한 강의여야 할 것인지, 아니면 텔레비전이나 슬라이드 등의 시각매체가 필요한 것인지가 결정되기 때문이다. 다시 말하면 교수매체는 수업설계라는 빙산에서 단지 물 위에 나타난 표현형이다. 따라서 기본적인 교수체제 설계모형(ISD 모형) 등에 입각한 교수설계에 바탕을 두지 않고 만들어진 교수매체는 사실상 교수매체로서의 가치가 없다고 해도 과언이 아닐 것이다.

(2) 교수매체의 기여도

교수-학습에서 교수매체의 기여도는 다음과 같다.

첫째, 교수활동이 표준화될 수 있다. 교육현장에서 비록 같은 교과서를 가지고 같은 내용을 수업하더라도 교사들 간의 경험이나 지식의 차이에 따라 교수활동의 양과 질이 영향을 받을 수 있다. 그러나 표준화된 교수매체를 가지고 수업을 하게 되면 교사 개개인의 차이에 따른 수업의 양과 질의 차이를 다소 줄일 수 있어 교수활동이 표준화되는 장점이 있다.

둘째, 교수-학습과정의 효율성을 높일 수 있다. 매체는 교사 중심의 강의나 설명에 비해 다양한 감각기관을 자극할 수 있으며, 보다 구체적이고 다양한 형태의 정보를 교사의 설명에 비해 빠른 시간에 제시할 수 있다. 따라서 교수-학습목표에 도달하는 데 필요한 시간이 감소되어 효율성을 높일 수 있게 된다.

셋째, 교수-학습의 효과성을 높일 수 있다. 교수매체를 통해 학습내용이 적절하게 제시되면 학습내용의 파지를 높이고 재생을 돕는 효과가 있다.

넷째, 교수-학습과정의 매력성을 높일 수 있다. 다양한 형태나 방법의 매체를 통한 교수-학습내용의 제공은 학습자들의 동기를 부여하고 주의를 집중시키는 데 긍정적인 효과가 있다. 또한 차시 학습에 대한 기대를 높이게 하는 등 학습에 대한 흥미를 유도한다.

다섯째, 교수매체가 가진 보완성은 교수자와 학습자에게 필요한 시간에 필요한 장소에서 교수-학습활동이 가능하도록 도와준다. 교수내용이 비디오나 오디오를 통해 저장되어 있다면 학습자는 언제든지 자신에게 맞는 시간에 학습을 할 수 있게 된다. 교수자 역시 학습자가 가능한 시간에 교수시간을 맞출 필요가 없으므로 서로 편리하게 된다.

여섯째, 매체의 사용은 교수자가 교수-학습과정에서 보다 긍정적인 역할을 할 수 있도록 돕는다. 우선 준비가 충실하여 수업에 임하는 부담이 줄게 되고, 자세한 설명에 필요한 노력도 줄게 된다. 따라서 교수자는 이렇게 남는 시간을 보다 중요한 수업활동에 많이 사용할 수 있게 되고, 개별 처치를 필요로 하거나 부연설명을 필요로 하는 학습자들에게 보다 많은 시간을 할애할 수 있게 된다.

3) 교수매체의 종류

교수매체의 종류는 매우 다양하다. 이들을 종류별로 구분하는 것은 교수매체에 대한 이해를 넓히기 위해서도 중요하지만, 종류에 따른 특성을 잘 이해하고 이러한 특성에 맞는 활용을 위해서도 중요하다. 교수매체의 종류를 구체적으로 알아보기 전에 이러한 특성을 구별하는 데 도움이 되는 호번(Hoban)과 데일(Dale)의 모델을 검토해 보자.

(1) 호번의 분류

호번과 동료들(1937)은 교육의 목적이 지적 경험을 일반화시키는 데 있다고 보았다. 이런 목적을 위해서는 교재의 시각화가 필요한데, 시각화에 필요한 시청각자료는 사실성의 정도에 따라 가치가 결정된다고 보았다. 사실성의 정도란 결국 추상적인 것을 얼마나 구체적으로 전달할 수 있느

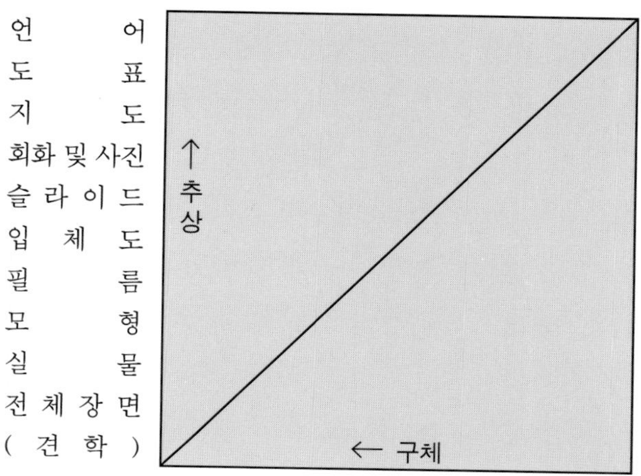

[그림 11-3] 호번의 시각자료 분류

냐의 정도로서, 학습이 쉽게 이루어지기 위해서는 구체적인 것을 먼저 제시하고 차츰 추상적인 것을 제시하는 구체적-추상적 계열화의 기초를 제공하고 있다.

(2) 데일의 경험의 원추

1969년에 데일은 호번의 모델을 더욱 포괄적으로 분류하고 체계화하여 경험의 원추라는 모델을 제시하였다.

경험의 원추는 학습자가 가지는 경험을 추상적 단계, 영상적 단계, 행동적 단계의 세 가지로 나누고 있는데, 직접적 경험을 통한 행동적 단계에서 시청각자료를 통한 경험이나 관찰을 통한 영상적 단계, 그리고 언어와 시각기호를 통해 이해를 도모하는 상징-추상적 단계로 진전되면서 개념 형성이 이루어진다는 것을 제시하고 있다. 이러한 데일의 모형은 후에 구조화된 지식을 인지하기 위한 단계를 행동적, 영상적, 상징적 표현양식으로 설명한 브루너(Bruner)에 의해 입증되고 보완되었다.

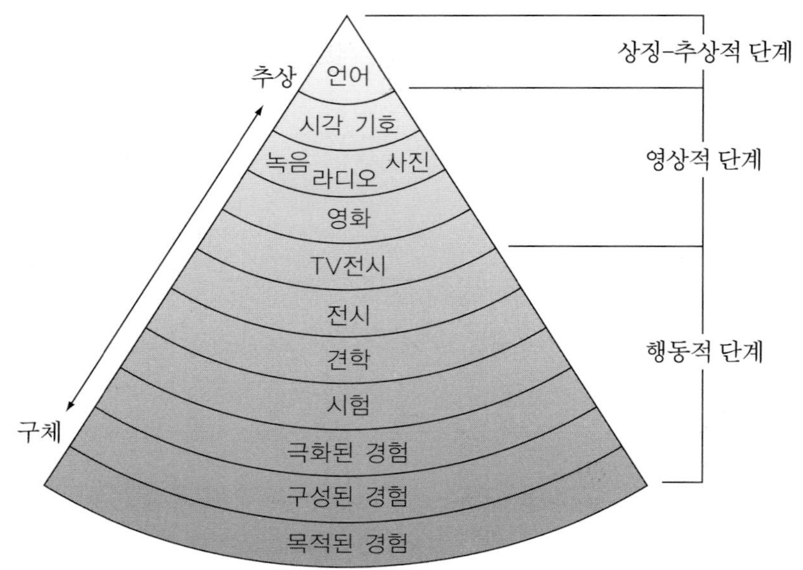

[그림 11-4] 데일의 경험의 원추

(3) 교수매체의 분류

교수매체는 여러 가지 방법에 의해 분류될 수 있지만 주로 제공하는 정보의 형태에 따라 비투사자료, 시각매체, 청각매체, 시청각매체, 상호작용매체 등으로 구분할 수 있다.

비투사자료는 모형, 실물 등 자료를 제시할 때 다른 매체를 이용하지 않고, 제시방법도 광학적이나 전기적인 투사방법을 사용하지 않는다는 특징이 있다.

시각매체는 주로 광학적이나 전기적인 투사방법을 사용하는 것으로서 자료를 제시하기 위해 매체가 필요하며, 자료의 제시가 주로 시각적인 방법에 의존한다는 특징이 있다. 자료에는 슬라이드, TP 등이 있으며 이의 활용을 위한 매체로는 슬라이드 프로젝터, OHP 등이 있다.

청각매체는 주로 청각적인 정보를 전달하는 것으로 라디오, 녹음기 등을 들 수 있다.

시청각매체는 시각과 청각적 정보를 동시에 활용하는 것으로 VTR, 영사기, TV 방송 등이 있으며 이들을 활용하기 위한 자료인 비디오테이프, 필름 등을 포함한다.

상호작용매체는 주로 컴퓨터에 관련된 것들로서 CAI라고 불리는 컴퓨터 보조수업, 상호작용 비디오, 멀티미디어, 쌍방향 텔레비전 등을 말하며, 학습자와의 상호작용이 가능하다는 것이 다른 매체들과 비교되는 큰 특징이다.

이러한 매체들은 최근에 와서는 컴퓨터에 관련된 테크놀러지의 발달에 힘입어 차츰 컴퓨터를 중심으로 통합되어 가고 있다. 예컨대 멀티미디어의 경우만 해도 그림, 필름 등의 동화상과 만화, 글자 등을 모두 포함하고 있으며, 학습자의 반응에 따라 개별화된 피드백을 제시하는 적극적인 상호작용을 가능하게 하고 있다. 또한 개별 학습자의 데이터가 모두 저장되어 있어 언제 어디서라도 필요한 경우에 찾아보는 것이 용이하다.

4) 교수매체의 선정과 활용

수업에 필요한 매체와 자료를 선정하는 것은 수업의 방법이나 목표 등과 따로 떼어 생각할 수 없는 체제적 성격을 가지고 있다. 매체나 다른 자료를 선정하는 것은 수업방법의 선정과 밀접한 관계가 있으며, 또한 수업방법의 선정은 수업목표의 수준, 내용의 유형과 밀접한 관계가 있기 때문이다. 따라서 수업방법, 매체, 그리고 자료를 선정하는 것은 체제적인 활동으로 이해되어야 한다. 이 활동은 다음의 세 가지 요소로 구성되어 있다.

(1) 수업방법의 선정

매체의 선정에 앞서서 결정되어야 할 것은 바로 수업방법의 선정이다. 수업방법의 선정은 수업내용의 특성과 수업목표를 잘 고려해서 결정되어야 하는데 대체적으로 강의식 수업, 토의식 수업, 발견학습과 탐구학습, 협동학습 등이 있다.

(2) 수업에 적합한 교수매체의 선정

교수매체의 선정을 위한 기준으로는 다음의 두 가지를 생각할 수 있다.

첫째, 선정된 수업방법이 필요로 하는 기능이나 역할에 맞는 매체가 무엇인지를 확인한다. 여기서도 역시 수업목표의 성격과 수업내용의 특성을 고려해야 한다.

둘째, 학습자의 크기, 선수학습능력, 수업목표의 성격 등을 고려한다.

(3) 선정된 교수매체에 적합한 자료의 선정, 수정 또는 설계

교수매체를 선정하고 나면 그 매체를 활용하기 위한 자료, 즉 소프트웨어를 선정하여야 한다. 예컨대, TV와 VTR을 사용하기로 결정했다면 이제 문제는 어떤 비디오테이프를 고를 것인가의 문제가 남은 것이다. 경우에 따라서는 자료가 먼저 선정되고 다음에 매체가 선정되는 경우도 있을 수 있다.

자료의 선정은 세 가지 형태가 있는데, 첫째, 현재 사용 가능한 자료를 구하는 것, 둘째, 현재 가지고 있는 자료를 수정하는 것, 셋째, 새로운 자료를 설계하는 것 등이 있다.

4. 교사와 교육공학

1) 교육공학의 영역과 전망

교육공학의 영역은 크게 탐구영역으로서의 교육공학과 전문적 활동영역으로서의 교육공학으로 나눌 수 있다. 우선 탐구영역으로서의 교육공학은 인간학습의 문제를 해결하는 것과 관련된 경험적 연구와 평가, 그리고 종합적 연구결과를 바탕으로 한 이론과 지식체제에 관심을 갖는다. 전문적 활동영역으로서의 교육공학은 주로 관련 이론과 연구결과를 교육현장에 적용하는 것이다. 따라서 교육공학 전문 활동가들의 활동영역의 폭은 다른 어떤 교육학의 하위영역보다도 넓다. 우선 학교교육은 물론 평생교육, 기업교육, 그리고 군대 및 각급 특수목적 교육기관에 이르기까지 교육공학적 사고와 지식이 활용될 수 있기 때문이다. 특히 기업교육에서 교육공학의 필요성은 날로 증가하고 있으며, 최근 각종 사회교육시설에서도 이와 유사한 경향을 보이고 있다. 또한 군대교육영역에서도 교육공학의 필요성이 급증하고 있다.

이렇게 각급 기관에서의 교육공학에 대한 요구가 증가하고 있는 이유는 다음과 같다.

첫째, 다양한 교육기관들이 교육의 중요성을 다시금 실감하고 있다.

둘째, 교육의 중요성이 부각되면서 종래의 구태의연한 교육방법에서 벗어나 보다 효율적이고 효과적인 교육방법을 찾아 나서고 있다.

셋째, 컴퓨터와 관련된 테크놀러지의 급속한 발달로 인해 멀티미디어, 인터넷, 가상현실 등 각종 매체의 설계와 제작에 대한 많은 요구가 발생하고 있다.

넷째, 각종 문제를 보다 과학적이며 체제적으로 해석하고 해결책을 찾으려는 움직임이 확산되고 있다.

그러면 실제 교육공학의 영역은 어디서부터 어디까지일까? 개괄적으로 말하면 교육공학의 영역은 좁게는 한 시간의 수업을 어떻게 효과적이고 효율적이며 매력적이고 안전하게 할 것인가에 대한 과학적이며 실천적인 수준의 문제해결에서부터 크게는 각종 교육기관의 교육목표를 효율적이고 효과적이며 매력적이고 안전하게 달성하기 위한 제반 문제를 탐구하고 해결책을 제시하는 것까지를 포함한다고 볼 수 있다.

2) 교육공학적 교육방법과 미래교사의 자세

교육공학은 교육방법적 측면과 긴밀한 관계를 맺고 있다. 따라서 이에 대한 긍정적인 면과 함께 일부에서는 교육공학, 특히 첨단정보공학적 접근이 교육에 미칠 수 있는 부정적인 면에 대한 우려의 소리가 있다. 예를 들면, 첨단정보화의 물결을 교육에 끌어들이는 데 교육공학이 앞장서고 있으나, 그 부정적 측면에 대한 배려를 못하고 있다는 지적이 바로 그것이다. 과도한 컴퓨터의 활용은 인간의 기계화와 비인간화를 가져오고, 컴퓨터 프로그램의 논리에 따른 학습은 사고를 경직시키며 풍부한 인성의 개발을 방해한다는 비판도 그 예가 되고 있다.

이러한 비판은 고정된 논리에 따른 프로그램식 학습에 해당되는 것으로 하이퍼미디어와 멀티미디어, 인터넷, 웹을 활용한 탐구형, 자기주도형, 문제해결형 등의 학습법에는 해당되지 않는다. 오히려 이들을 이용한 방식은 인지능력의 발달 등 여러 가지 장점이 있다. 컴퓨터 통신의 발달은 인터넷을 이용한 토론이나 채팅, 전자우편(e-mail) 등을 이용한 인간과 인간 사이의 커뮤니케이션을 증대시키고 있는데, 이런 발전은 단순한 지식이나 정보의 교류에서 감정과 느낌의 교류로 확대·발전하고 있다.

또한 각종 하드웨어와 소프트웨어 발전에 따라 사용은 쉬우면서 가격이 싼 제품들이 다양한 형태로 개발되고 있어서, 교육은 물론 사회 전체가 첨단공학에의 의존도가 높아지고 있다.

그러나 이러한 장점과 필요에도 불구하고 무분별하게 공학적 방법들을 교육에 도입해서는 곤란하다. 이들 공학적 요소들을 어떻게 효과적, 효율적, 매력적이면서도 안전하게 교육현장의 문제들을 개선하고 교육의 질을 높일 수 있는 방향으로 활용할 것인가에 대한 깊은 논의와 연구가 교사는 물론 연구진과 정책결정자, 학부모, 그리고 학생 차원에서도 있어야 한다. 결국 교육체제 전체가 함께 이에 대한 준비를 해야 하는 것이다.

테크놀로지의 개발과 활용은 궁극적 목표가 아닌 수단이며, 결국 우리의 과제는 어떻게 공학을 효과적, 효율적, 매력적이며 안전하게 교육에서 활용하여 교육의 질을 높일 수 있을 것인가의 문제이기 때문이다.

연구문제

1. 교육공학의 개념을 진술해 보시오.
2. 교육에서의 공학과 교육의 공학의 차이점과 공통점에 대해 설명하시오.
3. 교육공학의 발달과정에 대해서 5줄 이내로 설명해 보시오.
4. 교육공학의 다섯 가지 영역에 대해서 간략하게 설명하시오.
5. 교수학습과정에서 교수매체의 기여도에 대해 간략하게 설명하시오.
6. 데일의 경험의 원추가 교수매체의 선정과 활용에 주는 시사점에 대해서 설명하시오.
7. IT의 급속한 발전 동향에 대해 분석해 보고 향후 교육공학의 발전 전망에 대해 토론해 보시오.

추천 학습자료

〈도서〉

1. 변영계, 김영환, 손미(2000). 교육방법 및 교육공학(2판). 서울: 학지사.
2. 김영수, 한정선, 강명희, 정재삼 역(1996). 교수공학-정의와 영역. 서울: 교육과학사.
3. 양영선 역(1998). 교사를 위한 체제적 수업설계. 서울: 교육과학사.
4. 박동섭, 김영환 역(1999). 개성화 · 개별화 교육 어떻게 할 것인가? 서울: 학지사.

〈인터넷 자료〉

1. 한국교육공학회 http://www.etkorea.com
2. 한국교육정보미디어학회 http://www.kaeib.or.kr
3. 교육방법 및 교육공학 자습용 사이트 http://flykim.pe.ky
4. APEC Learning Community http://alcob.com
5. 에이펙사이버교육 저널 http://acecjournal.com

참고문헌

경전연구모임(1991). 부모은중경, 우란분경, 삼세인과경. 서울: 불교시대사.

권성호(1990). 교육공학원론. 서울: 양서원.

김영환(1996). 멀티미디어의 특성과 과학교육에서의 활용, 교육방송연구, Vol. 1, 199-200.

변영계, 김영환, 손미(2000). 교육방법 및 교육공학(2판). 서울: 학지사.

Dale, E. (1969). *Audio-visual methods in teaching* (3rd ed.). N.Y.: Holt Rinehart & Winston.

Heinich, R. M. (1973). Is there a field of educational communications and technology? *Audiovisual instruction 18* (5): 44-46.

Hoban, C. F., F. H. Hoban, and S. B. Zisman. (1937). *Visualizing the curriculum*. New York: Dryden Press.

Holloway, R. E. (1984). Technology transfer, the household and the family. In P. J. Thompson (Ed.), *Home economics teacher education: Knowledge, technology, and family change*. Bloomington, IL: American Home Economics Association. [41]

Seels, B. B. & Richey, R. C. (1994). Instructional technology: The definition and domains of the field. Bloomington, IN: Association for Educational Communications and Technology.

제 1 2 장

교육평가의 이해

여러분은 지금까지 직 · 간접적으로 교육활동에 관련하여 왔을 것이다. 이러한 교육활동은 유목적적인 활동으로서 그 목표의 달성 여부와 그 과정에 대한 평가의 결과는 다음의 교육활동에 영향을 미치게 된다. 따라서 교육활동이 이루어지는 상황에서 교육평가란 교육목표의 달성 정도나 교육과정의 효율성을 판단하기 위한 의사결정과정으로서 매우 중요한 역할을 담당하게 된다. 이 장에서는 이러한 교육평가의 개념을 살펴보고 타당도와 신뢰도, 수행평가 등에 대해 개략적으로 설명한다.

학습과제

- 교육평가의 개념을 알아본다.
- 교육평가의 유형과 특징을 알아본다.
- 평가도구의 신뢰도와 타당도 및 객관도를 알아본다.

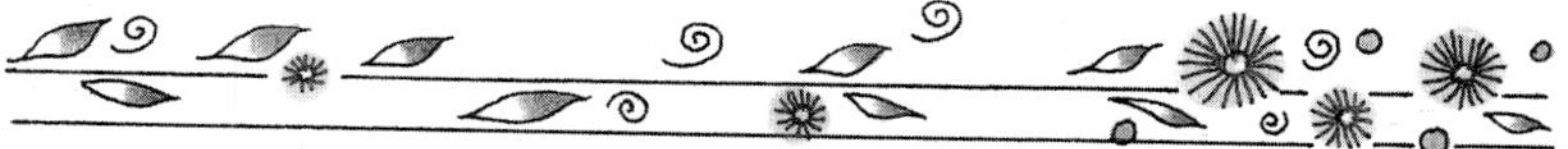

수행평가 원리의 발상지는 제2차 세계대전 중 미육군의 한 첩보기관인 OSS(Office of Strategic Services의 약칭, 전략특무단)였다고 한다. OSS는 초창기에 종래의 초보적이며 상식적인 방법으로 요원들을 선발했으나, 이런 방법으로는 명백한 부적격자를 가려낼 정도이며 탁월한 정예요원들을 선발하기에는 부족하다고 보고 새로운 선발방법의 개발에 착수하였다. 이 개발과제에는 60명 이상의 저명한 심리학자, 정신의학자, 군사전략전문가가 참여했다고 한다. 이들이 개발해 낸 새로운 선발방법이 게슈탈트(형태)심리학의 법칙을 적용한 수행평가의 원리다.

이 OSS의 새로운 선발과정을 거친 신병은 혁혁한 전공과 더불어 용맹을 떨쳤던 것으로 알려져 있다. 이들 중에는 당시 중국에 있었던 대한민국 임시정부 예하의 광복군 장병 약 40명도 포함되어 있었다고 한다.

OSS의 수행평가를 되짚어 보는 이유는 평가를 통해서 인간의 심리적 특성과 행동을 이해하고 예언할 수 있다는 점을 상기시키기 위해서다. 인간은 현재의 주어진 조건보다 개발될 수 있는 잠재적 가능성이 무한하다. 즉, 현재 그의 능력보다 그것을 극복하고 개발할 수 있는 미래의 능력에 더 큰 의미를 부여할 때, 거기에는 인간 이해의 평가 개념이 발생한다. 그러나 이러한 가능성을 부인하고 현실에 집착할 때, 인간을 판단하고 범주화시키는 인간 규정의 의식이 대두된다. 현재의 새로운 시각에서의 교육평가는 인간 규정을 위해 존재하는 것이 아니라 인간 이해를 위해 존재한다.

1. 교육평가의 의미와 성격

1) 교육평가의 의미

교육평가란 교육목표의 달성 정도나 교육과정의 효율성을 판단하기 위해서 학습자의 행동변화 및 학습과정에 관한 제반 정보를 수집하고 이용함으로써 교육적 의사결정을 내리는 데 도움을 주거나 더 나아가 의사결정을 내리는 과정을 의미하는데, 이 같은 의사결정의 제 과정은 교육적인 가치를 판단하는 일이다.

교육평가라는 용어는 교육현장에서 널리 사용되고 있고 아주 익숙한 개념이지만, 그것이 교육활동과 관련되어 어떻게 사용되고 있는가를 살펴보면 측정, 평가, 총평이라는 용어들과 혼용되고 있다. 그러나 측정, 평가 총평의 개념들 간에는 구별되는 분명한 차이점들이 있다. 그 차이와 특성은 다음과 같다(황정규, 1998).

측정(measurement)이란 어떤 대상이나 사건에 대하여 체계적으로 숫자를 부여하는 것으로, 측정의 최대 장점은 주어진 어떤 준거를 측정할 때 손쉽고 간편하게 이용할 수 있다는 점이다.

측정의 특성으로, 첫째, 측정은 그 대상이 되는 실재의 안정성을 가정한다. 세상의 실재는 인간이 관찰할 수 있는 객관적인 형태로 존재하며, 인간의 행동특성도 고정적이고 불변하며 안정성이 있으므로 어떤 현상이든 정확하게 측정할 수 있다는 입장이다.

둘째, 측정은 실재의 안정성을 가정하여 어느 한 시점의 개인의 반응을 표본으로 하기 때문에 개인의 반응점수의 신뢰성 및 객관성이 유지되느냐에 관심을 기울인다. 따라서 측정에서는 신뢰도가 타당도에 우선한다고 본다.

셋째, 신뢰성과 객관성이 보장된 측정을 하기 위해서는 누가 언제 어디서 측정해도 같은 결과를 얻을 수 있도록 측정 절차나 방법에 있어서의 표준화를 요구한다.

넷째, 측정의 시각에서는 실재의 안정성에 영향을 미치는 외부의 요인들은 안정성을 위협하는 존재이므로 환경을 측정의 정확성을 저해하는 오차 변인으로 간주한다.

다섯째, 측정에서는 결과를 주로 선발, 분류, 예언, 실험 등의 목적으로 사용하며, 이러한 목적을 위하여 보다 유용하고 정확한 측정 단위를 요구하고 가능하면 한 개의 단일 점수나 지수로 표시함으로써 능률을 높이려고 한다.

평가(evaluation)란 측정보다도 더 광범위한 개념으로 양적 기술, 즉 측정뿐만 아니라 질적 기술을 포함하며, 나아가서 이러한 양적 · 질적 기술에 대한 가치 판단을 포함한다. 특히 교육학이나 심리학 분야에서 측정의 개념이 평가의 단계까지 이르는 경우가 많고, 따라서 두 용어가 상호교환적으로 혹은 '측정 및 평가' 의 형태로 쓰이는 경향이 있다.

평가의 특징으로는 첫째, 평가는 존재하는 모든 실재나 인간의 행동특성은 '변화한다' 는 관점에서 출발한다. 교육이란 학습자에게 어떤 변화를 일으키려고 하는 것이 목적이므로 교육평가란 학습자에게 일어난 다양한 변화를 판단하는 일련의 절차로 볼 수 있다.

둘째, 평가에서도 평가도구의 신뢰성 및 객관성을 중요하게 생각하지만 가장 핵심적인 것은 평가도구의 타당성이다. 즉, 평가도구가 교수과정에서 의도한 목표를 얼마나 잘 나타내고 있는지의 정도를 결정하기 위해서 특히 내용타당도에 관심을 둔다.

셋째, 평가는 학생의 행동변화에 그 주된 관심을 두며, 이 변화를 유발하는 요인들인 투입된 교육과정, 교과목, 교사, 교수방법, 교수재료, 운영체제의 효과를 평가하는 것도 그 목적으로 한다.

넷째, 평가에서는 환경을 중요한 변화의 자원으로 본다. 즉, 환경이란 변화를 일으킬 수 있는 것으로, 개인은 환경과의 상호작용에 의해 변화한다는 것이다.

다섯째, 평가에서는 여러 증거를 합산한 단일 총점도 사용하지만 반응 유형, 오류의 유형과 질, 실패의 원인 등을 밝힐 수 있는 질적 증거도 유효한 증거로 활용된다.

여섯째, 평가의 주된 활용은 평점, 자격 판정, 배치, 진급 등을 위해 개인을 분류하고 판단하는 데 있다. 그러나 이에 못지않게 교수방법, 교수 프로그램, 수업의 과정, 교사, 교육과정의 효율성을 판단하기 위해 활용하기도 한다.

총평(assessment)이란 개인의 행동특성을 특별한 환경, 과업, 상황과 관련하여 의사결정을 하려는 목적의 전인적 평가다. 총평은 개인과 환경에 관한 증거를 추구하는 데 있어서 인간 행동변화를 이해하는 데 중요한 역할을 한다.

총평의 특징으로는, 첫째, 총평에서는 판단을 위해서 다양한 측정방법을 사용하는 동시에 측정에만 의존하는 것이 아니라 전체적, 직관적, 질적인 평가방법 등이 이용된다. 예를 들어, 총평에서 사용되는 정보는 다양한 양적 · 질적 형태로서 때로는 고도로 구조화된 객관식 검사를 사용할 수도 있고 혹은 비구조화된 투사적 방법도 쓰일 수 있다.

둘째, 총평은 주로 개인과 환경의 상호작용에 관심을 갖는다. 따라서 총평의 분석방법은 개인이 달성해야 할 준거의 분석과 개인이 속한 환경의 분석에서 시작된다.

셋째, 총평에서는 환경을 행동변화를 강요하는 압력으로 간주하여 환경이 요구하는 압력이나 역할을 먼저 분석하고, 다음에 개인의 특성이 이에 적합한지의 여부를 분석하고 결정한다.

넷째, 총평에서는 개인과 환경 사이의 상호작용을 분석함에 있어서 주로 구인타당도를 활용한다. 구인타당도란 개인과 환경 간의 상호작용에 관한 수집된 증거가 설정된 구인으로 어느 정도 설명되는가를 따진다.

다섯째, 총평의 결과는 흔히 예언, 실험, 분류에 활용된다. 특히 환경이 요구하는 준거나 역할에 비추어 개인을 진단하거나 예진한다.

2) 교육평가의 성격

교육평가의 성격을 규정하기 위해서는 교육평가의 필요성에 대한 이해가 선행될 필요가 있다. 왜냐하면 실행의 성격은 필요에 의해서 규정되기 때문이다.

교육평가의 필요성을 교육활동과 연관지어 살펴본다면 우선 교육평가는 학습자의 학업성취도를 평가하기 위해서 필요하다. 교육이 목표지향적 행위의 활동이라면, 목표가 어느 정도 달성되었는가는 학습자의 학업성취도를 확인함으로써 가능해진다. 다시 말해서 교육평가는 교육목표의 달성도에 관한 증거와 정보를 수집하는 것을 주요 기능으로 삼고 있다.

또한 교육평가는 개별 학습자 또는 한 학급 전체가 직면하고 있는 학습곤란점을 진단하고 치료한다. 교육평가란 기본적으로 교육을 보다 효과적이고 효율적으로 하기 위한 수단이라고 볼 수 있다. 따라서 교육평가는 교육 활동이 전개되는 과정에서 개별 학습자 또는 학급이 느끼는 제반 문제점들을 적시에 발견하여 그에 따른 조치를 마련해 줌으로써, 교육의 과정이 부드럽고 원활하게 될 수 있도록 돕는 역할을 담당해야 한다.

교육 프로그램의 교육적 효과를 평가하는 일도 교육평가의 중요한 기능이다. 교육 프로그램이란 매우 복합적인 개념이지만 여기에는 교육과정, 수업 계열과 절차, 수업자료, 학급조직 등이 포함된다. 교육 프로그램에 의해 결과가 발생하고 그 결과는 교육 프로그램의 질을 나타내는 것이 된다. 따라서 교육평가의 중요한 영역 중 하나는 교육활동의 결과를 분석하고 그 결과를 확인하여 프로그램의 질적 개선을 위한 시사를 받을 수 있다는 것이다.

교육평가의 또 다른 기능은 학습자의 장래 진로지도를 위한 자료를 얻을 수 있다는 점이다. 예를 들어 학교현장에서 진학지도, 취업지도를 하기 위해서는 그 학습자의 학업능력, 정서, 흥미, 성격은 물론이고 그 학습자를 둘러싸고 있는 가정, 학급, 사회환경에 대한 광범위하고 정확한 이해가 필수적이다.

마지막으로, 교육의 제반 문제를 이해하고 올바른 교육정책 및 일반 정책을 수립하는 데 도움을 줄 수 있다. 교육평가에 의해서 전국적 평가연구나 국가 간 학력비교연구 등에서 나타나는 것처럼 전체 학습자 또는 국민이 꼭 습득해야 할 기본적 능력이 어느 정도인가를 확인함으로써 교육정책의 방향을 수립하는 데 도움을 줄 수 있다. 다시 말해서 전국 단위의 초·중·고등교육은 물론 일반 사회교육을 평가하는 것도 교육평가의 기능 중의 하나다.

위와 같은 필요성에 의해 규정되는 교육평가의 성격은 다음과 같이 정리할 수 있다.

첫째, 교육평가는 계속적인 과정이다. 여기서의 계속성(continuity)이란 어떤 특수한 장면이나 시간에 국한되는 것이 아니라 모든 장면에서 평가가 이루어져야 한다는 것이다. 즉, 교육평가는 시험을 볼 때마다, 수업을 할 때마다, 대화를 나눌 때마다 평가의 기능이 발휘되어야 한다.

둘째, 교육평가는 종합적인 과정이다. 종합성(comprehensiveness)이란 평가가 학습자의 특정한 행동특성에서보다는 전체적인 행동의 넓은 영역에서 이루어져야 한다는 것이다. 예를 들어 학습자의 학업성적뿐만 아니라 생활태도, 성격, 신체발달 등의 전인적 영역을 평가의 과정에서 고려해

야 한다는 의미다.

셋째, 교육평가의 자료는 다양하다. 학습자가 남겨 놓은 그림 한 장, 일기 한 줄, 말 한 마디 등이 모두 평가의 자료가 될 수 있다. 이와 같은 다양한 자료를 교육평가에 활용하기 위해서는 교사의 역할이 매우 중요하다. 이를 위해서 교사는 교과전문가이기에 앞서 인간이해자가 되어야 한다.

2. 교육평가의 유형과 검사도구의 조건

1) 교육평가의 유형

교육평가의 유형은 검사점수에 가치를 부여하기 위해 어떤 평가기준을 사용하는가에 따라 준거지향평가와 규준지향평가로 구분되며, 교수-학습과정의 단계 중 어느 시점에서 어떤 목적으로 시행하느냐에 따라 진단평가, 형성평가, 총합평가로 구분된다. 그리고 평가를 위한 자료수집 방법이 어떠한가에 따라 양적 접근방법과 질적 접근방법으로 구분된다.

(1) 준거지향평가

준거지향평가(criterion-referenced evaluation)는 학습자의 현재 성취 수준이나 행동목표의 도달 정도를 알아보기 위한 평가방법으로 절대비교평가라고도 한다. 즉 다른 학습자와 상대적인 비교를 하는 것이 아니라 교육목표나 학습목표를 설정해 놓고, 이 목표에 비추어 평가하는 것으로 목표지향평가라고도 한다. 다시 말해 준거지향평가란 학습자가 무엇을 얼마만큼 알고 있는지를 재는 평가 또는 학습자가 정해진 준거나 목표에 도달하였는지를 판단하는 평가로서, 여기서 무엇이라 함은 학습자가 성취해야 할 과제나 행위의 영역이나 분야를 의미한다.

또한 이 평가방법은 발달적 교육관에 바탕을 두고 있는데, 이는 학습자의 선발이나 개인차에 대한 관심보다는 가능한 한 모든 학습자가 의도하는 바의 수업목표를 달성할 수 있도록 적절한 학습방법을 제공하고자 실시된다. 그리고 학습 후의 결과에 대한 평가에 있어서도 학습자 간의 개인차보다는 수업목표를 어느 정도 달성하였는가에 관심이 있다.

이러한 준거지향평가의 특징으로는 검사의 타당도를 강조하고 있다. 왜냐하면 원래 측정하려고 계획했던 수업목표를 얼마나 충실하게 측정하고 있느냐에 중점을 두기 때문이다. 다음으로 검사점수의 부적편포를 기대한다. 즉, 모든 학습자가 설정된 교육목표를 달성해 주기를 바라기 때문에 검사점수의 분포가 정상분포에서 벗어나 오른쪽으로 치우친 부적편포를 기대한다. 마지막으로 학습자 개개인에 적합한 교수-학습의 기회를 제공하면 주어진 학습목표에 도달할 수 있다는 발달적 교육관을 바탕으로 한다.

준거지향평가의 장점으로는, 첫째, 교수-학습이론에 적합하다는 점이다. 즉 무엇을 어떻게 가르쳐야 할 것인가에 대한 시사점을 제시해 준다. 둘째, 교육목표, 교육과정, 교수방법 등의 개선에 용이하다. 셋째, 이해, 비교, 분석, 종합 등의 고등정신능력을 배양할 수 있다.

반면 단점으로는 개인차의 변별이 쉽지 않다. 즉 학습자 개인 간의 비교 및 우열을 판정하기 어렵다. 다음으로 준거의 설정 기준이 문제가 될 수 있으며, 검사점수의 정상분포를 부정하기 때문에 검사점수의 통계적 활용이 불가능하다.

(2) 규준지향평가

규준지향평가(norm-referenced evaluation)란 학습자의 평가결과를 그가 속해 있는 집단에 비추어 상대적인 위치를 알고자 하는 평가방법으로 상대비교평가라고도 한다. 즉, 어떤 학습자의 성취수준을 규준을 이용하여 그가 속해 있는 집단에서의 상대적인 위치에 비추어 해석한다. 따라서 학습자들의 상대적인 능력이나 기술을 비교해 보고, 그것에 대한 어떤 결정을 내리는 선발기능이나 우열을 가려내는 기능이 강조되는 평가 방법이다.

규준지향평가는 선발적 교육관에 바탕을 두고 있는데, 이는 교육을 통하여 달성하고자 하는 목표나 수준에 도달할 수 있는 사람은 어떤 방법을 사용하든 소수에 지나지 않는다는 것이다. 여기에 기초한 평가관은 목표나 수준에 도달한 학생을 가려내거나 혹은 학습 후에 학생집단 내에서의 성취 수준의 차이를 밝혀내려는 것이다.

따라서 규준지향평가는 개인의 성취 수준을 비교집단의 규준에 비추어 상대적 서열을 판단하는 데 관심이 있다. 여기서 규준(norm)이란 원점수의 상대적 위치를 설명하기 위하여 사용되는 자(尺)로서, 모집단을 대표하기 위하여 추출된 표본에서 산출된 평균과 표준편차로 만들어진다.

이러한 규준지향평가의 특징은, 첫째, 검사의 신뢰도를 강조한다. 규준지향평가에서는 학습자들의 개인차를 얼마나 오차 없이 정확하게 측정하였는가에 중점을 두고 있다. 둘째, 검사점수의 정상분포를 기대한다. 셋째, 학습자의 개인차를 극대화시키는 선발적 기능을 강조한다.

장점으로는, 첫째, 여러 개인의 상대적인 비교를 기초로 하는 객관성을 강조하고 엄밀한 성적표시방법을 채택함으로써 개인차의 변별이 가능하다. 둘째, 객관적인 검사의 제작기술을 통해 성적을 표시하고 있기 때문에 교사의 편견을 배제할 수 있다. 셋째, 학습자들의 경쟁을 통하여 동기를 유발하는 데 유리하다. 반면 단점으로는 교수-학습이론에 부적절하다. 즉 무엇을 얼마만큼 알고 있는지에 관심을 두지 않기 때문에 교육목표, 교육과정, 교수방법, 학습효과 등을 경시하는 경향이 있다. 다음으로 집단의 특성에 따라 상대적인 위치가 달라지므로 진정한 의미의 학력평가가 불가능하며, 학습자 간에 학력의 상대적 위치 또는 순위를 결정하기 때문에 과다한 경쟁심리가 조장될 수 있다.

(3) 진단평가

진단평가(diagnostic evaluation)는 교수-학습이 시작되기 전에 학습자가 갖고 있는 특성을 체계적으로 측정하는 행위로서, 학습자들의 능력과 특성을 사전에 파악하여 교육목표 및 계획을 수립하는 데 활용하기 위한 평가다. 즉, 교수활동이 시작되는 초기단계에서 수업전략을 위한 기초자료를 얻고, 어떤 교수-학습방법이 적절한지를 결정하기 위하여 학습자의 기초능력을 진단하는 평가라 할 수 있다.

진단평가의 기능은 예진적 기능과 학습실패의 원인 진단기능, 두 가지로 구분할 수 있다. 먼저 학습의 예진적 기능은 학습자의 기본적인 학습능력, 학습동기, 선수학습의 정도를 확인하는 것을 말한다. 둘째, 학습실패의 원인 진단기능이란 수업과 직접적인 관련성이 없으면서도 학습실패의 원인이 되고 있는 여러 가지 학습장애요인을 밝히는 것을 의미한다. 이러한 요인들은 대체적으로 건강상태의 이상이나 운동감각기능의 장애가 되는 신체적 요인, 심리적 갈등의 정서적 요인, 물질적 · 경제적 빈곤이나 문화실조 등의 환경적 요인으로 분류된다.

(4) 형성평가

형성평가(formative evaluation)는 수업이 진행되고 있는 상태에서 교육행위가 계획한 대로 진행되고 있는지를 확인하는 평가다. 즉, 교수-학습 과정 중에 가르치고 배우는 내용을 학습자들이 얼마나 잘 이해하고 있는지를 수시로 확인하고 학습자들의 수업능력, 태도, 학습방법 등을 확인함으로써 교육과정을 개선하고 교재의 적절성을 확인할 수 있다.

따라서 형성평가는 교수-학습이 진행되고 있는 과정에서 학습의 진전상황에 관한 정보를 수집 · 분석하여 그 수업 및 학습을 개선하기 위해 실시하는 활동으로, 교수-학습의 과정에서 수시로 실시할 수 있다.

스크리븐(Scriven, 1967)은 형성평가를 통하여 교수-학습의 과정 중에서 학습자에게 피드백을 줄 수 있으며, 교육과정이나 수업방법을 개선할 수 있다고 보았다.

형성평가의 주된 기능으로는 학습자의 학습 진행 속도를 조절하며, 학습자의 학습에 대한 강화의 역할을 한다. 또한 학습곤란을 진단하고 교정하며, 학습지도방법의 개선에 이바지할 수 있다. 즉, 형성평가를 통하여 교사는 자신의 교수-학습방법의 장단점을 구체적으로 분석하고 개선할 수 있다.

(5) 총합평가

총합평가(summative evaluation)란 교수-학습이 끝난 다음 교수목표의 달성 여부를 종합적으로 판단하는 평가 형태를 의미하며, 총괄평가라고도 한다. 즉 학과목이나 학기 또는 교육 프로그램이 끝나는 시점에서 실시하는 평가로, 성취 혹은 숙달 정도와 교육목표 달성 여부를 결정하는 활동으로 정의할 수 있다. 따라서 총합평가는 학습자가 도달하도록 의도된 교육목표를 어느 정도 성취하였는지에 주된 관심이 있다. 총합평가를 위한 평가도구는 교육목표의 성격에 의해 결정된다.

총합평가의 구체적인 기능은 학습자들의 성적을 결정하는 것이다. 총합평가를 통한 평가결과는 학습자들의 미래의 학업성적을 예측하는 데 도움을 준다. 또한 총합평가는 집단 간의 성적을 비교할 수 있는 정보를 제공해 주며, 학습자의 자격을 인정하는 판단의 역할을 한다.

(6) 양적 평가와 질적 평가

양적 접근은 경험적 · 실증적 탐구의 전통을 따르고 있다. 따라서 일반적으로 평가대상을 어떤 형태로든 수량화하고, 이렇게 수량화된 자료를 가지고 통계적 방법을 이용하여 기술하고 분석하는 평가전략을 활용한다.

이에 반해 질적 접근은 현상적 · 해석적 탐구의 전통을 따르고 있다. 따라서 질적 접근은 평가에 관련된 당사자들의 상호주관적 이해에 바탕을 두고 교육현상을 사실적으로 기술하고 해석하는 평가전략을 활용한다.

이러한 두 가지 관점을 보다 구체적으로 비교하면 먼저 양적 접근은 신뢰도를 보다 강조하는 반면에 질적 접근은 타당도를 보다 더 강조하며, 양적 접근은 객관성을 강조하는 데 비해 질적 접근은 주관성의 장점을 최대한 활용하고자 한다. 또한 양적 접근에서는 객관성과 중립성을 보장해야 하므로 평가자와 평가대상과의 거리를 가능한 한 멀리 두고자 하는 반면에 질적 접근에서는 가능한 한 가까이 접근하여 실제로 일어나고 있는 활동이나 상호작용을 사실 그대로 포착하고, 당사자들의 의견과 느낌을 직접 인용하는 등의 참여관찰이나 심층면접의 방법을 주로 활용한다. 그리고 양적 접근에서는 일반성을 보다 강조하는 반면에 질적 접근에서는 특수성을 보다 강조한다. 즉, 과학적 탐구의 전통을 따르는 양적 접근에서는 자연히 일반적인 법칙의 발견을 최대의 목표로 삼는다. 이에 반해 질적 접근은 각 프로그램이나 평가대상자가 지니고 있는 독특성과 개인차를 중시한다. 또한 양적 접근에서는 구성요소를 분석하는 데 노력을 집중시키는 데 반해 질적 접근에서는 어떤 현상이나 프로그램 상황을 자연상태 그대로 전체로서 이해하고자 노력한다. 즉 양적 접근에서는 실재 세계를 여러 개의 구성요소나 하위유목으로 세분화시킬 수 있다고 보고, 평가의 의도에 맞게 사태를 적절히 통제하면서 이러한 구성요소의 분석에 노력을 집중한다. 반면 질적 접근에서는 현상을 원자적인 부분들로 분석하지 않고 전체성을 강조하는 입장에서 전체는 부분들의 단순한 산술적 총합이 아니라 그 이상의 것이며, 부분들은 이러한 전체의 맥락 속에서만 의미를 갖게 된다고 가정한다. 마지막으로 양적 접근에서는 결과에 관심을 갖는

반면에 질적 접근은 결과뿐만 아니라 그러한 결과에 도달하기까지의 과정에도 많은 관심을 기울인다. 즉, 결과 중심의 평가관은 일반적으로 실험집단과 비교집단을 구성하고 사전 · 사후검사를 실시하여 두 집단 간의 차이를 비교하여 그 효과를 검증하고자 한다. 반면 과정을 중시하는 평가관은 상황변인을 저작하거나 통제하려 하지 않으며, 일정 기간 내에 일어났던 모든 사건과 현상을 평가대상으로 삼는다.

이상에서 평가연구의 양적 접근과 질적 접근의 차이점을 살펴보았다. 그런데 평가의 실제에서는 두 접근의 활용은 서로 배타적인 것인 아니라 함께 공유하여야 한다.

2) 검사도구의 조건 및 유형

교육현장에서 평가활동을 수행할 때 어떠한 평가도구를 사용할 것인가의 문제는 매우 중요하다. 좋은 측정 · 평가도구의 요건으로 타당도, 신뢰도, 객관도 등이 있다.

(1) 타당도

타당도(validity)란 검사 또는 측정도구가 본래 측정하고자 하였던 것을 얼마나 충실하게 측정하고 있는가를 나타내는 준거다. 따라서 검사도구의 타당성을 알아보기 위해서는 반드시 준거(criterion)가 필요하다.

타당도는 여러 가지 방법에 의하여 확인될 수 있으며, 교육 및 심리검사의 표준으로 프렌치와 마이클(French & Michael, 1966)은 다음과 같이 나누었다.

① 내용타당도

내용타당도(content validity)는 논리적 사고에 입각하여 판단하는 주관적인 타당도를 의미하며, 검사의 문항들이 측정을 위하여 규정된 내용영역이나 전체를 얼마나 잘 대표하느냐의 정도를 나타내는 것이다. 교육과정 측면에서 내용타당도는 검사가 교육과정의 목표들을 어느 정도나 제대로 적절하게 측정하고 있느냐를 의미한다.

② 준거관련 타당도

준거관련 타당도(criterion-related validity)란 한 검사의 점수와 어떤 준거의 상관계수로 검사도구의 타당도를 나타내는 방법으로 경험적 타당도(empirical validity)라고도 하며, 예언타당도와 공인타당도로 분류할 수 있다.

- 예언타당도(predictive validity): 어떤 평가도구가 목적하는 준거를 얼마나 정확하게 예언하고 있는지를 의미한다. 이때의 준거는 미래의 행동 특성이 된다. 즉, 검사점수가 미래의 행동을 얼마나 잘 예측하느냐의 문제다. 예언타당도의 추정방법은 검사점수와 준거(미래의 행동특성의 측정치) 간의 상관계수로 나타내며, 상관계수가 클수록 예언의 정확성이 커진다.
- 공인타당도(concurrent validity): 검사 자체와 준거가 동시에 측정되면서 검증되는 타당도다. 즉, 준거의 설정 면에서 그 검사와 어느 정도 일치하느냐 혹은 공통요인이 있느냐는 것이다. 특징으로는 첫째, 검사 X와 준거 Y가 동시에 측정되며, 행동의 준거를 현재에 두는 것이다. 둘째, 준거의 성질을 예언에 두지 않고 공통된 요인이 있느냐에 둔다.

③ 구인타당도

구인타당도(construct validity)란 검사가 측정하고자 하는 어떤 특성의 개념이나 이론과 관련된다. 구인이란 검사도구에 반영되어 있다고 가정하는 인간의 어떤 행동특성을 의미한다. 이런 점에서 구인을 개념이라는 과학적인 용어로 대체할 수 있다. 따라서 구인타당도는 측정하고자 하는 특성의 구성요인을 얼마나 충실하게 이론적으로 설명하여 경험적으로 측정하느냐의 문제다.

(2) 신뢰도

신뢰도(reliability)란 측정하려는 것을 안정적이고 일관성 있게 오차 없이 측정하는가의 문제다. 신뢰도를 검사하는 대표적인 방법으로는 재검사 신뢰도, 동형검사 신뢰도, 반분검사 신뢰도, 문항내적 합치도, Cronbach α 계수가 있다.

① 재검사 신뢰도

재검사 신뢰도(retest reliability)는 한 가지의 측정도구를 동일 대상집단에게 두 번 실시한 다음, 첫 번째 점수와 두 번째 점수 간의 상관계수를 산출하여 얻는 신뢰도다. 실시 간격은 검사의 목적에 따라 달라야 하겠지만 대개 2~4주가 적당하다.

② 동형검사 신뢰도

동형검사 신뢰도(equivalent reliability)는 미리 두 개의 동형검사를 제작하고, 그것을 동일 집단을 대상으로 실시해 얻은 두 점수 간의 상관을 산출하여 얻는 신뢰도다. 동형검사란 두 검사가 표면적인 내용은 서로 다르지만 측정이론에서 보아 동질적이며 동일하다고 추정할 수 있는 문항들로 구성된 검사이며, 문항의 난이도 및 변별도가 같거나 비슷한 것으로 구성된 검사다.

③ 반분검사 신뢰도

반분검사 신뢰도(split-half reliability)는 하나의 평가도구를 한 피험집단에게 실시한 다음 그것을 적절한 방법에 의해 두 부분의 점수로 분할하고,

이렇게 분할된 두 개의 반분된 검사점수 간의 상관을 산출하여 얻은 신뢰도다. 두 부분으로 분할하는 방법은 여러 가지가 있으나, 앞뒤로 정확하게 반이 되게 하거나 짝수 문항과 홀수 문항으로 나누는 방법을 주로 사용하고 있다.

④ 문항내적 합치도

문항내적 합치도(inter-item reliability)는 검사 속의 한 문항 한 문항을 모두 독립된 한 개의 검사단위로 생각하고 합치도, 동질성, 일치성을 종합하는 신뢰도다. 이는 검사를 두 번 실시하지 않고 검사의 신뢰도를 추정할 수 있다는 장점이 있다. 종류로는 Kuder와 Richardson(1937)이 개발한 KR20 및 KR21 계수가 잘 알려져 있다.

⑤ Cronbach α 계수

크론바흐(Cronbach, 1951)는 문항내적 일관성을 측정하기 위하여 검사를 두 부분으로 나누지 않고 문항점수의 분산을 고려한 Cronbach α를 제안하였다. Cronbach α는 관찰점수의 분산과 진점수 분산 비율에 근거한다. Cronbach α에 의하여 신뢰도를 추정하면 검사를 양분하지 않아도 되는 장점과 문항 간의 일관성에 의하여 단일한 신뢰도 추정 결과를 얻을 수 있다는 장점이 있다.

(3) 객관도

객관도(objectivity)는 평가자 신뢰도라고 할 수 있는데, 검사의 채점자가 편견없이 얼마나 공정하게 채점하느냐의 문제다. 즉, 채점자의 채점이 얼마나 신뢰할 수 있고 일관성이 있느냐로 규정할 수 있다.

일반적으로 객관도가 낮은 이유는 검사도구 자체가 불완전하거나 평가자의 소양이 부족하기 때문이다. 따라서 객관도를 높이기 위한 방법으로 평가도구 및 평가기준을 객관화시켜야 하며, 채점자의 평가에 대한 소양을 높여야 하고, 가능하면 여러 사람이 공동으로 평가하여 그 결과를 종합하는 것이 좋다.

3. 교사와 교육평가

현재 학교에서 실시하고 있는 수행평가와 문항제작 및 유형에 대하여 구체적으로 살펴보고자 한다.

1) 수행평가

(1) 수행평가의 개념

일반적으로 수행이란 구체적인 상황하에서 실제로 행동을 하는 과정이나 그 결과를 의미한다. 교육현장에서 기존의 교육평가체제의 새로운 대안으로 제시되고 있는 수행평가(performance assessment)는 학생 스스로가 자신의 지식이나 기능을 나타낼 수 있도록 산출물을 만들거나, 행동으로 나타내거나, 답을 구성하도록 요구하는 평가방식이라 정의할 수 있다.

수행평가는 전통적인 선택형 검사에 의한 평가의 형태와 구별한다는 점에서 대안적 평가(alternative assessment)로, 수행과제들이 실생활의 문제들과 직접적으로 관련된다는 점에서 참평가(authentic assessment)로, 장기간에 걸쳐 수집된 학생의 평가자료를 중요한 판단기준으로 사용한다는 점에서 포트폴리오 평가(portfolio assessment)로, 학생들의 능력과 기술에 대한 증거를 관찰이나 면접에 의하여 직접적인 측정치로 확보한다는 점에서 직접평가(direct assessment)로 사용되기도 한다. 또한 대안적 평가는 개념상으로 수행평가뿐만 아니라 전통적인 평가방법과 구별되는 여러 가지 다른 형태의 평가 모두를 포함할 수 있다.

(2) 수행평가의 방법

현재 널리 사용되고 있는 수행평가의 방법으로는 서술형 및 논술형 검사, 구술시험, 토론, 실기시험, 실험 · 실습, 면접, 관찰, 자기평가 및 동료평가보고서, 연구보고서, 포트폴리오 등이 있다. 수행평가의 여러 방법들을 구체적으로 살펴보면 다음과 같다.

① 서술형 및 논술형 검사

서술형 검사란 흔히 주관식 검사라고 하는 것으로, 문제의 답을 선택하는 것이 아니라 학생들이 직접 서술하는 검사다. 논술형 검사도 일종의 서술형 검사이기는 하지만, 학생 나름의 생각이나 주장을 창의적이고 논리적이면서도 설득력 있게 조직하여 작성해야 함을 강조한다는 점에서 일반 서술형과 구별된다.

② 구술시험

학생으로 하여금 특정 교육내용이나 주제에 대해서 자신의 의견이나 생각을 발표하도록 하여 학생의 준비도, 이해력, 표현력, 판단력, 의사소통능력 등을 직접 평가하기 위한 방법이다.

③ 토론

토론이란 교수-학습활동과 평가활동을 통합하는 대표적인 방법으로, 특정 주제에 대해 학생들이 서로 토론하는 것을 보고 평가하는 것이다.

④ 실기시험

자연스러운 상황에서 실제로 하는 것을 여러 번 관찰하여 실제 수행능력을 평가한다.

⑤ 실험 · 실습

자연과학 분야에서 많이 사용하는 것으로, 어떤 과제에 대해서 학생들로 하여금 직접 실험 · 실습을 하게 한 후 결과보고서를 제출하게 한다.

⑥ 면접

면접이란 평가자와 학생이 서로 대화를 통해서 얻고자 하는 자료나 정보를 수집하여 평가하는 방법이다.

⑦ 관찰

관찰은 학생을 이해하고 평가하기 위한 가장 보편적인 방법 중의 하나다. 객관적이고 정확한 관찰을 위해서는 일화기록, 체크리스트, 평정 척도, 비디오 분석 등을 활용하기도 한다.

⑧ 자기평가 및 동료평가보고서

자기평가보고서란 특정 주제나 교수-학습능력에 대하여 자기 스스로 학습과정이나 학습결과에 대한 자세한 평가보고서를 작성 · 제출하도록 하여 평가하는 것이다. 동료평가보고서란 이와 유사하게 동료학생들이 상대방을 서로 평가하도록 하는 방법이다.

⑨ 포트폴리오

포트폴리오(portfolio)란 자신이 쓰거나 만든 작품을 지속적이면서도 체계적으로 모아 둔 개인별 작품집 혹은 서류철을 이용한 평가방법이라 할 수 있다.

2) 문항제작, 유형 및 분석

(1) 좋은 문항의 조건

좋은 문항이 만들어지기 위해서는 다음과 같은 점들을 고려해야 한다.

첫째, 문항내용의 적절성을 고려해야 한다. 적절성이란 문항의 내용이 측정하고자 하는 내용을 얼마나 잘 측정하고 있는가를 의미하는 것으로, 적절성의 정도는 문항의 내용이 교수목표를 구체적으로 얼마나 잘 드러내 주고 있느냐로 결정한다.

둘째, 문항내용의 복합성을 고려해야 한다. 문항이 복합적이어야 한다는 것은 질문의 내용이 단순한 기억에 의한 사실보다는 분석, 종합, 평가 등의 고등정신능력을 측정할 수 있는 문항이어야 한다는 것이다.

셋째, 문항내용은 일정한 추상성을 지니고 있어야 한다. 즉, 질문의 내용이 단순 사실을 열거하여 단편지식을 평가하기보다는 구체적으로 열거한 사실들을 요약하고, 일반화 및 추상화시킬 수 있는 내용을 포함해야 한다는 의미다.

넷째, 문항의 참신성을 고려하여야 한다. 참신한 문항이란 내용 및 형식적 측면에서 볼 때 이미 존재하는 진부한 형태가 아닌 새로운 형태임을 의미한다.

다섯째, 문항은 구조화되어야 한다. 문항의 구조화 정도는 문항의 의미가 학습자에게 모호하지 않으면서 일반적인 의미를 주는 정도를 의미한다.

여섯째, 문항의 난이도가 적절하여야 한다. 피험자집단의 능력에 비추어 보아 지나치게 어렵거나 쉬운 문항은 교수목표를 측정하는 데 적절하지 않다.

(2) 문항유형

문항의 유형은 채점방법에 따라 객관형과 주관형으로, 피험자의 반응방법에 따라 크게 선택형(selection-type-item)과 서답형(supply-type-item)

으로 구분된다. 선택형 문항은 주어진 답지 중 하나를 고르는 문항 형태를 말하며, 서답형 문항은 피험자가 정답을 직접 써 넣는 형태의 문항을 말한다.

① 선택형 문항

- 진위형(true-false form): 객관식이며 고정반응형인 문항형태로서 흔히 양자택일식이라고도 한다. 즉 제시된 진술문에 피험자가 그 진술문의 진위, 즉 옳고 그름을 판단하는 방법이다.
- 선다형(multiple choice form): 선택형 문항유형 중 가장 많이 쓰이는 형태로서 두 개 이상의 답지를 주고 그중 맞는 답지나 혹은 가장 알맞은 답지를 선택하는 것이다. 일반적으로 선다형 문항은 여러 개의 답지 중에서 하나의 옳은 답을 선택하는 정답형 문항과, 답지 중에 가장 맞는 답을 선택하는 최선답형 문항으로 분류된다.
- 연결형(matching form): 일련의 전제와 답지를 배열하여 전제에 대한 질문의 정답을 답지에서 찾아 연결하는 문항형태로서 배합형이라고도 한다. 가장 흔하게 쓰이고 있는 유형은 전제와 답지가 한 묶음으로 되어 있는 단순 연결형이다.

② 서답형 문항

- 단답형(short-answer form): 간단한 단어, 어구, 수, 기호 등을 제한된 형태로 피험자가 써 넣는 문항형식으로 용어의 정의나 의미를 측정할 때 자주 사용된다.
- 완성형(completion form): 질문을 위한 문장에 여백을 두어 질문하는 형태를 의미한다. 즉, 진술문의 내용 가운데 한 부분을 비워 놓고 그 부분에 들어가야 할 적합한 단어나 부호를 적어 넣도록 하는 유형이다.
- 논술형(essay form): 주어진 질문에 제한 없이 여러 개의 문장으로 응답하는 문항형태로서 이론적으로는 피험자의 반응을 거의 무한하게

허용하는 자유반응유형이다. 특히 이 유형은 일정한 형식이 있는 것이 아니라 질문이나 지시에 따라 자유롭게 피험자의 능력을 발휘하도록 하므로 분석력, 비판력, 조직력, 종합력, 문제해결력 등의 고등정신능력을 측정할 수 있다.

(3) 문항분석

각 문항의 좋고 나쁨, 즉 양호도를 알아보는 절차를 문항분석(item analysis)이라고 하며 대체로 문항난이도, 문항변별도, 문항반응분포 등으로 나누어진다.

① 문항난이도

문항난이도(item difficulty)는 문항의 어렵고 쉬운 정도를 나타내는 지수(P)로서 총 피험자 중 정답을 한 피험자의 비율, 즉 정답률이 된다.

일반적으로 문항난이도를 계산할 때 다음과 같은 공식이 이용된다.

$$P = 100 \times \frac{R}{N}$$

P: 문항난이도 지수
N: 전체 사례 수
R: 정답자 수

② 문항변별도

문항변별도(item discrimination)란 문항이 피험자의 능력을 변별하는 정도를 나타내는 지수를 말한다. 즉, 한 검사에서 어떤 문항에 정답을 한 피험자의 검사점수가 높고 답이 틀린 피험자의 검사점수가 낮다면 이 문항은 피험자를 변별하는 기능을 가졌다고 볼 수 있다.

존슨(Johnson, 1951)이 제시한 문항변별도 산출공식은 다음과 같다.

$$D.I. = \frac{Ru - Rl}{f}$$

D.I.: 문항변별도 지수(item discrimination index)
Ru: 상위능력집단의 정답자 수
Rl: 하위능력집단의 정답자 수
f: 각 집단의 피험자 수

③ 문항반응분포

문항반응분포(item response distribution)란 피험자집단의 학습자들이 문항의 각 답지에 어떻게 반응하고 있는지를 기술하고, 이를 기초로 하여 분석하는 것을 의미한다. 문항반응분포에서 분석의 대상은 문항 그 자체가 아니라 문항 속에 포함되어 있는 각각의 답지에 대한 반응이다. 이를 통하여 각 답지의 오답이 오답으로서 얼마나 매력이 있으며 정답은 얼마나 정답 구실을 했는가, 또한 상위능력집단과 하위능력집단 간의 반응형태는 어떤 차이가 있는가 등을 알 수 있다.

연구문제

1. 교육평가의 정의를 정리하고 자신의 정의를 내리시오.
2. 준거지향평가(절대평가)와 규준지향평가(상대평가)의 철학적 차이를 비교해 보시오.
3. 학교학습과정에서 진단평가, 형성평가, 총합평가가 담당해야 할 역할은 무엇이며, 그 차이는 무엇인가?
4. 수행평가의 장단점을 논하고 우리나라에서 수행평가를 실시하기 위한 교육환경의 변화에 대하여 제언하시오.
5. 문항제작의 계획은 교과의 종류와 관계없이 획일적으로 적용될 수 있는 것인가? 그렇지 않다면 그에 대한 이유를 논의해 보시오.
6. 학교교육현장에서의 평가의 문제점을 기술하고, 그 개선방안에 대하여 논의해 보시오.

추천 학습자료

〈도서〉

1. 김영철 역(2003). 교실을 구하는 열쇠(Haim G. Ginott의 *Teacher and child: A book for parents and teachers*). 서울: 나라원.
2. 송광환, 양성진 역(1994). 여섯 색깔 생각의 모자(에드워드 드 보느의 *Six Thinking Hats*). 서울: 한울.
3. 조천제 역(2004). 칭찬은 고래도 춤추게 한다. 경기: 21세기 북스.
4. 최현숙 역(2004). 아침형 인간. 서울: 한스미디어.

〈영상자료〉

1. 패치 아담스(Patch Adams, 1998)
2. 홀랜드 오퍼스(Mr. Holland's Opus, 1995)
3. 죽은 시인의 사회(Dead Poet's Society, 1989)
4. 쉰들러 리스트
5. 아름다운 비행

6. 아름다운 세상을 위하여(Pay It Forwari, 2000)
7. 천국의 아이들(1997)
8. 우리들의 일그러진 영웅(1992)

〈인터넷 자료〉
1. 한국교육과정평가원 http://www.kice.re.kr
2. 한국교육학술정보원 http://riss4u.net
3. 에듀넷 http://www.edunet4u.net

참고문헌

국립교육평가원(1996). 수행평가의 이론과 실제. 서울: 대한교과서주식회사.

김대현, 김석우(2005). 교육과정 및 교육평가(3판). 서울: 학지사.

김석우(1997). 교육연구법. 서울: 학지사.

김석우 외(2000). 포트폴리오 평가의 이론과 실제. 서울: 학지사.

백순근(1998). 수행평가의 이론과 실제. 서울: 원미사.

성태제(1996). 문항제작 및 분석의 이론과 실제. 서울: 학지사.

성태제(2002). 현대교육평가. 서울: 학지사.

황정규(1998). 학교학습과 교육평가. 서울: 교육과학사.

Cronbach, L. J. (1951). *Coefficient alpha and the internal structure of tests. Psychometrika, 22*: 3.

French, J. W., Michael, W. B. (1966). *Standards for Educational and Psychological Tests and Manuals.* Washington D. C.: American Psychological Association.

Johnson. A. P. (1951). Notes on a suggested index of item validity: The U' L index. *Journal of Educational Psychology. 42.* 499–504.

Kuder, G. F. & M. W. Richardson. (1937). *The theory of the estimation of test reliability.* Psychometrika, 2: 151–160.

Scriven, M. (1967). The methodology of evaluation. In R. W. Tyler, R. M. Gagne, & M. Scriven (Eds.), *Perspectives of curriculum evaluation.* Chicago, IL: Rand. McNally.

제 13 장
지식기반사회와 교육

이 장에서는 지식기반사회가 무엇인지에 대하여 정의하고, 지식기반사회의 핵심적인 특징을 시대 패러다임의 변천과정을 통하여 알아보며, 새로운 교육 패러다임에 대해 안목을 가지도록 한다. 그 후 지식기반사회의 새로운 비전의 예를 사회적 차원과 조직차원에서 제시한다. 사회적인 차원에서는 학습사회라는 개념으로 비전의 형태가 제시되며, 조직차원에서는 학습조직이라는 개념을 제시한다. 이러한 비전을 달성하기 위한 수단으로 새로운 교육훈련접근법인 수행공학(performance technology)에 대하여 간략히 살펴본다. 그리고 수행공학적 접근의 한 가지 구체적인 기법으로 액션러닝을 소개하고, 마지막으로 e-learning이라는 새로운 형식의 교육방법이 앞에서 언급한 새로운 사회적 차원의 비전인 학습사회의 구현에서 어떠한 역할을 담당할 것인가에 대하여 살펴본다.

학습과제

- 지식기반사회의 개념 및 특징을 알아본다.
- 새로운 교육 패러다임의 특징을 알아본다.
- 이상적인 사회적, 조직적 차원의 비전에 대하여 토론한다.
- 새로운 교육훈련접근법인 수행공학의 개념에 대하여 알아본다.
- 액션러닝(action learning)의 개념과 사이클, 지원체제에 대해 알아본다.
- 학습사회 조성을 위한 e-Learning의 역할을 알아본다.

모 대학의 K 교수는 학생들의 인기를 한몸에 받고 있었다. 수강신청할 때부터 학생들은 K 교수의 강의를 신청하기 위해 야단법석을 떨곤 했다. K 교수에게 다른 교수들과 학생들의 이목이 집중되었다. 도대체 K 교수의 인기 비결이 무엇이었을까? 얼굴이 잘생긴 것도 아니고, 그렇게 강의를 잘하는 것도 아니고, 유머가 있는 것도 아니고…. 나중에 알게 된 K 교수의 인기 비결은 이러하였다.

K 교수는 10년째 시험문제가 똑같다는 것이다. K 교수의 강의노트는 없었다. 오로지 학생들 사이에서 전설처럼 내려오는 소위 말하는 '족보' 만이 돌고 있을 뿐이었다. K 교수의 10년 단골 시험문제는 "교육이란 무엇인가?" 였다.

K 교수의 11년째 기말고사 날이 점점 다가오고 있었다. 모든 학생들은 마음 편하게 족보만을 신주단지 모시듯 들고 다니면서 공부했다.

드디어 시험 당일이 되었다. K 교수가 천천히 분필을 들고 심각하게 문제를 적었다. 학생들의 시선은 K 교수의 분필 끝에 집중되었다. 그런데 이게 어떻게 된 일인가?

'도'

K 교수가 적은 첫 글자는 학생들이 예상하고 있던 '교' 자가 아닌 '도' 였다.

학생들은 동요하기 시작했다. 전혀 예상하지 않았던 완전히 다른 문제가 출제된 것이라고 웅성거리기 시작하였다. 그리고 학생들은 더욱 호기심 어린 표정으로 교수를 응시했다. K 교수는 학생들의 반응과는 무관하게 계속 문제를 적어 내려갔다.

결국 K 교수가 적은 내용은 다음과 같았다.

'도대체 교육이란 무엇인가?'

여기서 교수자와 학습자의 공통적인 문제점은 '학습' 개념의 핵심인 변화를 주도하지 못하고 있다는 것이다. 교수자는 10년 전의 교육내용을 동일하게 가르치려고 했으며, 학생 또한 기존에 주어진 문제에 대한 해답을 암기하는 것을 학습으로 보았다. 조금이라도 상황이 달라지면 불안해하는 학생들의 모습을 볼 수 있다. 학습이라는 근본적인 개념으로 되돌아가서 교육을 바라본다면, 변화를 주도하고 새로운 지식을 생성하는 방향으로 교육의 무게중심이 이동되어야 하지 않는가 하는 의구심이 든다. 그러면 우리가 함께 만들어야 하는 새로운 사회 패러다임인 지식기반사회에서 교육의 역할에 대하여 고민해 보도록 하자.

1. 지식기반사회

1) 지식기반사회란

요즘 자주 듣는 말 중의 하나가 '21세기 지식정보화시대, 지식기반사회' 라는 말이다. '지식기반' 이라는 말은 근대사회 혹은 산업사회의 후기적 전환의 현상을 나타내는 말이다. 다시 말하면 지식기반이라는 말은 지식이 사회의 구조적 변화에 작용하는 새로운 기능적 특징을 지닌다는 의미다. 그렇다면 지식기반사회란 무엇일까?

지식기반사회란 여러 가지의 단편적인 정보들이 이제는 그 자체가 자원으로 활용되고 실질적 가치를 지니기도 한다는 의미에서만이 아니라, 조직되고 다듬어진 지식을 생산하고 사용하고 교환하고 확산하고 재구성할 때 거기서 창출되는 생산적 힘과 사회적 가치에 우리의 삶이 크게 의존하게 되는 사회를 말한다.

이러한 의미의 지식기반사회라는 말은 대체적으로 1990년대의 후반에 이르러 빈번히 사용되었다. 그러나 미국의 사회학자인 다니엘 벨(Daniel Bell, 1973)은 이미 1970년대에 산업사회의 후기적 징후를 지식기반사회라고 예견하였고, 그것은 영국의 역사학자 아놀드 토인비(Arnold Toynbee, 1947)가 근대사회의 후기적 삶의 양상을 전망하여 포스트모던(postmodern)이라고 서술한 것과 특징상 유사한 관심의 내용을 담고 있었다.

미국의 저명한 경제학자인 피터 드러커(Peter F. Drucker)는 『후기 자본주의 사회(Post Capitalist Society)』를 통해 새로운 경제사회에서 지식은 전통적인 생산요소인 노동력, 자본, 토지 등과 동일류의 자원일 뿐 아니라 유일하고도 의미 있는 자원이며, 지식에 기초한 사회에서는 지식을 갖춘 근로자(knowledge worker)가 가장 우수한 자산이 될 것이라고 하였다. 또한 앨빈 토플러(Alvin Toffler)도 지식은 권력의 원천이며 앞으로 닥쳐 올 권력이동의 핵심이라고 하면서 지식은 다른 여러 자원을 대체할 수 있는 궁극적 수단이라고 하였다.

독일의 델파이 보고서는 지식기반사회를 "공동의 목표에 대한 합의에 도달하고, 경제발전을 이룩하기 위한 전제조건으로서, 그리고 개인의 사회적 행위와 사회에서의 지위 확보를 위한 전제조건으로서 지식이 점차 중심요소가 되어 가는 사회를 의미한다."라고 정의하였다. 이 정의는 지식기반사회가 노동과 자본, 원자재 등이 중요하던 자원집약적 사회가 아니라 지식이라는 새로운 생산요소가 경제적 진보를 결정하게 되는 사회라는 점을 시사한다.

2) 사회 패러다임의 전환

21세기 들어 우리나라는 정보통신분야에 있어 세계 최고 수준의 기술력을 보유하게 되었다. 국가차원에서, 그리고 기업차원에서 정보통신기술 관련 장비에 투자하는 비율이 더욱더 높아지고 있으며, 이에 발맞추어 근로자들은 이러한 변화에 적응할 수 있는 새로운 전문능력을 계속적으로 향상시켜야 하는 입장에 놓여 있다. 이러한 새로운 체제에 적응하기 위해서는 의사소통, 분석, 문제해결, 창의적 사고, 인간관계, 협상, 자기관리 등 조직차원의 핵심역량을 갖추고 있어야 한다. 또한 글로벌시대에 대응하기 위한 세계적인 안목과 국제적인 환경에의 적응력도 요구된다.

신기술의 창출, 시장구조의 변화, 경쟁체제의 본격화 등으로 인하여 기업들은 끊임없이 생산품과 서비스의 질을 높이고 작업성과의 개선을 위해 노력해야 한다. 그러므로 근로자들은 회사의 생산품과 서비스 그 자체에 관련된 특수한 지식과 기능을 충분히 습득하고 있어야 하며, 부단한 노력을 계속해야 할 것이다. 이러한 능력은 일시적으로만 사용되는 폐쇄적 능력이 아니라 변화를 감당할 수 있고 변화에 적응할 수 있는 개방적 능력이어야 한다.

미래의 최첨단, 지식정보화사회—앞으로 다가올 미래의 삶이 아니라 현재 이미 진행되고 있는 현재의 삶—는 인간이 활동하는 모든 공간에서 지식이 차지하는 의미가 가히 충격적이라고 할 만큼 그 비중이 높다. 그러므로 지식은 이제 옛날 귀족계급처럼 여가를 즐기는 삶의 내용만도 아니고, 자유교육(liberal education)의 전통에서 말하는 것처럼 교육받은 사람의 교양적 자질만도 아니며, 초기의 산업사회를 주도해 온 기술공학에 응용되는 이론적 기초만도 아니다. 지식은 오히려 그 자체로서 자원이고 상품이며, 사회적 힘의 원천으로 인식된다. 미래를 산다는 것은 총체적으로 본격적인 지식의 기반사회에서 삶을 영위한다는 것을 의미한다.

흔히 교육은 미래를 여는 끊임없는 여정이라고 말한다. 지식기반사회라는 새로운 삶의 터전에서, 교육은 미래에 나아가야 할 바람직한 방향을 밝히고 그 방향으로 나아갈 수 있도록 하는 총체적 역량을 준비하는 것이라 할 수 있다. 그러면 교육의 새로운 역할이 무엇인가에 대하여 알아보자.

2. 사회 패러다임의 변화와 교육

지식기반사회에서의 교육의 역할이 무엇인가를 명확히 알아보기 위해서는 전체 사회 시스템의 변천과정이라는 맥락에서 파악해야 한다. 사회 시스템 한 부분에서의 변화는 다른 부분들에서의 근본적인 변화를 초래하거나 요구하고 그 역도 성립한다. 다니엘 벨(Daniel Bell)과 앨빈 토플러(Alvin Toffler)와 같은 미래학자들에 따르면, 사회는 농경시대로부터 산업시대, 이제는 지식기반시대로 변화하고 있다고 본다. 산업시대의 발달은 가족, 기업, 그리고 교육을 포함한 모든 사회체제에서의 거대한 변화를 가져왔다. 최근에 지식기반시대를 발달시켜 감으로써 사회 패러다임의 변화가 통신과 교통수단으로부터 작업장에 이르기까지 모든 영역에서 발생된다는 사실을 알 수 있다. 그리고 그 변화는 교육과 같은 한 영역에만 국한되는 것이 아니라 타 영역과 영향을 주고받으면서 변화된다. 따라서 지식기반시대에 적합한 새로운 교육 패러다임이 무엇이며, 어떻게 변화해야 하는지를 알기 위해서는 전체 사회 시스템의 변화의 큰 물줄기를 이해하지 않고서는 그 해답을 찾을 수 없다. 이제 이러한 전체 패러다임 전환의 특성을 살펴보기로 한다.

1) 주요 패러다임 전환의 특성

〈표 13-1〉에서 보는 바와 같이 가족, 산업, 교통, 교육이라는 영역에서 사회 전체의 변화 방향에 대하여 알아보자. 각각의 영역에서의 변화과정이 겉으로 보기에는 다르게 보이지만 상당한 유사성과 연관성이 있다는 점에 주목해야 한다. 가족의 변천을 보면 농경시대의 대가족은 부모와 아이들, 조부모, 심지어 이모, 삼촌과 사촌들까지 모여 살게 했다. 이것은 산업시대에서 핵가족으로 변형된다. 이어서 지식기반시대는 맞벌이부부 중심의 가족이 구성되며, 주말부부와 같은 형태를 띠게 된다. 이러한 가족형태의 변화는 사업형태의 변화에도 상당한 영향을 미친다. 가령 농경시대에는 가족농장, 제빵업, 목공업과 같은 대가족 중심의 사업은 조직적인 구조와 사업의 권한의 분화의 방향에 대한 안목을 가지게 하여, 이는 후에 산업시대에서 조직의 관료적 형태를 제공하는 계기가 된다. 한편 산업화 시대는 도시로 몰려든 젊은 사람들이 공장이라는 형태의 사업터에서 관료적인 형태의 통제수단에 의해 조직이 유지되며, 시골에 거주하는 대가족과 떨어져 나와 핵가족의 형태로 삶을 유지하게 된다.

표 13-1 **사회에서의 주요 패러다임 전환**

변화의 물결	농경시대	산업시대	지식기반시대
가족 시스템	확대가족	핵가족	일하는 부모 가족
산업 시스템	가족 통제	관료적인 통제	네트워크 통제
교통 시스템	말	철도	비행기/자동차
교육 시스템	가정교사/도제제도	교사/교과과정에 중점	학습자/성과 중심

반면 오늘날 기업들은 중간 관리자들의 수직적 배치 대신에 수평적인 기업 조직망을 창출하기 위해 구조조정을 하고 있으며, 팀 접근에 바탕을 둔 변형, 총체적 품질관리, 그리고 기술적 명령어들이 전 세계 기업들의 조직구조를 빠르게 변화시키고 있다.

교육 시스템은 교통 시스템의 철도와 비유해도 별 무리가 없다. 모든 사람들이 같은 장소에서, 같은 시간에 타고, 같은 목적지를 향하여, 같은 속도로 이동하거나, 가는 도중에 하차하기도 한다. 또한 사회와 세계 경제는 극적인 방법으로 변화를 거듭하여 기차와는 달리 자동차와 같이 개인이 원하는 곳에 이동이 가능한 맞춤형 서비스가 나타나게 되었으며, 비행기에 의해 제공되는 시간 단축과 공간 제약조건 초월처럼 새로운 교육 시스템이 필요하게 된다. 그러면 교육의 새로운 패러다임은 무엇일까?

2) 새로운 교육 패러다임

교육에서 새로운 패러다임에 대한 요구는 지식기반사회의 거대한 변화에 바탕을 두고 있다. 새로운 교육 시스템이 어떤 특징들을 가져야 하는지 이해하기 위해서 산업과 지식기반시대를 대별하여 살펴볼 필요가 있다.

〈표 13-2〉는 산업시대와 스스로 도래하는 지식기반시대 사이의 주요 차이점들을 보여 준다. 이러한 차이점들은 새로운 교육 시스템의 특징들에 대한 중요한 함축의미를 갖고 있다: 어떻게 구조화되어야 하고, 어떤 서비스가 제공되어야 하고, 그리고 어떻게 그 서비스가 전달되어야 하는가?

산업시대의 조직들은 계급적 경영구조에 따라 개인들에게 리더십이 부여된다. 낮은 계층은 지도자가 말한 것을 행해야 한다. 조직 운영과 교육 프로그램 같은 것들은 각 부서별로 구획화되어 있거나 내용영역에 따라 세분화되어 있으며, 구성원 간의 적대적 관계로 특징지어진다. 이는 관리자와 노동자 사이뿐만 아니라 교수자와 학습자 사이의 관계에서도 그렇고, 때로는 회사와 고객들 사이에서조차 그렇다. 학습자들은 전형적으로

표 13-2 **사업에 영향을 주는 산업시대와 지식정보시대 사이의 중요한 차이점**

산업시대		지식정보시대	
산업	교육	산업	교육
독재적인 리더십	상명하달식 교육과정운영	공유된 리더십	교육이해관계자 간의 공유된 리더십(예, 학습계약에 근거한)
위계적 관계	교육이해관계자(학교관리자, 교수자, 학부모, 학생) 간의 위계성	협력적 관계	교육이해관계자(예, 교수자와 학습자, 학습자와 학습자) 간의 상호 협력적 관계
유사성	동일한 교육과정 및 방법 적용/ 다양성 무시	자기주도성	학습자 중심의 자기주도성 함양
수동성	지시/ 순응적 자세	다양성	학습자 개별 개성의 존중
대량화(생산, 마케팅, 통신에 있어서의 노동의 분업)	규격화된 인간 양성	맞춤형 (생산, 마케팅, 통신에 있어서의 업무의 통합)	적성에 맞는 다양한 교과내용 및 방법의 맞춤형 적용

그들이 모두 동일 존재이고, 그래서 동시에 같은 일을 하도록 기대되는 것처럼 다루어진다. 그들은 또한 때때로 수동적 학습자가 되기를 강요당한다. 이러한 최근 교육 시스템의 특징들은 모두 변화되어야 한다. 왜냐하면 지식기반사회에는 그러한 체제들이 새로운 패러다임에 내재된 기대나 가치 구현에 방해가 되든지 해로운 영향을 줄 수 있기 때문이다.

지식기반사회는 우선 지식정보가 빠르게 유통되는 특성을 가지고 있으며, 또한 지식의 양이 증대되고 다양한 요구가 발생하다 보니 해결해야 할 문제의 복잡성이 확대되어, 현실적으로 풀어야 하는 과제나 문제가 이전에 한 개인이 혼자 감당할 수 있는 범위를 넘어서게 되었다. 따라서 작업단위나 학습단위가 개인에서 팀으로 넘어오게 된다. 말하자면 팀조직과 같이 다양한 사람들이 함께 일하고 학습하는 형태로 변화하고 있는 것이다. 이러한 연유로 다양성에 대한 새로운 인식과 함께 더불어 생존해야 하기 때문에 협력의 중요성이 부각되며, 팀 구성원 간의 공유된 리더십과 같은 가치가 중요성을 발휘하게 되는 것이다.

산업시대에 우리는 생산라인에서 작업의 지루함을 견딜 수 있고, 기꺼이 견디는 최소한의 교육을 받은 사람들을 필요로 했다. 그러나 그러한 생산 라인 업무는 빠르게 사라지고 있다. 농업에서 노동력이 산업시대 초기에 급격히 떨어진 것처럼, 제조업계에서의 노동력이 지난 몇 년 동안 급격히 하락했다. 이를테면 교육과 학습의 비중이 그리 크지 않았던 시기였다. 라이히(Reich, 1991)가 지적한 것처럼 제조회사들에서조차 업무의 대부분이 재료보다는 조작 가능한 정보가 필요하였다. 산업시대가 물리적 능력(기계공학)에 중점을 둔 것처럼, 지식정보시대는 정신적 능력(지적공학)에 중점을 두고 있다. 이러한 변화는 효과적인 학습이 조직발달에 핵심이라는 관점이 대두하게 되는 계기를 마련하였다.

그러나 놀랍게도 최근의 교육 시스템은 다양한 학습에 대응하고 있지 못하다. 우리는 학습자들이 다양한 수준에서 학습하고, 다양한 학습욕구와 다양한 기초지식을 가지고 있다는 것을 알고 있음에도 불구하고 같은 양의 시간에 같은 내용을 가르친다. 그리고 교육을 단일 척도에서 누가 '가장 똑똑한' 학습자인지 알아보기 위해 행하기도 한다. 우리의 교육 시스템은 성공적인 삶에 필요한 기술이나 지식을 얻게 하기보다는 학습자들을 분류하고 선택하기 위해 존재하고 있다. 만약 다양한 피교육자들에게 주어진 시간 내에서 다양한 학습이 이루어진다면, 지식전달자로서의 전통적인 교육자의 역할은 더 이상 의미가 없게 된다. 이것은 교육자가 무대에서의 주인공이라기보다는 배후에서의 안내자로서 학습의 조력자가 되어야 한다는 것을 의미한다. 만약 교육자가 학습조력자나 지식관리자가 된다면, 교육자 위주가 아닌 선진화된 기술에 의해 제공된 자원에 바탕을 둔 새롭고 강력한 도구들이 있는 시스템이 요구될 것이다. 이것은 분류나 선택을 위한 패러다임이라기보다 학습 중심인 진정한 교육의 새로운 패러다임이다. 또한 이 패러다임은 성과를 비교하는 데 표준화되어 있다기보다는 각 학습자들의 요구에 맞추는 것이다.

흥미롭게도 산업시대는 교통수단의 새로운 시스템인 철도를 만들었다. 이는 많은 양의 자재와 공장에서 제작된 상품들을 선적하기 위해 필수 불가결한 것이었다. 교육에서도 몇 년 전만 해도 갖고 있지 않았던, 맞춤형 학습을 위한 중요한 통신공학적 도구나 다양한 종류의 교육용 소프트웨어를 갖게 되었다. 또한 그러한 도구들의 힘이 계속 증가하는 반면 그에 드는 비용은 현저하게 줄어들고 있다.

종합하면 지식기반사회의 새로운 교육 패러다임에 내재된 가치는 일방적인 위계적 관계보다는 수평적인 협동성, 상호이해에 기반을 하고 있는 공유된 비전과 리더십, 그리고 다양성에 근거한 새로운 가치 창출과 독특한 요구에 부합되는 수요자 중심의 맞춤형 등을 들 수 있다.

다음 절에서는 지식기반사회의 새로운 비전의 예를 사회적 차원과 조직차원에서 제시한다. 사회적인 차원으로는 학습사회라는 개념으로 비전의 형태가 제시되며, 조직차원에서는 학습조직이라는 개념을 제시한다.

3. 지식기반사회의 새로운 비전: 학습사회, 학습조직

1) 학습사회

학습사회(learning society)라는 개념은 지식기반시대에 우리 모두가 추구해야 하는 한 가지 비전의 예가 될 수 있다. 집단의 정치적 힘이나 자본의 우위가 그 사회를 지배하는 사회와는 다르게, 더불어 학습하고 지식을 창출하는 프로세스가 사회적 가치의 핵심이 되는 사회라 할 수 있다.

학습사회의 개념은 OECD, EU 등 국제기구, 국가 교육정책을 수립하는 중앙정부, 각급 지방자치단체, 비정부기구 등 다양한 층위의 관점에 따라 혹은 교육학, 사회학, 경영학 등 개인과 조직의 학습을 논하는 여러 가지 관점에 따라 다양한 방식으로 접근할 수 있는 포괄적인 주제다.

학습사회는 많은 수의 고등교육기관을 보유하거나 기술교육, 직업교육 등 교육사업에 대규모 재정을 투입하는 사회 이상의 의미를 갖는다. 사회는 시민들이 노동, 여가, 교육, 문화를 경험하는 삶의 터전이고, 학습사회는 이 과정에서 시민들의 욕구를 만족시킬 수 있는 다양한 학습자원을 제공한다. 학습사회는 개인의 학습, 나아가 지역 공동체의 학습을 통해 지역사회의 문제점을 지역 공동체가 스스로 해결할 수 있는 방안을 모색하는 스스로 진화(evolution)하는 사회다. 말하자면 '사회 자체가 외부적인 환경과 능동적으로 공진화하고, 자생적으로 끝없이 새로운 비전을 창출하고 공유하여, 비전 실현을 위해 사회권역 내의 하위기관과 구성원 간에 협력적 공생관계를 능동적으로 구축하는, 말하자면 생물과 같은 살아 있는 사회(living society), 새로운 담론과 지식을 만들어내는 사회(knowledge society)' 라고 잠정적으로 정의할 수 있다. 따라서 학습사회에서 학습의 개념은 [그림 13-1]과 같이 현 사회의 문제점을 깊이 있게 성찰하고 새롭게 나아가야 할 방향을 탐색하여, 그러한 문제점과 이상적인 비전 간의 차이

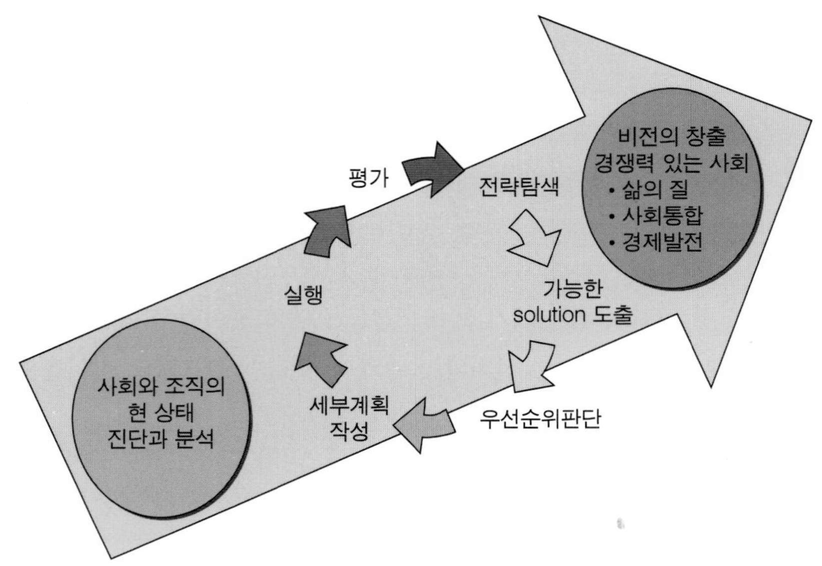

[그림 13-1] 학습사회에서의 학습의 개념

를 줄이기 위해 협력적인 노력을 경주하는 과정이라고 볼 수 있다.

따라서 성공적인 학습사회를 구현하기 위해서는 파트너십, 참여, 실행이라는 세 가지 요소를 필수적으로 고려해야 한다. 사회의 총체적이고 지속적인 성장을 지향하는 학습사회는 사회 내부기관뿐 아니라 지역사회를 구성하는 각 부문, 즉 공공과 민간부분, 비즈니스 영역과 공익적 영역 간에 비전과 목표를 공유하고 프로젝트 실행에 협력하여 파트너십을 형성하며, 지역구성원이 '학습을 통한 개인과 지역사회의 발전' 이라는 개념에 동의하면서 적극적으로 프로그램에 참여하도록 유도해야 한다. 또한 프로젝트 실행결과를 측정하고 이를 통해 프로그램을 개선해야 프로젝트 자체도 학습을 통한 발전을 도모할 수 있다.

학습사회는 핵심 사회 구성원이 새로운 지식을 협력적으로 끊임없이 만들어내는 사회로서, 이러한 이념을 구현하기 위하여 현 사회의 문제점을 함께 진단하고, 그 문제점에 대한 해결책을 공유하는 실행 · 성찰의 사이클이 끊임없이 일어나는 사회다.

결국 학습사회의 모든 구성원이 때로는 진정한 의미의 교수자 또는 학습자의 역할을 수행할 수 있을 때 그 비전이 실현될 수 있다. 한마디로 요약하면 학습사회는 가르침과 배움이 중심이 되는 사회를 말하기 때문이다.

거시적인 관점에서 지식기반사회의 한 가지 비전의 예로 학습사회를 참고로 제시하였다. 좀 더 범위를 좁혀 학교단위, 기업단위라는 조직적 차원에서 새롭게 추구해야 하는 또 한 가지의 예로 학습조직을 들 수 있다.

2) 학습조직

학습조직(learning organization)에 대한 논의는 기존의 전통적인 교육과 달리 구성원 전원의 연대 학습, 즉 조직학습과정을 통한 조직변화를 지향하는 새로운 관점에 기반하고 있다. 기존의 산업사회와 같은 철저한 관리 및 통제, 수직적인 조직구조 및 경영이념이 정보사회에서의 지식창출능력을 지닌 구성원 양성과 기업의 생존 및 발전에 장애가 될 수도 있다는 인식에 기반한다.

수평적이고 열린 시스템하에서 공동의 목적을 향한 '유기적이고 체제적인 조직' 구성이 학습조직의 핵심이 된다. 어떤 조직이든 그 조직이 비전과 목적을 향해 역동적이고 다양하며 유기적인 특성을 가진 시스템으로서 스스로를 자각할 수 있는 역량을 지니고 있을 때 '학습조직' 이 된다. 결국 학습조직의 의미는 전체적인 비전 및 목적 달성을 위해 총체적인 정보를 공유하고 새로운 지식을 창출해 내는 '열린 조직' 을 의미한다.

학습조직의 유사개념으로 지식경영을 들 수 있다. 학습조직이 총체적 관점에서 개인학습과 조직학습을 연결시키는 열린 조직과 의사소통의 이상적인 틀의 구축에 중점을 둔다면, 지식경영은 그러한 틀 속에서 가치 있는 지식을 규정하고 포착하고 생성하고 전파하는 일련의 지식관리 시스템 마련에 초점을 두고 있다는 점에서 차이가 있다.

지식경영이란 사회에서 급격히 생산 · 변화 · 유통되고 있는 지식영역을 규명 및 명세화하고 이를 필요로 하는 사람이, 필요한 장소에서, 적시에 창출된 지식을 활용함으로써 미시적으로 기업 내 업무성과를 극대화시키고, 거시적으로는 회사의 경쟁력을 제고시키는 경영활동이다. 즉, 주요한 핵심지식의 본질적 특성과 이에 대한 정확한 이해, 그리고 이러한 지식이 창출 · 축적 · 공유 · 활용될 수 있도록 촉진하고 지원하는 경영관리 측면에 대한 이해가 지식경영의 핵심이 된다. 결국 학습조직과 지식경영은 동전의 양면과 같은 개념으로 [그림 13-2]와 같이 도식화할 수 있다.

예컨대 기존의 학교로 대표되는 교육체제는 관료적 특성을 띠고 있어 환경변화에 수동적이며 변화 자체가 좀처럼 일어나지 않는, 말하자면 지식기반사회의 하나의 조직차원의 비전으로 제시하고 있는 학습조직의 특성과 거리가 멀다고 할 수 있다. 변화가 학습의 핵심이라 본다면, 기존의 교육체제는 학습불능 시스템으로 규정할 수 있다. 그러면 교육체제가 학습조직으로 어떻게 변화할 수 있을까? 그 물음에 대한 답을 수행공학에서 찾아보자.

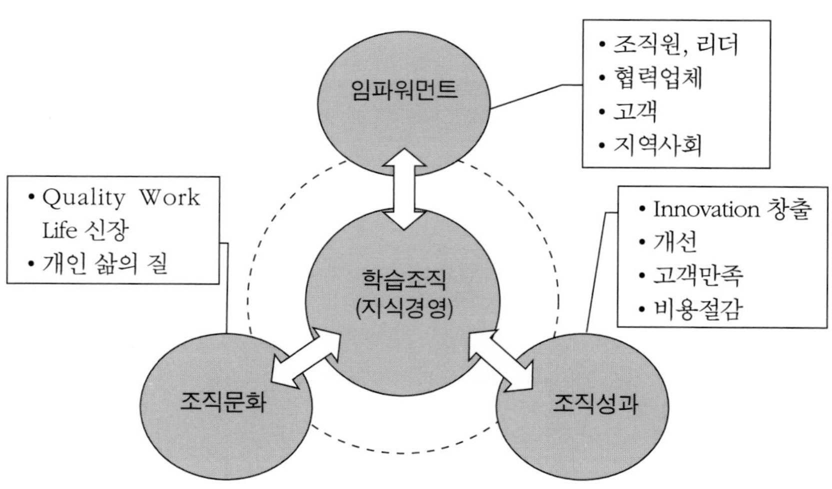

[그림 13-2] 학습조직과 지식경영

4. 수행공학

1) 수행공학의 개념

앞에서 제시한 사회 및 조직차원의 비전을 달성하기 위한 수단으로 새로운 교육훈련접근법인 수행공학(performance technology)에 대하여 간략히 살펴보자. 지식정보화시대에 가장 귀중한 것은 사람들의 지식과 기술이며, 기존의 훈련 중심 패러다임에서 수행 중심의 패러다임으로 변화해야 한다.

수행공학(Human Performance Technology: HPT)은 사람의 수행에 관련된 문제를 해결하거나 기회를 실현하는 일련의 방법과 전략을 말하며 이는 개인, 팀, 전체 조직에 적용될 수 있다.

수행공학(HPT)의 각 단어의 의미를 살펴보면 다음과 같다.

- H(Human): 행동의 주체인 인간
- P(Performance): 행동의 과정과 결과를 총칭하는 의미에서의 수행
- T(Technology): 실제 문제해결을 위한 과학적 연구와 실제적 경험에서 나온 절차를 적용하는 일

수행공학의 특성은 체계적 · 체제적 · 경험적이며, 결과지향적인 인간수행을 다루는 것이고, 이러한 수행공학의 궁극적인 목적은 가장 경제적인(비용효과적) 방법으로 개인이나 조직의 바람직한 상태와 현 상태의 차이를 줄이거나 없애는 것이다.

수행공학과 기존의 교수공학(instructional technology)을 비교하여 설명하자면, 교수체제설계의 활동 범위는 인간수행문제 중 교육으로 해결 가능한 사항들에 국한되어 있다고 한다면 수행공학은 인간 수행문제 전반

에 걸쳐 교육적 중재뿐만 아니라 교육외적인 중재도 제시할 수 있는, 말하자면 교수공학의 상위활동이라고 할 수 있다.

2) 기업교육에서의 수행공학

특히 기업교육환경에서 교육훈련을 설계하고 개발하는 사람들은 학습 문제해결뿐만 아니라 퍼포먼스 문제해결을 자주 요청받는다. 과거에는 이런 경우 보통 학습을 개선하기 위하여 수업 또는 교육훈련 프로그램을 설계하는 데 초점을 두었지만, 최근에는 학습이나 퍼포먼스 문제에 관한 최선의 해결책으로 교육외적(non-instructional)인 접근방법을 사용하는 경우가 많다. 인적자원개발(Human Resource Development: HRD) 또는 교육훈련조직의 임무가 교육훈련에서 수행으로 바뀌고 있다. [그림 13-3]은 이러한 교육에서의 변화에 대하여 요약하고 있다.

결국 수행공학이 지향하는 관점은 종래의 교육이 조직이나 사회의 변화에 초점을 맞추지 않고 단지 우수한 학습자와 열등한 학습자의 분류에

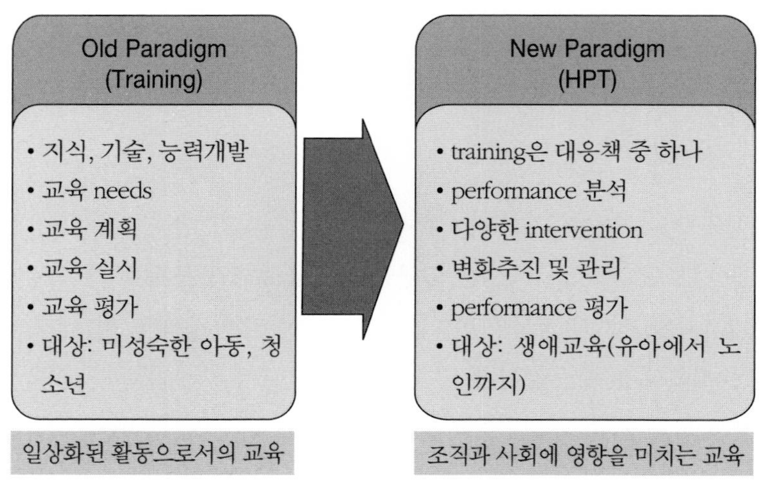

[그림13-3] 교육 패러다임의 변화

많은 에너지를 쏟고 있거나, 과거로부터 행하던 일을 단지 되풀이하는 일상화된 활동으로서의 교육관을 벗어나, 조직과 사회의 변화를 주도하고 영향을 미치려는 교육주도성을 강조하는 것이다.

3) 수행공학의 과정

ISPI(International Society for Performance Improvement)에서 제시하는 수행공학의 일반모형에 따라 주축이 되는 다섯 가지의 과정들, 즉 수행분석, 원인분석, 해결책 선정 및 설계, 실행 및 변화관리, 결과 평가의 과정이 있다.

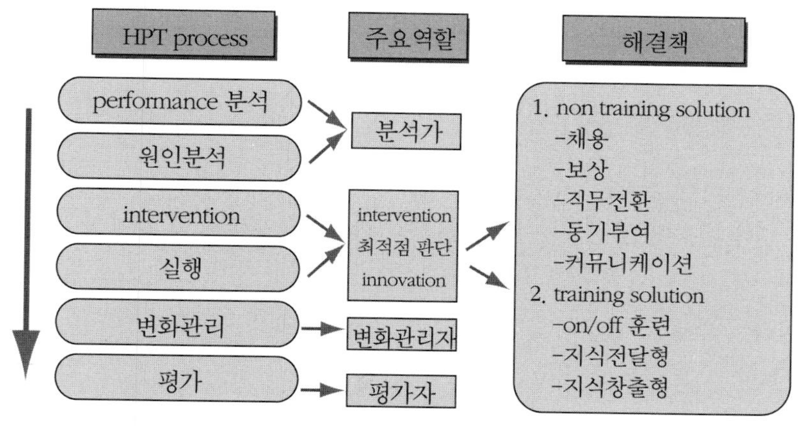

[그림13-4] 수행공학의 과정

(1) 수행분석

수행분석(performance analysis)은 조직의 수행요구를 파악하고 이를 조직의 목표와 역량에 비교하는 과정이다. 수행분석의 궁극적 목적은 바람직한 퍼포먼스와 실제의 퍼포먼스 사이의 차이를 측정하는 것이다.

(2) 원인분석

원인분석(cause analysis)은 퍼포먼스 차이(performance gap)를 측정하는 '수행분석'과 퍼포먼스 차이를 감소 또는 제거하여 퍼포먼스를 지원할 수 있는 '최선의 해결책 선정' 사이를 연결시킨다. 원인분석은 퍼포먼스 차이를 줄이거나 없앨 수 있는 특정의 요인들을 확인하는 일, 즉 어떤 문제 뒤에 숨어 있는 근본원인을 찾아내는 과정이다.

(3) 해결책 선정 및 설계

해결책 선정 및 설계는 퍼포먼스 문제해결을 위한 수행공학적 전략을 세우는 단계다. 수행문제는 복합원인적이므로 수행문제를 해결하기 위하여 한 가지 이상의 해결책이 필요할 수 있으며, 여러 해결책들은 결합되어 실행될 때 실질적인 효과가 있을 때가 많다.

(4) 실행 및 변화관리

수행공학의 성공의 열쇠는 변혁 추진을 얼마나 잘 하느냐에 달려 있다. 즉 혁신(innovation) 자체가 가치 있어야 하고, 조직이 준비가 되어 있어야 하며, 지도층의 지원이 있어야 하고, 잠재적 사용자가 이를 수용할 뿐만 아니라 수행공학자에 의하여 촉진되는 실행팀이 효과적으로 움직여 주어야 한다.

(5) 평가

수행공학 프로그램이 실행된 후에 그 해결책의 퍼포먼스 개선에의 효과와 조직에의 영향을 결정해야 한다. 커크패트릭(Kirkpatrick, 1994)의 교육훈련의 4수준 평가모형이 수행공학 해결책의 유효성을 평가하는 종합적인 전략을 개발하는 길잡이를 제공한다. 커크패트릭은 교육훈련의 성과를 반응(reaction)–학습(learning)–행동(behavior)–결과(result)의 네 가지 수준에서 평가(evaluation)할 것을 제시한다.

- reaction(1단계): 교육참가자의 프로그램에 대한 느낌이나 만족도
- learning(2단계): 교육참가자가 교육의 결과로 지식, 기능, 태도를 향상시키는 정도
- behavior(3단계): 교육을 통해 습득된 지식, 기능, 태도의 현업 적용도
- result(4단계): 교육참가로 인해 발생한 최종의 조직 또는 경영성과

5. 액션러닝

수행에 기반한 학습자 중심의 새로운 교육 패러다임인 액션러닝(action learning)은 교육참가자들이 소집단을 구성하여 각자 또는 전체가 팀워크를 바탕으로 실패의 위험을 갖는 실제 문제를 정해진 시점까지 해결하는 동시에, 문제해결과정에 대한 성찰을 통해 학습하도록 지원하는 교육방식이다.

액션러닝은 수행공학에 타당한 교육기법으로, 액션러닝의 개념과 개념적 토대, 액션러닝의 사이클과 지원체제에 대해 알아보도록 한다.

1) 액션러닝의 개념

액션러닝은 교육참가자들이 소집단을 구성하여 각자 또는 전체가 팀워크를 바탕으로 실패의 위험을 갖는 실제 문제(real problem with real risk)를 정해진 시점까지 해결하는 동시에 문제해결과정에 대한 성찰을 통해 학습하도록 지원하는 교육방식이다.

2) 액션러닝의 개념적 토대

마쿼드(Marquardt, 1999)는 액션러닝의 개념적인 토대를 다음과 같이 제

시하고 있다.

$$L = P + Q + R + I$$

Learning = Programmed Knowledge + Questioning + Reflection + Implementation

액션러닝에서는 문제영역과 관련된 학습자료를 익힘으로써 실제적 문제에 대한 끊임없는 질의과정과 실제 현장 적용을 체험하고 그에 따른 반추활동이 일어날 때 진정한 학습이 이루어진다고 가정한다.

3) 액션러닝 사이클

액션러닝에서 학습자가 따라야 하는 학습 프로세스를 다음의 8가지 사이클로 표현할 수 있다.

- 문제상황 제시: 실제적 문제(authentic problem) 제시
- 문제인식: 제시된 실제적 문제를 학습자 개인이 자신의 문제로 인식
- 문제 명료화: 제시된 실제적인 문제를 팀 토론을 통해 명료화
- 가능한 해결책 제시: 문제상황을 해결하기 위한 다양한 해결책을 팀원들이 제시
- 우선순위 결정: 팀 토론을 통해 제시된 가능한 해결책에 관하여 경제성 및 중요성을 고려하여 우선순위를 결정
- 액션플랜 작성: 팀 토론을 통해 문제상황이 발생한 실무현장에서 수행 가능한 행동지침을 설정
- 현장적용: 팀 토론을 통해 마련된 액션플랜을 현장에서 직접 수행
- 성찰모임(reflection meeting): 제시된 문제상황이 실제적이었는지부터 현장 적용단계까지의 전 학습과정에 대한 반추적 시간

학습 프로세스가 효과적이고 효율적으로 이루어지기 위해서 반드시 각 학습 프로세스가 순조롭게 진행될 수 있도록 해 주는 매개체가 적재적소에 개입되어야 한다. 그러한 매개체로 교수자의 역량, 다양한 기법과 학습도구, 그리고 다양한 학습자원이 체계적으로 지원되어야 한다.

- facilitator의 역량: 촉진자 및 동료학습자로서 팀학습이 원활하게 이루어지도록 하는 역량
- 문제해결기법: brainstorming, concept map, fish-bone diagram 등과 같은 문제해결기법 제시
- 학습자원: 개발하고자 하는 역량과 관련된 서적, 영상물, 인터넷자료 제시
- 도구: 역량 개발, 교육, 평가에 필요한 도구 제시

[그림 13-5] 액션러닝 사이클 및 지원체제

• 최적환경: 액션러닝이 효과적으로 진행될 수 있는 물리적 학습환경의 조성

액션러닝의 학습 프로세스와 지원요소와의 관계를 종합적으로 표현하면 [그림 13-5]와 같다.

요약하면 액션러닝의 기본 가정은 조직을 대표하는 소우주로서 팀의 자율성과 역량의 개발을 통하여 종국적으로 전체 조직과 사회를 바꾸어 나간다는 것이다. 이렇게 하기 위해서 팀단위로 실제 문제를 해결할 수 있는 문제해결과정과 지원체제가 조화롭게 조성되는 것을 강조한다.

4) 사이버 학습사회

학습사회와 학습조직이라는 이상적인 혁신체제는 구호로만 이루어지는 것이 아니라 그러한 이상적 비전을 현실적으로 가능하게끔 해 주는 구현체제가 반드시 고려되어야 한다. 정보통신매체와 같은 지식기반사회의 공학적 도구는 잘만 기획되고 활용되면 이러한 비전 실현을 만족시킬 가능성이 높다. 따라서 지식기반사회의 이상을 실현하기 위해서는 e-learning과 같은 공학적 요소의 도입과 활성화는 불가피하다.

로저스(Rogers, 1983)는 테크놀로지를 이상적인 결과를 성취하는 인과관계에서 불확실성을 줄이는 수단적 활동을 위한 설계라고 하였다. 즉, 우리는 테크놀로지를 활용함으로써 혁신과정에서 겪을 수 있는 불확실성을 줄여서 보다 긍정적인 결과를 단시간에 이루어 낼 수 있게 된다.

e-learning은 단순히 정보를 제공하는 수단을 넘어서 조직의 다른 시스템들, 예를 들어 지식경영 시스템, 전사적 자원관리 시스템(Enterprise Resource Planning) 등과 같은 생산성 향상을 위한 시스템들과 연계되어 지역 구성원의 학습능력 향상을 위해 활용되어야 한다.

e-learning의 장점은 다음과 같다.

- 늘어나는 학습 수요 충족: 많은 학습 수요를 강의실에서 감당하려면 엄청나게 많은 시간이 소요된다.
- 언제 어디서나 누구나: 웹 기술의 발전과 초고속 네트워크망, 높은 사양의 컴퓨터 구비 등 기술적 환경의 발전은 이제 24시간 언제 어디서나 학습을 가능하게 해 주고 있다. 따라서 학습자는 이제 자기가 편한 시간에, 편한 장소에서 교육을 받을 수 있다.
- 비용의 절감: Training Magazine에 따르면 e-learning을 통해 50~70%의 비용이 실제로 절감되고 있다고 한다. 이러한 비용절감은 강사와 학습자를 한 공간에 모아 놓기 위해 필요했던 많은 비용이 사라지면서 가능하다.
- just-in-time: 신속하게 업데이트 되는 교육내용은 그때그때 반영되고 네트워크를 통해 전 학습자에게 빠르게 전파될 수 있다.
- 학습내용의 습득률 증진: 학습자는 자기 스타일이나 자기 페이스에 맞게 학습을 진행해 나갈 수 있게 되고, 필요에 따라 반복해서 학습 가능하다. 이렇게 자기교육을 필요로 하는 시점에서 교육을 선택해서 받음에 따라 학습에의 적극성과 학습 이해가 증진된다.
- 학습자 간 협동학습과 상호협력: 학습자들이 온라인 채팅을 통해 상호 정보를 교환하거나 토론을 진행하기도 하고, 토론방을 통해 정보를 게시하고 평가하고 토론해 나가면서 상호협력적인 학습이 진행된다.
- no-risk 학습: 일부 학습자들은 수업시간에 질문을 하거나 코멘트를 하는 것을 주저한다. 남들을 의식하기 때문에 잘못된 질문이나 대답을 하는 것을 걱정하는 것이다. e-learning에서 학습자들은 이런 걱정 없이 자신을 노출시키고 새로운 시도를 해 볼 수 있다.

연구문제

1. 지식기반사회란 어떤 사회를 말하는지 약술하시오.
2. 수행공학(HPT)의 개념과 산업사회와 지식정보사회를 비교 · 설명하시오.
3. 학습조직과 지식경영을 비교 · 설명하시오.
4. 액션러닝(action learning)의 개념과 개념적 토대에 대해 설명하시오.
5. 액션러닝 사이클을 단계별로 자세히 설명하시오.
6. 사이버학습사회와 e-learning의 관계를 설명하시오.
7. 지식기반사회에서 새로운 교육 패러다임에 대해 약술하시오.

추천 학습자료

〈도서〉

1. 김미정, 유영만(2003). 액션러닝과 조직변화. 서울: 교육과학사.
2. 이태복(2004). 액션러닝의 힘. 서울: 패러다임컨설팅.
3. Revans, R. W. (1998). *The ABC of Action Learning*. Bromley: Chartwell-Brat.
4. Harvard Business School. (1998). *Knowledge Management*. Harvard Business School Press.

〈인터넷 자료〉

1. 한국사이버교육학회 http://www.kaoce.org
2. 한국기업교육학회 http://www.hrdkorea.com
3. 한국지식경영학회 http://www.kmsk.or.kr
4. 크레듀 http://www.credu.com
5. 이화크레듀 http://ewha.credu.com
6. 사이버 학습도시 사이티 http://www.cyti.net
7. 박수홍 교수의 LPR 연구소 http://lpr.ce.ro
8. Action Learning 연구소 http://www.action-learning.or.kr

참고문헌

김미정, 유영만(2003). 액션러닝과 조직변화. 서울: 교육과학사.

교육부(1999). 지식기반사회와 교육. 서울: 교육부.

매일경제신문사(2000). 학습혁명보고서. 서울: 매일경제신문사.

이태복(2004). 액션러닝의 힘. 서울: 패러다임컨설팅.

컨텐츠미디어(2003). e러닝지도실무. 서울: 콘텐츠미디어.

포스코경영연구소(1998). 지식경영. 서울: 더난출판사.

Arnold Toynbee. (1947). *A Study of History*, Somervell Abridgement Vols. I–VI. Oxford University Press.

Daniel Bell. (1973). *Technology, Nature and Society: The Vicissitudes of Three World Views and the Confusion of Realms*. Washington D. C.: The Phi Beta Kappa Society.

Harvard Business School. (1998). *Knowledge Management*. Harvard Business School Press.

Marquardt, M. J. (1999). *Action Learning in Action*. Palo Alto: Davies-Black.

Reich. R. B. (1991). *The work of nations: Preparing ourselves for 21st Century Capitalism*. New York: Vintage Books.

Revans, R. W. (1998). *The ABC of Action Learning*. Bromley: Chartwell-Brat.

Rothwell, W. J. (1999). *The Action Learning Guidebook*. SanFrancisco: Jossey-Bass.

Robinson, D. G., & Robinson, J. C. (1995). *Performance Consulting*. San Francisco: Berrett-Koehler.

Rogers, E. M. (1983). *Diffusion of innovations* (3rd ed.). New York: Free Press.

제14장
교육과 교육법

이 장에서는 교육과 법의 관계에 대한 이해를 도모하고자 한다. 문화적 활동으로 교육과 국가 권력에 의해 강제되는 법이 어떠한 관계에 있으며, 이러한 사항을 다루고 있는 교육관계법을 다룬다. 그리고 살아 있는 법의 표현인 판례를 다루어 교육과 법의 관련성에 대한 이해를 심화시키고자 한다.

학습과제

- 교육과 법의 관계를 이해한다.
- 교육내용과 교육법의 관계를 이해한다.
- 교육조건의 정비와 교육법에 대한 관계를 이해한다.

1. 교육과 교육법

1) 교육과 법

교육활동은 일종의 문화적 활동으로서 자유로운 분위기에서 이루어져야 풍부한 성과를 기대할 수 있다. 이에 비해 법은 강제적 성질을 띠고 있어 교육과 조화를 이루고 있다고 보기 어려운 점이 있다. 그럼에도 불구하고, 교육활동은 법이라는 테두리 내에서 작용하고 있으므로 이들에 대한 관계를 이해하는 것은 중요하다.

교육활동은 가르치는 자가 교육내용을 매개로 배우는 자를 대상으로 상호작용함으로써 성립한다. 교육 주체 간의 상호작용은 궁극적으로 학습자의 인간적 성장이나 발달을 기하고자 하는 데 있다. 학습자가 교육을 받고자 하는 권리는 천부적인 권리로서 우리나라 헌법 제31조에서 보장하고 있다. 학습자의 교육은 각 개인이 가지고 있는 소질이나 적성에 따른 특수성을 인정하고, 이를 촉진시키기 위한 지도와 조언의 활동인 것이다. 그래서 획일화된 교육이 아니라, 다양한 교육이 되어야 하고, 교사와 단위학교의 자율이 존중되어야 하는 것이다.

그러나 공교육 체제에서는 국가가 학교교육과 관련된 사항에 대해 상당히 많은 관여를 하게 된다. 경제적으로 어렵거나 불우한 처지에 있는 학습자를 위해 교육의 기회를 확대하기 위한 노력을 기울이고 있는 것이다. 예컨대 의무교육과 같은 경우가 이에 해당한다. 의무교육은 학령기에 있는 학습자의 의무가 아니라, 해당 부모나 후견인에게 그 보호하는 아동을 교육시킬 의무를 부과한 것이다. 그리고 국가에게는 아동을 교육시킬 교사나 시설의 확보에 대한 임무를 부과하고 있다. 이렇게 국가가 자체의 의무나 학부모에게 부과하는 의무는 강제성을 띤다. 이러한 강제성은 도덕과 달리 법의 규정에 의해 이루어진다.

법은 공동생활의 질서유지를 위한 사회규범이자, 국가 권력에 의해 강제되는 국가규범이다. 법의 가장 전형적인 형태는 국가 권력에 의한 강제적 규범인 것이다. 의무교육에 대한 이러한 사항은 국가 권력에 의한 강제적 규범이 된다. 그러나 교육에서의 법은 다른 일반 사회적 사항과 달리 모든 면에서 강제성을 띠는 것으로 보기 어렵다. 사회 각 분야는 획일화와 표준화를 요구하고, 예외적인 사항에 대해 차별화를 인정하고 있다. 그러나 인간은 각 개인의 소질이나 개성이 다르기 때문에 개인별 차별화가 우선이 되고, 획일화나 표준화는 예외적인 것이 된다. 따라서 교육에서 국가에 의한 강제는 모든 면에서 이루어지는 것이 아니라, 교육활동이나 지원하는 체제에 따라 다르게 적용된다.

교육에서의 법은 직접적인 교육활동이 이루어지는 사항에 대해 규정을 하는 요인이 되는 것이다. 캔들(Kandel)은 교육에 관련된 법을 집행하는 행정의 임무와 관련해 교육의 내적 사항과 외적 사항을 구별하여 논의하고 있다(Kandel, 1933: 216). 국가적 관여나 강제는 교육의 외적 사항에 적극적으로 이루어지고, 그 외 교육의 내적 사항에 대해서는 기준을 설정하며, 가급적 지도 · 조언하는 형식이 되어야 하는 것이다. 교육은 인간의 성장 · 발달을 위한 것에 있으므로, 이를 구현하기 위해 전문적 지식과 기술이 동원되어야 하고, 자아가 실현될 수 있도록 지원할 수 있는 법과 제도적 지원이 필요하다.

교육법의 성격에서 교육법은 교육의 목표 · 교육과정 등의 내적 사항에 관한 기준의 설정과 교육행정의 조직 · 작용, 교육기관의 기능, 교육주체(학생과 교원)의 역할 등에 관한 외적 사항을 그 규제 대상으로 하는 법률로 보는 입장(김낙운, 1986: 6)은 이러한 사항과 같은 것이다. 교육과 법의 관계 도식화하면 [그림 14-1]과 같다(山崎眞秀編, 1987: 11).

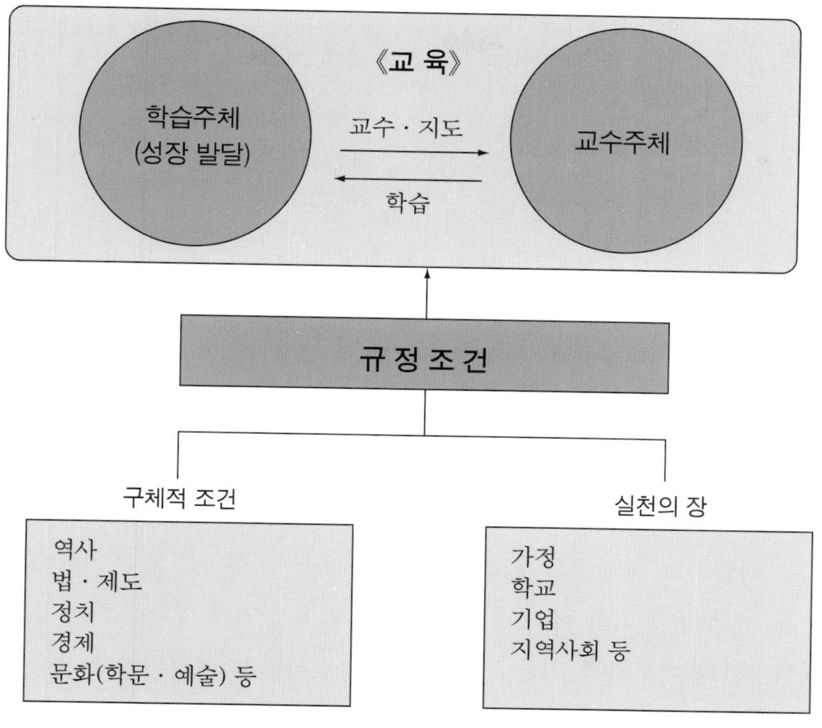

[그림 14-1] 교육의 존재 구조

2) 현행 교육법의 체계

우리나라 근대 교육법제는 1894년 갑오경장 이후부터 시작된다. 그렇지만 현대적 의미의 교육법은 1949년 12월 31일 법률 제86호로 제정 · 공포된 교육법이다. 제정 당시의 교육법은 1998년 3월 1일부터 효력이 발생하는 새로운 체제로 개편이 되었다. 교육법은 단일 법전 체제로 되어 있었지만, 제정 이후 38차례의 개정 작업이 이루어지면서, 법 체제와 내용이 전체적으로 조화롭지 못한 상태가 되었다. 그래서 새로운 교육법 체계를 확립하게 되었다. 「교육기본법」, 「초 · 중등교육법」, 「고등교육법」의 교육 3법 체계가 마련된 것이다. 여기서는 「교육기본법」과 「초 · 중등교육법」

에 한정하여 살펴보고자 한다.

「교육기본법」은 자유민주주의 교육체제를 지향하는 헌법정신을 구현하여 학교교육과 사회교육을 포괄하는 교육에 관한 기본적인 사항을 규정하여 모든 교육관계법의 기본법으로 제정하고자 하는 것이다. 교육기본법은 다른 교육관계법의 총론의 역할을 하고 있다. 교육기본법의 주요 내용은 평생에 걸친 학습, 능력과 적성에 따라 교육을 받을 권리 보장, 학교운영의 자율성 존중과 교직원 · 학생 · 학부모 및 지역 주민의 학교 운영의 참여, 평생교육의 장려, 부모 등 보호자의 아동을 교육할 권리와 책임, 교육시설과 교원의 확보, 그리고 국가의 학력평가와 능력 인증제도의 수립과 실시 의무를 부과하는 것을 주요 골자로 하고 있다.

「초 · 중등교육법」은 초 · 중등교육분야에 관하여 국민의 교육받을 권리를 강화하고 국민중심의 교육으로의 변화를 지향하는 많은 방안들이 발표 · 시행됨에 따라 이의 제도화를 위한 법적 근거를 명확히 하여, 교육개혁방안의 제도화를 위한 법적기반을 마련하고자 제정되었다. 제정의 주요 내용은 장학지도의 실시, 학교규칙의 제정, 학업성취도 평가 및 교육기관 평가, 학생의 자치활동 보장, 교육과정 운영에 필요한 산학겸임교사와 명예교사 및 강사 규정, 학교생활기록부 제도의 근거 마련, 학업중단생을 위한 시책 강구, 학교운영위원회 근거 마련, 근로청소년 등의 교육기회를 확대하기 위해 고등학교 4년제 과정이 운영되는 시간제나 통신제 과정 마련, 교육 관계법령 중 일부 조항을 적용하지 아니하는 학교나 교육과정 운영 근거 마련 등이다.

「교육기본법」과 「초 · 중등교육법」이 있다고 하더라도, 이들 법률의 상위법에 해당되는 것은 「헌법」이다. 「헌법」에서 교육이라는 용어가 들어간 조문은 제31조밖에 없다. 교육이라는 용어가 들어가지는 않지만, 교육과 간접적으로 관련된 조항들이 있다. 예를 들면, 평등권에 대한 조항, 학문과 예술의 자유와 관련된 조항이 그것이다. 제31조는 교육에 관한 직접 조항이다. 헌법은 국가의 근본법으로서 국민의 기본권을 규정하고, 국가 권력구조에 관한 기본적 사항을 정한 최고법이다. 따라서 하위 법령을 제정할 때, 준거의 틀로서 기능한다. 교육의 직접 조항으로「헌법」제31조가 중요한 이유가 여기에 있다.

> 제31조
>
> ① 모든 국민은 능력에 따라 균등하게 교육을 받을 권리를 가진다.
>
> ② 모든 국민은 그 보호하는 자녀에게 적어도 초등교육과 법률이 정하는 교육을 받게 할 의무를 진다.
>
> ③ 의무교육은 무상으로 한다.
>
> ④ 교육의 자주성 · 전문성 · 정치적 중립성 및 대학의 자율성은 법률이 정하는 바에 의하여 보장된다.
>
> ⑤ 국가는 평생교육을 진흥하여야 한다.
>
> ⑥ 학교교육 및 평생교육을 포함한 교육제도와 그 운영, 교육재정 및 교원의 지위에 관한 기본적인 사항은 법률로 정한다.

제1항은 학습권을 규정한 것으로 우리나라 국민이라면, 사회 · 경제적 신분이나 인종 등에 차별 없이 오로지 자신의 정신적 · 육체적 능력에 따라 교육을 받을 권리를 가진다는 것이다. 제2항과 제3항은 의무교육에 대한 것으로 교육을 받을 권리를 보장하기 위해 국가나 사회적 차원에서 일정한 단계의 교육에 대한 강제성과 법적 의무성을 규정한 것이다. 제4항은 교육의 자주성, 전문성, 정치적 중립성에 대해 논의하고 있다. 자주성은 교육기관의 운영과 교육내용은 교육자에 의해 자주적으로 결정되도록 하고, 전문성은 교육이 갖는 전문적 특성을 인정하는 것이며, 정치적 중립성은 국가의 행정권력이나 종파 등의 영향을 배제한다는 의미를 지니고 있다. 제5항은 평생교육의 진흥의 의무를 국가에 지우도록 한 것이다. 제6항은 국가에 의한 자의적 규제를 배제하기 위해 교육제도, 교육재정, 교원의 지위에 관한 기본적 사항은 법률로 정하도록 한 것이다.

2. 교육내용과 교육법

1) 교육내용과 법

교육내용과 법의 관계에서 상식적으로 생각할 수 있는 의문 두 가지가 있다(日本教育法學會編: 1980: 3). 우선 교육내용은 문화적 전통과 과학의 연구와 밀접한 관련이 있으며, 문화적 활동은 자유로운 분위기에서 발달하게 된다. 그러나 법은 국가가 국민에 대해 강제하는 측면을 지니고 있어 교육내용에 대해 법적으로 규제하는 것은 적절하지 않다는 의문이 드는 것이다. 다음으로 국민은 학습을 통해 인간적인 성장·발달을 할 수 있는 권리를 가지고 있고, 그 권리를 실현하기 위해 적절한 교육내용이 필요하다. 개인이 성장할 수 있는 교육내용을 적절하게 제공하지 않았을 경우, 교육과 학습에 대한 격차가 확대된다. 그러므로 교육내용의 정비를 유효적절하게 추진하기 위해서는 법에서 어떻게든 규제하여야 되는 가에 의문이 제기된다.

교육내용과 법의 관계에서 제기되는 이들 의문은 국가와의 관계에서 논의되는 사항이다. 앞서 제시하였듯이 법은 국가에 의한 강제성을 의미하는 것이기 때문에, 교육내용과 관련해 법적 규정이 적용된다는 것은 국가가 교육에 대해 일정한 역할을 하고 있다는 것이다. 그 역할은 교육에 대한 일정한 수준의 유지와 교육에 대한 기회를 균등하게 하려는 노력인 것으로 이해된다. 이들 논거는 아래에 제시할 교과서 재판에서 구체적으로 나타나고 있다. 교육의 일정 수준의 유지는 개인이 타고난 능력과 소질을 최대한 발휘함과 동시에 한 사회의 구성원으로서 기본적인 자질과 태도의 확립을 통해 국가 발전과 인류 공동체 발전에도 기여할 수 있는 사람을 만들기 위함에 있다.

교육의 기회균등은 성별이나 신앙 및 사회적 신분이나 경제적 조건에 의해 차별받지 아니한다는 소극적인 차원 이상의 의미를 지니고 있다. 적극적으로는 국가가 모든 국민이 평등하게 교육을 받을 수 있도록 교육 시설의 정비와 국가에 대해 균등하게 교육을 받을 수 있는 권리를 보장받을 수 있도록 요구할 수 있는 것이다. 외적인 시설의 정비뿐만 아니라, 자신 능력이나 소질에 따른 교육을 받을 수 있도록 적절한 교육내용이 제공되어야 하는 것이다. 그래서 교육의 일정 수준 유지와 교육의 기회균등을 위해 국가는 교육내용에 관여할 수 있는 것이며, 관여는 교육내용에 대한 기준을 설정하는 형태로 나타나고 있다.

교육내용은 말 그대로 가르칠 내용을 말한다. 인류가 쌓아온 문화유산과 더불어 현대 사회 생활을 영위하는 데 필요한 지식 등을 총체적으로 말하는 것이다. 그러나 이들 모두는 교육현장에서 가르칠 수 없다. 그래서 수많은 가르칠 내용 가운데서 엄격하게 정선된 내용을 학교급이나 학년별로 체계화하여 조직하게 된다. 이렇게 조직된 것을 교육과정(curriculum)이라고 한다. 따라서 제도권에서 사용되는 교육과정은 교육내용을 담아내는 그릇에 해당되는 것이다(박창언, 2004: 81). 초·중등교육법과 동법 시행령에는 교육내용을 담아내는 표현 방식으로서 교육과정, 교과, 교과서라는 용어가 등장하고 있다. 이들의 관계를 보면, 교과는 교육과정의 근간이 되고, 그 교과를 구성하는 방식은 국가 교육과정에 자세하게 제시되어 있다. 그리고 국가 교육과정에 제시된 내용을 바탕으로 학습자가 배워야 할 교육내용을 구체화시킨 것이 과목별 교과서로 나타나고 있다.

교육내용이라는 표현과 관련해서 사용되는 것이 교육과정, 교과, 교과서 등으로 나타나게 되는 것이다. 이들 사항은 「초·중등교육법」과 동법 시행령에 구체적으로 제시되고 있다. 그리고 이러한 교육내용의 표현 방식은 학습자의 학습활동으로 구체화되고, 활동의 성과를 제시하여 주는 것이 평가활동에 해당된다. 교육평가는 기관 평가, 교육과정 평가, 학업성취도 평가 등의 형태로 나타나게 되는데, 평가와 관련된 사항 역시 법에 규정되어 있다. 따라서 교육내용과 관련된 법적인 규정에는 교육과정, 교과, 교과서, 교육평가 등에 대한 사항이 모두 포괄적으로 사용되고 있다. 이들 사항은 교육활동과 직접적으로 관련되는 것으로 교육의 내적 사항에 해당되는 것이다.

교육내용과 관련된 법적 대상으로서 이들 각각은 법적으로 논쟁의 대상이 되고 있다. 교육과정에서는 교육과정을 편성하는 권리나 권한이 국가, 교장, 교직원 회의 등 누구에게 있는지의 문제가 다루어지고 있다. 교과서는 교과서 검정의 기준과 범위가 어느 정도에 해당되는가, 그리고 교육평가에서는 교육평가에 대한 권리나 권한이 교사에게 있는지, 국가에게 있는지의 여부 및 교육평가의 기준을 설정하는 권한과 교육행정의 한계 등이 논의되고 있다. 이들 사항은 교육내용에 대한 국가의 기준 설정을 통한 통제와 단위학교 교사의 자율성 확대라는 차원에서 갈등이 야기되고, 법적인 판단을 위해 법원으로 옮겨 가는 경우도 빈번하게 발생하고 있다. 여기서는 이들 사항 중 교과서 재판과 관련된 사항을 제시하고자 한다.

2) 교육내용 관련 판례

교육내용과 관련된 판례는 여러 분야에서 나타나고 있지만, 여기서는 교육에 대한 권리 논쟁을 가져왔던 교과서[1] 관련 판례를 살펴보고자 한다. 교과서 관련 판례는 교과서 검정 심사의 범위와 관련된 판례와 국정 교과서 제도의 위헌 여부에 대한 헌법재판소의 결정이다. 이들 사항은 모두 교육에 대한 국가의 권한과 교사의 자율성과의 갈등에 관련된 것이다.

---

1) 「교과용도서에 관한 규정」 제2조에서는 " '교과용도서' 라 함은 교과서 및 지도서를 말한다." 고 규정하고, 이어 " '교과서' 라 함은 학교에서 학생들의 교육을 위하여 사용되는 학생용의 서책 · 음반 · 영상 및 전자저작물 등을 말한다." 그리고 " '지도서' 라 함은 학교에서 학생들의 교육을 위하여 사용되는 교사용의 서책 · 음반 · 영상 및 전자저작물 등을 말한다." 고 규정하고 있어 구분이 되는 개념이다. 그러나 본문에서 사용되는 교과서와 교과용도서는 필요에 따라 혼용하였다.

우선 교과서 검정의 범위부터 살펴보고자 한다. 교과서 검정의 범위와 관련해서 국가의 권한을 한정해 해석하는 경우와 확장해 해석하는 경우로 구분이 된다. 이 사건은 고등법원과 대법원의 견해가 엇갈린 경우다. 사건의 개요는 1986년에 일어난 '2종 교과용 지도서 1차 심사 결과 부적 판정 취소 사건' 이다. 원고는 1984년부터 중학교 1, 2, 3학년용 및 고등학교 미술 교과서를 공동 저작해 국가에 검정 신청을 하여 1차 심사에서는 적격 판정을 받았지만, 교사용 지도서에 대해서는 부적 판정이 내려져 소송을 제기한 것이다. 고등법원은 국가의 권한을 제한적으로 해석해 다음과 같이 판시하였다(법원행정처, 1987: 504-505).

> … 교과용 도서 검정에 있어서 심사는 원칙적으로 오기, 오식, 기타 객관적으로 명백한 잘못, 제본 기타 기술적 사항에 그쳐야 하며, 저자의 교육적 견해의 당부는 국민 및 교육을 담당한 교사들에 의하여 평가되어야 할 것이며, 행정 당국의 판단에 맡겨져서는 안된다 할 것이고, … 검정 심사는 공적 교육을 유지하는 데 필요한 최소한도의 지도 조언에 그쳐야 할 것이다.

이 사건에 대해 대법원에서는 국가의 권한을 확장 해석해 고등법원의 판결을 파기, 환송하였다. 구체적 내용은 다음과 같다(한국판례연수원 편수, 6-5-6).

> … 중 · 고등학교 교과용 도서의 검정에 있어서 피고의 심사는 원칙적으로 오기 · 오식 기타 객관적으로 명백한 잘못, 제본 기타 기술적 사항에 그쳐야 한다고 하는 것은 부당하다. 피고가 시행하는 검정은 그 책을 교과용도서로 쓰게 할 것인가 아닌가를 정하는 것일 뿐 그 책을 출판하는 것을 막는 것은 아니며 현행 교육제도하에서는 피고가 중 · 고등학교 교과용 도서를 검정함에 있어서 그 저술한 내용이 교육에 적합한지의 여부

를 심사할 수 있다고 하여야 할 것이며, …

고등법원과 대법원의 판결은 상반된 견해를 나타내고 있다. 고등법원의 경우는 검정 심사의 범위를 상당히 제한적으로 보아 국가의 권한을 제한적으로 보고, 교사의 교육에 대한 자유를 넓게 인정하고 있다. 이에 비해 대법원에서는 이와 반대되는 논리를 전개하고 있다. 이러한 점은 교육내용 분야에서 국가의 통제와 교사의 교육의 자율성을 어떻게 조화시킬 것인가가 중요한 문제로 부각됨을 알 수 있다.

다음으로 국정 교과서 제도의 위헌 여부에 대한 헌법재판소의 결정을 살펴본다. 이 사건은 중학교 국어 교과서를 저작·출판하려고 모색하였던 청구인이 (구)교육법 제157조[2]의 교과용도서에 관한 규정 제5조[3]의 규정으로 인해 중학교 국어 교과서의 저작·출판이 원칙적으로 불가능함을 알고 헌법에 규정된 교육을 받을 권리와 언론·출판의 자유 및 학문과 예술의 자유를 침해하여 위헌이라고 주장하면서 헌법 소원을 제기한 사건이다. 이 사건에서는 합헌으로 결정이 났지만, 위헌이라는 소수 의견도 개진되었다. 다수 의견은 공교육 제도에서 국가는 교육의 외적 조건을 정비하는 역할뿐만 아니라, 교육내용을 결정할 수 있는 권한을 가지고 있다고 보고 있다. 그리고 교사의 수업권은 교사의 지위에서 생겨나는 직권으로 보고, 헌법상의 기본권으로 보는 데 부정적이다. 그러나 국정 교과서 제도는 교육부에 의해 저작되기 때문에 교육의 자주성을 침해할 소지가 있음은 일부 인정하고 있다.

소수 의견은 교육내용과 교육방법의 결정은 전문가인 교육자에게 맡겨

2) 제157조 ① 대학·교육대학·사범대학·전문대학을 제외한 각 학교의 교과용도서는 교육부가 저작권을 가졌거나 검정 또는 인정한 것에 한한다.
② 교과용 도서의 저작·검정·인정·발행·공급 및 가격사정에 관한 사항은 대통령령으로 정한다.

3) 제5조 (편찬) 1종도서는 교육부가 편찬한다. 다만, 교육부 장관이 필요하다고 인정하는 1종도서는 연구기관 또는 대학 등에 위탁하여 편찬할 수 있다.

져야 하며, 국가의 개입에는 일정한 한계가 있다고 보고 있다. 교사의 교육의 자유는 「헌법」 제31조의 교육을 받을 권리와 교육의 자주성, 전문성 및 정치적 중립성에서 필연적으로 도출되는 헌법상의 기본권으로 보고 있다. 따라서 교육내용과 교육방법을 획일적으로 정하는 국정 교과서 제도는 「헌법」에 보장된 교육의 자유의 침해이면서 국민의 교육기본권을 침해하는 것이라고 보고 있다. 다수 의견과 소수 의견의 대립은 교육내용에 대한 국가의 통제와 교사의 자율성 확보의 갈등을 나타내는 하나의 표현이다. 헌법재판소의 다수 의견에서도 국정 교과서 제도가 위헌이 아니라고는 하지만, 교육의 자주성과 전문성을 구현하기 위한 최선의 방법은 아니라는 점을 인정하고 있다는 점에서는 소수 의견과 마찬가지다. 교육내용 분야에서 교육의 자주성의 원리를 구현하기 위한 교과서 제도의 마련이 요구되는 것이다.

3. 교육조건정비와 교육법

1) 교육조건 정비와 법

교육활동이 체계적이고도 완전하게 진행되기 위해서는 그에 적절한 장소와 건물 및 교재, 교구 등의 물적인 조건이 요구되고, 이를 담당하는 인적 조건이 요구된다. 통상적인 의미에서 교육 조건은 이러한 인적 조건과 물적 조건을 통칭하는 것이다. 따라서 교육 조건은 학습자들에게는 최적의 학습을 위한 조건이며, 경우에 따라서는 교직원의 근무 조건이 되기도 한다. 여기서 학습을 위한 조건은 교육을 받을 권리의 실현을 위한 것이다. 교육을 받을 권리는 각 개인의 능력과 소질에 따른 적절한 교육내용과 방법의 제공뿐만 아니라, 이러한 교육내용을 실천하기 위한 인적 · 물적 여건이 제대로 정비되어 있어야 하는 것이다. 그러나 교육의 조건을 위한 정비가 소수의 뛰어난 특정 학습자를 위한 정비, 즉 능력주의 교육을 실현하기 위한 것에 두어져서는 안된다.

교육의 조건 정비는 교육의 이념과 교육목적에 부합하여야 하며, 교육의 자주성을 보장할 수 있는 형태로 전개되어야 한다. 교육행정은 이를 지원하는 방식으로 임무를 수행하여야 한다. 「교육기본법」 제2조는 교육의 이념과 교육목적을 제시하고 있다. 교육이념은 홍익인간이며, 교육목적은 인격도야, 자주적 생활능력, 민주시민 자질 구비 등의 직접적인 목적과 민주국가의 발전과 인류공영의 이상 실현이라는 간접적인 목적으로 규정하고 있다. 이들 사항을 실현하기 위해서는 교육의 자주성이 보장되어야 함을 제시하고 있는 것이다.

「헌법」 제31조 제4항의 교육의 자주성 보장, 「교육기본법」 제5조의 자주성 등의 보장과 국가와 지자체의 역할 규정 등이 그것이다. 교육의 자주성과 더불어 교육조건을 정비하기 위한 국가와 지자체의 역할을 「교육기본법」 제4조에서 교육의 기회균등과 관련해 규정하고 있다. 그 내용은 "국가와 지방자치단체는 학습자가 평등하게 교육을 받을 수 있도록 지역 간의 교원 수급 등 교육 여건 격차를 최소화하는 시책을 마련하여 시행하여야 한다."라는 것이다. 국가와 지방자치단체가 교육을 받을 권리 보장을 위해 인적인 조건으로서 교원의 수급 등에 대해 직접 규정하고, 교육격차 해소를 위한 대책을 마련하여야 함을 제시하고 있는 것이다. 이를 위해 「헌법」과 「교육기본법」에서는 교육의 중립성이나 교육재정의 확보 등을 규정함으로써 행정 권력이 학교 교육에 영향력을 행사하는 것을 방지하고, 교육여건을 정비하기 위한 재정적 지원에 대한 사항도 규정하고 있다. 교육행정의 임무는 교육을 받을 권리를 구현하기 위해 교육여건을 정비하는 데 적극적으로 관여하여야 함을 제시하고 있는 것이다.

교육조건을 정비하는 것이 국가나 지방자치단체에 있다고 하여 학교의 교직원이 관심을 제대로 기울이지 않아도 된다는 것은 아니다. 교직원은 교육의 자주성을 구현하기 위해 보다 적극적인 관심을 기울여야 한다. 국가나 지방자치단체가 교육조건을 정비하는 데 노력을 기울이는 것은 학습자의 학습에 대한 권리를 보장하는 데 있다. 학습권을 보장하기 위해서는 교사도 최대한의 노력을 기울여야만 하는 것이다. 교사는 가르쳐야 할 교육내용과 관련된 교재나 교구, 실험실습 기구, 교육환경의 최적화에 대한 적극적인 관심을 기울여야 하며, 교사의 근무 조건과 관련된 경우에는 더욱더 그러하다. 학습자의 교육을 받을 권리 보장을 위해서는 교사의 교육에 대한 권리도 보장되어야 하기 때문이다.

교사의 권리 보장은 교육의 자주성 보장을 기초로 하는 것이지만, 교육활동을 제대로 하기 위한 환경과 교육 조건이 제대로 정비되어 있지 않다면, 그 자주성은 큰 의미가 없게 된다. 아동의 의무교육을 위해 학부모에게 그 의무를 부과하였는데, 의무를 이행하지 않는다면, 아동의 학습권을 보장할 수 없게 된다. 교사가 교육조건에 관심을 기울여야 하는 것은 이와 같은 이치다. 따라서 교사는 교육에 대한 전문적인 지식을 갖추되, 그 전문성을 향상하기 위한 교육여건, 즉 교육 조건의 정비가 제대로 이루어져야만 교육이 제대로 이루어질 수 있는 것이다. 교육의 조건을 정비하는 것은 학교 교육에 한정된 것은 아니다. 학교 교육 이외의 문제인 무상 보육의 문제라든지, 학교 이외의 교육의 장으로 활용되는 도서관이나 박물관, 그리고 문화재 시설 등 사회교육 시설까지 포괄하고 있다.

2) 교육조건정비 관련 실제

교육조건의 정비와 관련된 것은 너무 방대하기 때문에 제한된 지면으로 모든 것을 다 취급하기는 어렵다. 여기서는 학교 통 · 폐합의 문제와 학교 안전사고와 관련된 내용을 다루도록 한다.

우선 학교 통 · 폐합의 문제다. 국가는 적정 규모의 학교를 육성하고, 국민의 학교 선택권과 불편 해소를 위해 농 · 어 · 산촌 지역의 소규모 학교의 통 · 폐합을 추진하고 있다. 일본의 경우는 학교 통 · 폐합 촉진 정책으로 인해 지역 주민 간의 분쟁, 학습권의 침해, 학부모의 반대 운동 등으로 1970년대까지 이에 대한 소송이 계속되었다. 1973년 이에 대한 개선책으로 무리한 통·폐합의 지양과 통·폐합 추진 시 통학 거리, 통학 시간, 학생의 심신에 주는 영향, 학생의 안전, 학교 교육활동에 대한 영향, 지역적 의미를 고려해 지역 주민의 이해와 협력으로 실시하도록 문부성 정책이 전환된 경우가 있다(강인수, 1994: 335-336).

학교의 통·폐합은 소규모학교 통·폐합 정책이 추진된 1982년 이래, 2013년 8월까지 통·폐합된 학교 수는 5,828교에 달하고 2000~2013년 8월에만 1,047개 학교가 사라졌다. 또한 농어촌 소규모 초등교 1,073개교 중 통학버스가 없는 학교가 304개교, 학생 수는 1만여 명에 달하는 형편이다(한국교육신문, 2014.6.20. 3면). 학교 통·폐합은 지방교육의 여건 개선과 교육 인구의 대도시 집중 방지, 교육비의 절약과 학교 규모의 영세로 인한 교육재정의 비효율화를 개선하려는 데에 이유가 있지만, 문제 역시 노출되고 있다.

학교 규모의 적정화와 교육재정의 효율화를 이유로 통·폐합하였을 경우 발생하는 학습자의 교육적 손실 역시 상당하게 발생하고 있다. 통학 거리, 통학 시간, 통학 수단이 문제가 된다. 또한 지역의 학교 자체가 삶의 구심점이 되고, 농어촌 지역과 도시 지역 간의 균형적 발전 문제, 그리고 교육의 장이 지역으로 확장되는 형태를 제약하게 되는 문제가 발생하게 된다. 이러한 문제로 교육을 받는 당사자인 학생의 학습에 대한 권리를 침해하는 문제가 발생할 수 있으며, 권리 침해에 따른 보상이나 보완을 위해 어떠한 행정적 조치를 취해야 할 것인지는 고려해야 할 과제다.

다음으로 학교 사고의 문제다. 학교 사고는 학교와 관련되어 발생하는 각종 사고를 총칭하는 개념이다. 아동과 관련된 사고뿐만 아니라, 교직원의 사고, 학교 시설과 관련된 사고 등으로 넓게 볼 수 있다. 원인별로는 화재사고, 도난사고, 교통사고, 학교폭력과 관련된 사고 등 폭넓게 일어나고 있다. 최근 크게 문제가 되고 있는 것은 아동과 관련된 사고다. 아동의 학교 사고와 관련된 문제는 그 책임을 학교에 추궁하여 손해배상청구 소송을 제기하는 경우가 점증하고 있다. 그리고 창의적 체험활동이나 자유학기제와 관련해 학교 외에서 발생하는 각종 사고도 일어날 수 있는 소지가 많아지기 때문에, 학교 사고와 관련된 사항이 발생하지 않도록 교육 여건의 정비가 더욱 강화되어야 할 필요가 있다.

학교 안전사고와 관련해 국·공립 학교에 한정해 볼 때, 「국가배상법」 제2조[4]가 적용되는 한 학교의 설립자인 국가나 지방자치단체에 그 책임이 있다. 그것은 교직원 개인에 의한 손해배상보다는 국가나 지방자치단체의 보상이어야 하기 때문이다. 국가나 지방자치단체가 책임을 지기 때문에 교직원이 책임에서 자유로울 수는 없다. 자녀를 학교에 맡기고 있는 학부모의 입장에서는 학교 내에서 학생이 안전하게 교육을 받기를 원하고, 학교도 당연히 학생을 안전하게 교육할 책임이 있기 때문이다. 또한 「국가배상법」에서 밝히고 있는 바와 같이 고의나 중대한 과실이 있는 경우 국가나 지방자치단체는 교직원에 대해 구상권을 행사할 수 있다.

법률적으로 본다면, 교직원의 과실 인정이 책임 추궁을 위한 것이 아니라고 하더라도, 교직원의 의무위반이나 태만이 문제가 되어 과실이 비난받을 수 있는 것이다. 그러나 최근 학교 내에서뿐만 아니라, 학교 밖에서 사고가 빈번하게 발생한다. 이러한 경우는 단순한 비난 수위를 넘어서게 된다. 그래서 학교에서는 사고 방지에 신경을 과다하게 쓰게 되어 무사안

4) 제2조 (배상책임) ① 국가나 지방자치단체는 공무원 또는 공무를 위탁받은 사인(이하 "공무원' 이라 한다)이 직무를 집행하면서 고의 또는 과실로 법령을 위반하여 타인에게 손해를 입히거나, 「자동차손해배상 보장법」에 따라 손해배상의 책임이 있을 때에는 이 법에 따라 그 손해를 배상하여야 한다. 다만, 군인·군무원·경찰공무원 또는 향토예비군대원이 전투·훈련 등 직무 집행과 관련하여 전사(戰死)·순직(殉職)하거나 공상(公傷)을 입은 경우에 본인이나 그 유족이 다른 법령에 따라 재해보상금·유족연금·상이연금 등의 보상을 지급받을 수 있을 때에는 이 법 및 「민법」에 따른 손해배상을 청구할 수 없다.
② 제1항 본문의 경우에 공무원에게 고의 또는 중대한 과실이 있으면 국가나 지방자치단체는 그 공무원에게 구상(求償)할 수 있다.

일주의에 빠질 수 있고, 아동과의 접촉이나 체험활동을 최대한 축소하려는 경향으로 나타나게 된다. 이러한 상태에서 아동의 안전교육 의무를 강조하는 것은 교직원을 더욱 소극적으로 만들 수 있는 것이다.

학교의 사고 요인으로 환경이나 행동적 특성 및 심신 상태를 들고 있는 경우가 많지만, 사고의 책임을 학생의 행동적인 특성이나 심신의 상태로 돌릴 수만은 없다. 오히려 과밀 학급이나 대규모 학교의 문제라든지, 행정 측의 공공물의 설치와 관리상의 결함으로 오는 경우가 많이 있다. 따라서 교육의 조건 정비는 학교 사고의 예방책으로서 중요할 뿐만 아니라, 학교의 안전교육 의무 이행을 보장하는 물적인 조건으로서도 의미를 가진다. 따라서 학교 사고를 줄이기 위해서는 교사에 대한 책임을 묻기보다는 국가나 지방자치단체가 보다 적극적으로 환경을 개선하기 위한 노력을 기울일 필요가 있다. 또한 교사가 안전하게 교육을 할 책무를 수행하기 위해 안전에 대한 감각을 몸에 익힐 수 있는 체제를 마련하여야 한다.

연구문제

1. 교육과 법은 어떻게 관련성을 가지는지 설명하시오.
2. 교육내용은 법적 규율의 대상이 되는지 논의하시오.
3. 교사가 교육조건의 정비에 관심을 가져야 하는 이유에 대해 논의하시오.
4. 교육내용과 관련된 판례를 찾아보고, 판례에 나타난 핵심 쟁점을 논의하시오.
5. 학교 안전사고와 관련된 판례를 찾아보고, 판례에 나타난 핵심 쟁점을 논의하시오.

추천 학습자료

〈도서〉

1. 안병준(2010). 법령체계와 입법절차. 서울: 법제처.
2. 兼子 仁(1989). 教育法. 東京: 有斐閣.
3. Cambron-McCabe Nelda H., Martha M. McCarthy, and Stephen B. Thomas. (2004). *Public School Law*. Boston: Pearson.

〈인터넷 학습자료〉

1. 법제처 http://www.moleg.go.kr
2. 한국법제연구원 http://www.klri.re.kr
3. 헌법재판소 http://www.ccourt.go.kr

참고문헌

강인수(1994). 교육법연구. 서울: 문음사.

김낙운(1986). 현행교육법해설. 서울: 하서출판사.

박창언(2004). 교육내용에 관한 법적 문제와 과제. 교육법학연구 16(2). 77-97.

법원행정처(1987). 하급심판례집(1986 제3권). 서울: 법원행정처.

한국교육신문(2014. 6. 20.). 작은학교 살리기 교장들 나선다. 3면

한국판례연구원 편수, 판례총람. 문교편 24-1(B). 서울: 청림출판.

山崎眞秀編(1987). 現代教育法の展開. 東京: 勁草書房.

日本教育法學會編(1980). 教育內容と教育法. 東京: エイデル研究所.

Kandel, I. L. (1933). *Comparative Education*. Boston: Houghton.

찾아보기

인 명

내 용

▨ 저자 소개(가나다순)

김대현(Kim Daehyun)
부산대학교 대학원에서 박사학위를 받았으며, 현재 부산대학교 교수로 재직 중이다. 통합교육과정과 교육과정 철학에 관심을 가지고 있다.
dnkim@pusan.ac.kr

김석우(Kim Sukwoo)
미국 UCLA에서 박사학위를 받았으며, 현재 부산대학교 교수로 재직 중이다. 교육평가와 교육측정 및 연구법에 관심을 가지고 있다.
swkim@pusan.ac.kr

김영환(Kim Younghwan)
미국 Indiana Univ.에서 박사학위를 받았으며, 현재 부산대학교 교수로 재직 중이다. 교육공학, 미래교육, 국제교육협력, 에듀테인먼트파크시스템에 관심을 가지고 있다.
younghkim@ pusan.ac.kr

김정섭(Kim Jeongsub)
미국 Indiana Univ.에서 박사학위를 받았으며, 현재 부산대학교 교수로 재직 중이다. 창의성과 비판적 사고, 영재교육에 관심을 가지고 있다.
creativejin@pusan.ac.kr

김회용(Kim Hoyyong)
경상대학교 대학원에서 박사학위를 받았으며, 현재 부산대학교 교수로 재직 중이다. 교육철학, 어린이 철학교육, 철학적 탐구공동체, 도덕교육, 서양고대교육사상에 관심을 가지고 있다.
khy@pusan.ac.kr

박수홍(Park Suhong)
미국 Indiana Univ.에서 박사학위를 받았으며, 현재 부산대학교 교수로 재직 중이다. 산업교육과 교육시스템설계, 기업교육에 관심을 가지고 있다.
suhongpark@pusan.ac.kr

박창언(Park Changun)
경북대학교와 프랑스프랑쉬-꽁떼대학교에서 박사학위를 받았으며, 현재 부산대학교 교수로 재직 중이다. 교육과정, 사회학, 대안교육, 영재교육에 관심을 가지고 있다.
cupark@pusan.ac.kr

안경식(An Gyeongsik)
국립대만사범대학에서 박사학위를 받았으며, 현재 부산대학교 교수로 재직 중이다. 동양 고대 전통교육과 전통 아동교육, 종교교육에 관심을 가지고 있다.
sinosan@pusan.ac.kr

유순화(Yoo Soonhwa)
미국 Ohio State Univ.에서 박사학위를 받았으며, 현재 부산대학교 교수로 재직 중이다. 학교상담과 청소년상담, 진로상담, 상담학 연구방법에 관심을 가지고 있다.
shyoo@pusan.ac.kr

이동형(Lee Donghyung)
미국 Texas A&M Univ.에서 박사학위를 받았으며, 현재 부산대학교 조교수로 재직 중이다. 학교심리 및 학교상담(정서, 행동, 학습 문제의 학교심리학적 평가, 개입 및 예방, 학교기반의 자문, 또래 괴롭힘, 집행기능과 발달장애, 응용행동분석, 인지행동치료)에 관심을 가지고 있다.
leepsy@pusan.ac.kr

이병준(Yi Byungjun)
독일 뮌스터대학에서 박사학위를 받았으며, 현재 부산대학교 교수로 재직 중이다. 평생교육, HRD, 문화예술교육, 노인교육에 관심을 갖고 있다.
green967@naver.com

이상수(Lee Sangsoo)
미국 Florida Univ.에서 박사학위를 받았으며, 현재 부산대학교 교수로 재직 중이다. 수업체제, 원격교육과 교육방법에 관심을 가지고 있다.
soolee@pusan.ac.kr

주철안(Joo Chulan)
미국 Harvard Univ.에서 박사학위를 받았으며, 현재 부산대학교 교수로 재직 중이다. 교육행정과 교육재정, 학교경영 분야에 관심을 가지고 있다.
cajoo@pusan.ac.kr

한대동(Hahn Daedong)
미국 Univ. of Wisconsin-Madison에서 박사학위를 받았으며, 현재 부산대학교 교수로 재직 중이다. 학교효과와 효과적인 학교, 학교공동체에 관심을 가지고 있다.
ddhahn@pusan.ac.kr

홍창남(Hong Changnam)
서울대학교에서 박사학위를 받았으며, 현재 부산대학교 부교수로 재직 중이다. 학교경영컨설팅, 학교조직변화, 학교조직, 장학론, 교사론에 관심을 가지고 있다.
cnhong@pusan.ac.kr

교육과 교육학

Education & Pedagogy

2015년 3월 10일 1판 1쇄 발행
2021년 4월 20일 1판 5쇄 발행

지은이 • 김대현 · 김석우 · 김영환 · 김정섭 · 김회용 · 박수홍 · 박창언
안경식 · 유순화 · 이동형 · 이병준 · 이상수 · 주철안 · 한대동 · 홍창남

펴낸이 • 김 진 환

펴낸곳 • (주) 학지사
04031 서울특별시 마포구 양화로 15길 20 마인드월드빌딩 5층

대표전화 • 02) 330-5114 팩스 • 02) 324-2345

등록번호 • 제313-2006-000265호

홈페이지 • http://www.hakjisa.co.kr
페이스북 • https://www.facebook.com/hakjisabook

ISBN 978-89-997-0641-7 93370

정가 18,000원

이 도서의 국립중앙도서관 출판시도서목록(CIP)은 서지정보유통지원시스템 홈페이지(http://seoji.nl.go.kr)와 국가자료공동목록시스템(http://www.nl.go.kr/kolisnet)에서 이용하실 수 있습니다.
(CIP제어번호: CIP2015005457)